ISBN 978-0-364-07899-0
PIBN 11283950

Museum

für

die Sächsische Geschichte Litteratur und Staatskunde.

Herausgegeben

von

Dr. Christian Ernst Weiße.

Dritten Bandes erstes Stück.

Leipzig,

in der Weidmannischen Buchhandlung.

1796.

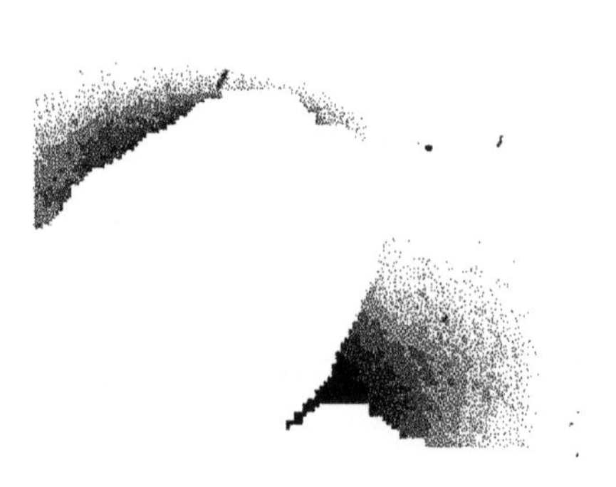

Inhalt.

I. Von

I.

Von der Landtagsverfassung im Hochstift Merseburg.

Ein Versuch von J. S. Gbl.

Einleitung.

Wenn das Domcapitel zu Merseburg nebst den übrigen Landständen des Hochstifts sich versammelt, um sich auf Veranlassung des Landesfürsten über die Landesangelegenheiten, besonders über die Bewilligung und Erhebung der öffentlichen Abgaben zu berathschlagen, und einen gemeinschaftlichen, die Landstände und die Stiftsunterthanen verbindenden Schluß zu fassen, so wird eine solche Versammlung ein Landtag genannt.

Wenn hingegen das Domcapitel sich allein zu Berathschlagungen über seine eigenen Angelegenheiten versammelt, so heissen dergleichen Zusammenkünfte Stiftstäge. Sie haben mit jenen nichts als einen Theil der Form gemein, und sind in Ansehung des Materiellen gar sehr verschieden.

Der Landtag wird mit gewissen, theils durch Conventionen, theils durch Observanzen festgesetzten Feyerlichkeiten gehalten, und die Stände selbst haben gegen einander sowohl, als gegen den Stiftsherrn und den Landesfürsten gewisse Rechte und Verbindlichkeiten, über deren Ausübung und Gestattung mit allem Rechte streng gehalten wird.

Eine genaue Nachricht von der Landtagsverfassung in den beyden Hochstiftern Merseburg und Naumburg, ist zur Zeit aus den von dem Herrn v. Römer in s. Staatsrecht d. Churfürst. Sächs. Th. III. S. 105. angeführten Ursachen nicht vorhanden, und dürfte auch sobald nicht zu erwarten seyn. Inzwischen will ich es versuchen, hierüber aus meinen in ehemals hierzu besonders günstigen Zeitumständen gesammelten Nachrichten, einen Versuch zu liefern, um die Sache in Gang zu bringen. Vielleicht veranlaßt derselbe eine weitere Nachforschung und Berichtigung bey denjenigen, die aus den mir verschlossenen Quellen schöpfen können. Sollte aber auch dieß nicht erfolgen, so habe ich doch wenigstens die Bahn gebrochen, und erwarte in dieser Rücksicht auch Nachsicht und Schonung bey dem Urtheile über gegenwärtigen Versuch.

Kurze

Kurze Geschichte der Landtäge im Stift Merseburg.

1.

Die ältere Geschichte dieser Landtäge ist noch sehr dunkel, und bedarf einer Beleuchtung aus archivarischen Nachrichten. Zur Zeit kann man den Ursprung dieser Landtäge so wenig, als das Jahr, in welchem der erste gehalten worden ist, angeben. Herr von Römer am angef. Orte S. 106. erzählt uns zwar, daß der Bischoff Siegmund (aus dem Geschlecht derer von Lindenau) 1541. den ersten gehalten habe; allein aus der Veranlassung zu demselben möchte ich beynahe vermuthen, daß dieß nur ein eigentlicher Stiftstag, und nicht ein Landtag gewesen sey. Uebrigens ist es auch wahrscheinlich, daß schon die vorhergehenden Bischöffe zu Merseburg öfters Landtäge werden gehalten haben, da sie gewiß oft genug Veranlassung fanden, sich mit ihren Vasallen über des Landes Wohlfahrt zu berathschlagen, und deren Meinung über eine und die andere Angelegenheit zu vernehmen. Es finden sich auch wirklich hier und da Nachrichten davon. So erzählt das Chronicon Martisburg. in des Canzlers von Ludewig Reliqu. Mscr. T. IV. p. 353. daß der berühmte Bischoff Dithmar seine Stiftsvasallen zu einem Landtage nach Kohren beschieden habe, um sich mit ihnen über die von dem Marggrafen zu Meißen, Eckard, und dessen Bruder Herrmann, erlittenen Beeinträchtigungen zu berathschlagen. — in curtem suam Kurin placitum cunctis suis militibus indixit, eoque venire praecepit. Quo cum venissent, ilatas sibi injurias conqueritur.

Eben so wird daselbst p. 435. angeführt, daß Bischoff Otto von Hohnstein zu dreymalen in 4. Jahren allgemeine Steuern, (petitiones generales) im Stiftsbezirk erhoben habe, welches gewiß nicht anders, als nach vorgängiger Bewilligung der Stiftsstände geschehen seyn wird.

Auf dem allgemeinen Landtage zu Leipzig im Jahre 1542. erklärte das Domcapitel von Merseburg, in Ansehung der zu bewilligenden Türkensteuer sich dahin: ihr Bischoff Siegmund habe Frist und Aufschub genommen, damit solches alles zuvor in einem versammleten gemeinen Capitel, und von des Stifts Landschaft möge berathschlagt werden.

Eben so antworteten die Bischöffe von Meißen, Merseburg und Naumburg, als ihnen 1547. auf einem abermaligen Landtage zu Leipzig, Steuern angesonnen wurden: sie wollten ihre Unterthanen beschreiben, mit ihnen darauf schließen, und innerhalb 3. Wochen sich endlich erklären.

2.

Als nachher das säcularisirte Stift an das Chur-haus Sachsen dergestalt gelangt war, daß nun nicht mehr ein besonderer Bischoff erwählet wurde, so wurde es nun auch gewöhnlich, in dem Stifte zu Bewilligung der ordentlichen und außerordentlichen Abgaben

Abgaben von Zeit zu Zeit besondere Landtäge zu halten, und in Ansehung der Form derselben, so viel immer möglich, eben dasjenige zu beobachten, was bey den in den chursächsischen Erblanden gewöhnlichen Landtägen Herkommens, oder Constitutionsmäßig war. Es sollen auch vom Jahre 1570. Landtagsacten beym Stiftsarchive zu Merseburg vorhanden seyn, aus welchen nun wohl eine pragmatische Geschichte dieser Landtäge geliefert werden könnte. —

3.

Der Churfürst Johann Georg I. brachte es nicht allein dahin, daß sein dritter Sohn, der Herzog Christian, zum Administrator des Stifts Merseburg postuliret wurde, sondern er wieß ihm auch in seinem merkwürdigen Testamente vom 20. Julii 1652. dieses Stift nebst der Niederlausitz, und einigen Aemtern zu seiner Landesportion an, jedoch dergestalt, daß er zugleich die Landeshoheit des Churfürsten von Sachsen über dieses Stift ausdrücklich anerkennen mußte. Der Grund dieser Bedingung lag in der bisher angemaaßten Reichsunmittelbarkeit der drey Hochstifter. Dieser Administrator Christian, und seine Nachfolger haben von Zeit zu Zeit einen Landtag im Stifte Merseburg ausgeschrieben, weil zum Theil die von den Stiftsständen zu bewilligenden Abgaben, dem Inhaber dieser Landesportion zu seinen Einkünften mit angewiesen waren. Ueberdieß hatte auch der Herzog in dem freundbrüderlichen Hauptvergleiche vom 22. April 1657. sich verbindlich gemacht, dasjenige, was auf einem allgemeinen Landtage in den Erblanden beschlossen worden, in seiner Landesportion gleichfalls auszuschreiben.

4.

Die folgenden Herzoge von Sachsen-Merseburg haben bis zum Jahr 1727. in ziemlicher Ordnung die erforderlichen Landtäge ausgeschrieben. In diesem Jahre berief der Herzog Moritz Wilhelm die Stiftsstände zu einem gewöhnlichen Landtage zusammen. Weil nun dieser der letzte von den Herzogen zu Sachsen-Merseburg als Administratoren des Stifts gehaltene Landtag ist, (denn von 1727. bis 1764. ist keine Landesversammlung im Stifte gehalten worden,) so hoffe ich von meinen Lesern Verzeihung zu erhalten, wenn ich mich bey der Geschichte dieses Landtags etwas länger verweile.

5.

Der Landtag nahm mit dem 12. Febr. gedachten Jahres seinen Anfang, und endigte sich mit dem 29. März. Die Stiftsstände versammelten sich, dem Ausschreiben gemäß, vorbemeldeten Tages früh um 9. Uhr auf dem Schlosse, auf der sogenannten steinernen Gallerie, wurden durch den Hoffourier in gehöriger Ordnung in die Kirche, und aus derselben in die ihnen zu ihren Sessionen angewiesenen Zimmer geführet, zuletzt aber in den Audienzsaal abgeholet. Hier erschien der Herzog mit seinem Hofstaate von-

zwey

zwey Marschällen geführt, und nahm seinen Platz auf dem errichteten Throne vor dem Sessel, ohne sich jedoch niederzulassen. Hinter ihm standen seine Hofcavaliers, und vor ihm zur rechten Hand des Thrones das Domcapitel in einer Reihe, zur linken der Stiftsdirector mit den Ausschußständen, und dem Throne gegen über die Ritterschaft und die Städte. Hierauf trat der Vicecanzler Pflug auf die unterste Stufe des Thrones rechter Hand, und hielt eine Anrede, begab sich nach deren Beendigung von seinem Standorte etwas rechts zurück, und nun wurde die Proposition von einem geheimen Secretair abgelesen, auch darauf ein Exemplar derselben dem Dombechant, und das andere dem Stifsdirector ausgehändiget. Dieser ganze Actus endigte sich Nachmittags um 2. Uhr.

Die Commissarien churfürstlicher Seits bey diesem Landtage, waren der Cammerherr und Hofrath von Bünau, und der Hofrath Glafey. Letzterer erwähnt solches selbst in s. Kern der Gesch. des Hauses Sachs. Nürnb. 1753. in 4. S. 257.

Die Stiftsstände wurden, wie gewöhnlich, bey Hofe gespeist. Bey der letzten Mahlzeit wurde noch eine Collecte für den Hofzwerg zu seiner Hochzeit angelegt. — Jedwede Stadt gab 16 Groschen.

6.

Von den Verhandlungen auf diesem Landtage will ich hier nichts weiter anführen, sondern die Hauptschriften selbst, nemlich den Landtagsabschied

 und

und Revers unten liefern, jedoch aber soviel noch bemerken, daß die Stiftsstände in ihrer Bewilligungsschrift unter andern anführten: „es wäre ihnen eine dem unveränderten Herkommen, und der besondern Stiftsverfassung gleichförmige Proposition nicht geschehen, sondern es wolle das Ansehen gewinnen, als sollten sie vor den Erblanden prägraviret werden.“ Darauf erhielten sie zur Antwort: man werde nicht gestatten, daß das gegründete Herkommen in eine weitere strafbare Discussion gezogen werde; es würden den Stiftsständen eben die Postulata vorgetragen, welche auf den allgemeinen Landtägen in den alten Erblanden gemacht werden. Sie möchten sich aus dem 1659. mit dem Churhause geschlossenen Vertrage belehren lassen, worauf sich dieß gründe. — Allein die Stiftsstände suchten sich damit zu entschuldigen, daß sie von dem angezogenen Vertrage keine genaue Nachricht hätten.

7.

Mit dem Herzog Heinrich erlosch 1738. die Sachsen-Merseburgische Linie, und das Stift sowohl, als die übrigen dazu geschlagenen Lande, fielen nun wieder an das Churhaus Sachsen zurück, so daß von dieser Zeit an, das Stift ohne Mittelsperson regiert wurde.

Es müssen aber dem ohnerachtet die Rechte des Landesherrn über das Stift, und die des Stiftsherrn genau von einander abgesondert werden, welches aber

freylich

freylich nicht ohne Schwierigkeiten geschehen kann, da die Grenzen dieser Rechte äusserst subtil sind, so daß man nicht vermag, aufs schärfste anzugeben, wo die Rechte des einen, die Rechte des andern überwiegen.

8.

Jene Veränderung hatte auch auf die Landtagsverfassung im Stifte Merseburg nicht geringen Einfluß. Es wurde in einem Zeitraume von beynahe 30. Jahren kein einziger Landtag gehalten, und die Stände klagten daher nach der Zeit bey verschiedenen Gelegenheiten, daß mit dem Jahre 1738. die stiftische Verfassung beynahe ganz über den Haufen geworfen worden sey. Es waren auch seit der Zeit, besonders während des Krieges, mancherley Abgaben im Stifte ohne vorgängige Landtagsbewilligung erhoben worden. Die Stiftsschulden vom siebenjährigen Kriege her, außer den 70,000 Thalern Preußische Contribution, welche hatten müssen erlegt werden, betrugen 42,581 Thlr. 13 Gr. 2 Pf. die aber im Jahre 1786. schon völlig getilgt worden sind.

Die Stiftsstände mußten bey den allgemeinen Bedrängnissen, in welchen sich das Land befand, ihre Rechte ruhen lassen, und konnten nichts thun, als einem günstigern Zeitpuncte entgegen sehen, wo sie solche mit edler Freymüthigkeit, und nicht ohne glücklichen Erfolg reclamiren konnten. Und dieser längst erwartete Zeitpunct trat bald nach wieder hergestellter Ruhe ein.

9.

Im Jahre 1764. unterm 17. April ließ der Administrator der Chursachsen, Prinz Xaver, einen Landtag im Stifte ausschreiben, und der Landtag nahm auch schon 12. Tage darnach, nemlich den 29. April seinen Anfang, und währte bis zum 31. May.

10.

Das Ausschreiben wurde in der Stiftsregierung ausgefertiget, und vom Canzler unterschrieben, auch vom Lehnssecretario contrasignirt. (Ehedem unterschrieb es auch der Stiftsherr.) Auch geschah die Convocation nicht, wie es sonst gewöhnlich gewesen war, durch gedruckte Notificationen, sondern durch Patente. Die Stiftsstände hielten dieß für etwas so ungewöhnliches, daß sie baten, hierinne die alte Verfassung beyzubehalten. Man wollte übrigens behaupten, es wäre wegen Abwesenheit des Stiftsherrn diese Form beobachtet worden.

11.

Die Stiftsstände wurden durch die mit dem Landtagsabschiede ihnen ertheilten Reversales wegen ihrer Gerechtsame in Ansehung der Landtagsverfassung vollkommen zufrieden gestellt, denn es heißt am Schlusse derselben ausdrücklich:

Gestalt denn auch alles dasjenige, was etwa in vorigen Zeiten, besondern Umständen nach, dem entgegen geschehen, so wenig, als die neuerlich nach beendigtem Kriege, und ehe zu

einem

einem Stiftstage zu gelangen gewesen, beschehene, und durch die Nothwendigkeit veranlaßte Ausschreiben zu einiger Folge gereichen, noch angezogen werden soll.

12.

Das den Ständen auf diesem Landtage ertheilte Decret vom 14. May 1764. ist die Grundlage der heutigen Landtagsverfassung im Stifte Merseburg, und ich habe es daher für nicht undienlich gehalten, solches am Schlusse dieser Abhandlung beyzufügen, um sogleich meine hier mitgetheilten Nachrichten damit sattsam zu belegen.

13.

Unter mehrern andern den Ständen in der Landtagsproposition angesonnenen Bewilligungen, wurde auch ein erklecklicher Beytrag zu dem bey der doppelten Stiftsveränderung erforderlich gewesenen sehr großen Aufwand verlangt. Allein die Stände deprecirten solchen in aller Unterthänigkeit, doch verwilligte die Ritterschaft außer einem Donativ von 3000 Gulden, noch ein Präsent von 500 Dukaten für die verwitwete Churfürstin, und 2000 Thaler für den Administrator Xaver.

14.

Nach Verlauf von 2. Jahren wurde schon wieder ein Landtag im Stifte, unterm 25. Sept. 1766. (und zwar dießmal nicht per patentes, sondern in der sonst gewöhnlichen Form, wofür sich auch hernach die

Stände

Stände in der Präliminarschrift bedankten,) ausgeschrieben. Der Landtag nahm den 22. October seinen Anfang, und endigte sich nach 4. Wochen am 20. November.

15.

Man konnte es mit allen Bemühungen nicht dahin bringen, daß der Mahlgroschen, gleichwie in den alten Erblanden, wäre eingeführet worden, sondern es kam endlich dahin, daß aus den von der Lage des Stifts, und andern demselben ganz eigenen Umständen hergenommenen Bewegungsgründen, anstatt desselben die bewilligten 3 Pfennige und 3 Quatember angenommen wurden.

16.

Das von der Ritterschaft bewilligte Donativ an 2700 Thlr. jährlich sollte dergestalt vertheilet werden, daß davon 1000 Thlr. an den Stiftsherrn, 1200 Thlr. an den Administrator der Chursachsen, und 500 Thlr. an die verwitwete Churfürstin gelangen sollten. Auf ein Ritterpferd wurden dießfalls 31 Thlr. 18 Gr. 5 Pf. repartiret.

17.

Da die auf dem Landtage im Jahre 1766. geschehenen Bewilligungen sich nur auf 3. Jahre erstreckten, so wurde zu Anfange des Jahres 1770. abermals ein Landtag nach Merseburg ausgeschrieben, der am 21. Jan. anfieng, und sich etwas später als sonst, nemlich erst am 5. März, endigte. Es war dieß der

erste

erste Landtag, den der Churfürst Friedrich August, nach seinem Regierungsantritt im Stifte halten ließ. Es wurden daher auch von der Ritterschaft und den Ständen besondere Präsente zum Regierungsantritt, und zur Vermählung des Stiftsherrn bewilliget, nemlich 500 Dukaten, oder 1375 Thlr. für die Gemahlin des Churfürsten, 9180 Thlr. Donativ, und noch ein Präsent für den Churfürsten von 3645 Thlr. worunter auch 1600 Thlr. — als ein besonderes Vermählungspräsent für den Stiftsherrn begriffen seyn sollte. Dieß zusammen machte in 6. Jahren eine Summe von 14,200 Thlr.

18.

Unter den auf diesem Landtage vorgeschlagenen Verbesserungen, wurde auch die Anlegung eines Zucht- und Armenhauses in dem Schlosse zu Lützen, in Antrag gebracht, zumal da ein ehemaliger Stiftscanzler zu Merseburg, D. Johann Christoph Wex, bereits im Jahre 1682. in seinem Testamente ein Kapital von 2000 Gülden zu einer solchen Stiftung legirt hatte. Es kam aber diese heilsame Anstalt noch nicht zu Stande, sondern es sollte erst ein ausführlicher Plan darüber entworfen werden. Nach einem Zeitraum von 17. Jahren that man einen andern Vorschlag, es möchten sich die beyden Stifter Merseburg und Zeitz dahin vereinigen, daß sie ein gemeinschaftliches Zucht- und Armenhaus in Zeitz anlegen ließen. Leider sind die bis jetzt vorhandenen Zuchthäuser von Bösewichtern so vollgepfropft, daß beynahe jede Stadt ein eigenes Gebäude zur kostbaren Aufbewahrung ihrer schädlichen Mitglieder anlegen möchte. — Doch es ist hier der Ort nicht, mich weiter darüber auszulassen.

19.

Die sechsjährige Bewilligungsfrist war bereits abgelaufen, als erst unterm 20. Febr. 1776. ein Landtag im Stifte zum 3. März gedachten Jahres ausgeschrieben werden konnte. Er dauerte bis zum 27. April. Da die Osterfeyertage in diesen Landtag fielen, so trug man darauf an, solchen zu limitiren; allein die Ritterschaft und Städte thaten deshalb Vorstellung beym Ausschußcollegio, und der Landtag dauerte fort.

Die Milizsteuer war schon vom 1. Jan. 1776. ausgeschrieben worden, ohngeachtet sie noch nicht aufs neue bewilliget worden war. Es mußte daher überhaupt auf diesem Landtage zuerst eine Vorbewilligung der bisherigen Steuern auf die ersten 4 Monate dieses Jahres geschehen.

20.

In der Präliminarschrift gravaminirten die Stände insonderheit über eine in den Reversalien vorgegangene Veränderung, wurden aber etwas ernstlich zur Ruhe verwiesen, indem ihnen in der darauf erfolgten Resolution zu erkennen gegeben wurde: „Ihro Churfürstl. Durchl. würden E. Domcapitel und den Stiftstän-

den

den den Zutritt mit ihren geziemenden Vorstellungen in allem dem, da sie sich für beschwert halten könnten, auch ferner nicht versagen, wo nur das gemeine Wohl durch selbige nicht gehemmet, und die dem Landes- und Stiftsherrn schuldige Ehrerbietung nicht aus den Augen gesetzt würde ꝛc. Ihro Churfürstl. Durchl. liessen ihnen solche Schrift zurück geben, und eine weitere Ahndung blos in dem Vertrauen aussetzen, daß die Stände künftighin auf die in ihrem Namen gebrauchte Schreibart, mehr Aufmerksamkeit richten, und die Nothwendigkeit nicht veranlassen würden, in einem unverhofften ähnlichen Falle die Anzeige des Concipienten zu verlangen, und selbigen zu gebührender Rechenschaft zu ziehen."

21.

Während des Bayerischen Erbfolgekriegs, in welchen der Churfürst von Sachsen, wegen der an der Bayerischen Allodialverlassenschaft gemachten Ansprüche, verwickelt worden war, wurde im Jahre 1778. ein außerordentlicher Landtag im Stifte zusammen berufen, der vom 18. Oct. bis zum 9. Nov. währte. Es wurden ausserordentliche Beyträge verlangt. Weil aber die Stände solche in der Määße, als sie ihnen in der Proposition waren angesonnen worden, nicht bewilliget hatten, so wurde die von ihnen abgefaßte Bewilligungsschrift nicht angenommen.

Nach dem Anführen des von Römer am angef. Orte S. 111. soll im Jahre 1742. ein Ausschußconvent

im

im Stifte gehalten worden seyn, wovon ich aber keine weitern Nachrichten habe auffinden können.

22.

Im Jahre 1781. wurde ein gewöhnlicher Landtag im Stifte gehalten.

23.

Eben so war im Jahre 1787. vom 14. Oct. bis zum 21. Nov. der Landtag versammelt.

24.

Der neueste Landtag, der im Jahre 1793. ausgeschrieben wurde, dauerte vom 20. Oct. bis zum 2. December. Als literairische Merkwürdigkeit ist hierbey eine kleine Schrift des Herrn Schmidt von Wegwitz, unter dem Titel: Ueber einige Misbräuche auf dem Stiftstage zu Merseburg am 21. Oct. 1793. vorgetragen, anzuführen.

25.

In der Ordnung wird gegenwärtig bald nach einem in den alten Erblanden gehaltenen allgemeinen Landtage, auch in dem Stifte Merseburg ein Landtag ausgeschrieben, und durch einen vom Landesfürsten abgeordneten Commissarius besorgt, welcher mit einem seiner Würde angemessenen Gefolge, unter gewissen Feyerlichkeiten erscheinet.

I. Von den Stiftsständen.

26.

Der erste und vornehmste Theil der stiftischen Stände ist das Domcapitel zu Merseburg. Es dirigirt dasselbe den Landtag, und ohne dasselbe kann von den Stiftsständen nichts an den Churfürstlichen Commissarius gelangen, so wie im Gegentheil die durch den Commissarius erhaltenen Resolutionen des Stiftsherrn den Ständen durch das Domcapitel mitgetheilet werden. Es erscheint bey dem Landtage entweder in corpore, und in diesem Falle haben auch die beyden ersten Professoren der Leipziger Juristenfakultät als Domherren Sitz und Stimme, oder durch einige Abgeordnete aus dem Capitel.

Bey dem Landtage 1766. waren 14. Capitulares mit dem Stiftssyndicus, 1776. 12. und 1787. 13. zugegen.

Im strengsten Sinne ist das Domcapitel als ein ständisches Collegium nicht zu betrachten, da es mit dem Stiftsherrn zugleich an der Regierung des Stifts, vermöge der Capitulation, einen bestimmten Antheil nimmt.

27.

Die eigentlichen Stiftsstände bestehen aus drey Abtheilungen, a) den Ausschußständen, b) der Ritterschaft, und c) den Städten.

28.

Der Ausschuß bestehet aus 14. Gliedern, und zwar erstlich aus dem Stiftsdirector, sodann 11. Gliedern aus der Ritterschaft, ferner einem Deputirten des Magistrats zu Leipzig, wegen der im Stifte besitzenden Rittergüther, welcher bey den Sessionen allezeit den vierten Platz einnimmt, und endlich dem Bürgermeister aus Merseburg, welchem jederzeit die unterste Stelle zukommt, so daß der gewählte Ausschußstand aus der Ritterschaft allezeit über ihn zu sitzen kommt.

29.

Der Stiftsdirector wird von den Ausschußständen selbst nach der Mehrheit der Stimmen gewählet. In seiner Abwesenheit, oder im Behinderungsfalle vertritt der älteste von den Ausschußständen seine Stelle. Die von den Ausschußständen getroffene Wahl eines Stiftsdirectors wird dem Domcapitel schriftlich angezeigt, welches hernach von ihm den Handschlag annimmt, und denselben confirmiret, auch sodann dem Stiftsherrn davon Bericht erstattet.

30.

Das Ausschußcollegium, mit Inbegriff des Stiftsdirectors, der zu den Gliedern desjenigen Amts gerechnet wird, in welchem sein Guth gelegen ist, wird aus der Ritterschaft folgendergestalt erwählet, daß

3. adeliche Ritterguthsbesitzer aus dem Amte Merseburg,
4. „ „ „ Lützen,
3. „ „ „ Schkeuditz,
2. „ Lauchstädt,

in

in den Ausschuß genommen werden. Wenn eine Ausschußperson abgehet, so wird aus dem Amte, wo der Abgang sich ereignet hat, eine andere per plurima erwählet, und dem Domcapitel die geschehene Wahl schriftlich gemeldet, welches sodann den Neugewählten confirmiret, ohne jedoch deshalb an den Stiftsherrn Bericht zu erstatten.

31.

Die Ritterschaft bestehet aus den adelichen Besitzern der im Stiftsbezirk gelegenen Rittergüther, ohne daß hierbey eine Ahnenprobe erforderlich wäre. Es erscheinen daher auch Neuadeliche. Aber bürgerliche Ritterguthsbesitzer haben keinen Sitz und Stimme auf diesen Landtägen, sondern sie ertheilen ihrem adelichen Nachbar Vollmacht. Adeliche Damen, welche ein Ritterguth besitzen, können ihren Ehemann, wenn er von Adel ist, und nicht selbst ein Guth besitzt, für sich erscheinen lassen, nicht aber ihren Vormund, oder einen andern Bevollmächtigten.

32.

Ob die vom Herrn D. R. R. Canzler in Tableau hist. de l'Electorat de Saxe &c. p. 161. sq. angegebene Anzahl der im Stifte befindlichen Rittergüther, (des Zusatzes schriftsäßiger bedarf es nicht, weil im Stifte Merseburg alle Rittergüther schriftsäßig sind,) richtig sey, muß ich aus Mangel genauerer Nachrichten dahin gestellt seyn lassen. Aber die Angabe von

Ritterpferden, nemlich 93. scheint mir durchaus unrichtig zu seyn.

Im Jahre 1727. rechnete man im Stifte 87. Ritterpferde, und zwar

18. im Amte Merseburg,

26. " Lützen,

28. " Schkeuditz; hieher gehören auch die Rittergüther des Raths zu Leipzig mit 4. Ritterpferden,

15. " Lauchstädt.

In neuern Zeiten aber sind nur noch 85. Ritterpferde vorhanden, das eine muß von dem Cammervorwerke Callenberg übertragen werden. Unten werde ich ein genaues Verzeichniß der mit Ritterpferden belegten Rittergüther liefern.

33.

Zu den Donativgeldern geben übrigens noch verschiedene Freygüther einen Beytrag nach 4½ Ritterpferde, als:

a) im Amte Merseburg,

Burgstädten,	.	½ Ritterpferd.
Löpitz,	.	¼ .
Oberfrankleben	.	¼
Wallendorf	.	¼

b) im Amte Lützen,

Knauthnaundorf	.	½ .
Methenitz u. Priestäblich		¼ .
Oeglitz	.	¼

Sössen

Sössen	½ Ritterpferd.	
Staarsiedel,	½	=
c) im Amte Schkenditz,		
Kölze	½	
Neuscherbitz	½	=
d) im Amte Lauchstädt,		
Kleinlauchstädt	½	=
Reinsdorf	½	=

Hiernach dürfte das Anführen des Herrn Prof. Leonhardi in seiner Erdbesche. Th II. S. 524. „daß 11½ Ritterpferde von den Freygüthern übertragen würden, und überhaupt in dem Stifte 97½ Ritterpferde befindlich wären," zu berichtigen seyn.

34.

Zur dritten Abtheilung der stiftischen Stände gehören endlich die im Stifte befindlichen 7 Städte, Merseburg, Lützen, Schkenditz, Lauchstädt, Schafstädt, Zwenkau und Markranstädt, welche in dieser bemerkten Ordnung Sitz und Stimme auf dem Landtage haben, und gemeiniglich zu Beschickung desselben ein Rathsmitglied nebst dem Stadtschreiber abordnen.

II. Von der Convocation der Stiftsstände und der bey den Landtägen üblichen Verfahrungsart.

35.

Dem Domcapitel des Hochstifts Merseburg, dem Haupte der dasigen Stiftsstände, kommt auf den allgemeinen Landtägen in den alten Erblanden ein Sitz und

und Stimmenrecht mit verschiedenen Vorzügen zu, und es wird demselben von dem Landesfürsten gemeiniglich die Anordnung eines besondern Landtags im Stifte zugesichert, auch bey Eröfnung desselben die auf jenem allgemeinen Landtage geschehene Proposition und Bewilligung abschriftlich mitgetheilt.

36.

Dem zu Folge erläßt das geheime Consilium, unter welchem die Stifter in Ansehung ihrer Verfassung unmittelbar stehen, an die Stiftsregierung zu Merseburg die nöthige Verfügung, und diese convocirt nunmehr die Stiftsstände durch besondere Ausschreiben in der hergebrachten Form.

37.

Am Tage zuvor, ehe der Landtag seinen Anfang nimmt, müssen sich die erschienenen Stände bey dem Stifsdirector melden.

38.

Am Tage der Eröfnung des Landtags finden sich die Stände auf dem Schlosse in den ihnen angewiesenen Sessionszimmern Vormittags vor 9. Uhr ein, aus welchen sie hernach zu Anhörung des Gottesdienstes in die Kirche abgeholet werden, und zwar in folgender Ordnung, 1) die Deputirten der Städte, 2) die Ritterschaft, 3) das Ausschußcollegium, und 4) das Domcapitel. Den Zug beschließt der churfürstliche Commissarius unter Vortretung des Hoffouriers, sämmtlicher Cavaliers, und des Marschalls mit dem Marschallsstabe.

39.

In der Kirche sind den Ständen besondere Plätze angewiesen. Der Gottesdienst besteht hauptsächlich in einer auf diese Feyerlichkeit eingerichteten Predigt, welche der Stiftssuperintendent hält, und dafür gewöhnlich 40 Thaler empfängt.

Wahrscheinlich wird auch während des Landtags in den Kirchen innerhalb des Stiftsbezirks, Sonntags nach der Predigt ein eignes Landtagsgebet verlesen, wenigstens pflegt dieß im Stifte Zeitz bey einem Landtage zu geschehen.

40.

Nach geendigtem Gottesdienst werden die Stände wiederum in der vorbemerkten Ordnung aus der Kirche in die ihnen angewiesenen Sessionszimmer zurückgeführet, und hernach in den Audienzsaal zu Anhörung der Landtagsproposition abgeholet.

41.

In diesem Saale nehmen sie innerhalb der Schranken die ihnen angewiesenen Plätze dergestalt ein, daß zur rechten Hand des errichteten Thrones das Domcapitel, zur linken Hand die Ausschußstände, und dem Throne gegen über die von der Ritterschaft und die Deputirten der Städte zu stehen kommen.

Bey der Landtagseröfnung im Jahre 1770. hatten die städtischen Deputirten außerhalb der Schranken ihren Platz nehmen müssen. Sie beschwerten sich darüber bey dem Ausschußcollegio, und brachten es

auch

auch dahin, daß sie bey dem Landtagsabschiede innerhalb der Schranken den ihnen gehörigen Platz einnahmen.

42.

Wenn die Stände ihre Plätze eingenommen haben, so erscheint der churfürstliche Commissarius, unter Vortretung des Marschalls, und Begleitung der Cavaliers, auch der Stabsofficiers von der Garnison, und besteigt den Thron. Die Cavaliers bleiben hinter ihm zur rechten und zur linken Hand stehen.

43.

Die Eröfnung des Landtags geschieht mittelst einer Rede, welche von dem Commissarius gehalten wird. Hierauf wird die Landtagsproposition von einem Secretair abgelesen, auch ein Exemplar derselben dem Domcapitel, und das andere dem Stiftsdirector mitgetheilt. Eine von dem Stiftsdirector zu haltende Gegenrede beschließt die Feyerlichkeit. Die Stände werden gemeiniglich an diesem Tage vom Hofe gespeist. Den städtischen Deputirten werden ihre Plätze an der Marschallstafel angewiesen.

44.

Am folgenden Tage nehmen die Landtagssitzungen in drey besondern Zimmern, in welche die drey Abtheilungen der Stände vertheilt sind, ihren Anfang. Man beschäftigt sich zuförderst mit Untersuchung der Legitimationen, und schreitet sodann zu den Deliberationen selbst.

45. Jedes

45.

Jedes Collegium deliberirt für sich, und theilt sodann dem andern seine gefaßten Beschlüsse mit. Die städtischen Deputirten müssen auf Verlangen einige aus ihren Mitteln an die Ritterschaft schicken, um die Proponenda anzuhören, und die gefaßten Resolutionen zurückzubringen. Eben so erwählet die Ritterschaft unter sich einige Deputirte, welche mit dem Ausschußcollegio mündlich communiciren, und sich auf Ersuchen jedesmal bey diesem Collegio einfinden. Auch bestellet die Ritterschaft unter sich einen Director, welcher die Stimmen sammelt, und dafür Sorge trägt, daß die Protocolle, zu deren Abfassung gemeiniglich einer von den anwesenden Stadtschreibern ernennet wird, in Ordnung gehalten werden.

46.

Die abzufassenden Schriften werden den Ständen communiciret, jedoch sollen sie nicht über Nacht behalten werden. Die städtischen Deputirten werden in das Sessionszimmer der Ritterschaft gerufen, wenn dergleichen abgefaßte Schriften vorgelesen werden sollen. Ritterschaft sowohl als Städte werden mit ihren Erinnerungen dagegen gehört. Das Ausschußcollegium giebt zuletzt sein Votum, und sodann wird die abgefaßte Schrift dem Domcapitel durch zwey Deputirte von dem Ausschuß der Ritterschaft übergeben, welches gewöhnlich bey vorwaltender Verschiedenheit der Meinungen dem Gutachten des Ausschusses beyzutreten pflegt. Bisweilen hat auch das Domcapitel einige Erinnerungen bey dergleichen Landtagsschriften zu machen. Diese werden sodann erst dem Ausschußcollegio mitgetheilt. Nach vollständiger Uebereinstimmung aller Stände werden endlich diese Schriften mundirt, und auf folgende Weise unterschrieben: unterthänigst treugehorsamste sämmtliche Stände von Ritterschaft und Städten des Stifts Merseburg, N. N. Director.

47.

Durch das Domcapitel gelangen hernach diese Schriften an den churfürstlichen Commissarius, welcher sie alsbald an das geheime Consilium zu Dresden befördert, und die darauf erhaltenen Resolutionen dem Domcapitel mittheilt, durch welches sie hernach an die Stiftsstände gebracht werden.

48.

Die Hauptschriften sind hier ebenfalls Präliminar- und die Bewilligungsschrift. Beyde kommen in den Formalien mit der Präliminar- und Bewilligungsschrift der Landstände in den alten Erblanden überein. In der Donativschrift der Ritterschaft, deren Concept auch den städtischen Deputirten communiciret wird, pflegt gemeiniglich eine besondere Protestation gegen die in der Donativschrift der Ritterschaft in den alten Erblanden enthaltene Behauptung, daß die stiftische Ritterschaft als ein Theil von dieser anzusehen sey, einzufließen.

Es

Es ist hier der Ort nicht, mich in eine weitere Untersuchung der von beyden Seiten vorgetragenen Gründe einzulassen. Mehr davon zu sagen, gehört in das Staatsrecht der chursächsischen Lande.

49.

Nach übergebener Bewilligungsschrift wird den Ständen, daferne ihre Bewilligungen in der Maaße geschehen sind, daß sie von dem Landesfürsten angenommen worden, der Landtagsabschied, nebst den Reversalien, — die wichtigste Schrift für die Landstände, — ertheilet, und der Landtag mit eben denjenigen Feyerlichkeiten beschlossen, mit welchen er war eröfnet worden.

50.

In Ansehung der Landtagsacten vereinigten sich die städtischen Deputirten im Jahre 1787. dahin, auf ihre gemeinschaftlichen Kosten Abschriften davon fertigen, und solche bey dem Rathe zu Merseburg aufbewahren zu lassen.

III. Von der Auslösung der Stände.

51.

Aus Mangel der erforderlichen Nachrichten habe ich noch nicht ausfindig machen können, zu welcher Zeit den Ständen eine besondere Auslösung bewilliget worden sey. Aber wahrscheinlich haben sie mit den in den alten Erblanden eingeführten Landtagsauslösungen gleichen Ursprung. Eben daher mag auch

von

von Römer am angef. Orte p. 112. vermuthen, daß sie ums Jahr 1631. ihren Anfang genommen haben. Der Fond zu ihrer Bestreitung ist die sogenannte Stiftsbedürfnißcasse, zu welcher deswegen auch in neuern Zeiten 3 Pfennige und 3 Quatember bewilliget werden, welche, wie Leonhardi am angef. Orte angiebt, zusammen 4982 Thlr. 5 Gr. 1¾ Pf. ausmachen sollen. Allein diese Rechnung scheint mir nicht ganz richtig zu seyn, denn 1 Pfennig beträgt 668 Thlr. 16 Gr. 8 Pf. und 1 Quatember 985 Thlr. 9 Gr. 6 Pf. mithin 3 Pfennige und 3 Quatember nur 4962 Thlr. 6 Gr. 6 Pf.

52.

Ein jeder Capitularis bekömmt täglich 4 Gülden Auslösung, der Stiftsdirector eben so viel, eine jede Ausschußperson 3 Gülden, die von der Ritterschaft und die Deputirten der Städte täglich 2 Gülden. Wenn auch einer von der Ritterschaft mehrere Rittergüther im Stifte besitzet, so kann er doch nicht doppelte Auslösung erhalten. In Ansehung der städtischen Deputirten ist noch zu bemerken, daß solche nicht vermehret wird, wenn auch von einer Stadt mehr als ein Deputirter erscheinet, sondern jede Stadt erhält ihre 2 Gülden tägliche Auslösung, sie mag nun durch einen oder mehrere Deputirten erscheinen.

53.

Eben diese Auslösungen werden auch aus der Stiftsbedürfnißcasse bezahlt, wenn, wie dem Domcapitel und Stiftsdirector allezeit frey stehet, besondere Versammlunsammlungen, z. B. zu [illegible], angewendet werden müssen.

54.

Der Copist, welcher die Aufzeichnung der Landtags-auslösung für die Städte zu besorgen hat, erhält seit 1787. von jeder Stadt 8 Groschen zu seiner Ergötzlichkeit.

IV. Von den Landtagsbewilligungen.

55.

Von diesen muß ich hier um deswillen noch förmlich handeln, weil sie der Hauptendzweck einer solchen Versammlung sind. Denn, wie ich im Eingange dieser Abhandlung bemerkte, der stiftische Landtag mit einem Landtage in den alten Erblanden sehr vieles gemein hat, und fast eine Nachahmung desselben zu seyn scheinet, so unterscheidet er sich doch von diesem in Ansehung der Bewilligungen. Und hierinne zeigt sich besonders die stiftische Verfassung, so wie dadurch die Behauptung der Stiftsstände, daß das Stift nicht als ein integrirender Theil der alten Erblande angesehen werden könne, vollkommen bestätiget wird.

56.

In gewisser Rücksicht wird zwar wohl die Bewilligungsschrift der Landstände in den alten Erblanden zum Grunde gelegt, auch gleich beym Anfange des Landtags den Stiftsständen communicirt, jedoch nicht

nicht sowohl in der Absicht, sie zu ähnlichen Bewilligungen anzustrengen, als vielmehr ihnen Gelegenheit an die Hand zu geben, daß sie in Erweisung ihrer Bereitwilligkeit hinter jenen nicht allzuweit zurück bleiben sollen.

57.

Für die Jahre 1788. bis 1793. waren folgende Bewilligungen geschehen:

I. zur alleinigen Einnahme der Stift-Merseburgischen Rentcammer.

a) die Landsteuer an 16 Pf. von jedem gangbaren Schocke, in 2. Terminen, Lätare und Barthol. Im Stifte sind überhaupt 190,965 gangbare Schocke, und 1617 caduke und decremente. Von jenen sind auf die Stiftsstädte, und deren Fluren 41,551½ Schocke gelegt.

b) die Tranksteuer an 5 Gr. 3 Pf. von einem Eimer Braunbier, und 5 Gr. 10⅞ Pf. von einem Eimer Weißbier, in 3 Fristen Quasimod. Cruc. und Luciä.

Die Stadt Merseburg genießt noch das besondere Vorrecht, daß von jedem ganzen Gebräude Bier in Folle 18 Thlr. 4 Gr. Tranksteuer entrichtet wird.

c) die ordinaire Weinsteuer nach dem Ausschreiben vom 16. Januar 1747. und den nachher erfolgten Erhöhungen.

d) die

d) die neuerhöhete Abgabe von ausländischen Brandwein und Liqueurs, an 2 Thlr. 12 Gr. vom Eimer einfachen und ordinairen, und 4 Thlr. vom Eimer abgezogenen Brandwein.

e) Impost von Stempelpapier und Spielcharten.

f) Personen- und Charaktersteuer. Das Domcapitel und seine Officianten, ingleichen Kirchenpersonen und stiftische Diener geben nur die Hälfte.

g) Land- und Generalaccise.

h) Fleischsteuer von jedem Pfunde 2 Pf. beym Bankschlachten, und 1 Pf. beym Hausschlachten, zu Unterhaltung der Collegien.

i) zur Cammerhülfe 3 Pf. und 2 Quatember zur Etats-Unterhaltung des Stiftsherrn. Die Stifter werden in Absicht der Reichsanlagen vom Churfürsten absque onere eximirt. cf. von Römer, Th. I. S. 492.

k) 33 und resp. 44 Thlr. für jede in dem Zucht- und Armenhause zu Waldheim befindliche Person aus dem Stifte, in so weit dergleichen Personen von ihrem eigenen Vermögen nicht erhalten werden können. Nach einer jährlich aus Waldheim zu übermachenden Specification, wird der Betrag aus der Stiftsbedürfnißcasse zur stiftischen Rentcammer bezahlt.

II. Zum Militairbedürfniß des Stiftsherrn.

a) 47,406 Thaler, wozu 31 Pfennige und 31 Quatember ausgeschrieben werden.

b) 6 Pfennige und 6 Quatember zu den Militzgeldern.

c) statt des Magazingetreides in natura 6 Gr. für jede Metze Korn oder Hafer, von jeder unter dem Pfluge getriebenen steuerbaren Hufe, deren im Stifte 4425 sind. von Römer und andere geben 10 Hufen mehr an. Schon 1764. erinnerten die Landstände, daß das Geheime Kriegsrathscollegium 12 Hufen mehr führe, als im Stifte wirklich vorhanden wären, und daß daher solche abgeschrieben werden möchten.

III. Zum Stiftsbedürfniß 3 Pfennige und 3 Quatember; davon sind zu bestreiten:

a) das Präsent für die Churfürstin.

b) die dahin gewiesenen Besoldungen und Ausgaben.

c) der Unterhalt der Personen in Waldheim.

d) ein Quantum an das Waisenhaus und Gymnasium zu Merseburg, zum Ersatz der aus der Steuercreditcasse abgehenden Zinsen.

e) die Auslösungs- und Zehrungskosten sowohl für das Domcapitel, als die Stände bey dem Landtage und andern Zusammenkünften.

f) die Begnadigungen der Calamitosen und neuen Anbauer, in soweit sie in diese Casse gehören.

In

In Ansehung der Städte wurde 1781. ein besonderer Begnadigungsfond errichtet. Sie geben überhaupt nach einer unter sich gemachten Repartition 100 Thaler jährlich, und aus der Generalaccisçasse werden ebenfalls jährlich 100 Thaler zu diesem Fond bezahlet. Die Begnadigungen aber werden nach dem Regulativ vom Jahre 1766. vertheilet.

IV. Das Donativ der Ritterschaft, an 1550 Thalern jährlich, also in 6 Jahren 9300 Thaler.

V. 500 Dukaten Präsent für die Churfürstin. Hierzu tragen die Städte, außer Zwenkau, (welches mit 1 Ritterpferde belegt ist, von einem Ritterguthe, das die Stadt ehmals besaß, das aber nachher zergliedert und steuerbar gemacht wurde, der Rath aber die Zinsen und Lehne davon gegen Uebernahme eines Ritterpferdes behielt,) 137 Gülden 3 Gr. oder 120 Thaler bey.

Beylagen.

I.

Ausschreiben des Herzogs Moritz Wilhelm vom Jahr 1727. Von Gottes Gnaden Moritz Wilhelm, Herzog zu Sachsen rc. Postulirter Administrator des Stifts Merseburg.

rc. rc. Nachdem Wir aus bewegenden Ursachen zu Unsers Stifts, und dessen eingesessenen getreuen Vasallen und Unterthanen gemeinen Wohlfahrt einen gewöhnli-

 chen

chen Stiftstag auf nächstkommenden Monat Februar zu halten mit Gott entschlossen. Als begehren Wir hiermit gnädigst, ihr wollet euch auf den 13ten desselben Monats allhier in unserer Residenzstadt einfinden, bey Unserm Hofmarschallamte anmelden, folgenden Tages auf Unserm Schlosse zu rechter Zeit erscheinen, nach vollbrachtem Gottesdienste Unsere Proposition nebst E. Domcapitel und gesammten Stiftsständen gehorsamst anhören, was zu des Stifs Besten und Wohlfahrt gereichen kann, nebst andern getreuen Ständen berathschlagen und schließen helfen, auch darauf fernern Bescheids sowohl der Auslösung halber behöriger Verordnung in Unterthänigkeit erwarten. Daran rc. Dat. Merseburg, den 25. Januar 1727.

Moritz Wilhelm, H. z. S.

II.
Ausschreiben vom Jahre 1766.

rc. rc. Nachdem Wir mit nähesten im Stifte Merseburg einen Stiftstag halten zu lassen resolviret, auch hierzu den 22. Oct. dieses Jahres anberaumet; So begehren Wir in Vormundschaft Unsers Herrn Vettern, des Churfürsten Lbdl. ihr wollet des Tags vorher zu Merseburg euch gewiß und ohnfehlbar behörig einfinden, an Ort und Ende, so man euch hierzu anweisen wird, dasjenige, was Unser Commissarius proponiren wird, anhören, und euch darauf dermaaßen meistens bezeigen, wie hierunter Unser gnädigstes Vertrauen zu euch allenthalben gerichtet ist, auch der gegenwärtige Zustand es fordert. Daran rc. Geben zu Merseburg, den 25. Sept. 1766.

III.

Acceptationsschrift und Abschied vom Jahre 1727.

Dem Hochwürdigsten, Durchlauchtigsten Fürsten und Herrn, Herrn Moritz Wilhelm, H. z. S. rc. postulirtem Administratori des Stifts Merseburg rc. gereichet zu gnädigem Wohlgefallen, daß die getreuen Stiftsstände von Ritterschaft und Städten, die ihnen unterm 14. und 15. Febr. jetztlaufenden Jahres eingehändigte Haupt- und Beyproposition in eine gebührende reife Deliberation nehmen, die darinne enthaltenen triftigen Motiven genau erwegen, auch zu solchem Ende auf die geschehenen Postulata in ihrer unterm 12. und 22. dieses Monats und Jahres gegebenen unterthänigsten Bewilligungsschrift, und nachhero erfolgten nähern Erklärung, sich in den meisten Puncten gutherzig und gewierig bezeigen wollen. Wiewohl nun Ihro Hochfürstl. Durchl. verhoffet hätten, es würden die getreuen Stände nicht minder wegen der andern, in Ansehung der Chur- und Erblande billigen Mitleidenheit näher getreten seyn, dessen Unterlassung aber auch zur Consequenz nicht werden anziehen lassen; So erkennen Sie doch im übrigen mit besondern Gnaden, daß die getreuen Stände ihre unvergessene Treue, und obliegende gehorsamste Devotion, sowohl den patriotischen Eifer für die gemeine Wohlfahrt, und den Ruhestand dieses Stifts aufs neue an den Tag geleget, und dennach in gnädigster Beherzigung der von ihnen zugleich mit angeführten Calamitäten ihre Erklärung in Gnaden statt finden lassen, in solcher Absicht auch nunmehr

1) die fernerweit unterthänigst verwilligte Tranksteuer, von jedem Eimer 3 Gr. 11½ Pf. in den vormaligen 3 Terminen, Quasimodogeniti, Crucis und Nativ. Christi. Von der Stadt Merseburg aber das gewöhnliche Quantum an 15 Gülden von jedem ganzen Gebräude,

2) die Landsteuer an 16 Pf. von jedem gangbaren Schocke,

3) den einfachen Fleischpfennig vom Haus- und den doppelten vom Bankschlachten, zu Unterhaltung derer Collegiorum,

4) die Landaccise von werbenden Stücken,

5) einen Pfennig zur gewöhnlichen Cammerhülfe,

6) 2 Quatember und 2 Pfennige zur Fürstlichen Etats-Unterhaltung,

7) die zum Militairbedürfniß verwilligten 42,000 Thaler auf dieses, und 40,000 Thlr. auf das nachfolgende Jahr vor Ihro Königl. Majestät und Churfürstl. Durchl. zu Sachsen, in den bisher gewöhnlichen Terminen abzuführen,

8) den

8) den Impost von Stempelpapier und Spielcharten, als zu dem Militairbedürfniß gewidmet, gleichfalls für Ihro K. M. u. C. D. zu Sachsen, nicht weniger für dieselben,

9) das zum Magazingetreide ausgesetzte Quantum an 500 Scheffel Korn, und 500 Scheffel Hafer im März 1728 und 1729. zu erschütten,

10) das freywillige Donativ von E. getreuen Ritterschaft, an 3000 Thlr. und zwar in den nächsten 3 Jahren zu entrichten, auch mit der Erlaubniß, die Freygüther zu einer proportionirlichen Mitleidenheit zu ziehen,

11) den jährlichen Beytrag zum Zucht- und Armenhause, von 400 Thlr.

12) das auf die Beyproposition, und wegen der stiftischen Lehnsempfängnißspesen überhaupt bewilligte Quantum der 8000 Thlr. in den Jahren 1727 - 1730. zu bezahlen,

13) einen Quatember und einen Pfennig zu dieses Stiftstags Auslösungskosten,

jedoch im übrigen obige Bewilligungen allerseits, wo nicht bereits besondere Termine angemerket, aus denen in der auf die unterthänigste Hauptbewilligungsschrift erhaltenen Replic angeführten Ursachen, noch zur Zeit nur auf dieses und das folgende 1728. Jahr, hiermit in Gnaden, auch unter den zugleich mit angefügten beschiedenen Bedingungen, in so weit selbige dem Herkommen der Billigkeit, und den publicirten

 Manda-

Mandatis gemäß, acceptiret und angenommen, wegen des gebetenen Indults zur Nachstempelung auch sich gnädigst entschlossen haben, daß darzu, und zwar wegen der von Anno 1711. an, in- und außerhalb Gerichts gefertigten Urkunden und Documente, die vermöge des verbesserten Ausschreibens de Ao. 1710. der Stempelung unterworfen sind, noch eine 3. monatliche Frist zugestanden und nachgesehen, deshalber auch zu jedermanns Wissenschaft ein besonderes Mandat erlassen werden soll. Es wiederholen anneben Ihro Hochfürstl. Durchl. zu Bezeugung Ihrer gegen die getreuen Stände tragenden Fürstlichen Hulde und Zuneigung nicht nur die in der auf die Präliminarschrift gegebenen Resolution enthaltenen gnädigen Versicherungen, nochmalen auf das kräftigste, sondern werden auch diesem Stifte unter des Allerhöchsten Beystand, die wahre und unverfälschte reine Evangelische Lutherische Religion, nebst einer gleich durchgehenden Rechtspflege zu erhalten, christliche Vorsorge tragen, nicht weniger alle Dero getreue Vasallen und Unterthanen insgesammt, und jeglichen insonderheit, bey ihren wohlhergebrachten Privilegien, Freyheiten, Recht- und Gerechtigkeiten, ruhig verbleiben lassen, schützen und handhaben, auch sonsten sich dermaaßen, und also gegen sie bezeigen, wie Ihr solches der von Gott anvertrauten hohen Regenten-Amts- und Obrigkeitswegen zu thun oblieget, und dem gesammten Stifte zum Aufnehmen und beständigen

digen Wohl gereichen kann, mit welcher gnädigen Versicherung und Ausstellung der gewöhnlichen Reversalien Ihro Hochfürstl. Durchl. nur gedachte getreue Stände nunmehro zu den Ihrigen hinwiederum dimittiren, und E. Domcapitel, sowohl denen andern Stiftsständen von Ritterschaft und Städten, auch sämmtlichen getreuen Unterthanen mit Fürstl. Gnade jederzeit wohl zugethan und gewogen verbleiben. Zu Urkund dessen haben Ihro H. D. diesen Abschied unter Ihrer eigenhändigen hohen Unterschrift ausfertigen, und Dero Geheimdes Canzley-Insiegel beydrucken lassen. So geschehen Merseburg, den 28. Mart. 1727.

L. S. Moritz Wilhelm, Herz. zu Sachsen.

Reversales.

V. G. G. Wir Moritz Wilhelm, Herz. z. Sachsen rc. hiermit thun kund und bekennen gegen Männiglich, demnach Unsere lieben andächtigen und getreuen E. Domcapitel, Ritterschaft, Städte und andere Unsers Stifts Merseburg Unterthanen, auf Unser gnädigstes Ansinnen bey dem jetzigen allgemeinen Stiftstage gewisse in ihrer unterthänigsten Bewilligungsschrift enthaltene, und von uns in dem darauf gegebenen Abschiede gnädigst acceptirte Verwilligungen gethan; Und aber Unser Gemüth-Meynung nicht ist, daß solche ihre gutwillige Erzeigung Ihnen und ihren Nachkommen zu einigem Nachtheil oder schädlichen Einführung gereichen solle; Als wollen Wir in Kraft dieses Briefes, gnädigst zugesaget und versprochen haben, daß wir uns der bewilligten Hülfe nicht vor Recht noch Pflicht, weder anmaaßen, noch dafür halten, und geschehen lassen wollen, daß solche Bewilligung ihnen und ihren Nachkommen an ihren Privilegien, Capitulation, Verschreibung und Gewohnheiten auf einerley Weise Schaden, Verminderung oder Abbruch verursachen, Sie, die getreuen Stiftsstände aber bey währender dieser ihrer Bewilligung aller andern dergleichen Hülfe, da deren einige auferlegt würde, gänzlich verschont bleiben sollen. So wollen Wir sie auch sonsten in berührter Zeit mit mehrern und weitern Steuern verschonen, auch das Stift nach Endung der Verwilligung mit keiner fernern Steuer, ohne der Stände neue Bewilligung belegen, und das Stift bey allen und jeden wohlhergebrachten Gewohnheiten und Gerechtigkeiten schützen und handhaben, und Uns in ihrem Obliegen gegen sie gnädigst erzeigen, alles treulich und sonder Gefährde. Zu Uhrkund haben Wir Uns mit eigener Hand unterschrieben, und Unser Stiftssecret hierauf drucken lassen. So geschehen und geben Merseburg, den 28. Mart. 1727.

L. S. Moritz Wilhelm, Herzog zu Sachsen.

IV.

Reversales vom Jahr 1764.

Wir Xaverius von G. G. Königl. Prinz in Pohlen ꝛc. der Chursachsen Administrator ꝛc. bekennen hiermit, und thun kund gegen männiglich, Nachdem Unsere liebe andächtige und getreue E. E. Domcapitel, Ritterschaft, Städte und andere des Stifts Merseburg Unterthanen, auf Unser gnädigstes Ansinnen, bey dem jetzigen allgemeinen Stiftsconvent gewisse, in ihrer unterthänigsten Bewilligungsschrift enthaltene, und von Uns in dem darauf gegebenen Abschiede gnädigst acceptirte Verwilligung gethan; Und aber Unser Gemüth und Meynung nicht ist, daß solche ihre gutwillige Bezeugung ihnen zu einigem Nachtheil oder schädlichen Einführung gereichen soll; Als haben Wir verheißen und zugesagt, wie Wir auch Kraft dieses Briefes zusagen und verheißen, daß Wir Uns der bewilligten Hülfe nicht vor Recht und Pflicht anmaaßen wollen, und daß solche Bewilligung ihnen und ihren Nachkommen an allen Privilegien, Capitulation, Verschreibung und Gewohnheiten, gar keinen Schaden, Verminderung oder Abbruch verursachen und bringen, sie, die getreuen Stiftsstände auch bey währender dieser Bewilligung aller Reichs- und dergleichen Hülfe, da deren einige auferleget würde, gänzlich verschonet bleiben sollen; Wir auch ihnen an ihrer Verfassung überhaupt und freywilligen Verwilligungsrecht keinen Eintrag thun, sie in berührter Zeit mit mehrern und weitern Steuern verschonen, auch das Stift nach Endigung der Verwilligungen mit keinen fernern Steuern ohne der Stände neuen Bewilligung belegen, noch ohne ihre und E. Domcapitels Einstimmung einigerley gemeine Anlagen im Stift einführen lassen, vielmehr das Stift bey allen und jeden wohlhergebrachten Gewohnheiten und Gerechtigkeiten schützen und handhaben, und Uns in ihren Obliegen gegen sie gnädigst erzeigen. Gestalt denn auch alles dasjenige, was etwa in vorigen Zeiten besondern Umständen nach, dem entgegen geschehen, so wenig, als die neuerlich nach beendigtem Kriege, und ehe zu einem Stiftstage zu gelangen gewesen, beschehene und durch die Nothwendigkeit veranlaßte Ausschreiben zu einiger Folge gereichen, noch angezogen werden soll. Alles treulich und sonder Gefährde. Uhrkundlich haben Wir Uns mit eigner Hand unterschrieben, und das Chursecret anhängen lassen. So geschehen und gegeben zu Dresden den 24. May 1764.

Xaverius.

V.

Reversales vom Jahr 1776.

Wir Friedrich August, von G. G. Herzog zu Sachsen rc. Churfürst rc... bekennen hiermit und thun kund gegen männiglich. Nachdem Unsere Andächtige, liebe und getreue E. Domcapitel, Ritterschaft, Städte und andere Unsers Stifts Merseburg. Unterthanen,

auf

auf diese gnädigste [illegible] bey der [illegible] allgemeinen Einrichtung gemäß in ihrer [illegible]
[illegible] erhalten, [illegible]
[illegible] gegebenen Willens gnädigst [illegible] Bewilligung gehabt; Und aber [illegible]
nung nicht ist, daß beide ihr gewöhnliche [illegible]
ihnen und ihren Nachkommen zu ewigen Zeiten [illegible]
schädlichen [illegible] gewähren [illegible] Ihr wollen
Wir in Kraft dieses Briefs gnädigst [illegible]
versprochen haben, daß Wir [illegible]
nicht vor [illegible] und [illegible] Auf
solche selbst halten, und gebührend [illegible] Auf
solche Bewilligung ihnen und ihren Nachkommen an
ihren Privilegien, Concessionen, Bestätigung, Befreyung und Gerechtigkeiten auf [illegible]
den, Veränderung oder Abbruch verursachen, [illegible]
und bringen. [illegible] der gemeinen [illegible]
während dieser ihrer Bewilligung [illegible]
und dergleichen Hülfe, [illegible]
den, gänzlich [illegible]
Wir auch [illegible] außer der Fall der [illegible]
[illegible]
und [illegible]
[illegible]
[illegible]
[illegible]
und [illegible]
[illegible]

[illegible]

Alles treulich, und sonder Gefährde. Uhrkundlich haben Wir Uns mit eigner Hand unterschrieben, und das Chursecret anhängen lassen. Geschehen und gegeben zu Dresden, am 26. Aprilis 1776.

Friedrich August.

L. S.

Adolph Heinrich Graf v. Schönberg.

Hans Ernst v. Teubern.

VI.

Decret vom 14. May 1764.

Dem Durchlauchtigsten Fürsten und Herrn, Herrn Xaverio, Königl. Prinzen ꝛc. der Chursachsen Administratori, ist geziemend vorgetragen worden, was bey letzterer Sedis Vacanz E. Domcapitel in seinem 10ten Gravamine wegen Wiederherstellung der alten ständischen Steuerverfassung im Stifte Merseburg angebracht, sowohl als was eben dieses Gegenstandes halber getreue Stände dieses Stifts in denen bereits am 8. Nov. a. pr. durch das Mittel E. Domcapitels übergebenen Gravaminibus No. 1. unterthänigst gebeten haben.

Wie nun Ihro Königl. Hoheit in obhabender Vormundschaft Dero freundl. geliebten Herrn Vetters, des Durchlauchtigsten Churfürstens Friedrich Augusts zu Sachsen, bereits unterm 16. Mart. jüngsthin E. Domcapitel die kräftigste Versicherung ertheilen lassen, daß während gegenwärtigen Stiftstages alles den

stiftischen

stiftischen Verfassungen gemäß eingerichtet werde, als declariren Sie auch gegenwärtig gegen E. Domcapitel und versammelte getreuen Stände des Stifts Merseburg nochmals gnädigst, wie Sie dieselben und gesammtes Stift bey seiner wohlhergebrachten Verfassung, Rechten, Freyheit und Gerechtigkeiten zu lassen, zu schützen und zu handhaben, allerdings ernstlich vermeynet sind. Solchem gemäß haben Höchstdieselben

1.

bereits durch Ausschreiben gegenwärtigen Stiftstages den werkthätigsten und überzeugendsten Beweis dargeleget, werden solchen auch bey dessen Schluß, durch Ausstellung der gewöhnlichen Reversalien noch mehr, und auf die künftigen Zeiten hinaus bestärken, daß sie denen Ständen an ihrer Verfassung überhaupt, und freyen Bewilligungsrecht keinen Eintrag thun, noch ohne ihre, und E. Domcapitels Einstimmung einigerley gemeine Anlage im Stifte einführen lassen wollen. Gestalt denn auch alles dasjenige, was etwa in vorigen Zeiten besondern Umständen nach, dem entgegen geschehen, so wenig, als die neuerlich nach beendigtem Kriege, und ehe zu einem Stiftstage zu gelangen gewesen, beschehene und durch die Nothwendigkeit veranlaßte Ausschreiben zu einigen Folgen gereichen, noch angezogen werden soll.

2.

Was die Stände in Corpore bey Stiftstägen und sonst in stiftischen Angelegenheiten durch das Mittel E. Domcapitels anbringen werden, immaaßen, daß solches also geschehe, und Domcapitel und Stände hierunter ungetrennt bleiben, das alte Herkommen mit sich bringet, und es dabey noch ferner sein ohngeändertes Bewenden hat, solches wollen Ihro Königl. Hoheit, der von Ihnen acceptirten Capitulation gemäß, gnädig annehmen, und E. Domcapitel bey der ehemals mit den Ständen gemachten Ordnung, wenn dieselbe zufördersi eingeschickt, verbleiben lassen: Doch verstehet sich dabey von selbst, daß, wo ein oder der andere derer Stände etwas in particulari anzubringen hat, derselbe sich an die ordentlichen Instanzen derer im Stifte bestellten Collegiorum zu halten habe; ingleichen, daß, wenn Capitel und Stände in Corpore sich nicht vereinigen können, alsdann jedem Theile frey stehe, seine Nothdurft besonders und ohnmittelbar an Ihro Königl. Hoheit zu bringen.

3.

Soviel die Bestellung des ständischen Corporis anlanget, wollen Ihro Königl. Hoheit gnädigst geschehen lassen, daß der Director, Vicedirector, und übrigen Mitglieder des Ausschusses von dem Ausschuß der Stände selbst gewählet, darauf dem Domcapitel präsentiret, und von demselben nach abgelegtem Handschlag confirmiret werden, doch daß hernachmaln die

gesche-

geschehene Confirmation Ihro Königl. Hoheit gewäh-
rend vom E. Domcapitel hinterbracht werde. Da indessen Höchstdieselben solche, falls sich nicht ein besonderes Bedenken dabey ereignet, sich gnädigst gefallen
lassen, auch in Absicht der Stiftsbedienten wegen
derselbigen herkömmlich aus der Stiftscommercienkasse
zu reichenden Besoldung das erforderliche an das stiftische Commercecollegium verfügen werden.

4.

Vor Haltung eines Landtages sollen jedesmal an E. Domcapitel und Stände die gewöhnlichen Aus-
schreibungen ergehen, und bleibt ihnen frey gelassen, zu nöthiger Vorbereitung der auf dem Landtage anzubringenden Sachen vorher unter sich hergebrachter-
maßen die erforderliche Communication zu pflegen.

5.

Von denen außer den ordentlichen Landtagen auf Veranlassung E. Domcapitels, oder des Erbstiftskämme-
ris geschehenen Zusammenkünften des Ausschusses, in-
gleichen gesammter Stände in denen 4 Quartieren, ist zwar
in vorigen Zeiten mehrgemachter Gebrauch gewesen, daß leicht
manches Jahr soviel an Verzehrungen erfordert haben,
daß darüber die Stiftsschuldentilgungs-Casse zu ihrer
eigentlichen Bestimmung nicht hingereicht, und eben
dieses ist die Ursache gewesen, warum dergleichen Zusammenkünfte in der Folge gar eingestellt werden müs-
sen. Ihro Königl. Hoheit seyen jedoch bewogen, E. Domcapitel und gesammten Stände das gnädigste

Ver-

Vertrauen, daß sie von selbst beflissen seyn der Steuercasse alle unnöthige und nur irgend zu meidende Ausgaben zu ersparen, und wie Sie hoffen, niemalen durch das Wiederspiel sich zu andern Anordnungen bewogen zu sehen; Also ertheilen Sie ihnen die gebetene Erlaubniß, dergleichen Zusammenkünfte, wie vormaln, so oft es die Nothdurft erfordert, anzustellen, nur ist der Stiftsregierung davon eine blos vorläufige Anzeige ad statum notitiae, zu thun. Es soll auch die Autorisirung des Domdechants in Ansehung derer Capitularen, und des Stiftsdirectoris in Ansehung derer Stände hinreichend seyn, damit die dazu nöthige Auslösung aus der Stiftsbedürfniß-Steuercasse passirlich verschrieben werden könne.

6.

Die zu bewilligenden Pfennig und Quatember, auch andere gemeine Anlagen werden Ihro Königl. Hoheit nach geendigtem Stiftstage dem stiftischen Cammercollegio bekannt machen, und die Verfügung dahin treffen, damit von selbigem gewöhnlichermaaßen das gedruckte jährliche Verzeichniß davon durch ein Patent in die 4. stiftischen Amtsbezirke publiciret, und zur Erhebung und Berechnung denen Steuereinnehmern Befehl ertheilet werde.

7.

Unter sothanen Anlagen bleiben die Land- und Tranksteuern, die ordinaire Weinsteuer, nebst der Anno 1747. bewilligten neuen Weinanlage, ingleichen

die

die vor jetzo erhöhete Brandweinsteuer, der Stempelimpost, die Personen- und Charakteerstruer, die Land- und Gewerbeaccise, Fleischsteuern und alle Arten von Cammerhülfen,. benebst Abnahme und Justification der darüber zu führenden Rechnungen, ingleichen die Annehm- und Bestellung derer dazu erforderlichen Einnehmer, und was sonst diessfalls nöthig, der stiftischen Rentcammer *allein* vorbehalten.

8.

Dahingegen diejenigen *Pfennig* und *Quatember*, so die getreuen Stände zu einem baaren Beytrag zu Unterhaltung des chursächsischen Militaris, ingleichen zum Stiftsbedürfniss, wohin auch die Stiftstagsauslösung und Zehrungskosten gehörig, bewilligen werden, wiederum, wie vor 1740. in zwey besondere Cassen gebracht, und von der stiftischen Rentcammer zugleich mit dem Domcapitel und den getreuen Ständen zu des Stifts *Besten administriret*, beyde Cassen *aber* zur Ersparung der *Kosten* zwar von einem Einnehmer besorget, jedoch besondere Jahresrechnungen geführet, und 2. Exemplare davon, eins zur Rentcammer, das andere denen getreuen Ständen übergeben werden solle.

9.

Da der gegenwärtige Steuereinnehmer Kirsch, welchem die zeither mit verwaltete Miliz- und Stiftssteuereinnahme mit guter Zufriedenheit E. Domcapitels und gesammter Stände auch fernerhin verbleibet, bey dem stiftischen Cammercollegio bereits in Beyseyn eines Capitularis und des Stiftssyndici die Pfli abgeleget hat, so hat es dabey sein Bewenden, u soll derselbe bey gedachtem Collegio an den Stiftsd rector mittelst Handschlags dahin gewiesen werde da er auf dessen Begehren, und gegen die von ihm auszustellende, oder zu autorisirende Quittungen, di zu Landschaftlichen ohnentbehrlichen Ausgaben erfor derlichen Gelder aus der Stiftsbedürfnißcasse zu be zahlen, ihm von dem Zustande der Cassen Nachrich zu ertheilen, auch die Rechnungen selbst vorzulegen habe. Bey künftigen Veränderungen aber soll der zu denen Miliz- und Stiftsbedürfniß-Steuercassen zu be stellende Einnehmer zwar von dem stiftischen Cammer collegio, jedoch mit Vorwissen E. Domcapitels, und derer Stände angenommen, nach bestellter Caution mit Instruction und Bestallung versehen, darauf von besagtem Collegio in Beyseyn eines Capitularis, des Stiftsdirectoris, und des Capitels Syndici, auch derer Stände ihren, in Pflicht genommen, dabey auch an den Stiftsdirector mittelst Handschlags, wie ob gedacht, allemal gewiesen werden.

16.

Nur gedachter Einnehmer hat die verwilligten Pfennige und Quatember monatlich nach den Catastris einzubringen, und sich dazu, da nöthig, des bestell ten, und künftig bey Abgang des jetzigen von ihm, in Vorschlag zu bringenden, und von dem stiftischen Cammercollegio, mit Vorwissen E. Domcapitels, und

del

des Stiftsdirectoris anzunehmenden Steuerexequirers, gegen die morosen, aber militairischer Execution zu bedienen.

11.

Die aus den beyden Cassen zu bestreitenden Ausgaben theilen sich in ordentliche und ausserordentliche. Wegen der erstern werden Ihro Königl. Hoheit sich den bereits an Dero in Gott ruhenden Herrn Bruders Königl. Hoheit, von dem stiftischen Cammercollegio erstatteten Bericht des ehesten vortragen, darüber ein vollständiges Reglement entwerfen, und solches E. Domcapitel und getreuen Ständen communiciren lassen, damit es hernach bey denen solchem gemäß zu bewerkstelligenden gehörigen Ausgaben keiner weitern Anfrage bedürfe. Sollte in künftigen Zeiten eine Veränderung in einem oder dem andern Capite dieses Reglements erforderlich scheinen, so soll entweder landesherrlicher Seits darüber mit Capitel und Ständen communiciret, oder landschaftlicher Seits der deshalb gefaßte Schluß zur landesherrlichen Genehmigung vorgetragen werden.

12.

Vor jetzo sind aus der Milizsteuercasse an ordentlichen Ausgaben

a) der zu verwilligende baare Milizbeytrag zur Churfürstl. Sächs. Generalkriegscasse, gegen derselben Anweisung und Quittungen vor allen Dingen abzuliefern.

b) hiernächst die bisher gewöhnlichen Einnehmergebühren einzurechnen.

An ausserordentlichen Ausgaben werden zu dem Erlassen für die Calamitosen, und Begnadigungen für neue Anbauer nach dem von ältern Zeiten her eingeführten Regulativ, die nöthigen Befehle aus dem stiftischen Cammercollegio fernerhin ergehen. Dahingegen der Ueberschuß dieser Casse dem Domcapitel und Ständen getreulich berechnet werden soll.

13.

Aus der Stiftsbedürfnißcasse sollen von denen dahin eingehenden, und zu nichts anders, als wozu sie verwilliget, anzuwendenden Steuern, zuförderst in ordinariis die geordneten und obgedachtermaaßen festzustellenden Besoldungen gegen derer Percipienten, und von dem stiftischen Cammercollegio zu autorisirenden Quittungen bezahlet werden. Hiernächst an extraordinariis nurbesagtem Collegio vorbehalten bleiben, die Erlasse und Begnadigungen von denen zu dieser Casse gehörigen Pfennigen und Quatembern, ingleichen andere ohnvermeidlichen Landesangelegenheiten zu verwendende Ausgaben an Auslösungen für den Marschcommissar, Bothen- Druckerlohn und dergleichen, nach bisheriger Observanz passirlich zu machen.

14.

Hingegen soll auch dem Dombechant und Stiftsdirector, wie vorhin §. 5. gedacht worden, freygelassen seyn, die nöthigen Auslösungen bey Stifstägen und

andern

andern ständischen Zusammenkünften aus dieser Casse zu verschreiben, nicht minder sonst die Nothdurft zu außerordentlichen Stiftsabgaben dem letztern gegen seine Quittung verabfolgt werden. Gleichwie jedoch derselbe über das solchergestalt erhobene ebenfalls richtige Rechnung zu führen, und jährlich abzulegen hat, also mag auch weder er, noch der Domdechant sich entbrechen, in Ansehung der Auslösung zum Schlusse jeden Jahres die Nothwendigkeit und Nutzbarkeit der angestellten Zusammenkünfte, ob solche, gleichwie §. 5. geordnet, mit Vorwissen der Stiftsregierung geschehen, bey dem zur Abnahme und Justification der Stiftsbedürfniß-Steuerrechnungen, aus dem Mittel des stiftischen Cammercollegii, E. Domcapitels und derer Stände bewilligten Deputation beyzubringen, damit bey Abnahme der Jahresrechnung der Stiftsbedürfniß-Steuercasse darüber cognoscirt werden könne, widrigenfalls sie zum Selbstersatz derer von ihrer autorisirten Auslösung werden angehalten werden.

§. 15.

Ihro Königl. Hoheit werden durch das Stiftscammercollegium die Rechnung über die Miliz- und Stiftsbedürfniß-Steuercasse selbst revidiren lassen, stellen aber ein gleiches, jedoch jedesmal mit Concurrenz eines hierzu deputirten stiftischen Cammerraths, zu thun, auch dem Domcapitel und getreuen Ständen frey. Die Jahresrechnungen einzufordern, zu untersuchen, zu defectiren, und sonst alles nöthige zu deren

Abnahme vorzubereiten, bleibt zwar um guter Ordnung willen, dem stiftischen Cammercollegio vorbehalten, jedoch sollen Domcapitel und Stände mit ihren Erinnerungen dabey gleichfalls nicht übergangen, die Abnahme und Justification der Rechnung selbst nicht anders als mit deren Concurrenz bewerkstelliget, und die solchergestalt justificirten Rechnungen von den dazu deputirten Cammerräthen, Capitularen und Ständen zugleich unterschrieben werden.

16.

Nachdem auch getreue Stände beygebracht, daß sie vormals berechtiget gewesen, 4. Stellen in dem Waisenhause zu vergeben, bey Abnahme der Rechnungen gedachten Waisenhauses und der Schule zu concurriren, ingleichen den Landphysicum in dem Stifte zu präsentiren, so wollen Ihro Königl. Hoheit, damit ihnen hierunter allenthalben kein Eintrag geschehe, an die Behörde die nöthige Verfügung erlassen.

Allermaaßen nun durch diese Resolutiones Eingangs gedachte Gravamina gänzlich erschöpft sind, so verhoffen Ihro Königl. Hoheit E. Domcapitel und getreue Stände werden sich dabey vollkommen und dankbarlichst beruhigen. Und Sie verbleiben denenselben mit Fürstl. Hulden und Gnaden wohl beygethan. Dresden, den 14. May 1764.

Xaverius.

L. S.

W. A. Gr. v. Stubenberg.

Frhr. v. Fritzsch.

VII. Ver-

VII.

Verzeichniß der im Stifte Merseburg im Jahre 1727. befindlichen Ritterpferde.

a) im Bezirk Merseburg, 18 Ritterpferde, als:

2	Ritterpf.	Geusau,	1	Ritterpf.	Benndorf,
1	-	Niederbeuna,	1	-	Rundstädt,
1	-	Unterfrankleben,	1	-	Creupau,
2	-	Bündorf,	1	-	Blösien,
1	-	Nauendorf,	1	-	Lößen,
2	-	Schkopau,	1	-	Tragarth,
1	-	Körbisdorf,	1	-	Callenberg.
1	-	Kriegsdorf,			

b) im Bezirk Lützen 26 Ritterpferde, als:

1/2	-	Görnitz,	1	-	Teuditz,
1/4	-	Döhlen,	1	-	Wizschersdorf,
1/4	-	Queesitz,	2	-	Kötzschau,
1/4	-	Meuchen,	1	-	Kölzschen,
1/4	-	Zölschen,	1	-	Keuschberg,
1/2	-	Kleingörschen,	1	-	Ostra u. Keuschberg,
1	-	Kleingörschen,			
1	-	Pobleß,	1	-	Großgoddula,
3	-	Dölitz,	1/3	-	Pables,
3	-	Eythra,	1/3	-	Staarsiedel,
2	-	Kleinzschocher,	1/3	-	Rücken,
1	-	Kleincorbetha,	1	-	Kitzen,
1	-	Vesta und Kleingoddula,	1	-	Rath zu Zwenkau.

c) im Bezirk Schkeubitz 28 Ritterpferde, als:

1 Ritterpf.	Kleindölzig,	1 Ritterpf.	Kötzschlitz,
1 =	Schkeudiz,	1 =	Wahren,
1 =	Modelwitz,	1 =	Wegwitz,
1 =	Schönau,	1 =	Scherbitz,
1 =	Oberthau,	1 =	Ermlitz,
2 =	Großdölzig,	4 =	der Rath zu Leipzig
2 =	Dölkau,	2 =	Zöschen,
2 =	Lützschena,	2 =	Breitenfeld,
1 =	Wehlitz,	2 =	Kleinliebenau.
1 =	Weßmar,		

d) im Bezirk Lauchstädt 15 Ritterpferde, als:

1 =	Ostrau,	1 =	Kriegstädt,
1 =	Benkendorf,	1 =	Dölitz,
2 =	Schaafstädt,	3 =	Beuchlitz,
1 =	Raschwitz,	2 =	Neukirchen,
1 =	Passendorf,	2 =	Netzschka.

II.

Regierungsgeschichte des Herzogs Friedrich Wilhelm I. von Weimar als Administrators der Churlande.*)

Der Churfürst Christian I. zu Sachsen, starb den 25. Sept. 1591. Sein Tod war eine [illegible] Folge empfangenen Schlags, [illegible] welches keine Gewißheit für sich hat, als [illegible] mehr seiner schwächlichen Gesundheit. Er hinterließ außer zwey Töchtern, drey ältere Söhne, Christian, Johann Georg, und August, die alle noch minderjährig waren. Der älteste unter ihnen, der nachherige Churfürst Christian II. war bey seines Vaters Tode 8 Jahr alt. Der nächste Agnat, der die Vormundschaft über dieselben nach den Landesgesetzen und den Hausverträgen zu übernehmen hatte, war der Herzog von Weimar, Friedrich Wilhelm. Man sagt, bey der letzten Krankheit des Churfürsten hatte dieser seinen Schwiegervater, den Churfürst von Brandenburg, Johann Georg, dessen Tochter, Sophie, er zur Gemahlin hatte, gebeten, nach seinem Tode die Vor- mund-

*) Von diesem Herzoge hat man [illegible] Denkwürdigkeiten Friedrich Wilhelms I. Herzogs zu Sachsen, von Johann Sebastian [illegible], 1770. Man ist [illegible] wenig Rücksicht auf ihn, als Herzog von Sachsen, genommen, und nur seiner Administration der Chur mit den bekanntesten Umstände gedacht.

mundschaft über seine Kinder zu übernehmen, und der Churfürst von Brandenburg hatte auch diesen Antrag angenommen. In dem hierauf unterm 30. Aug. 1591. unterzeichneten Testamente wiederholte er seine Meynung, und ernannte ausdrücklich den Churfürst Johann Georg und den Herzog Friedrich Wilhelm zu Vormündern seiner Kinder. Ob er dies aus einer Vorliebe und aus einem vorzüglichen Vertrauen zu seinem Schwiegervater that, oder ob dabey ein geheimes Mistrauen gegen den Herzog, das noch seine Beziehung auf die vormaligen Misverständnisse zwischen dem Chur- und Herzoglichen Hause hatte, zum Grunde lag, oder, ob er deswegen dem Herzoge die Regierung nicht allein anvertrauen wollte, weil dieser in der Regierung seines eigenen Landes nicht sorgfältig genug, und überdies zur Verschwendung geneigt war, das bleibt unentschieden. Der Herzog aber ließ sich die Verordnung des Churfürsten gefallen, und bezeugte darüber gegen denselben persönlich seine Zufriedenheit. Und so fielen denn die Bedenklichkeiten hinweg, welche sonst über die Frage: ob ein Churfürst des Reichs durch einen in seinem Testamente verordneten Vormund den nächsten Agnaten ausschließen, oder auch demselben wider seinen Willen eine Person zum Mitvormunde zugeben berechtiget sey, hätten entstehen können.

Aber es ereigneten sich andere Schwierigkeiten, welche zuförderst abgethan werden mußten. Der Churfürst

fürst von Brandenburg besann sich nach Christians Tode anders, und nahm unter allerley Entschuldigungen sein Wort, wodurch er sich zur Mitvormundschaft verbindlich gemacht hatte, wieder zurück. Doch auf den darüber eingeholten Rath der Rechtsgelehrten, welcher dahin ausfiel, daß der Churfürst wegen seines, dem verstorbenen Churfürst gegebenen Versprechens, sich der Vormundschaft nicht entziehen könne, ließ er sich von neuem bewegen, sie auf sich zu nehmen.

Hierauf berathschlagte man sich nun über die Art, wie die Vormundschaft geführt werden sollte. Der Herzog wollte als der nächste Agnat, vermöge der Reichsgesetze und des Herkommens des Hauses Sachsen die Verwaltung des Landes, und besonders der Chur, zum voraus haben. Man verglich sich darüber durch verschiedene Verträge, sub d. Dresden, den 12. Nov. und den 4. Dec. 1591., nach welchen der Herzog als der nächste Agnat die Verwaltung der Chur Sachsen und der dahin gehörigen Lande auf sich nehmen sollte, doch mit der Einschränkung, daß alle Rescripte, Bestallungen, Lehn- und andere Briefe, in beyder, des Churfürsten und des Herzogs Namen, abgefaßt würden, und zwar auf die Art, daß in Befehlen der Titel: V. G. G. Friedrich Wilhelm, Herzog zu Sachsen, der Chursachsen Administrator, befehlen für uns und an Statt des Hochgebohrnen Fürsten, Herrn Johann Georgs, Markgraf und Churfürst zu Brandenburg, in gesammter Vormundschaft weyl.

Herrn

Herrn Christian, Herzog und Churfürst zu Sachsen hinterlassenen jungen Herrschaft rc. geführet; in Schreiben und Urkunden aber der Anfang also gemacht werden sollte: V. G. G. Friedrich Wilhelm, Herzog zu Sachsen und der Chursachsen Administrator, bekennen für uns und an Statt rc. Und nach dieser Anordnung wurden auch die Glieder der Regierung und andere Personen an den Herzog als Administrator gewiesen. Außerdem wurde verabredet, daß in wichtigen Reichs-Kreis- und andern Landesangelegenheiten mit dem Churfürst von Brandenburg, als dem Mitvormunde, allenthalben vertraulich communiciret werden sollte.

Indessen äußerten über diese Einrichtung auch die Stände des Churfürstenthums ihre Bedenklichkeiten. Denn als zu Folge dieses Vergleichs von ihnen verlangt wurde, daß sie die Erbhuldigung durch einen Handschlag zugleich an die Churfürstl. Brandenburgischen Gesandten leisten sollten, so weigerten sie sich dessen, und erklärten sich, daß ihnen zwey Administratoren zu haben, beschwerlich falle, und sie auf den Fall, wenn der Herzog Friedrich Wilhelm mit Tode abgehen sollte, in des Churfürsten von Brandenburg Pflicht allein stehen würden, welches sie doch sowohl wider die güldne Bulle, als auch wider ihre vorige geschworne Huldigung zu seyn erachteten. Doch da ihnen vorgestellt wurde, daß der Herzog nach Maasgebung des den 4. Dec. 1591. getroffenen Vergleichs,

die

die Administration und Regierung des Churfürstenthums allein, obwohl zugleich in des Churfürsten zu Brandenburg Namen, zu führen, und nur in wichtigen Sachen mit ihm gemeinschaftlich zu handeln hätte, die Administration auch auf den Fall, wenn der Herzog versterben sollte, den nächsten Agnaten vermöge der güldnen Bulle gelassen werden würde: so bequemten sie sich dazu; und es wurde darüber zwischen Churbrandenburg und dem Herzog Friedrich Wilhelm, zu Wittenberg ein besonderer Vergleich unterm 6. März 1592. errichtet.

Ueberdies wurde zwischen beyden Herren in Ansehung der Hofhaltung des Administrators und der Verpflegung derselben ein anderer Vergleich den 25. April geschlossen, in welchem verabredet wurde, daß der Herzog seine Residenz und die Landesregierung mit dem, was dazu gehöret, zu Torgau auf dem Schlosse, als an einem für die Landschaft bequem liegenden Orte, anstellen, und daselbst, wie auch sonst im Lande, wo er sich darinn aufhalten würde, für sich und sein Hofgesinde mit nothwendiger Ausrichtung versehen, auch für seine Pferde, deren er etwan 100. bey sich zu haben gedächte, die gewöhnliche Lieferung gereicht, die von der Landschaft bewilligten 20000 Fl. welche nachher auf 30000. erhöhet wurden, ungehindert entrichtet, der Herzog aber sich hieran begnügen lassen, und in der jungen Herrschaft Rentkammer nicht eingreifen sollte. Endlich sind auch noch besondere Verträge

wegen

wegen der Reichs- und Böhmischen Lehen, der Versorgung der Churfürstlichen Wittbe,*) der gemeinschaftlichen Abnahme der Rentkammerrechnung, und noch wegen anderer Angelegenheiten unter dem 29. Jun. 18. Aug. und 29. Nov. 1594. errichtet worden, die aber für die Geschichte weiter nicht von Wichtigkeit sind.

Das erste, was unter der Autorität des Administrators geschah, war die Verhaftnehmung des Kanzlers D. Nic. Crell, in seinem Hause, als er eben von der Regierungssession zurückkam, den 23. Oct. 1591. als am Tage vor dem feyerlichen Leichenbegängnisse des Churfürst Christian. Die Abgeordneten, die seine Papiere versiegeln und sich derselben bemächtigen sollten, kamen erst einige Zeit nachher, wodurch Crells Frau und Freunde Zeit gewannen, viele Briefschaften theils zu verbrennen, theils auf die Seite zu schaffen, wie man sagt. Ein Umstand, der bey dem nachher erfolgten Prozesse, die Ueberführung ihres Mannes, nicht wenig erschwert haben soll.**)

So viel auch über diese Sache geschrieben worden ist, so wenig können wir sie hier doch übergehen. Wir werden

*) Sie erhielt Colditz, Rochlitz und Borna, nebst der amtssäßigen Ritterschaft zum Leibgedinge, doch so, daß die Landesfürstliche Obrigkeit den jungen Herren vorbehalten wurde.

**) S. Sammlung vermischter Nachrichten zur sächsischen Gesch. Th. IV. S. 6. flg. Th. V. S. 195. fg.

werden uns aber nur auf eine kurze Erzählung einschränken, wobey wir bloß der Wahrheit und Unpartheylichkeit der Geschichte folgen werden.

Und da ist denn gleich anfangs nicht zu verkennen, daß der Administrator zu jenem Entschlusse von einigen Personen von der Ritterschaft aufgereizt worden. Crell hatte durch die Neuerungen in Kirchensachen, die ihm zur Last gelegt, und zum Theil gewaltsam eingeführet wurden, die Gemüther wider sich aufgebracht. Zwar hatte die Lehre der Reformirten schon zu des Churfürst August Zeiten viele Anhänger in Sachsen, obgleich dieser Churfürst alles anwendete, die Verbreitung derselben zu verhindern; auch schien der Churfürst Christian, ob er gleich öfters betheuerte, daß er, nach dem damaligen Ausdrucke, kein Calvinist seyn, noch werden wollte, doch gegen einige Theile jener Lehre, besonders, was die bey der Taufe üblichen Gebräuche, betrifft, nicht abgeneigt zu seyn, wozu außer dem Umgange mit dem Pfalzgraf Johann Casimir, freylich Crell, der es nicht leugnete, daß er der reformirten Lehre zugethan sey, das meiste beygetragen hatte. Aber Crell handelte doch hier sehr unweise, daß er die Gunst des Churfürsten dazu mißbrauchte, unter seiner Autorität Religionsgebräuche im Lande abzuschaffen, und ein hartes Verfahren dabey zu gestatten, die durch die lange Uebung und die damals herrschende Denkungsart ehrwürdig und heilig geworden waren. Er hätte sich leicht vorstellen können,

daß

daß am Ende alle Schuld auf ihn, als einen erklärten Reformirten, fallen, und alle bey Abschaffung des Exorcismus vorgefallenen Gewaltthätigkeiten bloß ihm beygemessen werden würden. Das war nun wohl seine Absicht nicht, den sogenannten Calvinismus einzuführen; aber seine Unternehmungen wurden doch dafür angesehen. Hierzu kamen noch andere Ursachen, warum Crell dem Adel verhaßt war. Man konnte es nicht verschmerzen, besonders waren einige unter den adelichen Räthen, die unter des Churfürst August Regierung in nicht geringem Ansehen gestanden hatten, darauf eifersüchtig, daß Crell über sie alle erhoben worden war, und bey dem Churfürst Christian so viel galt. Denn dieser Churfürst hatte den geheimen Rath, den sein Vater angeordnet hatte, wieder aufgehoben, und die Verhandlung der Staatssachen mit der Landesregierung verbunden, welcher er den Crell als Kanzler vorsetzte, so, daß er der Director in Staats- und Justizsachen geworden war.*) Auch einige zu freymüthige Aeußerungen des Crells über den Werth des

*) Das bezeugt seine Bestallung, und der darüber von ihm eigenhändig ausgestellte Revers, vom 29. Jun. 1589. wobey zu bemerken ist, daß der Churfürst alle und jede Sachen mit dem Collegio der Landesregierung zu communiciren und nichts für sich zu thun, in die Instruction mit einfließen lassen, ihm auch wegen seiner Religion, worüber er ein besonders Bekenntniß übergeben hatte, allen Schutz und Sicherheit versprach.

des Geburtsadels, und daß ein Edelmann ohne Geschicklichkeit und Tugend keine vorzügliche Achtung verdiene, hatten den Haß dieser Classe von Personen gegen ihn vermehrt. Der Erfolg hat es bewiesen, daß einige wenige von Adel diejenigen gewesen, auf deren Anhalten Crell zur Verhaft gebracht wurde. Sie beriefen sich dabey, wiewohl ohne Vollmacht, auf die gesammte Landschaft, da doch die Landschaft seit 1588. nicht beysammen gewesen war; und die Landtagsgeschichte von 1592. bezeugt deutlich genug, daß es den Urhebern jenes Arrestes viel Mühe gekostet hat, ehe die gesammte Landschaft zur Genehmigung desselben, und zum Beytritt wegen des anzustellenden Prozesses vermocht werden konnte. Zwar hatten diejenigen, auf deren Gesuch Crell zur Haft gebracht worden war, die Thüringische und Gebirgische Ritterschaft dahin gebracht, daß sie bey dem Administrator um Erlaubniß, noch vor dem Landtage für sich zusammenzukommen, und die Präparatoria zum Landtage, wie es genannt wurde, machen zu dürfen, anhielten, und es wurde dieses auch unter der Verwahrung, daß es nur für diesesmal geschehen sollte, verstattet; da hingegen der Erbmarschall Hans Löser, welcher ohne diese Vergünstigung die Ritterschaft im Churkreise zusammen berufen hatte, ein Verbot mit einem Verweise solches ungebührlichen Unternehmens erhielt. Aber es kam auch bey dieser Zusammenkunft zu keiner Uebereinstimmung der Meynungen.

Der erste vom Administrator angesetzte Landtag wurde den 24. Febr. 1592. zu Torgau eröffnet. Hier erklärte der Administrator in der Proposition dieser Sache wegen: „Es wisse die Landschaft sich zu erinnern, was maaßen sie durch etliche ihres Mittels „auf dem Churfürstlichen Begängnisse zu Dresden bey „ihm suchen lassen, daß er den gewesenen Kanzler D. „Crell, nebst den beyden Secretarien Zscheuen und „Kohlreutern, etlicher erheblicher Ursachen bestricken „und sonst dermaaßen verwahren lassen, daß man „deren zu allen Zeiten mächtig seyn möchte. Weil er „aber für seine Person mit ihnen nichts zu schaffen, „noch etwas ex officio wider sie vorgenommen, son„dern vielmehr bey ihrer Verstrickung zusagen lassen, „daß sie, wie auch billig, gebührlich gehöret und zu „ihrer Verantwortung gelassen werden sollten: so wolle „nunmehro die Nothdurft seyn, daß solche Klage wider „die verstrickten Personen aufs eheste ins Werk gerich„tet werden möge; wie er denn nicht zweifle, es „werde gemeine Landschaft mit derselben gefaßt seyn, „deren er also gewärtig und erbötig wäre, was billig „und recht sey, darauf zu verschaffen.“ Hierauf antwortete die Universität Wittenberg in einer Erklärung unter dem 24. Febr. „Belangend die Verstrickung „D. Nic. Crells und der beyden Secretarien, können „wir nicht wissen, was etliche aus der Landschaft wi„der sie zu klagen haben mögen; wir für unsere Per„sonen, sowohl auch das Corpus Academ. wollen

„und

und können uns dieser Klagen nicht theilhaftig machen. Die sämmtlichen Grafen und Herren erklärten
sich auf diesen Punct: „Was wegen D. Nic. Crelln,
der beyden Secretarien, auch D. Pierii und D. Gun-
dermann halber, gnädigst verordnet worden, wissen
„die anwesenden Herren Grafen und Abgesandten
„nicht, wie es darum allenthalben gewandt, sind aber
„in der unterthänigsten Hoffnung, es werde höchstge-
„dachter Administrator mit diesen Personen gebührlich
„und nach Ordnung der Rechte procediren, auch die
„gnädigste Anordnung thun, daß künftig die Kirchen
„und Schulen in diesem Churfürstenthum und anlie-
„genden Graf- und Herrschaften von ihnen und ihren
„Schriften auf allen Fall unbeeinträchtiget und unper-
„turbiret bleiben." Der verwittweten Churfürstin theilte
der Administrator noch vor Eröffnung des Landtages
die Proposition mit, um, wenn sie etwas zu erinnern
hätte, es anzuzeigen. Sie antwortete unterm 20. Febr.
„Daß sie nichts einzuwenden, sondern nur gebeten haben
„wollte, daß man D. Crells Person, weil er gleichwohl
„mit seinen gefährlichen Rathschlägen und Mißhandlun-
„gen ihr und dem ganzen Lande große Weitläuftigkeit
„zugezogen, dergestalt verwahren möge, daß man seiner
„auf alle Fälle gewiß seyn könne." Die Universität Leipzig hielt in ihrer Antwort den Punct wegen des Crells
für bedenklich, stellt es aber am Ende dem Administrator
anheim. Die gemeine Ritterschaft erklärte sich: „allein
„es um die Bestrickung D. Nic. Crells und beyder

»Secretarien bewandt, darum wolle sie mit dem Aus»schusse sich unterreden, könnte sich aber zur Zeit dar»über nicht erklären.« Der Städte Erklärung gegen die Ritterschaft war: »Betreffend den gewesenen Kanz»ler D. Crellen und die beyden andern Secretarien, »welche auf Ansuchen etlicher von der Landschaft in »Verhaft und Bestrickung genommen worden, weil »die Städte und deren Abgesandte nicht wissen, aus »welchen Ursachen solches geschehen, so ist ihnen auch »bedenklich, wider sie diesfalls Klage anzustellen, kön»nen aber wohl geschehen lassen, daß diejenigen, denen »D. Crell und Secretarii zuwider gewesen, und ihr Ver»brechen wissen, sie gebührlich belangen.« Dieser Auszug aus den Landtagsacten beweiset die obige Behauptung.

Endlich brachte man es nach vielen Unterhandlungen dahin, daß die Stände sich vereinigten, den Prozeß gegen Crell anzustellen. Sie gaben dies dem Administrator in ihrem untern 25. Febr. überreichten Bedenken auf die Proposition zu erkennen, und baten ihn, zu ihren Berathschlagungen und Ueberlegungen dieser Sache einige Zeit zu verstatten. Der Administrator bezeugte ihnen am Schlusse des Landtages: »Was D. Crells Person betrifft, will die Nothdurft »erfordern, daß er förderlich beschuldiget werde; »darum denn auch J. F. G. die Proposition anhero »wiederholten, nicht zweifelnd, es werde gemeine Land»schaft bey dieser Gelegenheit auf gewisse Personen

»bedacht

„bedacht seyn, welchen diese Sache als Gewalthabern „aufgetragen, und mit denen man künftig jedesmal, „was dieser Sache Nothdurft erfordere, möge han„deln können. Da die Stände in ihrem Bedenken „hierauf unterm 29. Febr. geäußert hatten, sie hätten „erachtet, daß der Administrator, als die hohe Obrig„keit, dem Crells böse Thaten bekannt wären, gegen „ihn ex officio procediren würde; wie der Churfürst „August gegen den D. Cracov und seinen Anhang ge„than hätte: so antwortete der Administrator unter „dem 2. März: Ob er wohl wider den Crell ex offi„cio zu verfahren erhebliche und stattliche Bedenken „habe, so wolle er ihm darum keinen Beyfall geben; „stelle demnach seine Verbrechen zu seiner Verantwor„tung, und sey er nicht gemeynet, dieselben im aller„geringsten zu billigen, sondern vielmehr nach gesche„hener Ausführung ohne alle Gnade zu strafen." Nachdem nun also die Stände über diesen Punct einig geworden waren; so trugen sie die fernere Verhandlung desselben einem Ausschusse auf, und stellten sub d. d. 2. Aug. 1592. einen Procurator, Otto Stelinger, an, der unter der Direction des Ausschusses wider Crell Klage erheben und ausführen sollte. Es vergiengen aber einige Jahre, ehe dieser die Klage, wozu der Termin oft verlängert worden war, eingab. Dies veranlaßte, daß Crells Frau und Vetter Matthias Crell aus Erfurt, sich an das Kaiserliche Kammergericht wendeten, und sich mit Berufung auf

 den

den 23. Titel des P. II. der Kammergerichtsordnu[ng] so wohl über der verhängten Verhaft, als auch beso[n]ders über die verweigerte Justiz, beklagten. Es e[r]folgte darauf unter dem 14. März 1594. ein Manda[t] S. C. bey Strafe 10 Mark löthigen Goldes, den D. Crell förderlichst unpartheyisch Recht zu eröffnen, darauf den Anklägern ein gewisser Termin, ihre des-falls angemaaßten Beschuldigungen vorzubringen, sub comminatione perpetui silentii anzusetzen, dagegen des Gefangenen Defension und Verantwortung anzuhören und darüber Justiz ergehen zu lassen, oder aber den D. Crell auf eine alte gewöhnliche Urphede und ohne Entgeld auf freyen Fuß zu stellen, und wie solches alles geschehen, den 29. April bey dem Kaiserl. Kammergerichte dociren zu lassen. Auf dieses Mandat ertheilte der Administrator den ernstlichen Befehl, ohne fernern Anstand die Klage einzugeben. Es wurde dazu eine eigene Commission niedergesetzt. Niemand wollte sich anfangs zu dieser Commission verstehen. Die Landesregierung lehnte sie aus der Ursache von sich ab, daß die adelichen Hofräthe alle Landstände wären, und also nicht zugleich Kläger und Richter seyn könnten, die gelehrten Hofräthe aber von Crell viele Verfolgungen erlitten, und deswegen mit ihm in einem so üblen Vernehmen gelebt hätten, daß sie Exceptionen wider ihre Personen befürchten müßten. Hierauf wurde die Commission den beyden juristischen Facultäten zu Leipzig und Wittenberg aufgetragen.

Auch

Auch diese machten alle mögliche Vorstellung dagegen; allein sie wurden ihres Einwendens ungeachtet, die Commission zu übernehmen, beschieden, erhielten aber doch so viel, daß sie die Vernehmung Crells und andere Verhandlungen in diesem Prozesse einigen Schöffern auftragen dürften. Ihnen wurden zwey vom Adel zugegeben. Dieser Commission wurde denn die Klage der Stände wider Crell übergeben.

Die Form des Prozesses wurde aber hernach auf verschiedene Art verändert. Crells Frau und Freunde beschwerten sich hierüber beym Kaiserl. Kammergericht, zeigten an, daß der Sächsische Anwald dem Kaiserl. Befehle, dem Kammergericht zur bestimmten Zeit die schuldige Anzeige der Befolgung desselben zu thun, nicht Genüge geleistet, und legte diesem Gerichte das von der Landschaft bey der Facultät zu Tübingen eingeholte Urtheil, welches überall von Nullitäten redete, vor. Darüber wurde Crells Frau in ihrem Hause in Verhaft genommen. Sie erlangte aber doch am Kaiserl. Kammergerichte ein mandatum ad parendum sub poena banni, d. d. 9. Dec. 1596. Die Landschaft erbot sich hierauf, eine Gesandschaft an den Kaiser in ihrem Namen abzuordnen, welches ihr aber von dem Administrator nicht verstattet wurde. Dieser entschloß sich vielmehr selbst, einige seiner Räthe an den Kaiser abzuschicken, um ihm Vorstellung zu thun; worauf auch der Kaiser sub d. Prag, den 7. May 1597. dem Kammergerichte mit allem fernern Verfahren in

Ruhe zu stehen, auferlegte. Bey dieser Gelegenhei ließ der Administrator dem Kaiser vorstellen, daß Crells Verbrechen am Ende auf ein crimen laesae M. und zwar Caesareae hinausliefe, weil nicht nur dergleichen nach der G. B. an der Person eines Churfürsten begangen werden könnte, sondern auch Crell der Anschuldigung nach, sich an dem Hause Oesterreich unmittelbar vergriffen hätte; bey welchen Umständen man kein Bedenken trüge, von dem Kaiser einen Ausspruch in dieser Sache anzunehmen, wenn derselbe einige seiner Räthe hiezu niedersetzen, und nach vorhergehender Pflichterlassung darüber erkennen lassen wollte. Indessen wurde Crell auf die vom Fiscal und dem Landschaftssyndicus übergegebenen Inquisitionalartikel vernommen, von diesen auch der ihnen zuerkannte Beweiß der Artikel geführet, Crell mit seiner Vertheidigung darüber gehöret, und die Sache bis zum Endurtheil instruiret. Sie wurde zur Entscheidung an die Kaiserl. Appellationskammer zu Prag verschickt, welche auf diese Angelegenheit besonders vereidet und ihrer Pflicht erlassen wurde. Wie Crell von diesem Gerichte verurtheilt, das Urtheil in des Administrators Namen abgefaßt, jenem den 22. April 1601, auf dem Königstein publiciret, und an denselben seiner Appellation ungeachtet, den 9. Oct. d. J. und also nach der niedergelegten Vormundschaft des Administrators, zu Dresden, vollzogen worden, das ist bekannt.

Die Urtheile über diesen Proceß sind sehr verschieden gewesen, und er ist bald gebilliget, bald und zum Theil sehr bitter getadelt worden, nachdem der Gesichtspunct gewesen ist, aus dem man ihn beurtheilet hat. Am sichersten gehet man wohl, wenn man den ganzen Handel nach dem Geiste des damaligen Zeitalters beurtheilt. Wenn man die Beschuldigungen mit ihren Beweisen auf der einen Seite, und auf der andern die Vertheidigung unpartheyisch erwägt; so findet man, daß zwar Crell sich wegen der zwey Puncte hinlänglich gerechtfertiget habe, welche darinn bestanden, daß er theils den Churfürsten von dem guten Vernehmen mit dem Hause Oesterreich abgelenkt, theils sich mit ausländischen Mächten, besonders mit Frankreich, in gefährliche Unterhandlungen eingelassen habe. Denn was das erste betrifft, so war schon der Churfürst August mit dem Betragen des österreichischen Hauses gegen sein Churhaus nicht überall zufrieden gewesen, und hatte selbst seinen Churprinzen darauf aufmerksam gemacht.*) Und in Ansehung des andern Puncts hatten die französischen Unterhandlungen gleichfalls unter dem Churfürst August schon ihren Anfang genommen, und in den Churfürst Christian wurde von Dänemark, Pfalz, Hessen und Würtemberg gedrungen, sie zu Stande zu bringen; Crell aber war, wie seine noch vorhandenen Schriften beweisen, einer von denen gewesen, welche den Chur-

 fürsten

*) S. unten.

fürsten abgerathen hatten, sich auf diese Händel weter, als durch Schriften und Gesandten, einzulassen. Es hatte nemlich mit dieser Sache folgende Beschaffenheit. Als in Frankreich die Protestanten von der Guisischen oder Liguistischen Parthey sehr verfolgt wurden, schickte der König Heinrich von Navarra, als das Haupt der Hugenotten, 1584. an der Spitze des Jacob von Seger Herrn von Pardaillan, eine Gesandtschaft an die protestantischen Fürsten in Deutschland ab, mit dem Antrage, einen allgemeinen Synodus anzustellen, um die Irrungen in Ansehung der Religion beyzulegen, und sich unter einander zur Vertheidigung des Protestantismus zu vereinigen; im Grunde und am Ende aber hatte die Gesandtschaft die Absicht, Hülfe für den König Heinrich bey den damaligen bedrängten Umständen zu suchen. Die Gesandten kamen zuletzt auch bey dem Churfürst August an. Aus Vorsichtigkeit und um alles Aufsehen zu vermeiden, hörte ihn aber der Churfürst nicht selbst an, sondern trug in seiner Abwesenheit seinem Prinzen Christian und seinen Räthen auf, den Gesandten in Dresden anzunehmen, und sein Anbringen ihm zu melden. So bald der Kaiser Rudolph II. dies erfuhr, schrieb er an den Churfürsten: „er habe vernommen, „daß einige Personen aus Frankreich von dem Herzoge „von Vendome, (wie er den König Heinrich nannte) „ohne des Königs von Frankreich Wissen und Willen, „und ohne Kaiserl. Erlaubniß im Reiche umherzögen,

„und

„und bedenkliche Unterhandlungen anstellten; und verlangte, daß sie der Churfürst in seinen Landen anhalten möchte." Der Churfürst antwortete aber: „daß es ungewöhnlich sey, Gesandte fremder Mächte festzusetzen, wodurch dem Reiche Angelegenheiten zugezogen werden könnten." Der Kaiser ließ Schreiben gleichen Inhalts an andere evangelische Stände ergehen; allein auch diese achteten nicht darauf. Sie kamen vielmehr zu Worms zusammen, und verglichen sich über eine gemeinschaftliche Sendung an den König in Frankreich, um ihre Vermittelung zwischen ihm und dem Könige von Navarra anzubieten. Darüber starb der Churfürst August. Indessen fuhr der König Heinrich fort, in den Churfürst Christian zu dringen, der auch bey den von seinem Vater eingegangenen Verbindungen blieb. Die zu Worms verabredete Gesandtschaft kam endlich zu Stande, und es wurden der Graf Friedrich von Würtemberg-Mömpelgard, und der Graf Wolf von Isenburg-Büdingen, nebst andern nach Frankreich abgefertiget; aber sie wurden von dem Könige mit der trotzigen Antwort: daß fremde Höfe sich in die Angelegenheiten des Königs von Frankreich nicht zu mischen hätten, abgewiesen. Hierauf beschloß der Churfürst, das Versprechen, welches sein Vater den Navarrischen Gesandten gegeben hatte, ihren König auf den Fall, wenn die Gesandtschaft die gehoffte Wirkung nicht thun sollte, mit Beystande nicht zu verlassen, auf eine thätige Art zu erfüllen. Seine geheimen Räthe, und unter denselben besonders D. Nic. Crell, wie die Unterschrift beweiset, riethen ihn mit vielen wichtigen Gründen an, sich zu keiner Hülfe an Mannschaft zu verstehen, und stellten ihm die Bedenklichkeiten vor, daß dadurch der Landfriede verletzt werden würde, daß die Catholischen zu einem Bündnisse wider die Protestanten, zum Vortheile Frankreich's, veranlaßt würden, daß dem Könige von Navarra mit diesem Beystande nicht geholfen sey, und daß, wenn es damit unglücklich ablaufen sollte, die ganze Last des Krieges auf die Protestanten fallen dürfte. Sie brachten dagegen allenfalls eine Hülfe an Gelde in Vorschlag. Der Churfürst sahe die Wichtigkeit dieser Gründe ein, und konnte sich aller Zuredungen von Seiten des Königs in Dänemark, der Churfürsten von der Pfalz und von Brandenburg, und des Landgrafen von Hessen ungeachtet, lange Zeit nicht entschließen, Truppen herzugeben. Allein diese Fürsten drangen zu sehr in ihn, und er ließ sich endlich bewegen, ein Contingent zu einigen wider den König in Frankreich bestimmten Hülfstruppen zu bewilligen. Es wurde also im May 1587. ein Heer von 13000 Mann errichtet, die der Anführung des Burggrafen Fabian von Dohna übergeben wurden. Mit denselben vereinigte sich nachher ein Corps Schweizer. Allein diese Unternehmung gieng nicht nach Wunsch ab. Unter den Deutschen herrschte keine Ordnung, keine Einigkeit. Sie verwüsteten Lothringen und zogen durch Champagne, um zu dem Könige von Navarra zu stoßen. Bey diesem Marsche wurden sie unaufhörlich von dem Herzoge von Guise beunruhigt, und es entstand Murren wider die Anführer. Endlich kamen sie in der Mitte des Octobers vor der Stadt la Charité an, wo sie aber auf allen Seiten Widerstand fanden. Der Burggraf von Dohna beschwerte sich gegen die französischen Befehlshaber, daß man ihn hieher geführet habe, damit er nebst seinen Truppen umkäme, verlangte den Sold für seine Reuter und drohte mit dem Rückzuge, wofern man ihm nicht ohne Verzug die Gelder zahlen würde. Man besänftigte ihn und führete ihn in eine Gegend, wo es nicht an Lebensmitteln fehlte. In der Folge vertheilte er seine Truppen, die durch Krankheiten schon sehr waren geschwächt worden, zu mehrerer Bequemlichkeit in weit von einander entlegene Quartiere; sie wurden angegriffen, und, ob ihnen dies gleich sonst nicht viel Schaden that, so verloren sie doch ihre Bagage. Mit den mit ihnen verbundenen Schweizern wurden von französischer Seite Unterhandlungen angefangen, und diese verließen das deutsche Heer. Es erfolgten noch andere Unglücksfälle für die Deutschen, und sie sahen sich genöthiget, im December mit dem Könige von Frankreich einen Abzugsvertrag zu schließen. Hierauf nahmen sie ihren Weg durch Lothringen in elenden Umständen wieder zurück.*) Ob nun gleich

diese

*) Lundorpii Cont. Sleid. II. p. 692. 693. Häberlins neueste deutsche Reichsgesch. XIV. B. und XV. B. p. 22. fg. Allgem. Weltgesch. im Auszuge XIX. B. p. 262. fg.

diese dem König Heinrich zugeschickte Hülfe wenig für ihn ausgerichtet hatte, so bezeugte er doch dafür der Churfürst Christian seine Dankbarkeit, und bedauerte, daß er wegen seiner damaligen Umstände die darauf verwandten Kosten nicht vergüten könnte. Allein als er auf den Thron von Frankreich gelangt war, dachte er nicht weiter daran. Das Churhaus vergaß indessen diese Angelegenheit nicht, und der Churfürst Johann Georg I. gedachte derselben in seinem Testamente. Die Achtung des Churfürsten Christian gegen den König Heinrich erkennt man übrigens auch aus einem Schreiben desselben vom 25. Jun. 1591. an den französischen Feldmarschall Caspar von Schönberg (in Frankreich Schomberg) der sich damals in Sachsen aufhielt, und um Verstattung der Werbung einiger Kriegsvölker für seinen König Heinrich, der 1589. den französischen Thron bestiegen hatte, ansuchte. Der Churfürst hatte ihm zu seinem Zuge nach Frankreich mit den angeworbenen Soldaten ein Pferd geschenkt. Schönberg dankte schriftlich dafür, und nahm von dem Churfürsten, als seinem Landes- und Lehnsfürsten, wie er sich ausdrückte, Abschied. Der Churfürst antwortete ihm hierauf, daß er ihm zu dem Pferde und zu der vorhabenden Reise, auf den Fall dieselbe der Königlichen Würde in Frankreich zum Besten angesehen sey, Glück und Wohlfahrt wünsche; da aber sein Vorhaben höchstgedachter Königl. Würde zuwider gemeynt seyn sollte, so wollte er, der Churfürst,

ließ, daß die erste Kugel, so ihm, der vom Schönberg, begegnete, dem Pferde durch den Kopf und ihm mitten ins Herz gienge.

Diese französischen Händel, welche freylich dem Churfürsten einen beträchtlichen Aufwand verursachten, nebst manchen [illegible] Ehrenmännern des Hofes gekostet hatten, und dem Churfürsten, weil er keinen Theil nahm, die Abneigung des Kaiserlichen Hofs [illegible] kommen, waren es, die man dem Kanzler Crell zur Last legte. Aber die Geschichte spricht ihn von aller Schuld daran frey. Nicht so ist es in Absicht der dritten Beschuldigung wegen seines [illegible] bey Abschaffung des Exorcismus. Diese Beschuldigung hat Crell nicht von sich ablehnen können. Denn ob er sich gleich auf seine Bestallung, worinn ihm wegen seiner Religions Sicherheit versprochen worden, auch auf des Churfürsten Befehle und eigenes Verlangen berief: so wurde ihm doch vorgehalten, daß der Churfürst seine Neigung gegen den Exorcismus in öffentlichen Schriften erklärt, bey dem ersten Landtage den Ständen des Churfürstenthums die Versicherung gegeben, sie bey der augsburgischen Confession unverändert zu lassen, und daß Crell jener Resolution selbst entworfen habe. Wenn man nun noch erwägt, daß der Religionsfriede ausdrücklich erklärt, daß derjenige in die Strafe des Landfriedens verfallen solle, welcher jemanden der augsburgischen Confession halber bedränge oder vergewaltige, die [illegible]

Zeugen

Religion aber damals des Religionsfriedens noch nicht fähig gemacht worden war: so begieng derjenige allerdings ein grosses Verbrechen, welcher eine im h. R. Reiche damals noch nicht geduldete Religion, mit Gewalt und Vertreibung anders denkender Geistlichen, einem in dem Religionsfrieden stehenden und mit landesherrlichen Versicherungen seiner Religion halber versehenen Lande aufzudringen wagte, und sich auf diese Art eines Gewissenszwanges schuldig machte, den doch die ersten Reformatoren allezeit verabscheuet hatten. Daß nun Crell hierinn grosse Schuld auf sich habe, und das ganze Werk allein getrieben habe, da er doch den Churfürsten hätte abrathen sollen, davon ist er durch seine eigenen Aufsätze, und durch unverwerfliche Zeugen hinlänglich überführet worden. Es hat sich deutlich genug gefunden, daß er wider seine Pflicht und Bestallung, in welcher ihm ausdrücklich befohlen worden war, in wichtigen Sachen nichts für sich zu unternehmen, sondern mit der Regierung zu communiciren, die wenigsten Angelegenheiten vor die Landesregierung gelangen lassen, sondern alles mit dem Churfürsten allein abgemacht habe. Selbst noch den Tag vor des Churfürsten Tode, und da derselbe schon in Todesnöthen lag, ließ er einen scharfen Befehl wegen des Exorcismus an den Rath zu Zeitz, ohne des Churfürsten Befehl, abgehen, und machte auf diese Art die Sache zu seiner eigenen. Bey diesen Umständen darf man sich also nicht wundern,

daß

aß Crell nach Anleitung des Religions- und Landfriedens zum Tode verurtheilt wurde.*)

Die Versuche, welche Crell gemacht hatte, die in Sachsen hergebrachte Kirchenverfassung abzuändern, gaben Veranlassung zu einigen Veranstaltungen, die dieselben auf immer vereiteln sollten. Auf dem 1592. zu Torgau gehaltenen Landtage wurde nicht nur ein gewisser Religionseid entworfen und festgesetzt, daß niemand in diesen Landen zu irgend einem Amte zugelassen werden sollte, der nicht diesen Eid abgelegt hätte, sondern es wurde auch eine Kirchenvisitation beschlossen, die durch das ganze Land angestellt werden sollte. Die Absicht war, das Land von dem eingeschlichenen Calvinismus zu reinigen. Um die heimlichen Anhänger desselben desto leichter zu entdecken, wurden gewisse Artikel entworfen, welche der calvinischen Lehre entgegengesetzt waren, und welche alle, die in öffentlichen, weltlichen oder geistlichen Aemtern stünden, unterschreiben, im Weigerungsfalle aber ihrer Bedienungen entlassen werden sollten. Es sind dies die berühmten sogenannten vier Visitationsartikel, eben dieselben, die man schon 1586. zum Grunde einer Religionsunterredung zwischen Jac. Andreä und Theod. Beza zu Mömpelgard gelegt hatte. Man glaubte damals, daß sie die wichtigsten Lehren enthielten, durch welche sich die lutherischen Kirchen von den reformirten in

*) S. das Urtheil in Müllers Annalen, S. 228.

in ihren Bekenntnissen unterschieden. Sie wurden 1593. durch den Druck öffentlich bekannt gemacht, unter der Ueberschrift: Visitationsartikel im ganzen Churkreis Sachsen, Sammt der Calvinisten Negativa und Gegenlehre, und die Form der Subscription, welchergestalt dieselbe beyden Partheyen sich zu unterschreiben, sind vorgelegt worden. Nachdem man aus dem geistlichen und weltlichen Stande die Personen, welchen das Visitationsgeschäfte aufgetragen werden sollte, verordnet, und ihnen noch eine eigene Instruction darüber ertheilt hatte, so nahm nach geendigtem Landtage 1592. diese Visitation ihren Anfang. Jene Artikel wurden dabey zum Grunde gelegt, und das Verfahren dabey war dieses: man legte denen, die in geistlichen und weltlichen Aemtern standen, jene Artikel vor, und überließ es ihnen, ob sie dieselben annehmen und durch ihre eigenhändige Unterschrift sich dazu bekennen wollten, oder nicht. Weigerten sie sich dessen, so wurden sie ihrer Aemter entsetzt. Man muß sich indessen wundern, daß die Anzahl der letztern nicht so groß gewesen ist, als man nach dem Eifer der damaligen Zeiten erwarten konnte. Das rührte ohne Zweifel wohl mit von den Verhaltungsartikeln her, welche die Deputirten erhalten hatten. Sie hatten nemlich den Auftrag, glimpflich und gemäßigt zu verfahren. Es war ihnen unter andern aufgegeben worden, daß alle Verfolgung der Pfarrherren und Zerrüttung in Kirchen und Schulen, so

viel

viel möglich, vermieden werden sollte; würde einer oder der andere etwas zu erinnern haben, so sollte er mit Sanftmuth gehöret, und ihm mit Bescheidenheit seine Zweifel benommen werden; wenn er sich auch nicht sogleich weisen ließ, sollte man so lange Gedult mit ihm haben, bis man alle Umstände der Sache an die hohe Obrigkeit berichtet hätte; würde es die Nothdurft erfordern, indem einer oder mehrere von ihrer Meynung nicht abzubringen wären, so sollten sie zwar ihrer Dienste entlassen werden, aber noch eine vierteljährige Besoldung erhalten; und wenn sie sich stille und friedlich verhielten, könnte ihnen erlaubt bleiben, in den Städten und Dörfern zu wohnen.*) Aber wer kann sich zugleich hier des Gedankens erwehren, daß hier und da Heucheley mit untergelaufen sey? Der Erfolg hat es bestätiget. Selbst der Churfürst Christian II. klagt in seinem 1602. herausgegebenen Mandate, worinn er den allgemeinen Religionseid auf die symbolischen Bücher auch für die weltlichen Diener von neuem anordnet, daß sich falsche zweyzüngige Leute gefunden, welche zwar wohl betheuert hätten, daß sie der reinen und ungeänderten augsburgischen Confession wider die Schwärmereyen der Calvinisten zugethan wären, aber doch im Grunde ihres Herzens irrige Meynungen verborgen gehabt, und unter der Hand ausgebreitet hätten.

*) Lündorp. in Contin. Sleid. T. III. p. 487.

Nachdem die Visitation durch ganz Sachsen geendiget war, wurde den 11. Febr. 1593. ein allgemeines Dankfest gehalten, und, um der Sache desto mehr Nachdruck zu geben, ließ der Administrator unter dem 19. Febr. d. J. ein Religionsmandat ins Land ergehen, worinn er über den Endzweck der Visitation fest zu halten, und alles unnöthige Gezänke in Religionssachen zu vermeiden, befiehlt. Auch verordnete er in andern Rescripten an die Consistoria, daß die Visitationsartikel fernerhin von einem jeden, der irgend einen Kirchen- und Schuldienst erhielte, unterschrieben werden sollten, welches noch bis auf den heutigen Tag geschiehet.

Aber der Administrator bewies auch Ernst gegen diejenigen, welche, von Haß gegen die Reformirten angetrieben, die öffentliche Ruhe störten. Schon in den letzten Zeiten der Regierung des Churfürst Christian I. waren durch die gewaltsamen Veränderungen in Religionssachen im Lande Gährungen entstanden, welche in gefährliche Bewegungen auszubrechen drohten. Die Stände des Landes waren zwar leicht zu besänftigen, da der Administrator auf dem Landtage eine allgemeine Kirchenvisitation in Vorschlag brachte, von welcher man sich die Beruhigung der Gemüther versprach; aber der gemeine Mann, dem es gemeiniglich an Ueberlegung fehlt, konnte die Zeit nicht erwarten, und seinen Unwillen nicht zurückhalten. Es entstanden daher an einigen Orten, besonders zu Dresden

und

und Leipzig große Tumulte, denen mit Nachdruck Einhalt gethan werden mußte. Der Administrator ließ zuförderst in der Stadt Dresden unter dem 15. Jan. 1592 ein Mandat bekannt machen, kraft dessen einem jeden in der Stadt am Tage und bey der Nacht, bey Vermeidung hoher Strafe sich ruhig zu halten, anbefohlen wurde. Demungeachtet erregte der Pöbel zu Dresden am 16. May einen gefährlichen Aufruhr wider die beyden erklärten Anhänger Crells, den L. Salmuth und David Steinbach, beyde Hofprediger, drohte in ihre Häuser einzubrechen und sich ihrer Personen zu bemächtigen, und kaum konnten sie seiner Wuth entrissen werden. Sie wurden in der Nacht darauf heimlich aus ihren Häusern hinweg auf das Schloß Stolpen in Sicherheit gebracht. Auch war auf den Kanzeln des Schmähens und Schimpfens wider die Calvinisten kein Ende; ausländische, der reformirten Religion zugethane Herrschaften führten über diesen Unfug, der nur die Verbitterung vermehrte, bey dem Administrator Beschwerde, und er ließ daher durch die Consistoria den Predigern nachdrücklich anbefehlen, daß sie in Widerlegung der calvinischen Lehren alle Bescheidenheit gebrauchen sollten. Zu Leipzig hatten unruhige Handwerksgesellen einige Häuser von Bürgern, die als Calvinisten verschrieen waren, gestürmt, und der Administrator ließ den 1. Jun. 1593 vier Anführer derselben mit dem Schwerdte bestrafen. Der Ruf von diesem Tumulte hatte sich so nachtheilig für die Stadt ausgebreitet, daß die Fremden ihre Messen nicht mehr besuchen wollten. Dis veranlaßte ein Ausschreiben des Administrators, in welchem er den Kaufleuten und allen Reisenden, freyes Geleit auf die Leipziger Jahrmärkte versicherte. Von dieser Zeit an wurde es sowohl in Leipzig, als auch sonst im Lande ruhig, zumal, da indessen die Visitation zu Stande gekommen war.

Noch während des Landtages im März 1592. nahm der Administrator die Landeshuldigung im Namen seiner unmündigen Vettern ein. Als dieses in Wittenberg geschahe, wo man, wie es auch bey Hofe bekannt war, der reformirten Lehre vorzüglich zugethan war, wurden schon verschiedene Prediger, die in Kirchenceremonien einiges reformirt hatten, ihrer Dienste entsetzt, und der Administrator erklärte durch ein angeschlagenes Patent, daß er mit Genehmhaltung des Churfürsten von Brandenburg und der Landstände, keine andere Lehre im Lande dulden wollte, ausser die in Gottes Wort gegründet, und in der Formula concord. wiederholt wäre; diejenigen, welche nicht so gesinnt wären, sollten in ihrem Gewissen nicht beschweret, sondern es sollte ihnen hiermit erlaubt werden, sich von da hinweg zu begeben.

Von den übrigen auf diesem Landtage gemachten Beschlüssen verdient nur noch der angeführt zu werden, daß von den Ständen zu Abtragung der Landesbürden und zum Vorrath auf bedürfenden Fall die

große

große Trankſteuer noch auf drey Jahre verwilliget, dabey aber ausdrücklich bedungen wurde, daß ſolche Zeit über, die Landſteuer ceſſiren ſollte; welches ſich auch der Adminiſtrator gefallen ließ. Bey dem andern 1595. von ihm gehaltenen Landtage wurde zur Beſtreitung des Reichscontingents wider die Türken, die Türkenſteuer noch auf 6. Jahre lang, auf eben ſo lange Zeit auch von jedem Schocke jährlich 4 Pfennig verwilliget.

Zu den erſten Regierungsangelegenheiten des Adminiſtrators gehört auch die Unterhandlung mit den drey Stiftern. Dieſe hatten nicht allein den Churfürſten Chriſtian I. für ihren Regenten erkannt, ſondern ſich auch in der 1583. und 1588. mit ihm errichteten immerwährenden Capitulation verbindlich gemacht, denjenigen Sohn des Churfürſten für ihren Stiftsherrn zu erkennen, den der Churfürſt dazu ernennen würde. Nun hatte der Churfürſt in ſeinem Teſtamente verordnet, daß der älteſte, Chriſtian, nachheriger Churfürſt, das Stift Meißen, Johann Georg, das Stift Merſeburg, und Auguſt, das Stift Naumburg, haben ſollte. Bey dieſen Umſtänden hielt alſo der Adminiſtrator beym Antritte ſeiner Vormundſchaft dafür, daß keine Sedisvacanz ſtatt finde, während welcher ſonſt nach den Grundſätzen des geiſtlichen Rechts, die Regierung des Stifts bis zur erfolgten Wahl eines neuen Herrn auf die Kapital zu verfallen, und in deren Namen geführet zu werden pflegt. Er ließ daher durch die Räthe zu Dresden den Regiegen in allen drey Stiftern die bisherige Verwalt der Justiz, während der Minderjährigkeit der Ch fürstlichen Söhne, in seinem, als des Vormunde Namen fortzuführen, anbefehlen. Allein die Stift denen damals der Inhalt des Churfürstlichen Testaments noch nicht bekannt seyn mochte, machten dagegen Vorstellungen, und behaupteten, daß, wei der verstorbene Churfürst, der mit ihnen errichteten Capitulation zu Folge, keinen von seinen Söhnen zum Stiftsregenten ernannt habe, eine Sedisvacanz sich ereigne. Ob ihnen nun gleich das Churfürstliche Testament in Absicht dieses Punctes bekannt gemacht wurde, so blieben sie doch bey ihrer Behauptung. Der Administrator setzte einen Termin an, auf welchem diese Dinge in Richtigkeit gebracht werden sollten. Die Kapitel stellten vor, daß eine Testamentsverordnung in Ansehung geistlicher Güter und Gerechtsame nicht statt finde, daß sie sich daher auf das Churfürstliche Testament nicht einlassen könnten, daß sie ihre freye Wahl hätten, und wenigstens zuförderst mit der postulirten Person, wegen der Capitulation einverstanden seyn müßten. Doch erklärten sie, daß sie sich ihrer gegen den verstorbenen Churfürsten eingegangenen Verbindlichkeiten schuldigermaaßen erinnern, und nicht unterlassen würden, sich derselben gemäß zu bezeigen, wobey sie baten, nichts weiter gegen sie zu verfügen, damit sie bey dem Kaiser, welcher Reichs

wegen

wegen bey den Stiftern dieser Lande, den Reichsgrundgesetzen und Friedensschlüssen gemäß, interessiret wäre, nicht in Verantwortung kommen, und unangenehme Verordnungen nicht veranlaßt werden möchten. Da nun diese Erklärung der Stifter so beschaffen war, daß für den Erbschutz und für die Gerechtsame des Hauses Sachsen über die Stifter nichts zu besorgen stand, so bewilligte der Administrator den Kapiteln die Sedisvacanz auf eine kurze Zeit, doch unter der Bedingung, daß sie die neuen Postulationsinstrumente für die Churfürstlichen Prinzen einhändigen sollten. Hierauf wurde im Januar 1592. die Sedisvacanz durch eigene von dem Administrator abgeordnete Räthe erklärt, und die Stiftsregierungen und Beamten an die Kapitel verwiesen. Die Kapitel hatten zwar auch verlangt, daß der Administrator die oben angeführte Verfügung an die Stiftsregierungen in seinem Namen die Gerichtsverwaltung fortzusetzen, wieder zurücknehmen oder förmlich aufheben möchte; allein dieses wurde ihnen aus der Ursache abgeschlagen, weil er wegen der dem Churhause über die Stifter zustehenden Landeshoheit und des Erbschutzes dazu befugt gewesen sey, und diese Gerechtsame auch nach Absterben eines Postulati während der Sedisvacanz fortdauerten; wie denn dieses auch zu der damaligen Zeit durch die Erfahrung bestätiget wurde; denn die Stifter Naumburg und Zeitz suchten während dieser Zeit bey dem Administrator den landesfürstlichen Schutz des Churhauses, und brachten ihre Beschwerden bey demselben an. Die den Stiftern gestattete Sedisvacanz währte nur kurze Zeit. Denn bald darauf, schon im Febr. 1592. schickten die Stifter die Postulation ein, Meißen für den Herzog Christian, dem die Stiftsstände den 6. Febr. im neunten Jahre seines Alters huldigten; Merseburg für den Herzog Johann Georg, der den 8. May 1603. von dem Bisthum Besitz nahm, Naumburg für den Herzog August, da er noch nicht ein Jahr alt war, und der den 18. Jul. 1608. die Huldigung zu Zeitz einnahm.

Im Junius 1594. begab sich der Administrator auf den Reichstag zu Regensburg in eigener Person. Der Kaiser wollte den Churfürst Ernst zu Cölln, einen gebohrnen Herzog von Bayern, die Lehn über seine Reichslande ertheilen, und diese Handlung durch die Anwesenheit der Reichsfürsten glänzend machen. Er hatte deswegen auch den Administrator eingeladen, selbst auf dem Reichstage zu erscheinen. Nachdem der Administrator einige Anstalten im Lande gemacht hatte, reisete er in Begleitung des Herzogs August von Holstein, der damals in des Hauses Sachsen Hofdiensten stand, und verschiedener Lehnsgrafen, die zur Aufwartung verschrieben waren, der Grafen und Herren von Schwarzburg, Solms, Mansfeld, Barby, Hohenlohe, Gleichen, Schönburg, Reuß, Tautenburg, und im Gefolge von 23. Hofjunkern und 47. Hauptleuten und Landsassen, und verschiedenen Räthen,

die

die er [illegible], mit [illegible] ab. Zu Vermeidung des Ceremoniels hatte er seinen [illegible] Gesandten nach Regensburg geschrieben, es dahin einzurichten, daß das sonst gewöhnliche Entgegengehen und Einholen vom Kaiser und den Churfürsten unterbleiben möchte. Der Gesandte berichtete den 13. Nov. zurück, daß es von Alters her zu den Churfürstlichen Vorzügen gehöre, daß auf solchen Zusammenkünften der Kaiser und die Churfürsten den ankommenden Churfürsten entgegen geritten und ihn bewillkommet hätten, und daß der kaiserliche Hofmarschall Graf [illegible] Trautson ihm gemeldet, der Kaiser sey auch dieses dem [illegible] zu thun erbötig; so aber der [illegible] solches verbitten lassen wollte, so würde es wohl gethan seyn, wenn derselbe entweder ganz früh oder spät, ohne den Churfürsten etwas davon zu wissen zu thun, zu Regensburg ankommen wollte. Dies geschah. Der [illegible] war darauf bey Eröffnung des Reichstages zugegen, und verrichtete des Erzmarschallamts sowohl bey dem Aufzuge, als bey den übrigen Reichsverrichtungen in eigener Person. Ein Umstand, der deswegen zu bemerken ist, weil daraus erhellet, daß den [illegible] alle persönliche Ehrenvorzüge und Erzamtsverrichtungen der Churfürsten, den Churfürstlichen Titel allein ausgenommen, zukommen und von dem gesammten Reiche ohne Widerspruch zugestanden worden.

[illegible]

Während seiner Administration schrieb der Herzog Friedrich Wilhelm verschiedene Obersächsische Kreisversammlungen aus, als 1592. 93. 94. 95. 96. 97. 98. 99. 1601. bald zu Leipzig, bald zu Wittenberg, bald zu Frankfurt an der Oder, bald zu Jüterbock. Es wurde darauf, wie gewöhnlich, theils über die Angelegenheiten des Kreises, welche damals größtentheils die zu bewilligende Kriegssteuer und Hülfe wider den Türken betrafen, theils über die Reichsgesetzmäßige Einrichtung der Münze berathschlagt. Sie wurden daher bald Kreistäge, bald Münzprobationstäge genannt. Diese Kreisversammlungen unter dem Churadministrator sind deswegen merkwürdig, weil in ihnen der Grund zu suchen ist, warum sie nach und nach gänzlich aufgehöret haben. Seit der Errichtung der Kreiseintheilung hatte der Churfürst von Sachsen das Amt des ausschreibenden Fürsten, oder Kreisdirectors gehabt, und niemals einen Mitdirector anerkannt. Aber nach geendigter Vormundschaft machte der Churfürst von Brandenburg auf das Condirectorium des Obersächsischen Kreises Ansprüche. Er berief sich vornemlich auf die, mit ihm der Kreistage halber von Seiten Chursachsens geschehenen Communicationen, besonders auf folgende Fälle: Als der Administrator 1592. an den Churfürsten von Brandenburg schrieb, daß er sichs gefallen lassen möchte, daß der herrschende Münzprobationstag im Obersächsischen Kreise, welcher vermöge [illegible] der Reichsconstitution und [illegible] von 1572. die [illegible] werden sollte, [illegible] auf eine andere Zeit [illegible]; so hat [illegible]. daß es sich [illegible] gefallen lassen [illegible] wolle. [illegible] einer [illegible] von 1592. [illegible] Seiten des [illegible] 1594. zu [illegible] lassen wolle, [illegible], weil [illegible] Sachen [illegible] nicht auf die [illegible] oder [illegible] werden sollte. [illegible] als er 1536. den zu Frankfurt an der Oder [illegible] geschriebenen [illegible], zu Ersparung [illegible]

[illegible]

denburg in einem besondern Schreiben zuförderst um seine Genehmhaltung dazu. Auch erkundigte er sich durch eine besondere Zuschrift an den Churfürst von Brandenburg, ob er den Münzprobationstag beschicken würde. Und endlich ließ er in das Ausschreiben zu dem Münzprobationstage nach Leipzig 1598. an die sämtlichen Kreisstände mit einfließen, daß wegen Verlegung dieses Tages auf die Neujahrsmesse, mit Churbrandenburg zuförderst vertraulich communiciret worden sey. Auf diese Fälle berief sich der Churfürst von Brandenburg in der Folge, und behauptete, daß er jederzeit der Nachgeordnete im Kreise gewesen sey, mit dem billig communiciret werden müßte. Allein offenbar gründete sich das Betragen des Administrators in diesem Falle auf den, mit dem Churfürst Joh. Georg zu Brandenburg, als Mitvormunde, errichteten Vertrag, nach welchem mit ihm, als solchem, in wichtigen Reichs- Kreis- und andern Landesangelegenheiten allenthalben vertraulich communiciret werden sollte. Daraus aber konnte kein Recht zur Concurrenz bey dem Obersächsischen Kreisdirectorio erwachsen; und als der Churfürst Johann Georg 1598. starb, erlosch jener Vertrag von selbst. Gleichwohl setzte Churbrandenburg seine Anforderungen fort, bis endlich, um das gute Vernehmen zu erhalten, das chursächsische Directorium sich zu einer freywilligen Communication erbot, und sich, doch nur nach Befinden, mit Churbrandenburg vernahm, wenn etwas in Kreissachen

vorfiel,

vorfiel, wo es geschehen konnte. Allein dies dauerte nicht allzulange. Es war schon die Zubereitung zur Aufhebung der Obersächsischen Kreisverfassung gemacht worden. Verschiedene Kreisstände mochten sie verabredet haben. Man erregte Streitigkeiten, welche die Kreisschlüsse ungültig machten. Man machte selbstbeliebige Ausnahmen bey den Reichsabschieden, und wollte sie nicht anerkennen. Auf dem Kreistage vom 21. Aug. 1683. entstand ein Rangstreit. Man brach die Sitzungen ab und gieng aus einander. Das war der letzte Obersächsische Kreistag, nachdem schon seit 1680. kein Münzprobationstag mehr gehalten worden war. Ungeachtet man es nachher mehrmals versucht hat, die Kreisversammlungen wieder herzustellen, der Kaiser auch nachher auf Veranlassung des Churhauses Sachsen in der Kaiserlichen Capitulation verbindlich gemacht worden ist, alle Sorgfalt anzuwenden, daß dieselben wieder in Gang gebracht werden möchten, so ist es doch bis auf den heutigen Tag nicht wieder dazu gekommen.

Zu den Merkwürdigkeiten der Regierung des Herzogs, als Administrators, gehöret noch dieses, daß er für Chursachsen und das Sächsische Haus die Erbvoigtey und das Schultheißenamt zu Nordhausen erhielt. Zwar hatte Nordhausen schon vorher mit dem Hause Sachsen in einer gewissen Verbindung gestanden. Schon 1323. verpfändete der Kaiser Ludwig IV. die Reichsstädte Mühlhausen und Nordhausen an den

Mark-

Markgraf Friedrich den Ernsthaften zu Meißen, seinen Schwiegersohn, und bestellte ihn auch zum Voigte und Pfleger über diese Städte. *) Auch hatte die Stadt Nordhausen dem Landgrafen Albrecht ein gewisses Schutzgeld gegeben, **) und dieses war dem Hause Sachsen fortgegeben worden. Es bestand jährlich in 300 Rhein. guten Gülden, Meißn. Währung, wovon das Churhaus die Hälfte und das gesammte Ernestinische Haus die andere Hälfte bekam. Der Rath und die Bürgerschaft zu Nordhausen erhielten von Zeit zu Zeit einen Schutzbrief. Allein die eigentliche Erbvoigtey wurde von dem Kaiser und Reiche zu Lehn getragen, und war immer bey den Grafen von Hohnstein gewesen. Als nun den 8. Jul. 1593. die Grafen von Hohnstein in dem Grafen Ernst ausgestorben, so beliehe der Kaiser Rudolph II. den Churadministrator in Vormundschaft seiner unmündigen Vettern Dresdner Linie, mit der Voigtey am peinlichen Gerichte in Nordhausen, und ließ die Herzoge von Sachsen-Weimar und Coburg zur gesammten Hand dazu kommen, stellte auch darüber den 22. Nov. d. J. einen Lehnbrief aus. Im Jahr 1668. machte Churbrandenburg auf die Nordhäusische Erbvoigtey Ansprüche, und zwar aus dem Grunde, weil sie ein unstrei-

*) Samml. verm. Nachr. zur Sächs. Geschichte, B. XI. p. 308. fg.

**) Anon. historische Nachricht von Nordhausen, p. 452. 458.

unstreitiges Pertinenzstück von der Grafschaft Hohnstein seyn sollte; gerade so, wie nachher 1684. bey Quedlinburg, wo dieses Churhaus deswegen auf die Stadt Quedlinburg und einige Schlösser und Grundstücke des Stiftes Ansprüche machte, weil sie Pertinenzstücke der Grafschaft Regenstein gewesen wären, welche dem Fürstenthume Halberstadt einverleibt wäre. Der Rath zu Nordhausen widersprach und räumte nichts ein; von Churbrandenburgischer Seite wurde auch die Sache nicht weiter betrieben. Allein 1698. wurde die Erbvoigtey und das Schulzenamt über die Reichsstadt Nordhausen zugleich mit der Erbschutzgerechtigkeit von Quedlinburg von dem Kaiser und Churfürst Friedrich August, an den damaligen Churfürst zu Brandenburg zusammen für 300000 Thlr. überlassen und abgetreten.

Im Jahre 1601. legte der Churfürst Christian II. das achtzehnte Jahr zurück, nach welchem er nach der güldnen Bulle zur Churmündigkeit gelangte. Der Administrator erbot sich durch einige nach Dresden abgeordnete Räthe, in der Michaeliswoche, zu Torgau, wohin er auf diese Zeit einen engen Ausschuß bescheiden wolle, und wo ihm die Vormundschaft mit Rath und Wissen weiland des Churfürsten von Brandenburg und der ganzen Landschaft übertragen worden, dieselbe niederzulegen, und über die geführte Administration Rechnung abzulegen, worüber er eine Quittung erwartete, zu welcher er nachher die Notel übersandte. Hier fanden sich nun, wie es bey dergleichen Gelegenheiten zu geschehen pflegt, Personen welche den Herzog tadelten, und ihm Verdrüßlichkeiten zu machen suchten. Sie wußten dem Churfürsten beyzubringen, daß während des Aufenthalts des Administrators zu Torgau, von Crucis 1592. bis dahin 1601. außer den 30000 Mfl., welche ihm jährlich aus der Steuer gereicht worden, außer den 80000 Mfl. welche der Reichstag gekostet, sein Hoflager, die Land- und Stiftstäge, die Zehrung in der fürstlichen Grafschaft Henneberg, die Jagden, noch 939532 Mfl. 13 Gr. 6 Pf. gekostet hätten; ferner, daß er über 50000 Mfl. an Begnadigungsgeldern ausgegeben und verschenkt habe. Auch wußte man an der Quittungsformel verschiedenes auszusetzen, und unter andern den Ausdruck: daß er den neuen Churfürsten die Vormundschaft über seine noch unmündigen Brüder übertrage; die dem Churfürsten doch von selbst nach der güldnen Bulle gebühre. Man tadelte es, daß er die Churadministration, die ihm nach der güldnen Bulle zustünde, und ohne der Stände Einwilligung zugekommen seyn würde, in die Hände der Stände zurückgeben wolle. Man stellte dem Churfürsten vor, daß es aus einem andern Schreiben des Herzogs das Ansehen gewinnen wolle, als ob derselbe die Vormundschaft über die Herzoge Johann Georg und August, sowohl in Ansehung der Stifter, als auch überhaupt, zu behalten Lust habe, da doch die Reichsgesetze hier

deutlich

deutlich entschieden. Bey dem Churfürsten machte auch in der That der Umstand, daß der Herzog die Administration in die Hände der Landschaft niederzulegen sich erbot, Eindruck, und er behauptete wieder seine aus der güldenen Bulle ihm zukommende Rechte, nach welchen er nach erlangter Churmündigkeit der Regierung des Landes fähig wurde; auch fielen ihm die erwähnten großen Geldsummen auf. Allein er wurde besänftiget, als der Administrator die Resignation zu Dresden persönlich in die Hände des Churfürsten zu thun, und das, was einige Uebelgesinnte wider ihn anzubringen wagen würden, auf erfolgte freundvetterliche Communication noch vor seiner Abreise abzuthun sich erbot. Hierzu kam, daß einige Personen aus der Landschaft, welche der Churfürst zu dieser Handlung aus freyer Entschließung erfordert hatte, denselben versicherten, daß doch unter des Administrators löblicher Regierung nicht nur die Unterthanen des Churfürstenthums in gutes Aufnehmen gekommen, sondern auch das Haus Sachsen in und außerhalb des Reichs zu großen Ansehen gelanget, welches so viele Gesandtschaften so wohl von seiner Seite, als auch von Seiten fremder Mächte veranlaßt habe, die freylich einen ansehnlichen Aufwand erfordert hätten; daß ferner kein löblicher Regent ohne Begnadigung und Beschenkung treuer Diener bestehen könne, und der Administrator hierinn dem Beyspiele der Chur- und Fürsten zu Sachsen gefolgt sey, welche allezeit durch Belohnung und Begnadigungen treu Diener sich einen so großen Ruhm erworben, daß jed die Sächsischen Dienste gern gesucht und angenomme habe. Hierauf erfolgte ohne weitern Anstand die Re signation der Administration, und die Uebergabe der Vormundschaft über die noch unmündigen Prinzen an den Churfürsten in Dresden, den 23. Sept., und der Churfürst bezeugte dem Herzoge sowohl mündlich, als auch hernach schriftlich, alle Liebe, Freundschaft und Hochachtung, und versicherte, daß er sich dessen immer mit Dankbarkeit erinnern, und es wieder zu vergüten suchen werde. Er hat es auch gehalten, und nicht nur die Quittung in der verlangten Form ausgestellet, sondern auch nachher bey aller Gelegenheit seine Erkenntlichkeit bewiesen. Der Herzog gieng hierauf nach Weimar zurück, und starb bald darauf 1602.

Was oben zu seinem Lobe angeführt wird, war keine Schmeicheley, sondern Wahrheit. Er hat die Administration der Chur mit großem Ruhme geführet. Als Vormund sorgte er väterlich für die Erziehung der Churfürstlichen Prinzen. Er selbst hatte eine gute Erziehung genossen, und war ein Freund der Sprachen und Wissenschaften. Dazu führte er auch die Prinzen an. Er legte auf dem Schlosse zu Torgau eine eigene Buchdruckerey an, über welche er selbst die Aufsicht führte. Zum Unteraufseher hatte er den Johann Wankel angestellt, welcher nachher Prof. der Geschichte zu Wittenberg wurde. Dieser mußte unter

andern

andern des Spaniers Antonio de Guevara Lebensgeschichte des Kaisers Marcus Aurelius in das Lateinische übersetzen, und der Administrator eignete diese Schrift dem Churprinzen in einem lateinischen Gedichte zu. Er selbst übersetzte auch eine deutsch geschriebene Sammlung lehrreicher Geschichten, unter dem Titel: Uebungen in Nebenstunden, in das Lateinische und widmete sie auch seinen damaligen Mündeln in einer Zueignungsschrift, worinn er ihnen die edelsten Grundsätze mittheilte.

Als Administrator der Chur sorgte er für die Aufrechthaltung der Würde und des Ansehens des Churhauses. Wir haben davon schon verschiedene Beyspiele angeführet. Aber er bewies dies auch durch sein Betragen in Ansehung der Direction des evangelischen Religionskörpers in Deutschland. Bekanntlich war dieses Directorium seit der Reformation bey dem Churhause Sachsen gewesen. Allein nachdem sich Churpfalz zur evangelischen Religion bekannt hatte, maßte sich dasselbe der Direction aus dem Grunde an, weil es unter den protestantischen Fürsten das vornehmste sey, ob man gleich im Anfange darauf wenig geachtet zu haben scheint. Denn 1561. wurde wegen einer anderweitigen Unterschrift der augsburgischen Confession ein Convent zu Naumburg gehalten. Der Churfürst August communicirte vorher mit Churpfalz, Hessen und Würtemberg, und man verglich sich zu einer persönlichen Zusammenkunft, zu welcher

Chursachsen die sämmtlichen Stände zusammen berief.*)
Im Jahr 1566. unterschrieb der Churfürst Friedrich III. von der Pfalz das auf dem Reichstage zu Augsburg dem Kaiser übergebene Memorial der evangelischen Stände zwar mit, aber Chursachsen übergab es. Es wird zwar vorgegeben, Churpfalz habe das Directorium geführet.**) Allein es ist ungegründet, und der unten angeführte Schriftsteller bezeugt es selbst, daß nach Abzug des Churfürsten zu Sachsen der Reichsmarschall von Pappenheim, die protestirenden Stände zusammen berufen habe; sie sind aber in des Pfalzgrafen zu Zweybrücken Quartiere zusammen gekommen.***) In eben diesem Jahre, den 1. Sept. wurde ein evangelischer Convent zu Erfurt angestellt, wo man sich mit Churpfalz der Religion und besonders der Lehre vom Abendmahle wegen unterredete. Hier maßten sich die Churpfälzischen Räthe eines Directoriums an; sie nahmen etlicher Stände Entschuldigungsschreiben an, und verlangten die Zusammenberufung und Direction des zu haltenden Convents. Es wurde darüber vor der Zusammenkunft berathschlagt, und die Urtheile fielen dahin aus, daß Churpfalz die Zusammenbeschreibung und Direction nicht einzuräumen wäre, damit es dem Kaiser nicht auffiele, und

es

*) Hönns Hist. des Naumburgischen Convents, p. 3.

**) Altingii hist. reformat. Palat. p. 199.

***) ibid. p. 204.

es auch sonst bey andern nicht das Ansehen gewinnen möchte, als wäre Churpfalz mit den augsburgischen Confessionsverwandten gleichförmig. Die Churpfälzischen Räthe widersprachen und blieben auf ihrer Behauptung, willigten aber doch endlich nach gemachten Vorstellungen in den Abschied. *) Im Reichstagsabschiede zu Regensburg 1567. wurde der Churfürst zu Sachsen unter den Deputirten der Evangelischen oben an gesetzt, und des Churfürsten von der Pfalz gar nicht gedacht. Chursachsen hat ferner die Zusammenkünfte 1571. nach Dresden, 1574. nach Leipzig, 1576. nach Torgau ausgeschrieben, und die am letztern Orte errichtete Formulam concordiae an die evangelischen Stände zu ihrer Genehmhaltung versendet. **) Auch als die letzte Versammlung wegen dieses Buches 1579. im Kloster Bergen gehalten wurde, hat sie Churfürst Ludwig zu Pfalz selbst beschickt, und es seinem Bruder Pfalzgrafen Casimir verwiesen, daß er sich geweigert, der Formulae concord. beyzutreten. ***)

Nur mit dem Jahr 1575. nahm sich Churpfalz der Sache ernstlicher an. Es häuften sich damals die Religionsstreitigkeiten sehr, und Churpfalz bewies sich dabey sehr eifrig, und hat auch wirklich damals das Directorium geführet. Auf dem Reichstage zu Regens-

*) Müllers Fortsetzung des Staatscabinets, p. 14. 21.

**) Alting. l. c. p. 234.

***) ibid. p. 246. Parei hist. Bavarico-Palat. p. 283.

Regensburg 1576. ließen die Churpfälzischen Räthe und Abgesandten den 29. Jun. der evangelischen Churfürsten und Stände Räthe und Abgesandten in dem Churpfälzischen Hofe versammlen. Eben daselbst verfertigten sie, als Directores in Religionssachen, eine Schrift, welche sie auch hernach dem Kaiser übergaben, wobey sie aber doch auf die Vorstellungen der Chursächsischen Rücksicht nahmen. Sie sagten dem Kaiser im Namen des Ausschusses für einen gewissen Bescheid Dank. Ueber diese Kaiserliche Resolution kamen sie hernach im Churpfälzischen Hofe zusammen, wobey die Chursächsischen Gesandten zugegen waren. Im Jahr 1582. werden auf dem damaligen Reichstage zu Regensburg die Räthe von Churpfalz ausdrücklich Directores genannt; sie haben auch dem Herkommen gemäß der augsburgischen Confessionsverwandten Räthe, Gesandten und Botschafter zusammen berufen. Allein Chursachsen und Churbrandenburg wollten damals lieber nur eine Versammlung Churfürstlicher Räthe, nicht aber aller Stände sehen.

Im Jahr 1594 auf dem Reichstage zu Regensburg führte Churpfalz bey dem evangelischen Intercessionalschreiben vom 16. Jun. allein das Directorium, ohne, daß Chursachsen daran Theil nahm. Ja, es ist merkwürdig, daß bey Unterzeichnung dieses Schreibens ausdrücklich die Worte befindlich sind: Der Chursachsen Administrator hat nach Churfürst Augusts Beyspiel Anno 1582. sich von Ratification dieser

Gra-

Gravaminum abgesondert.*) Und man weiß auch, daß der Administrator sich heftig wider diese Unternehmung gesetzt, und zu Bezeugung seines Misvergnügens den Chursächsischen Gesandten vom Reichstage zurückberufen hat.**) Noch ernstlicher bezeugte der Administrator sein Misfallen 1589. Auf dem in diesem Jahre zu Regensburg gehaltenen Reichstage forderten die Churpfälzischen Gesandten die protestirenden Stände zur Berathschlagung über einige Angelegenheiten zusammen. Des Administrators Räthe erstatteten darüber Bericht an ihren Herrn, und erklärten auf dem Reichstage ausdrücklich: ihr Herr könne keinem, der nicht seiner Religion wäre, das Directorium lassen. Der Administrator billigte dieses in einem Schreiben an sie vom 20. Dec. 1597. und befahl ihnen, daß sie sich mit den Pfälzischen nicht einlassen möchten. Er wiederholte diese Erklärung den 21. Jan. 1598. auf eben diesem Reichstage. Er vergab also auch dieser Gerechtigkeit des Churhauses nichts.

Zu den Beweisen seiner Sorgfalt für das Beste des Churhauses gehöret auch seine Bemühung, das gute Vernehmen zwischen demselben und dem kaiserlichen Hofe herzustellen und zu befestigen. Es war

 dasselbe

*) Christoph Lehmanns Acta publica de pace rel. II. 19. 21. 25. 44. 65.

**) Jac. Franci relat. hist. Contin. m. Majo. 1594. p. 66. 67. 69.

dasselbe bisher einigermaßen unterbrochen worden. Der Churfürst Christian glaubte, und er war in dieser Meynung von seinem Vater nicht wenig bestärkt worden, daß das Erzherzogliche Haus für seine demselben von dem Churhause Sachsen erwiesenen treuen Dienste nicht überall so erkenntlich gewesen, als sie es verdient hätten. Gieng man in die vorigen Zeiten zurück: so erinnerte man sich, daß der Herzog Albrecht sich ganz für den Kaiser Friedrich aufgeopfert, und dafür weiter nichts, als 1483. die Anwartschaft auf die Herzogthümer Jülich und Berg erhalten habe, welche damals noch weit aussehend war; daß dessen Sohn Maximilian I. für den sich der Herzog eben so thätig bewiesen, diese Anwartschaft 1486 und 1495. bestätiget, und daß doch gleichwohl eben dieser Kaiser 1496. ein privilegium habilitationis ertheilt habe, wodurch die Tochter des Herzogs Wilhelm von Jülich für successionsfähig erklärt worden war, und wodurch der Gemahl derselben, der Herzog von Cleve, berechtiget wurde, beym Tode seines Schwiegervaters von den Jülichischen Landen Besitz zu nehmen, wobey es auch der Kaiser bewenden ließ. Aus den neuern Zeiten erinnerte man sich eines gleichen Verfahrens vom Kaiser Karl V. in Ansehung dieser Succession, der Churfürst August aber führt in einem von ihm vorhandnen Aufsatze an, daß er vom Kaiser Maximilian II. mit welchem er doch sonst eine genaue Freundschaft unterhielt, für seine treuen Dienste und gute Neigung zu

dem-

demselben nicht eben zum besten bekommen worden sey. Er sahe dabey wohl vorzüglich, theils auf die aus der Gothaischen Expedition entstandenen Irrungen, theils, auf die wegen der Belehnung mit dem Voigtlande gemachten Schwierigkeiten. Der Churfürst hatte, wie aus der Geschichte bekannt ist, dieses Stück Land, welches Böhmisches Lehn war, von dem Burggrafen Heinrich von Meißen an sich gebracht. Der Kaiser Maximilian II. als König von Böheim, versagte dem Churfürsten die Einwilligung in diesen Handel und die Lehnsempfängniß, unter dem Vorwande, daß die Böhmischen Stände nicht darein willigen wollten, ertheilte sie auch nicht eher, als bis der Churfürst 1575. sich verbindlich machte, hinführo keine Böhmischen Lehngüter weiter an sich zu bringen. Ueber diesen Punct haben sich in der Folge auch die Nachfolger an der Chur öfters beschweret, und mehrmals zu erkennen gegeben, daß sie diese Art von Härte um die Krone Böheim nicht verdient hätten. Vielleicht erinnerte sich auch der Churfürst August, daß bey den mehrmals zwischen der Krone Böhmen und dem Churhause Sachsen erneuerten Erbvereinigungen immer der Vortheil auf Seiten der Krone gewesen, ohne, daß das Churhaus Erfahrungen von gegenseitiger Hülfe und Beystand gemacht hätte; wenigstens ist in den folgenden Zeiten von dem Churhause darüber mehrmals Klage geführet werden. Vielleicht glaubte der Churfürst August auch noch andere Ursachen zur

[illegible]

Unzufriedenheit mit Oesterreich zu haben, die nicht ganz bekannt geworden sind. Zu des Churfürsten Christian Zeiten aber hatte der Kaiser Rudolph seine Einwilligung zu der Aufnahme des Hauses Brandenburg in die Erbverbrüderung mit Sachsen und Hessen verweigert, die doch schon der Kaiser Friedrich III. ertheilt hatte. Diese und dergleichen Umstände hatten das Churhaus misvergnügt gemacht, und der Churfürst Christian hatte auch dem Hause Oesterreich dieses Misvergnügen freymüthig zu erkennen gegeben. Der Administrator ließ sichs nun während der ganzen Zeit seiner Administration angelegen seyn, Harmonie und Freundschaft zwischen beyden Häusern herzustellen. In dieser Absicht gab er sich auf den Obersächsischen Kreistagen alle Mühe, dem Hause Oesterreich wegen des damaligen Krieges mit den Türken nachdrückliche Hülfe zu verschaffen; wie denn demselben von 1592 bis 1598. über 800000 Thlr. verwilliget und gezahlet worden sind, wozu das Haus Sachsen den größten Theil beygetragen hat. Was auch nachher das Haus Sachsen dem Hause Oesterreich in den Böhmischen Unruhen, nach dem Prager Frieden, bey dem gegen das Ende des vorigen Jahrhunderts erfolgten Türkenkriege, für Dienste geleistet hat, ist aus der Geschichte bekannt.

Als Regent bewies sich der Administrator billig, gerecht, ernsthaft, und für das Beste des Landes besorgt. Er stellte im Lande Ruhe und Ordnung wieder

her,

her, und vermied alle Streitigkeiten von außen. Er gab weise und nützliche Verordnungen, publicirte 1594. eine Berg- Eisen- und Hammerordnung in dem Amte Pirna und Königstein, und ein Mandat wegen geschenkter und ungeschenkter Handwerker, brachte 1593. mit dem damaligen Hoch- und Deutschmeister Maximilian wegen der Balley Thüringen den bekannten Vergleich zu Stande,*) und ließ den Prinzen Johann Ernst, seines Bruders, Johann, Sohn, zum Statthalter dieser Balley 1597. einweisen. In seinen Bescheiden, welche er gab, war er ernstlich und standhaft. Folgendes Beyspiel dient davon zum Beweise. Die Grafen von Mansfeld waren seit der Reformation im Besitze der geistlichen Gerichtsbarkeit in ihrer Grafschaft, und diese war ihnen auch von Seiten der Lehnsherren, nachdem sie in Sequestration gerathen waren, ruhig gelassen worden; einige gewissermaaßen gewaltsame Veranstaltungen ausgenommen, die unter dem Churfürst August bey den damaligen theologischen Streitigkeiten vorgefallen waren. Aber 1592. da der Superintendent Menzel in Eisleben verstorben war, machte der damalige Oberaufseher Georg Vitzthum von Eckstedt den Grafen diese Gerichtsbarkeit streitig, brachte einen Befehl vom Churfürsten an die sequestrirten Grafen aus, daß sie ohne Churfürstliche An-

ordnung

*) Von Römers Staatsrecht des Churfürstenthums Sachsen, III. Th. S. 275.

ordnung in der Wiederbesetzung der Superintendur nichts vornehmen sollten, drang ihnen einen Superintendenten, Seidler, auf, und erlaubte sich viele Eingriffe in ihre Gerechtsame. Die Grafen beschwerten sich darüber, und die Sache zog sich in die Länge. Der Administrator ließ nach Untersuchung derselben einen Befehl an den Oberaufseher ergehen, den Seidler wieder abzuschaffen, und die Grafen die erledigte Stelle besetzen zu lassen. Der Oberaufseher machte dagegen Vorstellungen bey Hofe, und berief sich auf die Rechte des Churhauses, in geistlichen Sachen in der Grafschaft zu verfügen, die demselben theils wegen der Oberlandesherrlichkeit, theils wegen der Sequestration zustünden. Der Administrator aber wiederholte seinen ersten Befehl. Gleichwohl achtete der Oberaufseher nicht darauf. Hierauf erfolgte an denselben das letzte Rescript von dem Administrator. In demselben drückt er sich mit Ernst also aus: „Nun „hätten wir Uns zu dir gnädigst versehen, du würdest „dich unserm gethanen Befehlig gemäß erzeigen, auch „gedachten Seidlern aus seinem Amt erlaubet und „also Supplicanten Grafen und die andern an Wie„derbestellung desselbigen nicht gehindert haben. Daß „es aber durch dich verächtlich hintangestellet und also „unsere Verschaffung von dir und deinem Substituten „nicht alleine nicht geachtet, sondern auch darwider „allerhand und mit unserer Ungnade wohl geschärfte „Inhibitiones und Bedrohungen gebraucht worden,

„solches

„solches ist uns nicht mit geringer Befremdung für„kommen. Dann unsere Befehle mit vorgehabtem zei„tigen Rath und Bedenken auch darum ausgegangen, „daß denselbigen gehorsamlich nachgegangen werden „soll, und stehet eben nicht in deiner Willkühr, dies„falls und auch sonsten deines Gefallens zugebahren. „Darum wir auch für uns rc. ernstlich begehren, du „wollest zu Folge unserer gethanen nächstlichen Ver„schaffung oft gedachten Seidlern alsobalden und An„gesichts dieses Briefes gänzlichen abschaffen, den „Grafen aber unhinderlich verstatten, einen neuen „Superintendenten zu introduciren und einzuführen rc.“ Von dieser Zeit an erhielt die geistliche Verfassung in der Grafschaft Mansfeld ihre feste Einrichtung. Die Grafen behielten ihr Consistorium und jus patronatus unangefochten bis zur Zeit ihres Aussterbens 1780. ob sie gleich niemals aus der Sequestration in Chursächsische Hoheit gekommen, und auch die letzten Fürsten und Grafen von Mansfeld catholisch waren.

Einige neuere Geschichtschreiber haben es dem Administrator als eine großmüthige Mäßigung angerechnet, daß er sich seine Vormundschaft und Administration in Ansehung der Hennebergischen Erbschaftsangelegenheit nicht zu Nutze gemacht habe. „Es würde „ihm leicht gewesen seyn, sagt man, bey diesen Um„ständen die ganze Successionsirrung zum Vortheil „seines Herzoglichen Hauses beyzulegen; aber er han„delte so rechtschaffen, daß er diese Sache bis zur Voll-

„jährig-

-jährigkeit des unmündigen Churfürsten verschob.
Allein dieser kluge Herr kannte seine Befugnisse als Administrator zu gut, als daß er die Grenzen derselben hätte überschreiten sollen. Es ist wahr, er errichtete mit dem Churfürst von Brandenburg als Mitvormunde 1593. einen Interimsvergleich, nach welchem die Sache nach der Volljährigkeit des Churfürsten zu gütlichen Tractaten gezogen werden sollte. *) Aber er that dies mehr zur Vermeidung alles Argwohns einer Partheylichkeit, und eines eigenmächtigen eigennützigen Verfahrens, als daß es auf Zureden anderer geschehen seyn sollte; und in sofern war es ein Zug seines geraden Charakters. Freylich mochte es ihm wohl schmerzen, daß ein so ansehnliches Stück der Hennebergischen Lande verloren gieng. Doch so wenig es den Söhnen des gewesenen Churfürsten Joh. Friedrichs zu verdenken war, daß sie nach den Rathschlägen ihres Hofmeisters, Wolf Mülich von Hartisleben, immer darauf bedacht waren, wie die verlornen Lande durch andere Herrschaften ersetzt werden möchten; und daher 1554. die Erbverbrüderung mit Henneberg bewirkten: so wenig war es dem Churfürst August zu verdenken, daß er darauf dachte, wie er wegen der grossen, auf die Gothaische Execution aufgewandten Kosten schadlos gehalten würde. Denn durch die assecurirten Aemter war er noch lange nicht bezahlt worden, und es konnte dies noch mit einem Theile von

*) Müllers Annalen, S. 211.

von Henneberg füglich geschehen. Der Kaiser scheint auch dieses im Sinne gehabt, und der Churfürst es vermuthet zu haben. Denn als der Kaiser des geächteten Herzogs, Johann Friedrich, Söhne restituirte, so behielt er die Anwartschaft auf Henneberg, so weit sie an ihrem Theile dieselbe hatten, zu seiner Disposition zurück. Auf das anhaltende Bitten des Herzogs Johann Wilhelm aber, ertheilte er demselben auch den Theil seines Bruders. Der Churfürst war über diesen Schritt des Kaisers misvergnügt, und stellte ihm vor, daß er bey den Gothaischen Händeln nach dem Auftrage des Kaisers und des Reichs einen so grossen Aufwand gemacht habe, dessen Erstattung er mit Recht fordern könne; und auf diese wiederholten billigen Vorstellungen ertheilte ihm der Kaiser den bekannten Expectationsbrief.

Uebrigens verdiente der Herzog Friedrich Wilhelm die Achtung seiner Zeitgenossen, und ein ruhmvolles Andenken bey der Nachwelt.

III.

Ueber den Ursprung des Chursächsischen Steuercollegii.

Ein Beytrag zu der Geschichte der Chursächsischen Steuerverfassung.

Wegen der Wahl des Gegenstandes, dem diese Abhandlung bestimmt ist, darf ich mich wohl nicht erst bey meinen Lesern entschuldigen. Die Chursächsische Steuerverfassung, wovon das Steuercollegium der wesentlichste Theil ist, hat schon deswegen das größte Interesse für uns Sachsen, weil darauf die Rechte unsrer Stände überhaupt zu einem großen Theile beruhn. So wie die Landstände in gewisser Rücksicht zugleich mit den Steuern entstanden, so haben sie ihnen in mehr als einem Lande noch bis auf die neuesten Zeiten ihre Fortdauer und ihr Ansehn in Landesangelegenheiten überhaupt zu verdanken: und wer sich mit der Chursächsischen Geschichte dieses Jahrhunderts nicht blos aus den größtentheils oberflächlichen Büchern, die wir darüber haben, sondern besonders aus den Landtagsacten vertrauter gemacht hat, der wird keinen Augenblick bey sich anstehn, zu welcher Klasse von Ländern er Chursachsen zu rechnen habe.

Desto mehr aber muß ich wegen der Ausführung meines Gegenstandes auf die Nachsicht meiner Leser

rechnen.

rechnen. Gedruckte Hülfsmittel verliessen mich bey-nahe ganz,*) und die Landtagsacten jener Zeiten, die ich vor mir hatte, sind hier um deswillen mangelhafter, weil viele Dinge, die sich auf diesen Gegenstand beziehn, damals nur mündlich zwischen den Landesherrn und seinen Ständen verabredet wurden.

Es darf uns nicht befremden, wenn wir bey den ältesten allgemeinen Abgaben in Sachsen, bey den sogenannten Beten, keine Spur davon finden, daß die Landschaft an der Verwaltung und Verrechnung derselben, einigen Antheil genommen hätte. Sie wurden ja dem Landesherrn größtentheils zu seinen persönlichen Bedürfnissen, zur Tilgung seiner Schulden bewilliget. So wie der Betrag dieser Schulden auf Treu und Glauben angegeben wurde, darnach berechnete man schon ohngefähr die Größe dieser Abga-

 ben.

*) Das wenige, was sich über diesen Gegenstand in Büchern findet, steht in Wecks Chron. Dresdensi, und in Schrebers Nachricht von den Churfürstl. Sächs. Land- und Ausschußtägen. Daraus hat Römer in seinem Chursächsischen Staatsrecht, Th. II. S. 619. geschöpft. — Es wäre mir leicht die Fehler zu rügen, die diese Schriftsteller an mehr als einem Orte begangen haben. Doch mit Polemisiren ist selten dem Leser gedient. Nur das will ich bemerken, daß ich, so viel ich weiß, der erste bin, der den Ursprung des Steuercollegii schon in das Jahr 1552. setzt.

den. Es war ein Geschenk, das man dem Fürsten machte, (eine Beyhülfe, ein adjutorium,) wie hätte man wohl über die Verwendung desselben Rechnung verlangen können?

Als aber besonders in der zweyten Hälfte des 15ten Jahrhunderts, Abgaben von einer ganz andern Art entstanden, als Steuern zu Reichsanlagen oder zur Landesnothdurft bewilliget werden mußten, da gieng mit dem Staatsrechte des Mittelalters auch in diesem Puncte eine sehr große Veränderung vor. Jtzt dachte man zuerst deutlich den Unterschied zwischen Abgaben, die man dem Landesfürsten für seine Person bewilligte, und zwischen solchen, die zu den Bedürfnissen des Landes entrichtet wurden. So widersprechend es in Ansehung der erstern war, dem Fürsten darüber Rechnung abzufordern, so natürlich war es, daß sich die Landschaft der Verwaltung der letztern anmaaßte. Jtzt wurde eine solche Vorsicht, da sich die Abgaben immer mehr und mehr häuften, da sich die Fürsten in weit aussehende Unternehmungen oft eigenmächtig einließen, zuerst nothwendig. Jetzt wollten die Fürsten ihr Cammerguth nur nach ihrem Gutbefinden anwenden; und so mußte sich denn der Begriff einer von der Fürstlichen unterschiedenen Landescasse immer mehr und mehr entwickeln.

Sachsen macht hierinne keine Ausnahme von der allgemeinen Regel. Im Jahr 1451. finden wir zuerst, daß die Landschaft an der Einnahme und Ausgabe

einer

einer Steuer Antheil nahm. Churfürst Friedrich II. beschrieb einen Landtag nach Grimma. Die Stände bewilligten hier auf künftige Nothfälle eine Steuer, jedoch daß solche von Etlichen aus ihrem Mittel dirigiert, das Geld in Leipzig niedergelegt, und ohne der Deputirten Vorwissen nichts davon verabfolgt werden sollte. Zu Landessteuereinnehmern wurden zwölfe aus der Ritterschaft und die Bürgermeister zu Leipzig, Dresden, Wittenberg, Zwickau und Pegau ernannt.*)

Im Jahr 1454. wurde diesem Churfürsten eine neue Steuer auf den Fall bewilliget, wenn die Lande mit Krieg angegriffen werden sollten. Sie sollte bey dem Rathe zu Leipzig niedergelegt werden, und über die Verwendung derselben wurden acht adeliche Einnehmer gesetzt, 2. im Lande zu Sachsen, 2. im Lande zu Meißen, 2. im Osterlande, und 2. im Voigtlande.**)

Bey den folgenden Bewilligungen, finde ich von einer solchen Concurrenz der Stände keine Erwähnung, und in der That scheinen sie auch der Anordnung des Fürsten allein überlassen worden zu seyn, da sie nicht erst für die Zukunft, sondern größtentheils zur Tilgung der Landesfürstlichen Schulden, und zu schon

 gefälli-

*) S. Weck am angef. Orte, S. 438. und Schreber am angef. Orte, S. 53. (3te Aufl.)

**) S. Weck am angef. Orte, S. 439. Der Städte geschieht keine Erwähnung: Vielleicht blos deswegen, weil es in Ansehung ihrer bey dem alten blieb, da hingegen die Anzahl der adelichen Einnehmer verringert wurde.

gefälligen und bestimmten Ausgaben bewilliget würden. *)

Erst im Jahr 1523. ereignete sich eine Gelegenheit, bey welcher die Stände ihre Rechte wieder geltend machten. Herzog Georg beschrieb seine Stände nach Leipzig. Er wollte sich mit ihnen wegen der Türkensteuer berathschlagen, die der Kaiser auf einem bevorstehenden Reichstage zu Nürnberg zu fordern gesonnen war. Sie bewilligten auch wirklich zu diesem Ende eine Steuer, jedoch daß solche von Etlichen aus der Landschaft eingenommen, und nicht eher, als bis auf den Nothfall herausgegeben würde. **)

Im Jahre 1539. wurde Herzog Heinrichen der Vierzehnde auf zehn Jahr verwilliget. ***) Die Landtagsacten, die ich vor mir habe, erwähnen nicht, daß zur Einnahme und Verrechnung dieser Steuer landschaftliche Einnehmer bestellt worden wären. Der

Grund

*) S. meine Abhandlung von der Steuerfreyheit der Chursächsischen Rittergüther, in dem letzten Stücke dieser Zeitschrift, S. 219. fg.

**) S. Weck am angef. Orte, S. 440. Die Anzahl der Deputirten wird nicht angegeben.

***) Zwischen die Jahre 1523 und 1539. fällt noch eine andre Bewilligung der Türkensteuer ins Jahr 1537. Die Landtagsacten vom Jahr 1539. (denn die vom Jahre 1537. besitze ich nicht) machen es mehr als wahrscheinlich, daß sie, wie die von 1523. von der Landschaft eingenommen wurde.

Grund davon lag wohl darinne, daß diese Abgabe dem Herzoge zur Tilgung der Schulden, die von seinem Bruder auf ihn gefallen waren, bewilliget wurde. Hingegen enthalten diese Landtagsacten einen gültigen Beweis, daß die 1523 und 1537. bewilligte Türkensteuer wirklich in den Händen der Landschaft geblieben war. Denn es wurde den dazu verordneten Personen befohlen, das noch vorhandene Geld ferner zu verwahren; und als 1540. der Ausschuß der Landschaft bewilligte, daß der Herzog 60,000 Fl. von jenem Gelde erheben könnte, um den Churfürsten von Brandenburg wegen der an die Erbschaft Herzog Georgs gemachten Forderungen zu befriedigen; so stellte der Herzog dem Ausschusse eine Urkunde aus, daß er ihn wegen der geschehenen Bewilligung bey der gemeinen Landschaft vertreten wolle.

Die nächste Bewilligung fällt ins Jahr 1542.*) Hier wurde auf dem Landtage zu Leipzig eine Türkensteuer (sie war eine Vermögenssteuer) festgesetzt, deren

 Ein-

*) Ich muß hier einige Irrthümer verbessern, die theils von dem Verfasser der von Schrebern herausgegebnen Nachricht rc., theils von mir in der oben gedachten Abhandlung begangen worden sind: 1) Der ungenannte Verfasser jener Nachricht, gedenkt im Jahr 1541. zweener Ausschußtäge, wovon der letztere in einen Landtag verwandelt worden seyn soll. Allein dieser Landtag ist erst in das Jahr 1542. (auf den Tag der unschuldigen Kinder) zu setzen. 2) Ich spreche am angef. Orte von einer Bewilligung

Einnahme und Verrechnung, so wie es bey der vorhergehenden gehalten worden war, der Landschaft überlassen wurde. Dresden, Leipzig, Weißenfels und Weißensee waren die Legstädte, an jedem dieser Orte wurde ein Prälat, zwey von der Ritterschaft, und Einer von den Städten zu Einnehmern bestellt, zu Leipzig aber ein Ausschuß der Stände niedergesetzt, der die Steuer von den verordneten Einnehmern empfangen, die Schlüssel dazu haben, und zu gelegener Zeit das Geld zu jetztberührter Türkenhülfe, und sonst zu keiner andern Sache ausgeben sollte. Der Landschaft sollte von ihm wegen der Einnahme und Ausgabe Bericht erstattet werden.*) Die Stände thaten zuerst diesen Vorschlag, und der Churfürst ließ sich ihn unter der Bedingung gefallen, daß die Register der Einnahme Sr. Churfürstlichen Gnaden, wie bey Herzog Georgen geschehn, zugeschickt würden. (Aus den Landtagsacten.)

Ich komme zu dem Jahre 1546. in welchem zwey Landtage, der eine zu Chemnitz und der andere zu Frey-

gung, die im Jahr 1541. geschehen seyn soll. Aber 1541. kam eine solche Bewilligung nicht zu Stande, sondern der Ausschuß machte in diesem Jahre nur ein Project, das auf dem Landtage im Jahr 1542. wirklich angenommen wurde.

*) Daher wurde auch von dem Ausschusse im Jahr 1543. verlangt, daß eine Deputation zur Untersuchung dieser Rechnungen niedergesetzt würde. (Aus den Landtagsacten.)

Freyberg gehalten wurden. Auf dem erstern wurde die Landsteuer, und auf dem andern die grosse Trankſteuer, vorzüglich zu den Kosten, die der Schmalkaldische Krieg verursachte, bewilliget. Ich habe zwar nicht die vollständigen Acten beyder Landtage vor mir. Jedoch, so viel ich aus einem sehr guten Auszuge daraus schliessen kann, verblieb die Einnahme und Ausgabe dieser Steuern der Landschaft. Denn so heißt es von dem erstern Landtage in der schließlichen Antwort des Churfürsten: »Se. Churfürstliche Gnaden nehmen ihr Erbieten zu genädigem Dank an, und sey Sr. Churfürstlichen Gnaden nicht entgegen, daß solch Geld zu Unterhaltung des Kriegsvolkes und anderer Nothdurft, durch die Landschaft ausgegeben werde.« Eben so heißt es darinne von dem andern Landtage: »Wenn aber Uebermaaße vorhanden, sollte solches der Landschaft zum Besten kommen, auch sollte die Steuer durch die von der Landschaft Verordnete eingenommen und wieder ausgegeben werden.« Mit dieser letztern Nachricht stimmt auch die Bewilligungsschrift der Stände von diesem Landtage, die ich in extenso vor mir habe, vollkommen überein. Aber die Anzahl der hierzu verordneten Personen, kann ich aus Mangel an bestimmtern Nachrichten nicht angeben.

Im Jahre 1547. wurde die grosse Trankſteuer abermals auf zwey Jahre erstreckt, vorzüglich zur Bezahlung des geworbenen Kriegsvolkes und zur Tilgung

gung der gemachten Schulden. Allein ich finde nicht, daß die Landschaft an der Einnahme und Ausgabe dieser Bewilligung Antheil genommen hätte, so wie ich jedoch aus dem Stillschweigen der Landtagsacten auf das Gegentheil schliessen möchte.

Auf den Landtagen vom Jahre 1547. 1548. und 1550. wurde theils die Tranksteuer, theils auf den Letztern die Landsteuer von neuem bewilliget, aber, ob ich wohl theils einen Auszug aus den Landtagsacten, theils diese selbst vor mir habe, so finde ich doch nicht die geringste Nachricht darinne, daß die Stände an der Einnahme und Ausgabe dieser Steuern Theil genommen hätten. Nur dieses will ich noch bemerken, daß jene Bewilligungen größtentheils zur Tilgung der landesfürstlichen Schulden, und zu Kriegsunkosten bestimmt waren.

Im Jahre 1552. wurden zwey Landtage, der erstere zu Torgau, und der andere zu Dresden gehalten.*) Jener gehört nicht zu unserem Zwecke, da auf demselben keine neue Bewilligung erfolgte, aber desto mehr der letztere. Auf diesem wurde theils eine Schocksteuer zur Türkenhülfe, theils die Tranksteuer, und zwar die volle auf zwey Jahre nach Ablauf des von der

*) Der Verfasser der von Schrebern herausgegebenen Nachricht von den Chursächs. Land- und Ausschußtägen irrt sich hier abermals, wenn er den letztern Landtag nur vor einen Ausschußtag hält.

der vorigen Bewilligung noch rückständigen Jahres, die halbe aber sodann auf sechs Jahre zur Tilgung der landesfürstlichen Schulden bewilliget. Die erstere Steuer sollte, wie der Churfürst selbst vorschlug, von einigen Ständen in jedem Kreise, die die Landschaft dazu verordnen würde, erhoben und ausgegeben werden. Diese sollten sodann der Landschaft Rechnung ablegen, und wenn sich einiger Ueberschuß finden sollte (es wurden nehmlich 200,000 Fl. dem Churfürsten zur Türkenhülfe verwilligt,) so sollte dieser der Landschaft zu statten kommen, und auf künftige Nothfälle verwahrt werden. — Weitläuftiger und noch wichtiger für uns waren die Unterhandlungen, die wegen der Tranksteuer und wegen der Tilgung der landesfürstlichen Schulden gepflogen wurden. Diese Schulden waren zu einer sehr beträchtlichen Höhe angelaufen. (Der eigentliche Betrag derselben wird in den Landtagsacten nicht gemeldet.) Den ersten Grund dazu hatten der Herzog Albrecht und Georg in den unglücklichen Friesländischen Kriegen gelegt. Sie beliefen sich bey dem Absterben Herzog Georgs auf etliche 100,000 Fl. und weder Herzog Heinrich noch Churfürst Moritz hatten sie bisher abtragen können. Unter dem letztern waren noch 100,000 Fl. die er als eine persönliche Schuld des Churfürsten Johann Friedrichs hatte übernehmen müssen, so wie andere Summen, die auf den Aemtern und Städten in den Ländern des gedachten Churfürsten hafteten, und die von Moritzen

eben

eben so hoch angeschlagen werden, zu den vorigen hinzugekommen. Endlich mochten wohl die Schulden, die Moritz selbst bey seinen vielfältigen und weitaussehenden Unternehmungen gemacht hatte, alle jene Summen zusammengenommen noch um ein beträchtliches übersteigen. Er verlangte daher, daß die Stände alle diese Schulden übernehmen sollten, dagegen er ihnen die große Tranksteuer, so wie sie jetzt entrichtet würde, und noch ferner von ihnen bewilliget werden sollte, übergeben wollte. Sie möchten daher einige aus ihrem Mittel zur Einnahme derselben bestellen. Diesen sollte die Tranksteuer bald nach dem Ausgange des nächsten Leipziger Markts (der Michaelismesse) überantwortet werden, „dergestalt, daß sie von einem Leipziger Jahrmarkte zum andern die Tranksteuer empfangen und darüber quittiren, und erstlich die Zinsen, sodann aber die Schulden, worunter die bedrängtlichen allen andern vorzuziehn wären, laut des ihnen zu übergebenden Verzeichnisses aus- und abbezahlen sollten.“ Die Stände wollten nicht sogleich diese so große und in Sachsen noch nicht erhörte Forderung einräumen. Sie verstanden sich anfangs nur zu 400,000. in der Folge aber zu 600,000 Fl. die sie von den landesfürstlichen Schulden übernehmen wollten; und ich kann, weil hier mein Exemplar der Landtagsacten nicht ganz vollständig ist, nicht bestimmen, ob es bey diesem Anerbieten blieb, oder ob sie die Churfürstlichen Schulden in sofern zu bezahlen

willig-

willigten, als sie von der oben gedachten auf eine bestimmte Anzahl Jahre erstreckten Tranksteuer bezahlt werden könnte. Das letztere ist mir jedoch aus mehrern Umständen das Wahrscheinlichste. Von der Anzahl der verordneten Obersteuereinnehmer finde ich in den Landtagsacten nur so viel, daß die Landschaft aus jedem Lande zwey Personen dazu verordnen wollte. Nun ergiebt sich aber aus dem Verzeichnisse der Stände, die auf diesem Landtage erschienen sind, daß sie damals in die Landschaft aus der Chur Sachsen, aus dem Lande zu Meißen und aus Thüringen eingetheilt wurde, woraus folgen würde, daß sechs Obersteuereinnehmer damals verordnet wären worden.*) Uebrigens sieht man aus den Landtagsacten vom Jahre 1555. daß ihnen eine besondere Instruction von der Landschaft wegen der Führung ihres Amtes ausgefertiget wurde.

Im Jahre 1553. wurde dem Churfürsten August schon eine neue Abgabe nach den Schocken bewilligt, um davon das nöthige Kriegsvolk zu besolden. Allein ich finde nicht, daß die Stände an der Einnahme und Ausgabe dieser Steuer Antheil genommen hätten. Eben dieses gilt von der auf dem Landtage 1554. bewillig-

*) Ich weiß nicht, ob dieser Vorschlag ein bloßes Project blieb, oder nicht? — Ferner glaube ich, daß unter den zwey Personen aus jedem Lande, nur Personen von Adel verstanden werden, aus Ursachen, die ich bey dem Landtage vom Jahre 1570. anführen werde.

bewilligten Schocksteuer, die unter andern auch zur Abtragung der Gelder bestimmt wurde, welche Churfürst August vermöge des Naumburger Vertrags an die Herzoge zu Sachsen zu entrichten hatte.

Da mit dem Jahre 1555. die große Tranksteuer zu Ende gieng, so wurde auf dem Landtage im Jahre 1555. anstatt der halben Tranksteuer, die nun die nächstfolgenden 6. Jahre hätte eintreten sollen, abermals die große Tranksteuer auf 8. Jahre zur Tilgung der landesfürstlichen Schulden bewilliget. Daß diese Tranksteuer, so wie die vorige, von landschaftlichen Obersteuereinnehmern dirigirt worden sey, sieht man aus folgenden Worten der Bewilligungsschrift: „Wir wollen — — noch 6. Jahr (2. Jahr wurden durch eine spätere Bewilligung noch hinzugesetzt) die vollkommene Tranksteuer, wie die also stehet, Ew. Churfürstlichen Gnaden unterthänigst reichen und erlegen lassen, also daß dieselbige durch Etliche aus unserem Mittel jährlich eingenommen, und zu Verrichtung der Zinsen und Ablegung Ew. Churfürstlichen Gnaden Schulden und sonst zu nichts anders gebraucht werde.“ Ob übrigens die vorigen Obersteuereinnehmer blieben (welches wohl das wahrscheinlichere ist), oder ob neue dazu ernennt wurden; ob jene wegen der Verwendung der letztern Bewilligung auf diesem Landtage den Ständen Rechnung ablegen mußten, kann ich aus meinem Exemplare der Landtagsacten nicht ersehn. Nur dieses will ich noch bemerken, daß der Churfürst

dem

dem engern Ausschusse mündlich einen Vorschlag bekannt machen ließ, wie ihm aus der Schuldenlast fruchtbarlich geholfen werden könne. Dieser Vorschlag gieng wahrscheinlich dahin, daß die Landschaft alle seine Schulden übernehmen sollte. Denn sie erklärt in einer eingereichten Schrift, daß es ihr unmöglich fallen wolle, alle Schulden des Churfürsten auf sich zu nehmen, daß sie jedoch hoffe, es solle diese Schuldenlast durch die geschehene stattliche Bewilligung gänzlich getilgt werden.

Im Jahre 1557. bewilligte die Landschaft abermals eine Schocksteuer zur Türkenhülfe, aber die Landtagsacten melden nicht, daß die Landstände an der Einnahme und Ausgabe derselben Antheil genommen hätten.

Im Jahre 1561. wurde theils eine neue Schocksteuer bewilliget, theils die große Tranksteuer abermals auf 6. Jahre, nach Ablauf der rückständigen Termine, erstreckt. Beyde Steuern sollten vorzüglich zur Tilgung der Churfürstlichen Schulden angewendet werden: jedoch, heißt es im Abschiede, hätte der Churfürst das gnädige Vertrauen zu ihnen, da Sachen vorfielen, daß Se. Churfürstliche Gnaden zu Ihrer dringenden Nothdurft etwas davon gebrauchen müßten, es würde Ihnen nicht entgegen seyn." Daß nun die letztere von diesen Steuern nach wie vor von der Landschaft eingenommen und ausgegeben worden sey, ergiebt sich aus folgenden Worten der Bewilligungsgungsschrift: „Daß auch solche Steuer (es ist hie nur von der Tranksteuer die Rede, denn die Schocksteuer wurde erst in einer spätern Schrift bewilliget) alleine zu Verzinsung und Ablegung Ew. Churfürstlichen Gnaden jetzigen Schuldenlast angewandt, und durch die allbereits geordneten Einnehmer der jetzt gewilligten Tranksteuer, vermöge der Instruction, die ihnen hiebevor durch gemeine Landschaft zugestellt, eingenommen, ausgegeben, auch künftig gemeiner Landschaft, wohin sie gewandt, berechnet werde.“ Von der Schocksteuer finde ich keine ähnliche Nachricht in den Landtagsacten.

Im Jahre 1565. wurde abermals eine in 4. Jahren zu erlegende Schocksteuer bewilliget; aber auch bey dieser Bewilligung finde ich nicht, daß die Landschaft an der Einnahme und Ausgabe derselben Theil genommen hätte. Die Schocksteuer war also diese ganze Zeit über noch zu der Churfürstlichen Kammer eingeschickt worden,*) und erst auf dem folgenden Landtage wurde sie der Landschaft übergeben, so wie diese schon seit dem Jahre 1552. von den landschaftlichen Obersteuereinnehmern eingenommen und ausgegeben worden war.

Ich

*) In einer handschriftlichen Nachricht von den in Chursachsen von Zeit zu Zeit geschehenen Bewilligungen heißt es daher richtig: Im Jahre 1570. kam die Landsteuer aus der Kammer an die Landschaft.

Ich gehe jetzt zu den Verhandlungen dieses merkwürdigen Landtages fort, mit welchem sich eine neue Periode in unserer Geschichte anfängt. Ohngeachtet der trefflichen Hülfen, die seit dem Jahre 1552. von der Landschaft erlegt worden waren, war dennoch die Schuldenlast des Churfürsten nur sehr wenig gemindert worden. Der Grund davon lag wohl darinne, daß sich immer neue Umstände ereignet hatten, die den Churfürsten zwangen, die zur Tilgung seiner Schulden bestimmte Tranksteuer anzugreifen. Diese Umstände sind schon zum Theil in dem Verlaufe dieser Geschichte angeführt worden, und wenn Churfürst August wegen seiner vortrefflichen Staatswirthschaft mit Recht gerühmt wird, so war er doch in dem Anfange seiner Regierung bey weitem nicht das, was er zu Ende derselben wurde. Ueberhaupt hatte diese ganze Einrichtung, wodurch die Churfürstlichen Schulden getilgt werden sollten, sehr wesentliche Fehler. Die Landschaft glaubte dadurch die Sache gut zu machen, wenn sie nicht alle Schulden des Landesherren übernähme, sondern nur die Tranksteuer auf eine gewisse Anzahl Jahre bewilligte. Aber eben dadurch trug sie nicht wenig zur Verlängerung dieser Zahlungen bey. Denn so konnte unmöglich eine gewisse Ordnung in das ganze Geschäft kommen; es hieng vom Churfürsten ab, welche Schulden er eben abbezahlt haben wollte. Ja es konnte ihm nicht einmal verwehrt werden, neue Summen zu erborgen.

Es verlangte daher der Churfürst auf diesem Landtage, daß die Landschaft seine sämmtlichen Schulden übernehmen, und zu dem Ende die Land- und Tranksteuer auf eine gute Anzahl Jahre verwilligen sollte. Dagegen sollte ihr die Einnahme und Ausgabe beyder Steuern übergeben werden, die sie durch vier adeliche Obersteuereinnehmer, denen der Landesherr vier von seinen Räthen zuordnen wollte, besorgen sollte. Diese Einnehmer sollten ein vollständiges Verzeichniß von den aufgelaufenen Schulden empfangen, alle Leipziger Märkte ordentliche Einnahme und Ausgabe halten, jährlich aber dem Churfürsten Rechnung darüber ablegen. Neue Schulden sollten ihnen nicht aufgebürdet, und überhaupt nicht ohne die Einwilligung der Landschaft gemacht werden. — Die Stände wollten lange nicht in diesen Vorschlag willigen, jedoch endlich, da sie (wie es in einer alten Nachricht von jenem Landtage heißt) Sr. Churfürstlichen Gnaden ungnädig Gemüth und Vorwendung, wie es anders nicht seyn könnte, merkten, bewilligten sie die Land- und Tranksteuer unter den nur angeführten Bedingungen.

So wäre also das Chursächsische Steuercollegium, so wie es noch bis auf diese Stunde mit einigen wenigen Veränderungen besteht, im Jahre 1570. zu Stande gekommen. Es gehörten damals nur die Land- und Tranksteuer vor dasselbe, indem es ohnehin noch keine andern Steuern in Chursachsen gab. Wenn man aber gewöhnlich glaubt, daß nur die Steuer aus den alten Erblanden vor das Steuercollegium gehörte, so ist diese Behauptung nicht in ihrem ganzen Umfange richtig. Denn in dem Beyabschiede, der den Ständen auf diesem Landtage gegeben wurde, steht folgende hieher gehörige Stelle: „Die Steuer von den beyden Stiftern Naumburg und Merseburg, auch des Voigtlandes könnten Se. Churfürstliche Gnaden Ihres Fürstlichen Unterhalts halben nicht entbehren. Was aber die Bischöffe zu Meißen und die Grafen belangete, derhalben wollten sich Se. Churfürstliche Gnaden gnädigst erzeigen.“

Noch will ich eine Bemerkung über die Verschiedenheit dieses Steuercollegii von der ehemaligen 1552. angeordneten Deputation hinzufügen. Leider konnte ich oben nicht die Anzahl der Personen angeben, die in jener Deputation saßen. Ich kann daher nur folgende Vermuthung wagen: Nach dem oben angeführten Projecte der Ritterschaft würden sechs Personen in jener Deputation gesessen haben. Ich glaube, daß jenes Project auch wirklich zu Stande kam, daß aber entweder schon 1552. oder in der Folge, oder auch erst 1570. zwey von diesen Personen als Churfürstliche Obersteuereinnehmer in Pflichten genommen wurden. Diese Behauptung gründet sich vorzüglich auf folgende Stelle aus den Landtagsacten vom Jahre 1570., in welcher bemerkt wird, daß auf diesem Landtage zwey neue Churfürstliche Obersteuereinnehmer ernennet wurden. „Dagegen sind Wir

 (sagt

(sagt der Churfürst August zu seinen Landständen) des gnädigen Erbietens, euch die Einnehmung der Steuer und Bezahlung der Schulden, ohne allen Eintrag, gänzlich heimzugeben und zu vertrauen; also daß ihr viere aus der Landschaft, und wir zu den beyden, Hansen von Bernstein und dem von Sebottendorf, auch noch zweene verordnen, welche die Trank- und Landsteuer einnehmen.“

Ich könnte hier diese Abhandlung schließen, jedoch wird mich der Verfolg der Geschichte selbst rechtfertigen, wenn ich noch das, was auf den Landtagen im Jahre 1576 und 1582. wegen dieser Sache verhandelt wurde, anführe.

Auf dem Landtage im Jahre 1576. kommen folgende hieher gehörige Puncte vor: 1) Die Tranksteuer wurde ferner auf 6 Jahre, und die Landsteuer auf 3 Jahre, um die Churfürstlichen Schulden davon zu tilgen, erstreckt. Die Einnahme und Ausgabe verblieb den verordneten adlichen Obersteuereinnehmern. 2) Es wurde eine Deputation von den Ständen niedergesetzt, die die Rechnung der Obersteuereinnehmer prüfen und im Namen der Landschaft quittiren mußte. Sie wurden von dem Churfürsten an Eidesstatt verpflichtet, die ihnen geschehenen Eröffnungen geheim zu halten. Zu Deputirten wurden fünfe von der Ritterschaft (1. aus der Chur, 1. aus Thüringen, 3. aus Meißen,) und die Bürgermeister zu Leipzig, Wittenberg, Salzau (Langensalze) und Dresden ernannt.

3) Da

3) Da der Churfürst auf demselben Landtage eine Steuer zur Türkenhülfe verlangte, so machte er sich, um die Abtragung der Schulden nicht zu stören, anheischig, die dazu nöthige Summe an 250,000 Fl. der Landschaft auf 6 Jahr gegen Verzinsung vorzustrecken. Ein Anerbieten, welches auch die Landschaft unweigerlich annahm. So sehr hatten sich die Zeiten verändert! So dachte man also nicht mehr daran, daß Steuern nur dann bewilliget werden müßten, wenn das Cammerguth des Fürsten zur Bestreitung seiner Ausgaben nicht zureichend wäre! So hatte man auch den Grundsatz vergessen, den die Sächsischen Landstände in frühern Zeiten aufstellten, daß es in diesen Landen nicht Herkommens sey, daß die Stände von Reichs wegen besteuert würden!

Von dem Landtage, der im Jahre 1582. gehalten wurde, glaube ich besonders Folgendes bemerken zu müssen: 1) Die Trank- und Landsteuer wurde abermals auf eine Anzahl Jahre erstreckt, allein nur die erstere wurde zur Abtragung der landesfürstlichen Schulden ausschließlich bewilligt, die andere aber zu andern Ausgaben, z. B. zu Reichssteuern, zu Besuchung des Reichstages, bestimmt. Der Churfürst hatte sich genöthiget gesehen, während der vorigen Bewilligung das sogenannte An- und Scheffelgeld, ohne eine vorhergegangene Bewilligung der Stände auszuschreiben, um die Ausgaben, die das Concordienbuch, die Vestungen und andre Gegenstände erfordert hat-

 ten,

ten, zu bestreiten, und dennoch der Tilgung der Schulden keinen Eintrag zu thun. Diese Abgabe ließ er jetzt gegen 150,000 Fl. die er jährlich aus der Steuer erhalten sollte, fallen. 2) Die Einnahme und Ausgabe dieser Steuern wurde nicht allein, wie bisher, den Obersteuereinnehmern überlassen, sondern der Churfürst versprach noch überdieß, daß die Steuern aus den Stiftern Naumburg und Merseburg, aus dem Voigtlande, und aus den assecurirten Aemtern von der Kammer an das Steuercollegium verwiesen werden sollten. 3) Es wurde auch auf diesem Landtage eine ständische Deputation zur Abnahme und Quittirung der Steuerrechnungen ernannt, die jedoch in Ansehung der hierzu deputirten Städte mit der vorigen nicht ganz übereinkam. (Sie bestand aus 5. Personen von der Ritterschaft, 1. aus der Chursachsen, 1. aus Thüringen, und 3. aus Meißen, und aus den Bürgermeistern der Städte Leipzig, Dresden und Freyberg.) Auch scheint mir aus den Landtagsacten zu erhellen, daß sie nicht von der Landschaft, sondern von dem Churfürsten selbst aus den Ständen ernennt wurden.*)

Jetzt

*) Der Churfürst macht sie in dem Abschiede nahmhaft, ohne einer von den Ständen geschehenen Ernennung zu gedenken. Eben dieses gilt von dem vorigen Landtage. Daß sie der Churfürst ernannte, geschah wohl wegen des Geheimnißvollen, das bey dieser ganzen Sache obwaltete.

Jetzt sey es mir noch erlaubt, einige allgemeine Bemerkungen und Resultate zu der historischen Entwickelung dieses Gegenstandes hinzuzufügen:

I. Ich habe mich in der Geschichte selbst mit Fleiß davor gehütet, das Ganze in gewisse Perioden einzutheilen. Aber das Resultat, das sich aus den angeführten historischen Datis ziehen läßt, dürfte uns wohl zur Feststellung folgender Perioden berechtigen, wenn von der Concurrenz der Landschaft bey der Einnahme und Ausgabe der bewilligten Steuern die Rede ist.

1ste Periode. Beten — Die Landschaft nimmt gar keinen Antheil an der Ausgabe der geschehenen Bewilligungen.

2te Periode vom Jahr 1451 — 1552. Land- und Tranksteuer. — Die Landschaft nimmt bald mehr, bald weniger Antheil an der Ausgabe derselben, je nachdem sie zu Reichshülfen und zur Landesnothdurft bewilliget werden oder nicht. Mit den verschiedenen Steuern wechseln auch die dazu verordneten Einnehmer ab.

3te Periode vom Jahr 1552 bis zum Jahr 1570. Es entsteht ein Steuercollegium, dem jedoch nur die Einnahme und Ausgabe der Tranksteuer zur Tilgung der landesfürstlichen Schulden überlassen wird:

4te Periode vom Jahr 1570. Dieses Steuercollegium erhält eine neue Organisation, und seine

Rechte und sein Ansehn werden durch die Ueberweisung der Landsteuer, und durch die Uebernahme der sämmtlichen landesherrlichen Schulden erhöhet und befestiget. —

X. Man würde sich sehr irren, wenn man die im Jahre 1552 und 1570. geschehene Verweisung der Steuer an die Landschaft, vor eine Verweisung auf ewige Zeiten halten wollte. Daran dachte man schon deswegen nicht, weil man noch immer bey einer jeden Bewilligung hoffte, daß nach Ablauf derselben alle Steuern aufhören sollte, weil besonders jene Verweisung nur in Beziehung auf die aufgelaufenen churfürstlichen Schulden geschah. Jedoch lag in jenem Ereignisse eine vorzügliche Veranlassung dazu, daß die Steuer auch in der Folge bey der Landschaft blieb.

XI. Es ist eine nicht uninteressante Frage, die einem Jeden bey dem Verlaufe dieser Geschichte aufgefallen seyn dürfte: warum wohl zu der Obersteuereinnahme im Jahr 1552 und 1570. kein Deputirter von den Städten gelassen wurde? Denn vor dieser Zeit nahmen sie, wie wir gesehn haben, allerdings daran Antheil. Der Grund davon scheint mir darinne zu liegen, (denn ich gebe diese Behauptung vor nichts mehr, als vor eine wahrscheinliche Vermuthung aus,) daß dieses Collegium vorzüglich zur Tilgung der landesfürstlichen Schulden niedergesetzt wurde, da es denn theils bedenklich, sich, theils nicht ehrenvoll genug scheinen konnte, wenn Personen aus dem Bürgerstande mit dem ganzen landesfürstlichen Schuldwesen bekannt gemacht wurden. — Immer bleibt es jedoch für mich befremdend, daß die Städte, wenigstens so viel mir bekannt ist, mit keinem Worte auf Stellen in diesem Collegio Anspruch machten.

IV. Noch mache ich meine Leser mit zwey Worten auf die interessanten Bemerkungen aufmerksam, die man über die successive Vervollkommnung der Chursächsischen Steuerverfassung anstellen kann. 1) Es bildete sich in dem Zeitraume, den wir durchlaufen haben, ein neuer Grundsatz des Territorialstaatsrechts auch in Sachsen aus, daß die Einkünfte, die der Landesherr aus seinem Kammerguthe ziehe, zu seinen persönlichen Bedürfnissen von ihm angewendet werden könne. 2) Dieser Grundsatz mußte umgekehrt auf einen andern führen, daß die von der Landschaft bewilligten Steuern eigentlich dem Lande und zu den Bedürfnissen desselben gehörten. Allein wie lange wurde es nicht, ehe dieser Satz bestimmt gedacht wurde? Wie lange hieng man nicht an den Ideen des Mittelalters, wo alle Abgaben nur Hülfen waren, die man dem Landesherrn bewilligte? 3) Es kann nicht geläugnet werden, daß der unternehmende Geist des großen Moritz, die kältere Klugheit des erfahrnen Augusts den Rechten der Stände, so wie sie ihnen von ihren

 Vor-

Vorfahren überliefert worden waren, nicht weni Abbruch thaten. Eine Menge politischer Ereignisse (die Vergrößerung des Landes, die calvinischen Thorheiten u. s. w.) verstärkte noch um vieles den Einfluß, den die persönliche Größe jener beyden Fürsten auf die Landschaft haben mußte. Man glaubt sich fast in ein andres Land, unter andre Menschen versetzt zu sehn, wenn man die Landtagsverhandlungen aus diesen Zeiten mit den Landtagsacten aus einer frühern Periode *vergleicht*. — Aber dennoch erhielt die Landschaft mit der Ueberweisung der Steuer ein Mittel in die Hand, welches nicht nur ihre Existenz für die Zukunft sicherte, sondern auch ihre Rechte, und den Zweck, nach welchem sie zu streben hätte, näher bestimmte, als vorher geschehen war.

Hiermit schließe ich diesen Versuch. Sollte er meinen Lesern nicht misfallen, so dürfte ich sie vielleicht ein andermal mit den für die Chursächsische Steuerverfassung so wichtigen Landtagsverhandlungen vom Jahre 1660. näher bekannt machen.

Wittenberg.

Zachariä.

IV.

Zufällige Gedanken von der Bekehrung der Wenden zum Christenthume, von C. A. Jahn.

In dem Eingange meiner Nachricht von zwey alten sächsischen Burgwarten *) hatte ich geäußert, daß es König Heinrich I. und seinen nächsten Nachfolgern auf dem deutschen Throne viele Mühe gekostet habe, die Herrschaft über die tapfern, freyheitliebenden Sorben zu behaupten; daher hätten sie die christliche Religion als ein Mittel gebraucht, dieselben unter dem Joche der Sclaverey und des Despotismus zu erhalten, und letztre wären wegen ihrer Widersetzlichkeit sehr zu entschuldigen gewesen. Diese Aeußerungen misfielen dem ungenannten Verfasser der Abhandlung von Wenden, **) er hielt sie für übertrieben, und machte mir verschiedene Einwendungen dagegen, die mich jedoch nicht überzeugen konnten. Ich versprach also, ***) nächstens darauf zu antworten, und dieses Versprechen will ich nunmehro in gegenwärtigem Aufsatze erfüllen. Um jedoch zu zeigen, daß die Wenden wegen ihrer Widersetzlichkeit gegen das Christenthum sehr zu entschuldigen sind, und die christliche Religion zu damaliger Zeit nicht das Mittel gewesen

*) Im Journal für Sachsen, S. 193.

**) Ebendaselbst, S. 554.

***) Ebendaselbst, S. 937.

wesen sey, dieselben, nachdem man sie überwunden hatte, in einer freywilligen Unterwerfung zu erhalten, muß ich bis auf den Ursprung dieser Religion zurückgehen.

Die christliche Religion ist unstreitig nach ihrer ursprünglichen Lauterkeit das wahre Mittel, rohe Heiden zur Erkenntniß und Verehrung des einzigen Gottes zu führen, auch das sicherste, dieselben für ein gesittetes, tugendhaftes Leben zu gewinnen, und sie von der Wohlthätigkeit einer Staatsverfassung, welche auf die Verbesserung und Vervollkommnung des Wohlstandes der Staatsbürger abzweckt, zu überzeugen. Nur müssen diejenigen, welche die Ausbreitung derselben unter solchen Völkerschaften unternehmen, der Lehre, die sie verkündigen, auf das strengste gemäß leben, ihr eigenes Beyspiel mitwirken lassen, und sich nie eigennützige Absichten oder lasterhafte Handlungen erlauben, wodurch ein widriger Eindruck gemacht, und der Fortgang der guten Sache leicht gehindert werden könnte. Ueberdieß müssen sie aufgeklärte, helldenkende Männer seyn, welche die Grundwahrheiten dieser Religion von den minder wichtigen, und die Lehrsätze, die nach der Absicht des großen Stifters derselben jeder seiner Bekenner wissen, und befolgen muß, von den entbehrlichern genau unterscheiden können, die Gabe eines, für den Verstand und das Herz solcher Schwachdenkenden faßlichen, deutlichen und rührenden Vortrages haben, und

fähig

fähig sind, sich nach dem Charakter und der Denkungsart ihrer rohen Lehrlinge zu richten.*) So dachten und handelten die Apostel und Jünger Jesu nebst ihren ersten Schülern, und gewannen damit für sein Reich eine überaus große Volksmenge, welche dieser Lehre mit dem rühmlichsten Eifer anhieng, und derselben bey den härtesten Verfolgungen mit der bewundernswürdigsten Standhaftigkeit und der größten Selbstverläugnung getreu blieb. Gleichwohl konnte es unter einer solchen Menge nicht an einigen fehlen, die entweder diese Lehre mehr um ihrer Neuheit willen, als mit völliger Uebereinstimmung des Herzens und Wandels bekannten, oder doch zu schwach waren, den Ausbruch ihrer Leidenschaften jederzeit zu verhindern. Diejenigen unter den Heiden, welche die Ausbreitung des Christenthums nicht für vortheilhaft ansahen, fanden also Gelegenheit zu den boshaften und verleumderischen Gerüchten, die sie von den Christen ausstreueten. Selbst einige gottesdienstliche Gebräuche derselben reichten ihnen Stoff dar, diesen Vorwürfen einen größern Anschein zu geben. So beschuldigten sie die Christen unter andern, daß sie die Kreuze und die Sonne anbeteten, weil sie ihr Gebet gegen Morgen und der Sonne Aufgang verrichteten,

und

*) Vergl. Boehmer in D. de jure sacro et profano circa infideles. Hal. 1717. Sect. 1. c. 1. §. 6. seq. p. 76.

und ihren Gottesdienst Sonntags hielten.*) Hie
nächst war zwar die Kreuzesstrafe bey den Römern,
wie bekannt, eine der verächtelichsten Strafe, indessen
bedienten sich die ersten Christen der Kreuze frühzeitig
zu Denkmählern des Todes ihres Erlösers; schon unter
den heidnischen Kaisern fiengen sie an, allerhand abergläubische Gebräuche bey dem Zeichen des Kreuzes zu
beobachten;**) Kaiser Konstantin der Große führte
eine weit höhere Verehrung derselben ein,***) und
Kaiser Justinian nannte dasselbe sogar in einem öffentlichen Gesetze ein höchstzuverehrendes und anzubetendes
Zeichen. †) Selbst auch mit der Gewohnheit, bey
ihren Zusammenkünften, besonders bey Austheilung
des heiligen Abendmahls einander zu küssen, setzten sie
sich bey den Heiden in den Verdacht eines unerlaubten

Um-

*) Minucius Felix in Octavio, c. XXIX. p. 112. Edit. Cellarii. Cave, im ersten Christenthume, S. 127.

**) Pertzsch, in der Kirchenhistorie, 2 Th. S. 22.

***) Sozomenus Histor. eccelesiast. Libr. I. c. 4. p. 442. Edit. lat. Grynaei. Bas. 1570 f.

†) in Novell. V. c. 2 — adorandam et vere honorandam crucem — Dieser Ausdruck soll zwar in uneigentlichem Sinne zu verstehen seyn, aber der unwissende Laye konnte demungeachtet durch selbigen zu einer übermäßigen Verehrung des Kreuzes verleitet werden. S. Stephani Comm. ad Novell. p. 121. Wildvogel in Sched. de venerabili signo crucis, §. 17.

Umganges.*) Diese Gebräuche, welche den Heiden anstößig waren, wollten die Christen nicht gerne aufgeben, und gleichwohl konnten die verleumderischen Gerüchte, die ihre Feinde davon verbreiteten, den Unwissenden desto glaubhafter vorkommen, wenn dieselben wahrnahmen, daß ihr getadelter Lebenswandel mit der Lehre, welche sie anpriesen, nicht übereinstimme. Sie mußten also ernstlich darauf denken, ihren Feinden die Gelegenheit zu dergleichen Vorwürfen durch die Beobachtung einer ganz untadelhaften Lebensart zu benehmen. Zu dem Ende führten sie eine strenge Kirchenzucht unter sich ein, durch welche die Mitglieder, die von dem Wege der Wahrheit abwichen, bald wieder auf die Bahn der Tugend und Religion zurückgebracht, diejenigen hingegen, welche die Irrthümer nicht meiden wollten, gänzlich von ihrer Gemeinschaft ausgeschlossen wurden.**) Der grosse Stifter ihrer Religion hatte sie deutlich gelehrt, sein Reich sey nicht von dieser Welt, Reichthum und zeitliche Glücksgüter führten nicht zu dem Ziele, nach welchem sie trachten sollten; also konnten ihre

*) Pet. Müller, de osculo sancto, c. 1. §. 21. seq. Vergl. übrigens Quasii D. de caussis calumniarum, quas pagani in Christianos coniecerunt. Lips. 1703. 4.

**) Cph. Beyeri D. de magno veteris ecclesiae circa poenitentes rigore. Lips. 1724. 4. Frickii D. II. de traditoribus, §. 4. p. 10.

ihre Lehrer ihr Augenmerk nicht auf zeitliche Belohnungen ihrer Bemühungen richten. Indessen befolgten dieselben ihren Beruf mit einer Treue und Thätigkeit, bey welcher ihnen oft nur wenige Zeit übrig blieb, für ihren eigenen Unterhalt Sorge zu tragen. Dieß machte nothwendig, daß ihre Gemeinen diesen Unterhalt selbst besorgen mußten. Und nur durch dergleichen freywillige Beyträge wurde die Unterhaltung der Kirchenlehrer, die Unterstützung der Armen und der Aufwand, welchen der Gottesdienst erforderte, in den ersten Zeiten der christlichen Kirche hauptsächlich bestritten. *)

So wie aber die Christen mehrere Freyheit bekamen, und die römischen Kaiser zu ihrer Religion übertraten, nahm auch bey ihnen die Wärme für dieselbe allmählich ab, und die Liebe zu den irrdischen Glücksgütern nebst dem Hange zu den Lastern, erhielten dagegen das Uebergewicht. Hierzu gab schon Konstantin der Große Anlaß, indem er reichliche Stiftungen für die Kirchen aussetzte, den Bischöffen große Ehre erweisen ließ, und zu ihrer bischöfflichen Gerichtsbarkeit den Grund legte. **) Zwar

gab

*) Leypoldi D. de facultatibus ecclesiae christianae earumque vsu ante Constantin. M. Lipſ. 1755. 4.

**) Baier in D. de erroribus politicis Constantini M. Jen. 1705. 4. p. 14. Ziegler de Episcopis Libr. III. c. 10. §. 14. ſſ. p. 818. Thomaſius in Histor. contentionis

gab man jene strenge Kirchenzucht nicht sogleich auf; aber es kam doch dabey nunmehro das Meiste auf die Bischöffe an, bey deren Entscheidung schon manches Willkührliche vorfiel. Und obgleich die genaue Verbindung zwischen Kirchenzucht und Sittenlehre dabey vorausgesetzt ward, so gewann doch die letztere schwerlich viel durch die erstere, und die Sittenlehre des Christenthums würde sich vielleicht fruchtbarer entwickelt haben, wenn man den gehäuften kirchlichen Büßungen weniger Kraft zur Besserung der Lasterhaften zugetrauet hätte, die dieselben im Grunde leicht ausstehen, und doch, so wie sie waren, bleiben konnten.*) Auch die Geistlichkeit verfiel bey dieser Freyheit in wenig Jahrhunderten in eine große Sittenlosigkeit, geizte nach Reichthum**) und Ansehen, ergab sich der Schwelgerey und Prachtliebe, worinn ihr der

tentionis inter imper. et Sacerdot. c. 5. p. 23. Hebenstreit in D. I. Histor. jurisdictionis ecclesiast. §. 17. 18.

*) Schröckh in der christlichen Kirchengeschichte, 13ter Th.

**) Vergl. Cyprians Belehrung vom Ursprung und Wachsthum des Pabstthums, C. 18. S. 331. Wie bald die Geistlichen, insonderheit die Bischöffe, die freywilligen Beyträge für den Gottesdienst und die Armen nebst den Kirchengütern in ihren Nutzen verwandten, zeigt selbst ein katholischer Schriftsteller Paul Sarpi in seinem Trattato delle Materie beneficiarie, p. 14. nell' Opere, Mirandol. 1676. 12. Vol. III.

der römische Bischoff frühzeitig mit bösem Beyspiele vorangieng,*) und verunstaltete die Lehre, welche sie zum Wohl der Menschheit verkündigen sollte. Von diesen Leidenschaften hingerissen, verblendete dieselbe die ungelehrten und leichtgläubigen Layen von Zeit zu Zeit durch Einführung neuer Lehrsätze und Kirchengebräuche, welche die ursprüngliche Reinigkeit des christlichen Glaubens nicht wenig verdarben, und bewirkte bey

*) Wenn der Heide Ammianus Marcellinus Rer. gest. Libr. XXVII. c. 6. in Corp. histor. Rom. Genev. 1623. f. Tom. II. p. 527. den Streit erzählt, der im vierten Jahrhunderte zwischen dem Damasus und Ursicinus über die römische Bischoffswürde vorfiel, und in welchem an einem Tage 137. ermordete Leichname in der Kirche Siricini zu Rom gefunden wurden, so macht er darüber folgende Bemerkung: neque ego abnuo, ostentationem rerum considerans vrbanarum, huius rei cupidos, ob impetrandum, quod appetunt, omni contentione laterum jurgari debere; quum id adepti, futuri sunt ita securi, vt ditentur oblationibus matronarum, procedantque vehiculis insidentes circumspecte vestiti, epulas curantes profusas, adeo vt eorum conuiuia regales superent mensas. Qui esse poterant beati reuera, si magnitudine vrbis despecta, quam vitiis opponunt, ad imitationem antistitum quorundam prouincialium, quos tenuitas edendi potandique parcissime, vilitas etiam indumentorum et supercilia humum spectantia perpetuo numini verisque eius cultoribus vt puros commendant et verecundos.

bey selbigen eine starke Vermischung von Leichtgläubigkeit und Aberglauben, die dem Verstande und der Sittlichkeit gleich schädlich waren. Ueberhaupt entwarf die römische Clerisey den Plan, die Religion so einzurichten, wie dieselbe zur Erreichung ihrer Absichten auf Reichthum und Ansehen am dienlichsten war. Dieses that sie jedoch nur nach und nach, um ihr Vorhaben desto unvermerkter auszuführen. Damit aber die Layen zur Annehmung der Religionsneuerungen, die sie nach und nach vorzunehmen gedachten, vorbereitet würden, suchte sie dieselben vor allen Dingen an eine abergläubische Leichtgläubigkeit zu gewöhnen, in der Ueberzeugung, daß, so wie derjenige, welcher in weltlichen Händeln leicht glaubt, leicht zu betrügen ist, also auch eine Seele, die vom Religionswahne eingenommen ist, nicht leicht wieder davon abzubringen sey.*) Und ob schon einige dieser Lehrsätze nicht gerade zu aus dieser unlautern Quelle entsprangen, so wußte doch die Geistlichkeit sie dahin zu leiten, so bald sie gewahr ward, daß sie selbige dazu benutzen könne. Es gediehe daher bald so weit, daß die Verehrung der Heiligen und Reliquien beynahe die Anbetung des höchsten Wesens zu vertreten schien, und Beobachtungen gewisser Gebräuche der Mönche für verdienstlicher, als wirkliche Tugenden, gehalten,

*) Göbel in den politischen Geheimnissen des päbstlichen Stuhls, S. 196.

war doch nur vorzüglich darauf gerichtet, den Stifts- und Klosterschulen wieder aufzuhelfen, und den Unterricht der jungen Geistlichen zu befördern.

Bey einem solchen Verfalle der Gelehrsamkeit, Moralität und Religion ist es leicht zu begreifen, daß diejenigen, welche das Geschäft übernahmen, das Christenthum unter den Heiden fortzupflanzen, Männer von den hierzu erforderlichen Talenten und Geistesgaben nicht seyn konnten. Die Kirchengeschichte belehret daher zur Genüge, daß die ersten Heidenbekehrer im nördlichen Europa sich mehr bemühet haben, gewisse symbolische Kirchengebräuche, widersinnige Wunderwerke, und unzählige Arten abgeschmackter Büßungen einzuführen, als ihre Neubekehrten mit den reinen Wahrheiten der Religion bekannt zu machen, auch sich meistens eben so verhielten, wie die übrige Geistlichkeit, welche nur darnach trachtete, sich Reichthümer und Ansehen zu erwerben, und durch Beförderung des Despotismus der Fürsten, von welchen sie so unterstützt ward, den ihrigen zu gründen. *) Selbst Bonifacius, der sogenannte Apostel der Deutschen, dem man sonst sein Verdienst in der Ausbreitung des Christenthums nicht abläugnen kann, **) blieb

*) Fischer über die Geschichte des Despotismus in Deutschland, S. 31.

**) Schröckhs christliche Kirchengeschichte, 19 Th. S. 161 ff.

blieb von diesen Fehlern nicht frey,*) war als ein Mann von sehr mittelmäßigen Geistesgaben ein kriechender Diener und niedriges Werkzeug des römischen Patriarchen,**) und legte den Grund zu der päbstlichen Hierarchie in Deutschland,***) die in der Folge so vieles Unglück über dieses Land brachte, vergaß auch sich selbst nicht dabey, sondern ließ sich zum Erzbischoff zu Maynz und Vornehmsten der Geistlichkeit in Deutschland erheben. †) Ueberhaupt war die sorgfältige Verpflichtung der Heidenbekehrer, den Pabst mit Christo zu predigen, eines von denjenigen Mitteln, welches von den römischen Bischöffen gebraucht ward, um sich die abendländischen Kirchen zu unterwerfen. ††)

Ein großes Hinderniß bey diesen Bekehrungsgeschäften lag bereits darinn, daß die Heidenbekehrer theils die Sprache der Völker, unter welche sie gesandt

 wurden,

*) Flacii Illyr. Catalog. testium veritatis, Tom. I. p. 634. Histor. Ecclesiast. Magdeb. c. VII. p. 261. Bas. 1624 f.

**) Schröckh am angef. Orte, S. 519. Pufendorf in der politischen Betrachtung der geistlichen Monarchie des Stuhls zu Rom, S. 102.

***) Mosers Geschichte der päbstlichen Nuntien in Deutschland, 1 B. S. 26.

†) Mageri D. de Primatibus, Metrop. et rel. episc. ecclesiast. German. §. 18. p. 21.

††) Walch im Entwurfe einer vollständigen Historie der römischen Päbste, S. 171.

wurden, nicht verstanden, theils aber bey dem Gottesdienste an die Beybehaltung der lateinischen Sprache gebunden waren, so sehr auch diese Sprache von der Geistlichkeit schon damals vernachläßiget ward. *) Die beyden Apostel der Mähren und Böhmen, Kyrill und Method, führten zwar ihr Vorhaben unter diesen Nationen mit gutem Erfolge aus, weil sie sich in ihrem Unterrichte und bey dem Gottesdienste der slavischen Sprache bedienten; gleichwohl konnte dieser gute Erfolg dem römischen Bischoff und seiner Clerisey von dem widersinnigen Gebrauche einer Sprache, welche den Slaven unbekannt war, nicht abbringen, und erregte vielmehr vieles Aufsehen bey ihnen. **) Vermuthlich würde auch der Pabst das Verbot, welches er an dieselben wegen des Gebrauches dieser Sprache bey der Messe erlassen hatte, nicht wieder aufgehoben haben, wenn er es nicht in der Absicht gethan hätte, sie für seinen Stuhl zu gewinnen, und der griechischen Kirche zu entziehen. ***) In dieser Rücksicht erthalte er

ihnen

*) Burckhard de fatis linguae latin. in Germania, Cap. II. III. p. 45 seq.

**) Balbinus in Miscellan. Bohem. Dec. I. Libr. IV. §. 1. Libr. VI. p. 6. Schmidts historische Untersuchung der Frage: ward das Christenthum in Böhmen nach den Grundsätzen der griechischen oder lateinischen Kirche eingeführt? Leipzig 1789. 8.

***) Goldastus de regno Bohemiae, in Suppl. Tom. I. p. 246. Edit. Schminckii.

ihnen sogar die Metropolitanwürde zum Nachtheile der Erzbischöffe zu Salzburg, die sich ein Recht über das mährische Kirchenwesen anmaaßten, und bewirkte damit, daß diese neuen, von Griechen gestifteten Kirchen, ein Regiment anerkannten, obgleich dieselben nicht allen griechischen Gebräuchen und Meinungen entsagten. *) Wie konnte aber der Religionsunterricht in dieser den Slaven ganz unbekannten Sprache bey selbigen Ueberzeugung hervorbringen, und wie war es möglich, daß die lateinischen Kirchengesänge bey ihnen Andacht erwecken, und ihre Herzen zu Gott erheben konnten? Wurde nicht die Absicht, aus welcher diese Gesänge in den ersten Zeiten des Christenthumes waren eingeführt worden, **) dadurch gänzlich verfehlet? Der slavische Fürst Gottschalk, welcher für das Seelenwohl seiner Unterthanen sehr besorgt war, trat daher oft selbst in der Kirche auf, und erklärte ihnen die Reden der Bischöffe und Priester, die für sie Geheimnisse waren. ***) Nicht anders hielt es die Clerisey mit den Sorben in unserm Lande. Denn Bischoff Dithmar von Merseburg †) würde schwerlich

 von

*) Henke in der allgemeinen Geschichte der christlichen Kirche, 2 Th. S. 28.

**) S. Walchii D. de hymnis ecclesiae Apostol. Jen. 1737. §. 17. p. 34.

***) Helmoldus in Chronic. Slavor. Libr. I. c. 20. p. 60. Edit. Bangerti.

†) Im 2 B. seiner Chronik, S. 99. der Ausg. vom Ursinus.

von seinem Amtsvorfahren Boso als etwas besonders erzählt haben, daß derselbe im Unterrichte der Slaven sehr eifrig gewesen sey, und solchen, um desto leichter zu seinem Zwecke zu kommen, in der slavischen Sprache ertheilt habe, wenn dieß nicht unter die seltnen Fälle gehört hätte. Und wem war es mehr zu verdenken, diesem Bischoff, daß er den fremden Ausdruck: Kyrie Eleison beybehielt, oder den Slaven, die ihn darüber verspotteten? Aber Dithmar konnte sich freylich ein solches Verdienst um die Slaven nicht zuschreiben. Er war schon mehrere Jahre Bischoff gewesen, ohne die Oerter seines Kirchensprengels, welche nach Grimma zu lagen, gesehen zu haben, und vielleicht würde seine Reise dahin nicht einmal noch so frühzeitig geschehen seyn, wenn ihn nicht eine Jagdstreitigkeit zu derselben bewogen hätte. Ihm lagen also die wilden Thiere und die Jagdgerechtigkeit seines Bisthums nebst der Sorge für die öffentlichen Staatsangelegenheiten weit mehr als das Seelenwohl der Sorben am Herzen, und so läßt sich das Verhalten der Geistlichen, die unter ihm standen, bey dem Mangel aller Aufsicht leicht denken.*) Der Ungenannte werdet

*) Die Geschichte liefert noch in spätern Zeiten Beyspiele von dergleichen Vernachläßigungen. So gab es noch im funfzehnten Jahrhunderte viele Heiden in Preußen, weil sie keine Priester hatten, die ihnen in ihrer Muttersprache Unterricht ertheilen konnten. S. Hartknochii Antiquitat.

er jedoch ein, daß man damals Stiftungen gemacht habe, um den Wenden das Christenthum beyzubringen, und Magdeburg um diese Zeit eine Pflanzschule gewesen sey, in welcher wendische Geistliche ihre Bildung erhalten hätten: dieser scheinbare Einwurf nöthiget mich also, noch einiges hierüber zu sagen.

Schon Karl der Große hatte sich um die Erhaltung und Fortpflanzung der christlichen Religion durch Errichtung und Verbesserung der Klosterschulen große Verdienste erworben;*) allein dieselben geriethen bald wieder in Verfall.**) Zu diesem Verfalle trug Karl der Große selbst, und in der Folge Otto der Große durch die Bereicherung der Klöster nicht wenig bey, indem die Geistlichen in Deutschland durch die ansehnliche Vermehrung ihrer Schätze von den Pflichten ihres Amtes immer mehr abgezogen wurden.***) Die nahe Theilnahme der Geistlichkeit an den politischen Händeln und den Zwistigkeiten unter Karls Nachkommen

erstickten

tat. Prussic. Diss. XIV. p. 234. ex Pet. de Dusburg Chronic. Prussiae.

*) Roth in Comm. de studio Caroli M. in propaganda et conservanda religione christiana, Lips. 1766. 4. §. 5. p. 10.

**) Vergl. Pütters historische Entwickelung der heutigen Staatsverfassung des deutschen Reichs, 1 Th. S. 87.

***) Joach. Vadianus de collegiis et monasteriis German. in Goldasti scriptor. Alaman. Tom. III. p. 2. Schröckh in der allgemeinen Weltgeschichte, 3 Th. S. 215.

erstickten hiernächst die guten Anstalten, welche dieselbe zur Bildung seiner Völker getroffen hatte.*) Auch blieben gelehrte Kenntnisse zwar noch immerfort das Eigenthum der Geistlichkeit, aber die Anzahl gelehrter Geistlichen war demungeachtet in unserm Vaterlande in dem Zeitraume der sächsischen Könige und Kaiser bis gegen die Zeit der Reformation äusserst geringe,**) und die Unterweisung der Großen ward eben so sehr vernachläßiget, als bey den Geringsten, um so viel mehr bey den verachteten Wenden. Selbst Kaiser Otto der Große konnte im 34sten Jahre seines Alters noch nicht lesen, sondern lernte es erst nach dem Tode seiner ersten Gemahlin.***) Zwar gab es damals einzelne Genie's, die sich durch die Schwierigkeiten hindurch arbeiteten; aber man kann doch diese Zeiten deswegen eben so wenig für aufgeklärte anpreisen, als der Reisende in einer dunkeln Nacht, in welcher nur einzelne Sterne schwach durchblinken, sagen kann, daß er seine Reise bey gestirntem Himmel und hellem Mondenlichte zurückgelegt habe. Zudem hatten die Bischöffe schon längst die Sorgen für die Seelen ihrer Kirchensprengel aufgegeben, sich zeitig in weltliche Händel gemischt, und

bald

*) Henke am angef. Orte, S. 9.

**) Vergl. Schoettgenii D. de antiquissimis litterar. in Saxonia fatis, in Opusc. ed. Grundig. p. 268.

***) Witichind Annal. Libr. II. ap. Meibom. Scriptor. German. Tom. I. p. 650.

bald sich fast allein mit selbigen beschäftiget,*) die meisten Pfarrer aber predigten nicht mehr; ein Theil aus Unwissenheit, der andere aus Trägheit. Dafür hielt man desto fleißiger Messe,**) weil diese Arbeit am besten belohnet wurde; aber die Priester verrichteten solches ohne alle Zeugen und Theilnehmer, wodurch dem Volke weder Unterricht noch Erbauung gewähret ward.***) Karl der Große hatte daher eine Sammlung von einer Anzahl deutsch übersetzter Predigten der ältesten Kirchenväter, welche man Postillen nannte, veranstaltet, damit es nur den Christen nicht an öffentlichem Religionsunterrichte fehlen möchte, und die Prediger lasen Sonntags die Predigten aus dieser Sammlung vor. †) Aus allen diesen Thatsachen kann man zur Genüge abnehmen, wie schlecht und mangelhaft der damalige Unterricht der überwundenen Wenden gewesen sey. Und mußte es nicht um denselben sehr mißlich aussehen, wenn es an Lehrern fehlte, welche ihn in der wendischen Sprache geben konnten;

*) Pfeffinger in Vitriario illust. Tom. I. p. 1109. Sarpi l. c.

**) Hospinianus in Historia Sacramentor. P. I. Libr. IV. c. 1. Tigur. 1598 f. p. 283. 330.

***) Henke am angef. Orte.

†) Schröckh am angef. Orte, S. 177. Doch ist man über den Ursprung der Postillen verschiedener Meinung. S. Thameri Sched. de origine et dignitate Pericoparum, Jen. 1734. 4. p. 19.

konnten, und erst Pflanzschulen errichtet werden mußten, um dieselben zu bilden? *)

Hiernächst war das Betragen dieser Heidenbekehrer nicht allemal so vernünftig, daß sie bey den heidnischen Völkern beliebt werden, und den Eingang zu ihren Herzen sich öffnen konnten. Gleichwohl ist kein Zweifel, daß Männer von nur mittelmäßigen Geisteskräften Heidenbekehrer nicht abgeben können. Denn zwischen dem cultivirten Volke aus den niedrigen Ständen, die doch eigentlich die zahlreichsten sind, und den rohen Söhnen der Natur ist der Unterschied in Absicht der Geistesvorzüge so gar groß nicht, und in manchem dieser niedrigen Stände dürften sich die Menschen zu den Wilden leicht wie gemeine Lastthiere zu den edlen freyen Thierarten in der Wüste verhalten. **) Auch wissen wir aus den Berichten der neuern dänischen Missionairs, ***) daß eine große Weisheit erfordert werde, die Heiden zu einer rechten Ueberzeugung zu bringen. Diese Missionairs mußten selbst bekennen, daß die Heiden einem Argumente für das Christenthum oft zehn andere wußten entgegen zu setzen. Die Heiden der neuern Zeiten dürften aber vor den

heidni-

*) Einzelne Beyspiele eines Adelberts, Boso's 2c. widerlegen dieses nicht.

**) Hegewisch in der Vorrede zu seiner allgemeinen Uebersicht der deutschen Culturgeschichte bis zu Maximilian I. S. 11.

***) Boehmer in D. c. p. 81.

heidnischen Deutschen des Mittelalters, besonders vor den Slaven, die schon weiter in der Cultur waren, schwerlich einige Vorzüge in Absicht der Verstandeskräfte voraus haben. Es ist also kein Wunder, daß die damaligen Heidenbekehrer bey ihren geringen Einsichten und Kenntnissen und dem Mangel nöthiger Vorsicht und Klugheit mit ihren Bemühungen wenig ausrichten konnten. Denn oft beobachteten sie in geringfügigen und gleichgültigen Dingen eine übertriebene Gewissenhaftigkeit, welche denjenigen, die sie bekehren wollten, nothwendiger Weise lästig werden mußte.*) Nicht selten verletzten sie aus einem unzeitigen Religionseifer die Rechte der Freundschaft und Gastfreyheit, und zerstörten oder beschimpften die Götzenbilder, ehe sie noch den Anbetern derselben die Thorheit der Verehrung hatten einsehen lernen.**) Dieser voreilige Eifer war schon seit langer Zeit fast ein allgemeiner Fehler der Christen, so wenig auch derselbe dem sanften Geiste des Christenthums eigen war. So lange dieselben dem Scepter der heidnischen Kaiser unterworfen waren, mußten sie von Heiden und Juden***) die größten Drangsale erdulden; allein so

bald

*) S. Rapin von Thoyras allgemeine Geschichte von England, 1 B. S. 264.

**) S. z. B. wegen des Verhaltens Bischofs [illegible] Helmold. C. 83. S. 185.

***) S. Eusebii Kirchengeschichte, 4 B. 15 C. S. 251. der Ausg. Stroths. [illegible] Sched. de Iudaeorum erga Christianos hostilitate, Lips. 1700. 4. §. 16 seq.

bald ihre Religion die begünstigte in den römisch Staaten ward, rächten sie sich auch an beyden für de erlittene Unrecht mit gleichem Verfolgungsgeiste, un ließen ihnen die Unannehmlichkeiten eines harten Gewissenszwanges nicht minder empfinden. *) Gleichwohl hatten die Götzenbilder in den Augen der Heiden einen eben so hohen Werth, und lagen ihnen eben so sehr am Herzen, als den Christen ihre größten Heiligthümer. Folglich mußten dieselben wider die Christen äußerst erbittert und aufgebracht werden, und es darf uns daher der blutige Auftritt, welcher unter dem Kaiser Valentinian II. zwischen den Heiden und Christen über eine solche Götzenstürmerey zu Alexandrien vorfiel, **) eben so wenig befremden, als die Hartnäckigkeit, mit welcher die heidnischen deutschen Völker auf ihrem Götzendienste bestanden. Bisweilen siegte freylich Gewalt über eingewurzelte Vorurtheile geschwinder, als es vernünftige Vorstellungen vermochten. So machte Bonifacius durch die Umhauung der großen Eiche bey Geismar in Hessen eine große Anzahl Heiden dem Christenthume geneigter, weil sie sich in ihrer Erwartung, daß der Donnergott selbst die ihm geheiligte Eiche schützen, daß Feuer aus derselben fahren, und den Bonifacius mit den Seinigen der-

*) Bastholms Jüdische Geschichte, 3 B. S. 43 ff. Boehmer in D. c. §. 11 seq.

**) Socrates Histor. ecclesiast. L. V. c. 16. p. 314. Edit. Grynaei.

verzehren würde, betrogen fanden. Allein Bonifacius hatte diesen glücklichen Erfolg gewiß mehr dem Zufalle, daß die heidnischen Priester zu große Verheißungen von ihrer vermeintlichen Gottheit gemacht hatten, als einer weisen und überlegten Entschließung zu verdanken, und dergleichen Mittel konnten nur mit äusserster Klugheit und Vorsicht ergriffen werden.

Auch der Haß, welchen die Christen gegen die Heiden blicken ließen, und die Verachtung, mit welcher sie selbigen begegneten, mußte der Ausbreitung des Christenthums sehr hinderlich seyn. Dieser gieng so weit, daß die Christen die Slaven Hunde schalten, und sogar ein christlicher böhmischer Herzog, Brzetislav I., blos weil er von slavischer Herkunft war, eine deutsche Prinzessin Jutta mit ihrem Willen entführen mußte, um sie zur Gemahlin zu bekommen.*) Insonderheit waren die Bekehrungsanstalten bey den überwundenen Slaven mehr darauf gerichtet, dieselben durch gewaltsame Mittel, durch Strenge und Verachtung, oder durch zeitliche Vortheile zum äußerlichen Gehorsam gegen die Kirche zu bewegen, als ihre Herzen durch den Weg der Ueberzeugung für die christliche Religion zu gewinnen.**) Wie konnten sich also diese heidni-

*) Cosmae Pragens. Chronic. Bohem. Libr. I. in Menckenii Scriptor. German. Tom. I. p. 2011.

**) Vergl. Großers Lausitzer Merkwürdigkeiten, 2 Th. S. 9.

heidnischen Völker ohne vorgängige Ueberzeugung entschließen, ihren Götzendienst gegen die christliche Religion zu vertauschen? Mußten sie nicht die Kreuze und Bilder der Heiligen, die ihnen von den Christen mit so hoher Verehrung derselben vorgehalten wurden, für die Götter der Christen ansehen; und wie konnten ihnen diese Bilder solchen Falls höhere Begriffe von der Gottheit, als die ihrigen, beybringen? Unstreitig war ihnen bekannt, daß die Kreuzigung eine Todesstrafe für Verbrecher gewesen sey; die Verehrung, welche die Christen den Kreuzen bezeigten, mußte ihnen demnach nicht wenig auffallen, und ihre Verspottung derselben *) konnte nicht unerwartet seyn, da sie vermuthlich darüber eben so dachten, wie in der Folge die Sarazenen bey dem Vorwurfe, welchen sie den in Antiochia belagerten Kreuzfahrern anzuhören gaben.**) Und was für einen Eindruck mag es auf die unbekehrten Sorben gemacht haben, als Kaiser Otto der Große einen großen Haufen Menschenknochen aus Italien nach Magdeburg sandte, und diese vermeintlichen Reliquien der Heiligen in der Domkirche daselbst mit beynahe göttlicher Verehrung aufgestellet wurden? ***)

Ein

*) S. Helmold. l. c. Libr. I. c. 53. p. 125.

**) Dieser Vorwurf besagte, daß ein Gekreuzigter, welcher sich selbst nicht vom Tode habe retten können, kein Gott seyn könne. S. Geschichte der Kreuzzüge. Frankfurt 1788. 8. 3 Th. S. 148.

***) Chronic. Magdeb. ap. Meibom. l. c. Tom. II. p. 27[illegible]

f. Ein anderes Hinderniß der Ausbreitung des Christenthumes unter den Heiden bestand in der lasterhaften Lebensart der damaligen Christen. Von der gänzlichen Sittenausartung des größern Haufens zeugen Landesgesetze, Concilienschlüsse, Sittengerichtes-Verhöre und Privatzeugnisse. Meineid, Mordthaten, Zauberkünste, Betrügereyen vorgeblich Besessener waren ganz gemeine Sünden; und doch gab die Religion so gar keine Mittel, dem Uebel zu steuern, wohl aber dem Sünder sehr bequeme Beruhigungen.*) Der Pabst verbot den Priestern aus Staatsabsichten die Ehe, und reizte sie dadurch zu häufigen Lastern der Unkeuschheit; in der Folge aber giengen einige Lehrer seiner Kirche so weit, daß sie den Geistlichen, welcher diesem päbstlichen Verbote nicht nachkam, für straf-

Dennoch hielt man über diese Verehrung mit großer Strenge. So ließ Herzog Brzetislav II. von Böhmen durch den Bischoff von Prag verordnen, daß jeder Pfarrer jährlich nach Weyhnachten die Wohnhäuser seiner Pfarrkinder mit Herumtragung der Reliquien und des Kreuzes besuchen, ihnen das Kreuz zu küssen geben, und diejenigen, welche dieser Verehrung sich entziehen würden, bestrafen lassen sollte. Dieser Gebrauch bestehet noch, und ist unter dem Namen Koleda bekannt. S. Dubravii Histor. Bohem. Libr. IX. p. 239. Voigt a St. Germano in der Beschreibung böhmischer Münzen 1 B. S. 335.

*) Henke am angef. Orte, S. 20.

fälliger ansahen, als den ehebrecherischen Pfaffen. *) Daher kamen schon im achten Jahrhunderte unnatürliche Wollüste und Gattungen der schändlichsten Unzucht unter den Bischöffen und andern ihres Standes sehr häufig vor, **) und man lieset mit Entsetzen, daß sogar Christus den Pfaffen dazu dienen mußte, die Unschuld tugendhafter Frauenzimmer zu berücken. ***) Insonderheit haben sich in eben dem Zeitalter, in welchem die Bekehrung der slavischen Völker in Deutschland ausgeführet wurde, gerade die meisten Päbste durch die größten Ausschweifungen und die lasterhafteste Lebensart selbst bey denen, die für ihre Ehre sonst so eifrig sind, recht verabscheuungswürdig gemacht. †) Die damaligen tugendhaftern Heiden in Deutschland mußten also gegen die christliche Religion schon in Rücksicht ihrer so ausgearteten Bekenner ein widriges Vorurtheil fassen.

Vermuthlich hegten auch die Slaven den nicht ungegründeten Verdacht, daß diese Religion nur zum Deckmantel genommen werde, um ihnen das Joch des

*) Marnix im gereinigten Bienenkorbe der römischen Kirche, S. 147. der Ausg. Amsterdam 1733. 8.

**) Schröckh in der christlichen Kirchengeschichte, 19 Th. S. 480.

***) Fischer am angef. Orte, S. 44.

†) Walch in der Historie der Päbste, S. 212. Marnix am angef. Orte, S. 338.

des Despotismus unvermerkt aufzulegen, und den christlichen Priestern mochten sie daneben zutrauen, daß dieselben sich als thätige Werkzeuge und Rathgeber von ihren Fürsten dazu gebrauchen ließen, damit sie von selbigen auf Kosten der Neubekehrten reichlich belohnt würden. Darum leisteten schon die Frisen im achten Jahrhunderte den Franken so tapfern Widerstand, und warfen ihnen vor, daß sie ihre väterliche Religion ausrotten, und unter diesem Vorwande ihre Freyheit unterdrücken wollten.*) Wilfrid hatte gegen das Jahr 678. das Evangelium unter den ungläubigen Frisen mit so erwünschtem Fortgange geprediget, daß die ansehnlichsten Personen des Volkes und viele tausend von dem gemeinen Haufen den christlichen Gottesdienst angenommen, und die Taufe empfangen hatten. Willibrod fand zwar im Jahr 690. die Frisen vom Christenthume wieder abgefallen, weil ihr König Radbod demselben nicht geneigt war, und der Bischoff von Cölln, dem die Aufsicht über die neue Gemeine aufgetragen war, sich wenig Mühe gegeben hatte, die Anzahl der Neubekehrten zu vergrößern, und die evangelische Wahrheit weiter auszubreiten; aber demungeachtet glückte es ihm, eine große Anzahl Frisen in den Schooß der christlichen Kirche zurückzuführen, ob schon die Franken unterm Pipin dieselben im-

*) Vbbo Emmius in Histor. rer. Frisicar. Libr. IV. Lugd. B. 1616. f. p. 57.

chen, daß sie mit Soldaten umherzog, das heidnische Volk von dem Götzendienste abzuhalten, und ihre Tempel zu zerstören, welche Bemühung vom Kaiser Honorius im l. 19. Cod. Theod. de pag. sacril ecclesiastica manus genannt ward. *) Die römische Kirche nahm auch bald den Grundsatz an, daß man die Ungläubigen mit Gewalt zur christlichen Religion bekehren müsse. Dergleichen Unternehmungen wurden Kriege Gottes und der Kirche genannt. **) Mit der Zeit eignete sich der Pabst alle Länder der Ungläubigen zu, und schenkte sie denjenigen, welche ihre Bewohner bekriegen und ausrotten wollten, und der Kaiser führte, als Advocat und Schutzherr der Kirche, das Commando über die Kriegsheere, die wider dieselben ausgeschickt wurden. ***) Insonderheit begleiteten die Bischöffe den Kaiser und die weltlichen Fürsten in den Feldzügen gegen die Heiden mit dem Schwerdte in der Hand. †) Zwar waren sie zu diesen

Kriegs-

*) Io. Guil. Hofmann in D. de ruina superstitionis paganae, variis obs. ex histor. eccles. Sec. IV et V. illustr. §. 9. 10. Viteb. 1738.

**) c. 48. C. 23. q. 4. cum et forensibus bellis adversariis catholicae ecclesiae pro populo christiano obsistitis, et ecclesiastica praelia sicut bellatores Domini fortiter dimicatis.

***) Caes. Fürstenerius (Leibnitius) de jure suprematus et legat. princip. German. c. 32. p. 145.

†) Boehmer in jure eccles. Protestant. Tom. II. L. III. Tit. 1. §. 62. p. 108.

Kriegsdiensten wegen ihrer Güter verpflichtet, und wurden, wenn sie solche nicht leisteten, selbst ihrer Lehne verlustig; *) indessen erließ ihnen Karl der Grosse den persönlichen Kriegsdienst, weil Bonifacius sehr darwider eiferte, **) auch das Volk selbst ihn fussfällig darum bat, und sein Nachfolger Ludwig befahl sogar den Bischöffen, das Wehrgehenge nebst den Spornen abzulegen. ***) Allein die Bischöffe bedienten sich dieser Befreyung nicht, sondern ließen sich in der Folge noch oft als Heerführer wider die Heiden in Deutschland gebrauchen. Wie konnten daher unsere heidnischen Deutschen glauben, daß es denjenigen, welche ihr zeitliches Glück mit dem Schwerdte vernichteten, um das Heil ihrer Seelen zu thun sey: mußten sie nicht die Beredsamkeit, welche dieselben für ihre Bekehrung anwandten, für bloße Fallstricke halten, die man ihrer Freyheit legen wolle?

*) Itter de feudis imper. c. XX. §. 6. p. 872. Boehmer l. c. p. 910.

**) Bonifacius sagte unter andern dawider: tollatur monstrosus ille abusus, quo quidam Praelatorum armis spiritual. depositis, arma corporalia assumunt, in campis pugnantes, sicut principes seculares, et saepe cum oppressione pauperum et crudeli effusione sanguinis. S. Wolfii Lection. memor. Tom. I. p. 197. 635. 760.

***) Schmidts Geschichte der Deutschen, 1 Th. S. 600.

ten, und die Säumigen entweder mit der Kirchenbuße und dem Banne belegten, oder durch die Grafen zu Leibesstrafen dazu anhalten ließen,*) und man darf nur einen Blick auf die jetzige Verfassung einiger katholischen Staaten werfen, um sich davon zu überzeugen. Wie beträchtlich ist nicht diese Abgabe noch in verschiedenen Staaten Italiens,**) und hat nicht der Staat des Cantons Bern einen großen Theil seiner öffentlichen Einkünfte der Reformation zu verdanken, als wodurch er auf einmal in den Besitz aller geistlichen Güter gesetzt ward?***) Eben so beschwerlich fanden solchen die Slaven der hiesigen Lande, wie schon aus den Unruhen, welche darüber in Thüringen entstanden, bekannt ist.†) Aber nach der Meinung des Ungenannten ist der Zehnde ein ungegründeter Vorwurf; er sagt, derselbe sey nach den damaligen Zeitumständen Bedürfniß gewesen, und die Sachsen hätten ihn auch geben müssen. Freylich mußten ihn die Sachsen auch geben; allein war ihnen nicht dieser Zwang nach der Versicherung eines Zeitgenossen, Alcuins, so unerträglich, daß sie von dem Christenthume

*) Schottelius von unterschiedlichen Rechten in Deutschland, S. 241.

**) S. Galanti in der historischen und geographischen Beschreibung beyder Sicilien, 3 B. S. 322.

***) Meiners Briefe über die Schweiz, 2 Th. S. 206.

†) Auctor vitae Viperti Groic. c. XI. §. 30. in Hofmanni Scriptoribus Lusat. Tom. I. p. 27.

thume wieder abschicken, und hätte nicht Alcuin Karl dem Großen schon vor diesem Schritte widerrathen, den Sachsen das Joch der Zehnden, welches sie selbst kaum ertragen könnten, aufzulegen?*) Oder glaubte der Ungenannte, daß es eine gerechte und gelinde Behandlung gewesen sey, wenn man z. B. tausenden derselben auf einmal die Wahl ließ, sich taufen zu lassen, und als Christen den Zehnden zu geben, oder sich in die Weser gesprengt zu sehen, und wenn der Sachse, welcher sich verborgen hielt, und sich nicht wollte taufen lassen, des Todes sterben sollte?**) Auch die Streitigkeit, welche zwischen dem Lübecker Bischof Gerold und den holsteinischen Kolonisten im Wagerlande über den Zehnden entstand, ist ein Beweis, wie verhaßt derselbe gewesen sey. Diese Kolonisten entrichteten nur sechs Mäßchen vom Pfluge. Bischof Gerold sahe, daß die Polaben und Obotriten den Zehnden ordentlich gaben, und verlangte also das Nämliche von ihnen. Aber dieselben wurden darüber äußerst erzürnt, und gaben zur Antwort, daß sie ihren Hals nie unter diese knechtische Verfassung beugen würden, in welcher fast alle Christen unter dem Drucke der Bischöfe lebten. Man habe ohnedies schon fast alle Zehnden der Schwelgerey der Weltlichen zuerst gegeben. Der Bischof brachte es jedoch bey Herzog Hein-

rich

*) Schröckh am angef. Orte, 19 Th. S. 252.

**) Pütter am angef. Orte, S. 67.

rich dem Löwen so weit, daß derselbe einen Befehl an diese Kolonisten ergehen ließ, den Zehnden eben so zu geben, wie im Lande der Polaben und Obotriten geschehe, aber dieselben erwiederten auf diesen Befehl, sie würden den Zehnden nie geben, den ihre Väter auch nicht gegeben hätten: lieber wollten sie ihre eigenen Häuser anzünden, und das Land meiden, als sich einem solchen Joche der Knechtschaft unterwerfen. Sie giengen auch schon damit um, den Bischoff nebst dem Grafen und allen Neuanbauern, die den Zehnden gaben, zu ermorden, ihre Häuser in Brand zu stecken, und nach Dänemark zu fliehen; aber der Herzog errichtete mit dem Könige von Dänemark ein Bündniß, daß keiner des andern Ueberläufer aufnehmen sollte. Hierdurch zwang er sie, mit dem Bischoff einen Vertrag einzugehen, in welchen sie ihren bisherigen Zehnden verstärkten. Jedoch baten sie dabey, diesen Vergleich mittelst Siegels des Herzogs und Bischoffes zu bestätigen; damit nicht die folgenden Bischöffe ein Mehreres fordern könnten. *) Als sie aber

sich

*) Ne succedentium forte pontificum innouatas patrentur angarias. Dieser Ausdruck dürfte hier mehr von der Verstärkung der Zehnden, als von der Auflegung anderer Abgaben oder Dienste zu verstehen seyn. Unter Angarien werden zwar eigentlich die Dienste zu Wegen und Brücken, und zum Transport verstanden, s. Lang am angef. Orte, S. 29. indessen bedeutet auch angaria nach dem Suidas in Lexic. p. 14. Edit. lat. Wolfii, Basil.

für die Aussfertigung dieser Urkunde eine Mark Goldes bezahlen sollten, gieng dieses Volk wieder davon ab, und der ganze Vergleich zerschlug sich.*) Der Grund von der Widersetzlichkeit gegen die Entrichtung dieser Zehnden lag nun, der Lästigkeit derselben zu geschweigen, nicht sowohl in der Rohheit und Unbiegsamkeit, als vielmehr in dem Nationalgeiste dieses Volkes. Die deutschen Völker waren und blieben auf kein anderes Vorrecht so lange eifersüchtig, als auf das Vorrecht, von ihren Stammgütern keine Abgaben zu zahlen, und keine andere, als Kriegsdienste, zu leisten. Sie ließen sich manchmal ohne Murren gewaltsam und ungerecht behandeln, hingegen erhoben sie stets ein lautes und allgemeines Geschrey, wenn man von ihnen Tribut oder Herrendienste verlangte.**) Die Geistlichkeit handelte also sehr unklug, wenn sie bey ihren Heidenbekehrungen in Deutschland den Zehnden, so zu sagen, zur Bedingung machte, unter welcher sie dieselben in den Schooß ihrer Kirche aufnehmen konnte, und bemühet war, diese Abgabe mit Gewalt einzuführen. Wie kann aber derselbe für ein nothwendiges Bedürfniß damaliger Zeiten

Basil. 1581 f. necessitatem inuitis impositam, et vi extortum ministerium, und nach dem Du Fresne in Glossar. med. et infim. Latinit. s. h. v. onera agris et personis imposita.

*) Helmold. Libr. I. c. 92. p. 207.

**) Meiners in der Geschichte der Ungleichheit der Stände, 1 B. S. 87.

Zeiten ausgegeben werden? Mußten die Geistlichen gerade so viel zu ihrem Unterhalte bekommen, oder konnten sie nicht, wie die ersten Lehrer der christlichen Kirche, von weit Wenigerm leben? Wäre der Zehnde der einzige Ausweg in solchen Bekehrungsgeschäften zum Unterhalte der Lehrer, wie könnten da unsere heutigen Missionairs unter den Heiden bestehen, und gab es also keine andere Mittel dazu? Was für Klagen würden wir unter uns hören, wenn wir den zehnten Theil unserer Einkünfte blos den geistlichen Bedürfnissen widmen sollten, und gleichwohl stehen unsere Einkünfte mit dem Einkommen jener armen Heiden und Neubekehrten in ganz ungleichen Verhältnissen! Denn der Reiche kann leicht den zehnten Theil seiner Einkünfte vermissen, wenn ihm die übrigen neun Theile ein gemächliches Leben gestatten, aber jene Neubekehrten haben sich unstreitig oft in der Lage des Armen befunden, bey welchem der zehnte Theil seines Einkommens gerade das Bedürfniß erfüllt, sein Leben elend fortfristen zu können. Wie nachtheilig für die Cultur mag nicht schon der Rodenzehnde von neu urbar gemachtem Lande gewesen seyn, und manchen von mehrerm Anbau des Landes abgeschreckt haben! Und trieb nicht die Geistlichkeit die Erhöhung dieser Zehnden immer weiter, so daß endlich das gesammte deutsche Reich für nöthig fand, diese Erhöhung als eine der hundert Hauptbeschwerden, die sie auf dem Reichstage zu Nürnberg 1522. wider den Pabst und

seine

seine Clerisey übergab, aufzuführen?*) Es war also der Zehnde allerdings eine sehr unbillige und drückende Abgabe, und die Behauptung eines neuern Schriftstellers,**) daß selbiger dem Rechte des Eigenthumes, ohne welches der Ackerbau unmöglich bestehen könne, schnurstracks zuwider sey, ist bey der Anwendung auf die damaligen Zeiten gewiß nicht übertrieben. Und dennoch war der Zehnde nicht die einzige Abgabe, mit welcher die Priester das Seelenwohl erkaufen ließen; sondern es gab deren, wie schon gezeigt worden ist, eine weit größere Anzahl.

Es ward demnach den Slaven bey ihrer Armuth und dem Drucke, unter welchem sie lebten, äußerst schwer, ja beynahe unmöglich, den Geiz der christlichen Priester zu befriedigen, und sich zu einer Religion zu bekennen, die einen Aufwand erforderte, welcher ihre Kräfte überstieg. Denn die weltlichen Fürsten, unter deren Aufsicht und Botmäßigkeit sie standen, erlaubten sich alle mögliche Erpressungen, und sogen sie, so zu sagen, bis auf das Blut aus. Eine einzige Unterredung, welche zwischen dem vorgedachten Bischoff Gerold und einem der slavischen Fürsten vorgefallen ist, wird darüber genugsamen Aufschluß geben,

und

*) Georgii Gravamina nationis Germ. adv. sedem Romi p. 455. Strimens Historie der Religionsbeschwerden, 1 Th. S. 12.

**) Galanti's am angef. Orte, 3. B. S. 322.

und mich der Mühe überheben, davon weitläuftiger zu handeln. Dieser Bischoff fand Gelegenheit, an das ganze Volk der Wagrischen Slaven, welches sich zu Lübeck an einem Sonntage versammelt hatte, eine Rede zu halten. In dieser Rede ermahnte er dieselben, den Götzendienst zu verlassen, den einzigen Gott im Himmel anzubeten, die Taufe zu empfangen, und den bösen Geschäften, dem Raube und der Ermordung der Christen zu entsagen. Nachdem er aufgehört hatte zu reden, antwortete ihm Fürst Pribislav, dem alle zuwinkten, folgendergestalt: Deine Worte, ehrwürdiger Prälat, sind Worte Gottes, und haben unser Wohl zur Absicht. Aber wie können wir diese Wege betreten, so lange wir in so viele Uebel verwickelt sind? Höre meine Worte mit Geduld an, damit dir unsere traurige Lage genau bekannt werde. Das Volk, welches du vor dir siehest, ist dein Volk, wir können dir also unsere Noth mit Recht klagen, und deine Pflicht ist es, an unserem Elende Theil zu nehmen. Unsere Fürsten toben mit solcher Strenge gegen uns, daß wir uns bey den immerwährenden schweren Abgaben, und bey der härtesten Sclaverey lieber den Tod, als das Leben wünschen müssen. In dem jetztlaufenden Jahre haben wir dem Herzoge tausend Mark und dem Grafen hundert erlegen müssen; damit sind wir noch nicht frey, sondern werden täglich viel härter angesehen, und bis auf's Blut ausgemergelt. Wie können wir uns also zu dieser neuen Religion bekennen, Kirchen

bauen,

nnen, und uns taufen lassen, da wir uns täglich genöthiget sehen, auf die Flucht zu denken. Und wenn nur noch ein Ort wäre, wohin wir flüchten könnten. Gehen wir über die Trave, so erwartet uns gleiches Elend; kommen wir an die Peene, auch dahin verfolget es uns. Was bleibt uns übrig, als daß wir das feste Land verlassen, und uns auf das Meer begeben, um über dessen Schlünden zu wohnen? Und ist es unsere Schuld, wenn wir, aus unserm Vaterlande vertrieben, das Meer unsicher machen, wenn wir von den Dänen und den Kaufleuten, welche das Meer beschiffen, uns einen Zehrpfennig geben lassen? Sind es nicht vielmehr die Fürsten, unsere Vertreiber, welche den Leuten diesen Schaden zufügen? Der Bischoff gab ihm zur Antwort: Daß unsere Fürsten eure Nation bisher so hart gehalten haben, ist eben kein Wunder, denn sie glauben, sich an Abgöttern nicht sehr versündigen zu können. Aber wendet euch zu dem Christenthume, unterwerfet euch eurem Schöpfer, unter welchem sich selbst diejenigen beugen, die die Last der Erde tragen. Leben nicht die Sachsen, und alle die sich Christen nennen, ruhig und zufrieden mit dem, was ihnen von rechtswegen zukömmt? Ihr allein seyd, eben weil man euch minder achtet, Jedermanns Beraubung ausgesetzt. Hierauf erwiederte Pribislav: wenn es dem Herzoge und dir gefiele, daß wir, die Vornehmsten der Slaven, eben so hoch, als der Graf, geachtet würden, und in Ansehung unserer Güter und Einkünfte die Gerechtsam der Sachsen erhielten, so wollten wir Kirchen bau und Zehnden geben. Dieß hinterbrachte zwar d Bischoff Herzog Heinrich dem Löwen; allein derse überließ die Slaven ihrem bisherigen Schicksale, un dachte nur auf die Wiederanfüllung seiner Rentka mer, die er durch einen italiänischen Feldzug erschöpft hatte.*)

So einleuchtend nun jedem Unbefangenen die Grün de seyn werden, mit welchen Pribislav die Abneigung seines Volkes gegen das Christenthum rechtfertigte, so wenig leisten sie doch dem Ungenannten Genüge. Er sagt dagegen: Pribislav würde nicht nöthig gehabt ha ben, dem Bischoff Gerhard solche bittere Vorwürfe zu machen, wenn er mit seinen Wenden das Christenthu angenommen hätte. Also sollten diese Wenden in de christlichen Religion eine Schutzwehr gegen Ungerech tigkeiten suchen, die sich Christen gar nicht hätten er lauben sollen? Waren sie nebst ihren Fürsten Leib eigene der Kaiser, und war es gerecht, daß die Her zoge und Grafen dieselben bis zur Verzweiflung be drückten, und ganz unvermögend machten, die Lasten aufzubringen, welche der christliche Gottesdienst erforderte? Wer solche Behandlungen noch billigen kann, verräth in der That, daß er nicht wisse, wa Despotismus sey, sondern demselben das Wort rede. Alle diese Umstände legen also die Schuld, daß die

dama-

*) Helmold. Libr. I. c. 83. p. 186.

amaligen Heiden sich von der Wahrheit und Vortrefflichkeit der christlichen Religion nicht überzeugen konnten, und denjenigen, welche ihnen dieselbe aufdringen wollten, harten Widerstand leisteten, gewiß mehr den Christen selbst, als den Heiden bey. . .

Eben so stehet es um die Rechtmäßigkeit dieser gewaltsamen Heidenbekehrungen aus. Ich würde für überflüßig halten, über diese fast allgemein anerkannte Wahrheit ein Wort zu verlieren, wenn es nicht immer noch Männer gäbe, die nun so gar gerne an einen Gott voll Zornes und Rache glauben, und das gewaltsame Bekehrungsgeschäft der heidnischen Völker in Deutschland für ein Werk Gottes und seiner weisen Vorsehung halten. Gott habe über diese verstockten und gegen ihn und seine Christen äußerst feindselige Menschen, wie die Bibel sage, und in derselben verkündiget sey, das Schwerdt zucken, und sie verderben müssen.*) Aber wenn diese Knechte, die ihres Herrn Willen nicht kannten, die göttliche Strafruthe so hart empfinden mußten, was widerfuhr denn denen, die seinen Willen kannten, und gleichwohl von jenen Heiden in manchen Tugenden beschämt wurden, ja fast alle Arten von Lastern ungescheuet ausübten, aus Eigennutz und andern sündlichen Leidenschaften die unwissenden Layen durch Misbrauch des göttlichen

*) Frisch in der guten Sache der Heidenbekehrungen in den mittlern Zeiten, Leipzig 1776. 8.

Wortes verleiteten, auf Gnade hin zu sündigen, das Gewissen derselben einschläferten, und das Gefühl für Moralität und ein thätiges Christenthum gänzlich erstickten? Schon die weltliche Gerechtigkeit soll nicht Zorn und Rache athmen, vielweniger kann solches der göttlichen eigen seyn. Welche Gewalt thut man also nicht immer der Bibel in Absicht der Auslegungskunst und der Anwendung ihrer prophetischen Aussprüche an? Billig sollten Theologen unsers aufgeklärten Jahrhundertes einmal die Sprache ablegen, die höchstens an den Pfaffen der hildebrandischen Zeiten nicht auffällt. Man bemühet sich indessen vergeblich, Männern von solchen Grundsätzen mit Gründen der Vernunft und dem Ansehen unsrer besten jetzigen Schriftsteller ihren Wahn zu benehmen, viel eher kömmt man bey ihnen damit in den Verdacht der Heterodoxie und des Unglaubens; daher ist es rathsamer, sich solcher Beweismittel zu ihrer Ueberzeugung zu bedienen, die sie für richtig anerkennen, und nicht wagen, zu verwerfen. Und was für ein stärkerer Beweis könnte ihnen da entgegen gesetzt werden, als der eigene Ausspruch unsers Heilandes? Hat sich nicht derselbe deutlich erklärt,*) daß niemand zu Bekennung seiner Lehre gezwungen werden soll? Und gab es nicht Kirchenväter, welche der vernünftigen Meinung

*) Luc. IX, 53 f. Grotius de jure Belli et Pacis, Libr. II. c. 20. §. 48. p. 596. Edit. Gronovii.

Meinung waren, daß in Glaubenssachen kein Zwang statt haben könne? *) Ganz anders dachte noch im fünften Jahrhunderte Salvianus **) über die Strafbarkeit der Heiden in den Augen Gottes. Auch sogar das päbstliche Recht ***) misbilliget diesen Zwang,

*) Lactantius divinar. Institut. Libr. V. c. 19. p. 385. Edit. Cellarii: religio cogi non potest — quis enim mihi imperat necessitatem vel credendi quod nolim, vel quod velim non credendi — nihil tam voluntarium, quam religio, in qua si animus aversus est, iam sublata, iam nulla est.

**) De Gubernatione Dei, Libr. V. p. 162. Edit. Rittershusii: Errant — sed bono animo errant, non odio, sed affectu Dei, honorare se Dominum atque amare credentes. Quamvis non habeant rectam fidem, illi tamen hoc perfectam Dei aestimant caritatem. Qualiter pro hoc ipso falsae opinionis errore in die judicii puniendi sint, nullus potest scire, nisi judex. Interim idcirco eis, ut reor, patientiam Deus commodat, quia videt, eos, etsi non recte credere, affectu tamen piae opinionis errare: maxime cum sciat, eos ea facere, quae nesciunt, nostros autem negligere, quod credunt: illos ignorantes, nostros scientes; illos id facere, quod putent rectum, nostros, quod sciant esse peruersum. Ignosci aliquatenus ignorantiae potest, contemtus veniam non meretur.

***) c. 3. d. 45. Qui sincera distinctione extraneos a christiana religione ad fidem cupiunt rectam perducere, blandimentis non asperitatibus debent studere, und dennoch können neuere protestantische Gottesgelehrte denselben noch gut heißen?

Den Ungrund des Besorgnisses hingegen, daß die christliche Religion und die christlichen Staaten ohne diese gewaltsamen Bekehrungen vom Untergange nicht zu retten gewesen wären, werde ich in einer andern Abhandlung ins Licht setzen; theils wird es auch schon aus dem folgenden erhellen.

Vielleicht könnte man die Bezwingung der Heiden in Deutschland und ihre gewaltsame Bekehrung zum Christenthume eben so vertheidigen, und für ein Werk der Vorsehung Gottes ansehen, wie jetzt einige über die Eroberung Canaans durch die Hebräer auf eine weit vernünftigere und dem höchsten Wesen anständigere Weise, als es jene Eiferer thun, zu denken pflegen. Man könnte sagen, daß, wer den Gang der Providenz nach der Geschichte überdacht habe, zu keinem andern Resultate geführt worden sey, als daß die Gottheit, ohne mit allmächtiger Hand die Menschen umzuschaffen, ohne ihre Sinnesart und Gewohnheiten

ne quorum mentem reddita ad planum ratio poterat reuocare, pellat procul aduersitas — Agendum ergo est, vt ratione potius et mansuetudine prouocati sequi nos velint, non fugere. c. 9. 10. de Judaeis: statuimus, vt nullus inuitos vel nolentes Judaeos ad baptismum venire compellat — quippe Christi fidem habere non creditur, qui ad Christianorum baptismum non spontaneus, sed inuitus cogitur peruenire.

heiten wunderthätig und auf einmal zu verändern, und durch einen Sprung zu veredeln, dieselben immer habe handeln lassen, wie sie nach ihrem Jahrhunderte, nach der jedesmal herrschenden Denkungsart; nach den üblichen Sitten und Gewohnheiten handeln könnten. Daß sie nur alles, selbst menschliche Thorheiten, Schwachheiten und Uebelthaten zur Erreichung ihrer Zwecke gelenkt habe, und daß in eben solcher Richtung das Göttliche liege. Müßten wir den Einfluß der Gottheit bey der Eroberung der heidnischen deutschen Provinzen durch die damaligen Christen nicht blos schon hierin suchen? und sey es nicht eine übereilte und aller Analogie entgegenstreitende Forderung, daß sie durch übernatürliche Wirkung hätte veranstalten sollen; daß entweder die Besitznehmung dieser Provinzen fein ruhig und friedlich bewirkt worden, und Sieger und Besiegte gleichsam wie Brüder in ein gemeinschaftliches Haus zusammen gezogen wären, oder letztere von der gewohnten Raubsucht gegen die Christen auf einmal abgelassen, und sich zum Christenthume ohne Widerrede bekannt hätten? Aufklärung zur Zeit der Roheit sey eben so wenig als Sonnenschein in der Nacht möglich. Der Erfolg habe aber gezeigt, daß die damaligen Christen für die heidnischen Deutschen und Slaven zu Lehrern in Sachen der Religion, und dadurch zu Beförderern ihrer Aufklärung bestimmt gewesen wären. Da nun die Christen zur Zeit der Roheit in die Länder der heidnischen Deutschen und Slaven eingedrungen wären, so hätten freylich ihre Kriege und Behandlungen derselben wild und blutig ausfallen müssen, aber doch habe die Gottheit, was sie als nothwendiges Uebel zulassen müssen, mit schonender Güte dergestalt gelenkt, daß das Blutvergießen gemindert, und der harte Kampf roher Krieger gemildert, auch am Ende alle Besiegte zur wahren Religion und zu einem höhern Grade der Cultur gebracht worden wären.*) Auch könnte man anführen, daß unumschränkte Gewalt oft nothwendig und auch heilsam sey, wenn bessere Menschen sie gegen Unedlere ausübten, und es ganze Völker gebe, die zum Guten nicht bewegt werden könnten, sondern gezwungen seyn wollten.**) Alles dieses ist in Absicht der Anwendung auf die heidnischen deutschen und slavischen Völker allerdings sehr scheinbar; allein bey einer genauern Prüfung wird man hoffentlich wahrnehmen, daß Gewalt weder das einzige, noch ein rechtmäßiges Mittel gewesen sey, dieselben zum Christenthume zu bekehren, und zu einem höhern Grade der Cultur zu bringen. Viele heidnische Völker sind schon dadurch zur Annahme der christlichen Religion bewogen worden, weil sich ihre Fürsten zu derselben bekannten. Die meisten die-

ser

*) Vergl. Eichhorns allgemeine Bibliothek der biblischen Litteratur, 1 B. S. 263 ff.

**) Meiners im Grundrisse der Geschichte der Menschheit, S. 218.

r Fürsten thaten dieß zwar mehr um deswillen, damit ihnen die Hand christlicher Prinzessinnen nicht versagt würde, *) oder aus andern zeitlichen Absichten, als aus innerer Ueberzeugung und auf Antrieb ihres Herzens; **) indessen war doch diese Bekehrungsart weit weniger entehrend und nachtheilig für die Menschheit, als jene blutige und gewaltsame. Ueberdieß würde dem Christenthume in der That zu wenig Kraft beygelegt werden, wenn man behaupten wollte, daß selbiges rohen Heiden andererGestalt nicht, als mit Gewalt beyzubringen sey. Gründete nicht Columba, welcher den heidnischen Schotten noch im sechsten Jahrhunderte das Evangelium verkündigte, auf der Insel Jona, oder Hye, ein Kloster, welches Jahrhunderte lang eine der gesegnetesten Pflanzschulen von Volkslehrern und Jugendlehrern ward; und erwarb sich nicht Irland durch die vielen Lehrer der Religion und der Wissenschaften, welche diese Insel unter nahe und ferne Völker aussandte, den Namen der heiligen Insel und des Vaterlandes der Heiligen? Der Ruf der irländischen Schulen und die brennende Begierde der irländischen Mönche, die christliche Religion außer ihrem Vaterlande anzupflanzen, entstanden aber nicht

aus

*) Doch verdient diese Bekehrungsart nicht die ruhmvolle Empfehlung, die ihr in den Obs. Halens. Tom. X. Obs. 10. p. 232. beygelegt wird.

**) Thomasius in Cautelis c. praecognita jurisprudentiae ecclesiast. c. XIV. §. 3. p. 217.

aus der grössern Ruhe, welche Irland in dem sechsten und folgenden Jahrhunderte genoß, sondern an der Unverdorbenheit, oder geringern Verdorbenheit der Sitten der Irländer. *) Und was haben nicht in neuern Zeiten die Missionairs der verschiedenen christlichen Religionspartheyen unter den Heiden ausgerichtet? **) Rührend ist die Geschichte des Bekehrungsgeschäftes, welches die Jesuiten in Brasilien ausführten, wie sie Raynal ***) erzählt, gleich ehrend für die Bekehrer und die Bekehrten. Wenn ein Jesuit, schreibt derselbe, bey irgend einer Nation ankommen sollte, eilten ihm die jungen Leute mit Jubel und Freudengesängen entgegen, und die Aeltesten und Vornehmsten empfiengen ihn beym Eingange des Dorfes mit besondern Feyerlichkeiten. Dann führte er sie an den Ort, wo man sich versammeln sollte. Da unterrichtete er sie in den Hauptgeheimnissen der Religion, da ermahnte er sie zur Regelmäßigkeit in den Sitten, zur Gerechtigkeitsliebe, zum Abscheu gegen Menschenblut, und da taufte er sie. Mein Freund

fügt

*) S. Meiners in der historischen Vergleichung, 1 B. S. 350.

**) Man vergleiche z. B. in Absicht der Missionairs der Brüdergemeine: Oldendorps Missionsgeschichte der evangelischen Brüder auf den caraibischen Inseln.

***) In der Geschichte der Besitzungen und Handlung der Europäer in beyden Indien, 5 B. S. 25. 65.

sagte zu diesem Gelehrten ein alter Missionair, welcher dreyßig Jahr mitten unter den Wilden in den Wäldern gelebt hatte, und nach seiner Zurückkunft ins Vaterland, in eine düstere Langeweile verfallen war, und der unaufhörlich nach seinen lieben Wilden seufzte: mein Freund, ihr wisset nicht, was das sagen will, der König, beynahe der Gott eines Haufen Menschen zu seyn, die euch das wenige Glück, welches sie geniessen, zu verdanken haben, und deren eifrigste Beschäftigung ist, euch ihre Erkenntlichkeit dafür zu bezeigen. Sie haben unermeßliche Wälder durchstrichen; sie kommen von Müdigkeit und Hunger dahinfallend zurück; sie haben nur ein Stück Wildpret getödtet, und für wen glaubt ihr, daß sie es aufbehalten haben? für ihren Vater, denn so nennen sie uns, und wirklich sind sie auch unsere Kinder. Unsere Gegenwart thut ihren Zänkereyen Einhalt. Ein Regent schläft nicht sicherer mitten unter seiner Wache, als wir mitten unter den Wilden. An ihrer Seite will ich meine Tage beschließen. Für eine solche Wonne war nun freylich das Herz der meisten Priester in dem Zeitraume jener Heidenbekehrungen in Deutschland unempfänglich. Aber die heidnischen Deutschen, insonderheit die Slaven, würden die christliche Religion sicherlich mit der Bereitwilligkeit unserer neuern Wilden angenommen haben, zumal bey ihrer Gastfreyheit und Redlichkeit, und da letztere schon viele Cultur hatten, wenn die damaligen Priester

sich

sich eben so gegen sie verhalten hätten, wie diese Missionairs gegen ihre Wilden. Denn es ist hinlänglich bekannt, daß schon lange vor diesen gewaltsamen Heidenbekehrungen mehrere deutsche Völker, die Gothen, Vandalen, Sveven, Alanen, Burgunder, freywillig und sogar als Sieger zur christlichen Religion übergetreten sind. Insonderheit sorgten die Westgothen als Christen für die Fortpflanzung ihrer Religion unter den mit ihnen verwandten Ostgothen und Gepiden, und man mußte ihre Sitten weit mehr rühmen, als die der christlichen Römer.*) Und wie sehr beschämte nicht der gothische Bischoff Ulphilas viele der damaligen und nachherigen christlichen Priester durch seinen vernünftigen Religionsunterricht, indem er seinen Landsleuten die heilige Schrift gerade zu in die Hände gab, zu dem Ende dieselbe in ihre Muttersprache übersetzte, dabey aber die Bücher, in welchen die Kriege der israelitischen Könige beschrieben sind, mit weiser Vorsicht wegließ, damit seine noch rauhe, dem beständigen Gebrauche der Waffen ergebene Nation dadurch in ihrer kriegerischen Neigung nicht verstärkt werden möchte.**)

Doch vielleicht wendet man ein, daß die freywillige Annahme des christlichen Glaubens nur bey denjeni-

gen

*) Schröckh in der christlichen Kirchengeschichte, 7 Th. S. 333 ff.

**) Schröckh in der allgemeinen Weltgeschichte, 3 Th. S. 89.

en barbarischen Völkern geschehen sey, die sich in christlichen Provinzen niedergelassen, und durch die Vereinigung mit ihren Bewohnern Gelegenheit gegeben hätten, daß man sie von der Wahrheit dieses Glaubens habe überzeugen können, dieß aber nicht der Fall bey denen gewesen, welche in Deutschland zurückgeblieben wären, und bey ihrer hartnäckigen Anhänglichkeit an der Abgötterey und Abneigung gegen mehrere Cultur auf keine andre Art, als durch die Gewalt der Waffen zum Christenthume und zu mehrerer Sittlichkeit hätten gebracht werden können. Aber der erwähnte gute Erfolg, mit welchem die Missionairs der neuern Zeiten das Christenthum unter den wildesten Völkern fortgepflanzt haben, widerlegt schon diesen Einwurf, und läßt sicher vermuthen, daß die damaligen Heidenbekehrer in ihren Bekehrungsgeschäften in Deutschland eben so grosse, wo nicht weit größere Fortschritte würden gemacht haben, zumal da die Nationen dieses Landes von edlern Stämmen, als jene Wilden waren, und selbst noch in der höchsten Verwilderung und Ausartung Vorzüge und Tugenden vor selbigen voraus hatten;*) wenn sie nicht verkehrte Wege eingeschlagen wären. Auch mangelt es nicht an Beweisen für diese Behauptung. Schon lange vorher gab es in einem grossen Striche des jetzigen Deutschlands, welches damals unter anderm Namen beherrscht

*) Meiners in der Geschichte der Menschheit, S. 123.

beherrscht ward, und dessen Bewohner nicht ausgewandert waren, im belgischen Gallien, in den Städten, welche jetzt Trier, Cöln, Tongern, Maynz, Worms, Speyer und Strasburg heissen, im Noricum, oder einem ansehnlichen Stücke des jetzigen österreichischen Kreises zahlreiche und blühende christliche Gemeinten, die allem Ansehen nach nicht mit Gewalt gestiftet worden sind. *) Und bewogen nicht Kyrill und Methud die Böhmen und Mähren durch ihre vernünftige Bekehrungsart zu einer freywilligen Annahme des Christenthumes ohne dem mindesten Zwang? Warum sollten also bey den übrigen heidnischen deutschen und slavischen Völkern, welche zur christlichen Religion gezwungen worden sind, gerade keine andere als gewaltsame Mittel zur Erreichung dieser Absicht Statt gefunden haben?

Zwar wirft der Ungenannte die Frage auf, ob er nicht Recht habe, wenn er behaupte, daß die christliche Religion dennoch zur menschlichen Cultur besser gewesen sey, als der wilde Götzendienst zu Lommatsch und Rhetra, wo man gar nichts auf Wissenschaften gehalten habe; indessen kann ich ihm dieses mit Ueberzeugung nicht zugeben. Die christliche Religion konnte nach ihrer geschilderten damaligen Verunstaltung der menschlichen Cultur schwerlich viel zuträglicher seyn, als die heidnische, und eben so wenig enthielt dieselbe eine

*) Schröckh in der christlichen Kirchengeschichte, 7 Th. S. 150.

eine schrift- und vernunftmäßige Gottesverehrung. Man mag die Götter der Heiden und die Heiligen der Christen des Mittelalters vergleichen, von welchen Seiten man will, entweder in Ansehung ihrer Zahl, Rangordnungen und Attribute, oder in Ansehung ihrer Geschäfte, Neigungen und Bedürfnisse, und der darauf sich gründenden Feste und Gaben, oder in Ansehung ihrer Bilder, und der Verehrung sowohl, als Mißhandlung dieser Bilder; so kann man zwischen dem Dienste der Einen und der Andern nicht die geringste beträchtliche Verschiedenheit entdecken: ausgenommen, daß die Heiden ihren Göttern thierische Opfer brachten, und die Christen dergleichen nicht brachten: wiewohl man auch dieses nicht einmal ohne Einschränkung sagen kann. Auch die Zahl aller Götter, Halbgötter und Helden, welche von den Griechen und Römern wirklich verehrt wurden, reicht, wenn man auch dieselbe mit der größten Genauigkeit berechnet, noch lange nicht an die Zahl von Heiligen, die von den Christen des Mittelalters verehrt wurden. Diese Verehrung der Heiligen gieng so weit, daß Gott oft ganz darüber vergessen, oder doch sehr zurückgesetzt ward. So wurden in Canterbury von den Pilgrimen, die jährlich bey vielen Tausenden, und selbst Hunderttausenden hinkamen, in einem ganzen Jahre auf dem Altare Gottes nur drey, auf dem Altare der heiligen Jungfrau drey und sechszig, und auf dem des heiligen Thomas zu Canterbury hingegen 832 Pfund Sterling geopfert. Im nächsten Jahre war das Misverhältniß noch größer, denn man opferte dem Altare Gottes nicht einen Pfennig. Die Mutter Gottes erhielt nur vier Pfund, der heilige Thomas aber 459 Pfund.*) Also vertauschten die Heiden ihren alten Priesterbetrug doch nur mit einem neuen, wodurch sie der wahren Gottesverehrung nicht viel näher kamen,**) und es galt von dem damaligen christlichen Gottesdienste im Grunde eben das, was Lactantius***) von dem heidnischen sagte, daß nämlich selbiger blos die Finger beschäftige.

Mehrere andre Bemerkungen, welche die gewaltsame Heidenbekehrung betreffen, verspare ich auf versprochne folgende Abhandlung.

*) Meiners in der historischen Vergleichung, 2 Th. S. 218. 219. 229.

**) Henke am angef. Orte, S. 18.

***) L. c. Libr. V. c. 19. p. 388. in qua nihil aliud video, quam ritum ad solos digitos pertinentem.

V.

Historische Skizze von der Stadt Pirna, von K. A. Engelhardt.

Vorerinnerung.

Um diese historische Skizze gehörig zu würdigen, wird es, glaube ich, vor allen Dingen nöthig seyn, den Plan anzugeben, nach welchem ich sie ausarbeitete. Sie war nämlich für das dritte Heft der malerischen Wanderungen durch Sachsen bestimmt und sollte also nichts weniger als eine historisch-kritische Untersuchung, sondern nur eine kurze Darstellung der Geschichte der Stadt Pirna enthalten.

Die meisten Städte Sachsens haben ihre Annalisten gefunden, welche voluminöse Chroniken hinterließen, und gerade Pirna, eine in aller Rücksicht so merkwürdige Stadt, kann bis jetzt noch keine nur mittelmäßige Chronik, vielweniger eine historisch-kritische Darstellung ihrer Geschichte aufweisen.

Vor ohngefähr 30. Jahren unternahm es zwar der dasige Rektor, Karl Gottfried Zaake, ein solches Werk zu liefern, das er mit aller nur möglichen Genauigkeit und Sorgfalt nach einer alten Handschrift des Königsteiner Cantors Heckel, arbeitete. Der Anfang desselben erschien auch wirklich im Verlage eines Buchbinders, Nitzsche, in Pirna, unter dem Titel:

Zaakens Vorbericht von Verfertigung eines histori-schen Werks der Stadt Pirna aus Heckels Hand-schrift — und wurde mit einem Churfürstlichen Pri-vilegium vom Kirchenrathe gedruckt. Allein leider erschien, aus Ursachen, die sich hier nicht gut ent-wickeln lassen, nicht einmal das ganze erste Buch.

Zaake legte, aus Verdruß über sein mislungenes Unternehmen und seine viele vergebliche Arbeit, den 26. May 1767. seine Rektorstelle nieder, und gieng dann am 2. Juny in aller Stille, jedoch *als ein ehr-licher Mann*, ohne Schulden, von Pirna *fort*. *Seine* besten Sachen hatte er vorher schon mit einem Schiffe fortgeschickt. Als man seine Wohnung öffnete, fand man leider von seinem so wichtigen Manuscripte auch nicht ein Blättchen. Wohin er sich gewendet habe, weiß man bis jetzt noch nicht; er gab nie wieder die geringste Nachricht von sich, auch dann nicht einmal, als ihm in den Zeitungen bekannt gemacht wurde, daß er eine Erbschaft heben könne, die noch von sei-nem Vater herrührte, und gegen 900 Thlr. betrug.

Der Anfang seines historischen Werkes ist *aus* Ur-sachen, die hier nicht aufgezählt werden können, sehr selten. Gegenwärtige historische Skizze ist größten-theils darnach gearbeitet, und vielleicht hat sie wenig-stens um deswillen einiges Verdienst. Hätten nicht so manche, vielleicht künftig noch zu hebende Hinder-nisse, die Fortsetzung der malerischen Wanderungen durch Sachsen unterbrochen, so würde dieser Aufsatz

hier

…ier nicht besonders abgedruckt worden seyn. Da er nun aber einmal fertig war, und es ungewiß ist, wann? und ob er je in den malerischen Wanderungen wird abgedruckt werden können? so hielt es der Herr Herausgeber dieses Museums nicht für zwecklos, ihm hier ein Plätzchen anzuweisen.

Wäre ich nicht so sehr mit Arbeiten überhäuft, und der Gebrauch der Churfürstlichen Bibliothek jetzt nicht so eingeschränkt, so hätte ich ihn wohl gern noch hie und da erweitert. Ich gebe indeß so viel ich habe. Gelegentlich vielleicht ein Mehreres.

E.

Die Entstehung der Stadt und des Namens Pirna, hat die Zeit in ein Dunkel gehüllt, das wohl ein Historiker schwerlich befriedigend aufklären möchte. Unter einer Legion von Meinungen, welche die alten Chronisten, die, wie bekannt, immer sehr viel, wenn auch ohne Beweis, behaupten, über den Namen Pirna hegen, (welches in alten Urkunden gemeiniglich Pirnowe, Perne, Pirnaw, Pirne, auch Bernaw genennt wird; bey dem Pirnschen Mönch aber allemal Pirna heißt,) zeichne ich nur die beyden wahrscheinlichsten aus, und überlasse es dann dem Unbefangenen, zu wählen.

Die Sitte und der ehrfurchtsvolle Aberglaube der Nationen, welche Deutschland in den ältern Zeiten be-

bewohnten, brachte es mit sich, Dörfer und Städ[te] nach den Gottheiten zu benennen, die gerade in dies[er] Gegend am häufigsten verehrt wurden. Die Serben wenden, welche die meißnischen Lande inne hatten, ehe Heinrich der Vogler sie bezwang, hielten besonders viel auf den Gott Pierun, der in der slavischen Sprache Blitz oder Feuer*) bedeutete, und vorzüglich in Mähren, Preußen und Rußland angebetet wurde. Ohne Zweifel sollte er ein Bild der Sonne seyn, welcher man, als dem vornehmsten Gott, die meiste Ehre erwies. Die Städte Brünn und Perno in Mähren, Pernau in Liefland, Beraun in Böhmen und das Dorf Provenau in Wagrien, verdanken dem wendischen Gott Pierun ihre Namen, warum sollte der Name Pirna nicht auch daher abzuleiten seyn? — Sollte sich daraus nicht vielleicht auch der Name der Veste Sonnenstein erklären lassen? Beynahe mit der nämlichen Wahrscheinlichkeit läßt sich der Name auch von Perina oder Pierzyna herleiten, welches in der böhmischen und pohlnischen Sprache eine Decke oder ein Ruhebette bedeutet.**). Die müden Elbschiffer brauchten Ruhe, und diese fanden sie den in etlichen Hewser, dy do an der elben angebawet gewesen, darin schifleute, dy aldo zugelandet, geherbrigt

haben,

*) S. Stredowski in Morauia sacra I. 5.

**) S. M. Frenzel in s. Lexico Etym. Slauico, p. 1095.

haben, ehemals von dem schönen da hat ein mächtiger Birnbom gestanden, wie es in der Mönchsschrift heißt.*) Pirna würde sich nach dieser Erklärung am besten im Ruheheim oder Beerhausen übersetzen lassen.

Von dem eigentlichen Ursprunge der Stadt schweigt die Geschichte ganz, und wird wahrscheinlich auch immer schweigen, weil die dazu gehörigen Urkunden längst verloren gegangen sind. Nicht viel mehr sagt sie uns von den Schicksalen derselben unter der Herrschaft der Sorbenwenden und Böhmen, nur erst im Jahr 1249. wo sie durch die Vermählung der böhmischen Prinzessin Agnes mit Markgraf Heinrich dem Erlauchten an Meißen kam, findet der Geschichtschreiber Urkunden, die ihn, wenigstens nicht so ganz mehr im Dunkeln tappen lassen.

Am wahrscheinlichsten ist sie im achten, oder spätestens im neunten Jahrhundert erbaut worden, und die erste Gelegenheit dazu gaben ohne Zweifel einige Häuser vorm Schiffthore an der Elbe, wo die Schiffleute landeten, um Atzung und Pflege zu nehmen, und die

*) Einige wollen sogar, wiewohl ohne Grund, in diesem Birnbaum die Entstehung des Namens Pirna finden: (s. eine Handschrift in Haschens Magazin der sächs. Geschichte abgedruckt VIII. 336.) und zwar vorzüglich deswegen, weil ein Birnbaum sich in dem Stadtwappen befinde. Allein dieser kam vermuthlich hinein, weil damals in den hohlen Wegen, Thälern und Auen, eine Menge wilder Birnbäume standen.

meisten Bewohner kamen vermuthlich aus dem Dor Mannewitz, nahe bey Kritzschwitz, hinter dem Ham berge. Die böhmischen Herzoge nahmen auf beständigen Streifereyen das Dorf immer sehr hart mit und die gepreßten Dörfler zogen sich dann, da ein großer Theil ihrer Wohnungen zerstört war, weiter herunter nach der Elbe, vereinigten sich da mit den Schiffern am Strande, und bildeten so eine neue Gemeinheit.

So geringfügig auch Pirna anfänglich als Stadt war, denn sie hatte weder Aecker, Mühlen, Fischwasser, Gehölze, Vorstädte, (die Vorstadt vor dem Schiffthore ausgenommen) ja nicht einmal das Recht über alle Gassen,*) so vergrößerte sie sich doch bald ansehnlich, theils durch Lehnsgüter, theils durch Ankauf von den benachbarten Edelleuten,**) besonders vom Herrn von Bünau. Nur ist zu bedauern, daß man bis ins funfzehnte Jahrhundert keine Urkunde davon

*) Die Holtergasse z. B. stand unter dem Schlosse zu Radeberg, und mußte der Schloßkapelle acht Schillinggroschen jährlichen Erbzins reichen. s. die Urkunde darüber in Zaakens Vorbericht zu Verfertigung eines historischen Werks, der Stadt Pirna, S. 38.

**) Rudolf von Habsburg soll zu seiner Kaiserwahl Geld bey der Stadt Pirna geborgt haben; ein Beweis, daß sie schon im dreyzehnten Jahrhundert sich so ganz wohl befunden mochte.

davon auffinden kann. *) Die Geistlichkeit, die denn, wie männiglich bekannt, an einem engen Spielraume und wüsten Marken um sich her, nie sonderlich Gefallen hatte, war in Erfüllung ihrer Besitzungen besonders thätig. Die damaligen Markgrafen, welche, wenn es die Erweiterung klösterlicher Bitten betraf, sehr oft überschwenglich thaten über alles, was wir noch jetzt bitten oder verstehen, waren auch den Erweiterungen der Mönche in Pirna nicht zuwider, theils um der Mutter Gottes willen, theils um ihrer Seelen Seligkeit und ihr eignes Verdienst dadurch zu erhöhen, wie die in Zaakens Vorbericht S. 43. abgedruckte Urkunde sattsam beweiset.

Bis ins zehnte Jahrhundert regierten vermuthlich Grafen oder Voigte von der Veste Sonnenstein aus über Pirna und die umliegende Gegend. Doch nun ward das Bisthum zu Meißen unter dem Kaiser Otto gestiftet, und viele Städte der Gerichtsbarkeit desselben unterworfen. Darunter befand sich denn ohngefähr im Jahr 938. auch Pirna. Bis zum Anfange des dreyzehnten Jahrhunderts stand sie unter dem

 meißni-

*) Von dieser Zeit an finden sich mehrere. Allein da es nicht in dem Plane dieses Aufsatzes liegt, die allmähligen Erweiterungen der Stadt durch Kauf und Lehn mit Urkunden belegt zu erzählen, so verweise ich auf Zaakens Vorbericht von Verfertigung eines historischen Werks der Stadt Pirna, aus Heckels Handschrift §. 17. und folg. wo man mehrere abgedruckt findet.

meißnischen Bischoffsstabe, und kam dann vermuthlich durch Kauf im Jahr 1212. an die Markgrafen zu Meißen; wenigstens läßt sich aus einer Lehnsurkunde beweisen, daß sie im Jahre 1216. denselben gehört habe. *) Doch behielten sie diese auch nicht lange, denn da sie durch die Vermählung der böhmischen Agnes **) mit Markgraf Heinrich dem Erlauchten wieder an Meißen kam, so muß sie natürlich vorher erst wieder an Böhmen abgetreten gewesen seyn. Bey welcher Gelegenheit? und was für Bedingungen? läßt sich schlechterdings durch keine bis jetzt bekannte Urkunde bestimmen. Der Sohn Heinrichs des Erlauchten Albrecht, verpfändete Pirna nebst Altenburg und Weißensee 1289. an seinen Sohn Friedrich mit der gebissenen Wange, für Freyberg, Hayn und Torgau, welche er ihm überlassen wollte. ***) Die Bischöffe zu

*) S. Peckensteins Theat. Sax. II. p. 8. Abgedruckt steht die Urkunde in Weckens Dresdner Chronik, S. 102.

**) D. Glafey p. 79. Schlegel de Vet. Cella führt ein Diplom an, wo der Agnese gedacht wurde, und Chron. vet. Thuring. als man schrieb 1268, steht: „Frawe Agneße Marggräfinn zu Mißen." In Peckensteins Theatr. Saxon. III. 56. steht auch eine hieher gehörige Urkunde von dem böhmischen Könige Johann aus dem Hause Lützelburg.

***) Die Urkunde darüber steht abgedruckt in Kaakens Beobericht S. 55. (auch in Tentzels Vita Frider. Admorsi beym Mencken T. 2. p. 925. Anm. d. Herausg.)

zu Meissen, welche der Regierungsveränderungen ohngeachtet, doch immer das Schutzrecht über Pirna behalten hatten, lauerten nur auf eine günstige Gelegenheit, sich auch die Stadt selbst wieder zuzueignen, und diese fand sich denn bald. Die meisten Söhne der Markgrafen waren mit Schulden belastet, und diese, welche sie doch nicht gern in fremde, wohl gar böhmische, Hände wieder wollten kommen lassen, überließen sie lieber den Bischöffen zu Meissen. So ging es denn auch mit Pirna.

Friedrich der Kleine oder der Stammler*), Markgraf zu Meissen, steckte so in Schulden, daß er sich nicht anders zu helfen wußte, als Pirna an den damaligen Bischof zu Meissen Withego,**) aus dem Geschlechte derer von Camenz, im Jahre 1292. für 3000 Mark Silbers abzutreten. Dieser Verlust schmerzte den Markgrafen nicht wenig, und wer weiß, wozu ihn sein Eifer verleitet hätte, wenn nicht die Bischöffe Heinrich zu Merseburg und Bruno zu Naumburg, ihn durch ihr Zureden gemäßigt hätten, zu einer neuen vom Tage Reminisc. 1292. ausgestellten Urkunde.***)

Pirna

*) Wie er im Schlegel de Cella veteri etc. [illegible] genannt wird, S. 74.

**) Castris oppidum [illegible] quinti — so findet man ihn in Schöttgens Anhange zur Wurzner Chronik [illegible]. S. 12.

***) Welche man in Zeidlers Nachricht S. 56. abgedruckt findet.

Pirna mit allen geistlichen und weltlichen Rechten, Nutzungen, Ehren und Würden auf immer abzutreten, feyerlich allen seinen Rechten und Gerechtigkeiten zu entsagen und zu versprechen, den Handel und die Niederlage in Pirna auf keine Weise zu kränken. Welchen Kauf auch Kaiser Adolf von Nassau nebst der Zollgerechtigkeit den 27. Aug. 1292. bestätigte. *)

Das Jahr nachher starb Withego und hinterließ seinem Nachfolger Bernhard, ebenfalls aus dem Geschlechte derer von Camenz, beynahe nichts als Schulden. **) Dieser, der bey weitem nicht das Ansehen seines Vorfahrers genoß, ließ sich manchen Eingriff in seine Rechte von Friedrich dem Kleinen gefallen. ***) Der arme Bischoff, der seine Besitzungen gern unangefochten besitzen mochte, ward endlich der beständigen Neckereyen des Markgrafen überdrüßig, und widerstand demselben mit Nachdruck. †) Es kam zu offener Fehde. Der Markgraf rückte vor Pirna, mußte aber

*) Die Urkunde steht abgedruckt in Zaakens Vorbericht S. 58. (Man vergl. auch Calles series Episc. Misn. p. 107. Anm. d. Herausg.)

**) s. Schöttgens Historie von Wurzen im Anhange, S. 13.

***) Einige dahin gehörige Urkunden s. abgedruckt in Zaakens Vorbericht, S. 59 und 60.

†) s. Fabricius in Annal. Vrb. Misn. ad 1291. p. 119. Chron. parv. apud Menken script. Rer. Germ. T. III. p. 347.

aber mit einigem Verlust weichen.*) Dieß machte die Söldner des geistlichen Herrn sicher, und brachte den Markgrafen nur desto mehr auf. Er sammelte und vermehrte seine Mannen und reisigen Knechte, und erneuerte den Angriff mit desto grösserer Heftigkeit.

Der gedemüthigte Bischoff sah nun wohl ein, daß er, so lange ein streitbarer Markgraf noch Ansprüche auf Pirna machte, sein Haupt nie sanft werde legen können. Er verkaufte also mit Bewilligung des Domkapitels und Begünstigung des römischen Königs Albert,**) die Stadt Pirna und das Schloß Sonnenstein mit allen Rechten, Gerechtigkeiten und Freyheiten 1299. erblich an den König von Böhmen Wenzel,***) behielt sich aber doch das Recht über die Kirchen vor, wie auch, daß ihm die Könige von Böhmen die Lehnspflicht leisten müßten. †)

Daß

*) s. Spangenbergs Querfurter Chronik, P. IV. C. XI. p. 351. Carpzovs Oberlausitzische Ehrent. I. p. 314. a.

**) Die Bestätigungsurkunde steht abgedruckt in Zaakens Vorbericht S. 62. und in Menk. sc. rer. Ger. III. 1741.

***) s. Balbin. Epit. Rer. Boh. L. III. c. 16. S. 297. Junkers Anleitung zur Geographie der mittlern Zeiten, S. 499. Beckleri histor. Howor. II. 89. Albini meißnische Landchronik, tit. 15. p. 203. Schöttgens Historie von Wurzen, im Anhange S. 13.

†) Die dazu gehörige Urkunde s. abgedruckt in Zaakens Bericht S. 64. Man sieht zugleich daraus, daß die Lehnspflicht einige Zeit in Vergessenheit gerathen seyn mochte.

Daß der Markgraf ganz ruhig sich dabey verhielt, giebt der historischen Muthmaßung beynahe Gewißheit, daß Friedrich der Kleine sich vermuthlich schon vorher mit Wenzel wegen eines Gegentausches verglichen haben mochte.*) Pirna verlor bey diesem Tausche nichts, sondern gewann vielmehr, denn die böhmischen Könige behandelten sie mit ausgezeichneter Güte, bestätigten nicht nur ihre alten Privilegien, sondern gaben ihr auch neue. Besonders beliebt machte sich Johann durch Erneuerung der Stapelgerechtigkeit im Jahr 1335., welche dem Handel außerordentlich aufhalf.**) Auch erwarb er sich dadurch viele

*) Balbin. Epit. rer. Boh. B. 3. c. 16. S. 287. Eine Urkunde, die Balbinus aus dem Karlsteinischen Archiv entdeckte, findet man S. 310. in den Anmerkungen zum 16 Kapitel, aus welcher sich schliessen läßt, daß der Markgraf schon 1289. mit Wenzeln von Böhmen einig war, Pirna und mehrere Städte und Schlösser gegen Hohnstein, Zittau, Landsberg und andere zu vertauschen, und jährlich aus den letztern 4500 Mark Silbers zu ziehen.

**) Die aus der deshalb ausgefertigten Urkunde hierher gehörigen Stellen findet man abgedruckt in Zaaken S. 63. Die wahren Nachrichten von der Gründung der Stapelgerechtigkeit in Pirna sind längst verloren gegangen. Die älteste bis jetzt bekannte Urkunde darüber, ist vom 19. May 1325. in Prag ausgestellt, in welcher nicht allein das alte Herkommen des Niederlagsrechts bestätigt, sondern auch die Eigenschaften der Stapelgerechtigkeit genauer erläutert werden. Die wichtigsten Theile derselben stehen abgedruckt

viele Verdienste um den Wohlstand von Pirna, daß er den Bürgern das Recht ertheilte, ihre Schuldner zur Bezahlung zu zwingen.*) Doch mußte er aber kurz vor seinem Tode, weil er sehr nöthig Geld brauchte,

druckt in Zaakens Vorbericht, S. 107. Eben daselbst stehen auch noch zwey spätere Urkunden über die Stapelgerechtigkeit vom Kaiser Karl dem Vierten 1359. und dem Könige Wenzel 1382. Pirna wurde seiner Stapelgerechtigkeit wegen von vielen Städten beneidet und gedrückt, aber die Schöppen in Magdeburg entschieden allemal günstig für sie. Mehrere Urkunden darüber findet man in Zaakens Vorbericht, S. 115 bis 120. Die Entstehung der übrigen Privilegien von Pirna zu erzählen, liegt außer dem Plane dieses Aufsatzes. In Haschens Magazin, Müllers sächsischen Annalen und Zaakens Vorberichte findet man sehr viele abgedruckt.

*) Der Adel hatte sich nämlich unadelich genug, sehr oft in Gnaden die Freyheit genommen, von den Pirnaischen Bürgern Geld zu borgen oder Arbeiten verfertigen zu lassen, und dann, wenn er nicht zahlte, und die armen Bürger ihn zwingen wollten, seine hochadeliche Geburt als eine Aegide des Betrugs zu gebrauchen. Allein da mehrere Bürger über diese hochadelichen Rechte zu Grunde giengen, und das ganze Creditwesen der Stadt nicht wenig dadurch litt, ertheilte Johann den obgedachten Begnadigungsbrief, welcher abgedruckt steht in Zaaken S. 165. Rudolph, Herzog zu Sachsen, Kaiser Karl IV. und Herzog Friedrich bestätigten dieses gegebene Recht, wie die in Zaaken S. 166. 167. abgedruckten Urkunden beweisen.

brauchte, Pirna und viele andere Städte an Rudolphen, Herzogen von Sachsen, verpfänden. *)

Am schlimmsten befand sich Pirna unter Wenzel, dem Sohne Kaiser Karls des Vierten, einem Fürsten, dem Land und Leute den Augenblick feil waren, wenn er Geld brauchte. Pirna schien besonders immer gleich das erste Pfand zu seyn, wenn es in seiner Chatoulle wüste und leer aussah. Ja er ließ sich so weit herab, von seinen eignen Kammermeistern Geld darauf zu borgen. So verpfändete er Pirna 1381. an Thime von Koldiz, 1396. an Strnad von Winterberg, und 1397. an Burghard Stirnaden von Jannowitz. **) Man hat von jeher die Regierung der geistlichen Herren als besonders drückend und nachtheilig gefunden, weil sie, um ihre Nachkommen unbesorgt, sehr oft an dem Lande saugen, so lange es noch Kräfte hat. Sollten die Herren Kammermeister, die nur auf kurze Zeit ihre Pfänder benutzen konnten, nicht auf ähnliche Art mit dem armen Pirna verfahren seyn? Daß so manche Beeinträchtigung, so manche Härte derselben mit unter laufen mochte, sieht man deutlich aus den Bemühungen der Obrigkeit in Pirna, sich dieses drückende Joch je eher je lieber vom Halse zu schaffen.

Die

*) s. die in Zaakens Bericht, S. 36 und 68. abgedruckten Urkunden.

**) Drey Urkunden darüber stehen abgedruckt in Zaakens Vorbericht, S. 69 bis 72.

Die einzige Hofnung für Pirna, der Bedrückungen endlich einmal entledigt zu seyn, war, daß die Markgrafen von Meißen längst schon wieder ein Auge auf Pirna und den ganzen Strich Landes bis Böhmen geworfen hatten, und alle Gelegenheiten hierzu benutzten.

Schon am Ende des vierzehnten Jahrhunderts gerieth der Markgraf mit dem Könige Wenzel in offene Fehde. Ob die Aufhetzung böhmischer Großen, die mit Wenzels Verschwendungen, und zwar von Rechts wegen, äußerst unzufrieden waren, oder die Forderung einer Schuld von 100,000 guten Gülden, welche noch Kaiser Karl der Vierte, Wenzels Vater, an den Markgrafen zu leisten hatte, die Ursache der entstandenen Irrungen waren? — läßt sich nicht genau bestimmen. Die Städte nahmen damals an den Fehden ihrer Herren allemal sehr thätigen Antheil, und dies geschah denn auch zwischen Pirna, Dresden und andern Städten beyder Partheyen. Am Donnerstage vor Lätare aber 1392. kamen wenigstens Pirna und Dresden dahin überein, einander auf der Elbe und dem Lande nicht mehr zu hindern und aufzuhalten, bis der König oder Markgraf es aufsagen oder widerrufen.*) So schien also die Fehde auf einige Zeit beygelegt zu seyn.

Der

*) s. Horns Handbibliothek, S. 207.

Der Markgraf aber ruhte indeß nicht, Pirna, sey es nun durch List oder Gewalt, das galt ihm gleich viel, wieder an sich zu bringen.

Pirna stand im Jahre 1402. unter der Aufsicht des böhmischen Landvoigts Vlemann von Molbach auf Liebenthal. Diesen versprach nun der Markgraf in einem eigenhändigen Briefe, am Dienstage vor Pfingsten 1000 Schock gute Groschen, welche er ihm selbst oder seinem Eidam Gerharden von Kyntsch, binnen acht Tagen auszahlen lassen wollte, wenn er ihm Pirna in die Hände spielte.*) Allein Wilhelms Bestechungsplan scheiterte an der Treue des Landvoigts, und er mußte nun zu andern Maasregeln seine Zuflucht nehmen.

Mehrere Chronisten**) behaupten, der Markgraf habe nun die Stadt und das Schloß Pirna belagert und erobert. Allein vielleicht hatte der Markgraf nur alles zur Belagerung von Pirna veranstaltet. Denn aus einer, in Zaakens Vorbericht S. 75. wörtlich abgedruckten Urkunde sieht man augenscheinlich, daß Wenzel Pirna mit der Mannschaft des Schlosses Wehlen friedlich an Markgraf Wilhelm für 3000 Schock

*) s. Horns Handbibliothek, S. 208.

**) Wie z. B. Chronica breuis de quibusd. nouissim. temp. actis in partibus Misne et Thuringie, wo es heißt: Idem Wilhelmus Marchio obsedit Pirne anno quarto (sc. seculi decimi quinti —) Schannat. Vind. lit. coll. II. p. 88. Horns Handbibliothek, S. 208.

Schock guter böhmischer Groschen im Jahre 1404. verpfändete.*) Zwar hatte schon ein gewisser Jan von Wartinberg, Herr von Tetschen, das Schloß und die Stadt Pirna für 800 Schock Groschen in Pfand; allein dieser verpfändete nicht allein Pirna, sondern auch noch das Städtchen Gottleube gleichfalls an den Markgrafen für 3000 Schock guter böhmischer Prager Münze,**) im Jahre 1405.

Bey der Theilung, welche nach Wilhelms des Einäugigen Tode, Churfürst Friedrich der Streitbare, Landgraf Wilhelm der Reiche und Friedrich der Friedfertige (auch Einfältige genannt) am 31. Julii 1407. vornahmen, kam Pirna nebst vielen andern Städten und Schlössern an Friedrich den Einfältigen,***) Landgrafen in Thüringen. Dieser residirte bald zu Weimar, bald zu Weißensee, und überließ indeß das arme Pirna den habsüchtigen Landvoigten Dietrichen von Witzleben und Busso von Vitzthum, welche denn die

*) Man sieht zugleich aus der eben angeführten Urkunde, daß Wenzel Pirna sehr schätzen, und es nur zu gut wissen mochte, wie viel es durch den beständigen Wechsel der Regierungen verlieren könnte, denn es heißt darinne ausdrücklich: und zwar also und dergestalt, daß man die Bürger zu Pirna und andre Mannen und Unterthanen über ihre Rechte und gewöhnlichen Zinsen nicht beschweren noch dringen soll auf keine Weise.

**) Die Urkunde steht abgedruckt in Zackens Vorberichte, S. 77.

***) s. Horns Frieder. Pacif. p. 755.

Bürger nach Kräften drückten, und, wenn diese es nur einigermaßen zu erkennen gaben, daß man ihre Rechte mit Füßen trete, aufs schändlichste sich an ihnen rächten. Denn sie wußten nur zu gut, daß der friedfertige Friedrich in Weißensee oder Weimar sich wenig um die Pirnaer Bürger bekümmern werde, wenn er nur die Abgaben richtig erhielt. Demohngeachtet gaben die bedrängten Pirnaer gerade damals einen Beweis ihrer Anhänglichkeit an die sächsischen Regenten, der ihnen in der That zur Ehre gereicht. Friedrich der Streitbare half mit seinen Sachsen den böhmischen König Sigismund die Hussiten bekämpfen, und Pirna unterstützte den Markgrafen sehr thätig mit Geld und Lebensmitteln, woran er eben Mangel litt. Friedrich dankte den Pirnaern dafür aufs verbindlichste.*)

Je mehr damals die Macht des Markgrafen wuchs, desto empfindlicher war der Verlust von Pirna und mehrern sächsischen Schlössern und Städten für die böhmischen Könige. Bey jeder Gelegenheit forderten sie, aller Erbverträge und Verbrüderungen ohngeachtet, die nach und nach zwischen Böhmen und den Markgrafen geschlossen worden waren, von den Markgrafen und Churfürsten alles wieder zurück, und diese wandten alle Mittel an, sich in den erworbenen Besitzungen

immer

*) Die Urkunde steht abgedruckt in Zaakens Vorberichte, S. 80.

immer mehr zu befestigen. So machte schon 1422. Sigismund, König von Böhmen, die Forderung, gegen Erlegung der Pfandsumme, die seine Oheime von Sachsen erhalten hätten, Pirna und mehrere Städte und Schlösser zurück zu geben.*) Allein Churfürst Friedrich machte mit Wilhelm dem Reichen und Friedrich dem Friedfertigen eine Gegenforderung von 90,000 rheinischen Gulden für die Kosten, welche sie im Hussitenkriege gebraucht hätten, und Sigismund mußte alles aufs neue verpfänden.

Dies bewog denn die Markgrafen um desto mehr sich der Pirnaer anzunehmen, und ihnen die heiligsten Versicherungen über die Erfüllung ihrer Privilegien und Freyheiten zu geben, welche auch Ludwig, Landgraf zu Hessen 1431. aufs neue bestätigte, im Fall Pirna durch Erbschaft einmal an ihn kommen sollte.**)

Noch während der Zeit als Friedrich der Einfältige in Ruhe schwelgte, und die habsüchtigen Landvoigte in seinem Namen die Städte preßten, gerieth sein Land so tief in Schulden, daß Friedrich seinen Antheil an Meißen mit vielen Städten und Schlössern, worunter sich auch Pirna befand, für 15,000 rheinische Gulden an seine Vettern, Friedrich und Sigismund, im Jahre 1433. verpfänden mußte.

Als Friedrich der Einfältige 1440. starb, erbten seine Vettern, Churfürst Friedrich der Zweyte und Her-

*) s. Horns Frieder. bell. p. 859 und 862.

**) Die Urkunde darüber steht in Zaakens Vorber. S. 82.

zog Wilhelm der Dritte, seine Lande, und besaßen sie anfänglich gemeinschaftlich.*) Allein bald hielten sie es für besser, sich gütlich zu theilen, und Churfürst Friedrich erhielt das Markgrafthum Meißen, wozu denn auch Pirna gehörte. Diese neue Regierungsveränderung machte sich Ladislaus, König in Böhmen, zu Nutze, und forderte im Jahre 1453. von dem Churfürsten 64 Städte, (worunter auch Pirna war) welche Böhmen nach und nach entfremdet worden wären, zurück,**) fieng, auf Zureden seiner Landvoigte, Kunz von Kauffungen und von Vitzthum, *eine offene Fehde* an, und belagerte sogar Pirna. Allein er wurde mehreremale mit großem Verlust geschlagen, und mußte seine Forderung gänzlich aufgeben. Im Jahre 1459. wurden endlich durch Vermittelung des Markgrafen von Brandenburg alle Irrungen zwischen Sachsen und Böhmen durch einen Vergleich zu Eger, zwischen Georg, König von Böhmen, dem Churfürsten Friedrich und dem Herzog Wilhelm zu Sachsen, gänzlich in der Güte beygelegt, und die sächsischen Gerechtsame an die, von Böhmen erworbenen, und durch Erbverträge und Verbrüderungen bestätigten Besitzungen auf immer bekräftigt.

Nach

*) Wie eine zum Theil abgedruckte Urkunde in Zaakens Berbericht, S. 24. beweiset.

**) s. Spangenbergs Hennebergische Chronik, S. 229.

Nach Churfürst Friedrichs des Zweyten Tode beherrschten seine beyden Prinzen, Ernst und Albrecht, die sächsischen Lande gemeinschaftlich und gaben nicht nur Pirna bey der Huldigung 1465. die heiligsten Versicherungen, sie bey ihren Privilegien zu schützen,*) sondern sorgten auch für diese Stadt während ihrer ganzen Regierung.**) Beyde Brüder traten 1482. mit dem Könige von Böhmen Wladislaus in eine ewige Erbvereinigung, und gaben Pirna und den übrigen sächsischen Städten Versicherungsbriefe, daß sie immer im Besitz ihrer Freyheiten bleiben, und nie etwas von Böhmen zu fürchten haben sollten. Im Jahre 1485. machten beyde Brüder den 26. Aug. zu Leipzig eine erbliche Theilung, (die Churlande ausgenommen) in welcher denn Albrecht Meißen, und also auch Pirna erhielt.***) Nach Albrechts Tode kam Pirna 1505. an seinen ältesten Sohn Georg, dem sie bis jetzt noch die meisten ihrer weisen und guten bürgerlichen Einrichtungen verdankt. Er gab unter andern dem Rathe und der Bürgerschaft eine ganz neue und bessere Verfassung. †) Allein noch weit wohlthätiger bewies sich

*) Die Urkunde s. in Zaakens Vorbericht, S. 88.

**) Welches eine in Zaakens Vorbericht abgedruckte Urkunde über das Bierbrauen, S. 89. beweiset.

***) s. Müllers sächsische Annalen, S. 51.

†) Die Urkunde steht abgedruckt in Zaakens Vorbericht, S. 154.

sein Bruder Heinrich gegen Pirna dadurch, daß er die Reformation daselbst 1527. zu Stande brachte.

Unter dem Churfürst Moritz gewann die Stadt viel durch die Festungswerke, welche er auf dem Sonnenstein vergrößern ließ.*) Auch gab er 1552. eine Verordnung wegen der daselbst stehenden Besatzung, welche die wechselseitigen Verhältnisse der Bürger und des Militairs gegen einander sehr genau bestimmt, und manchen Unordnungen und Gefahren vorbeugt.**) Unter dem Churfürst August gewann das Ansehen und der Handel von Pirna immer mehr. Unter der Regierung Christians des Ersten, zeichnete sich Pirna durch seine standhafte Weigerung, den Calvinismus anzunehmen, besonders aus. Der Hofprediger Rademann, den der schlaue kryptokalvinistische Kanzler Crell so weit gebracht hatte, daß er seine Hofpredigerstelle niederlegen, und die Superintendur in Pirna annehmen mußte, widersetzte sich auch hier Crells Absichten. Ja er that sogar, als der Befehl nach Pirna kam, daß alle, die den Exorcismus nicht abschaffen wollten, ihre Stellen aufgeben sollten, nebst 50 Predigern dem Churfürsten am Kemlerthore einen Fußfall, und bat, sie mit der Unterschrift wegen Abschaffung des Exorzismus zu verschonen, weil sie dies ohne Verletzung ihres Gewissens nicht thun könnten. Der Churfürst, der diese Religionsveränderungen auf Crells

Zureden

*) s. Menk. script. Rer. Ger. II. 1170.

**) Abgedruckt steht sie in Zaaken, S. 162.

Zureden für Dinge von weniger Bedeutung angesehen haben mochte, ließ nun den schlauen Kanzler sehr hart deswegen an.

Als Christian starb, bestimmte er seinen Vetter Friedrich Wilhelm von Weimar, zum Vormund über seine drey Prinzen. Dieser machte Crellen sehr bald den Prozeß, und unterdrückte die calvinistischen Unruhen.*) Für Pirna sorgte Friedrich Wilhelm väterlich, und ließ unter andern für das pirnaische und königsteiner Amt eine besondere Berg- Eisen- und Hammerordnung drucken.

Von Christian dem Zweyten, der 1601. zur Regierung kam, hat Pirna eben keine sonderlichen Begnadigungen aufzuweisen, man müßte es denn für eine rechnen wollen, daß er 1610. die Huldigung vom Rathe und der Gemeine selbst annahm. Johann Georg der Erste, dem Christian bald in der Regierung folgte, besuchte Pirna sehr oft, und verwandelte auch im Jahr 1619. das Lehnspferd des Rathes in Geld.**) Aber Pirna sank auch unter ihm, als er an dem dreyßigjährigen Kriege thätigen Antheil nahm, zu einem Grade von Elend herab, von welchem es sich nur langsam erst wieder erholen konnte. Der schwedische Generalfeldmarschall Banner erfuhr durch Verrätherey, daß Pirna nur mit weniger Mann-

*) s. Müllers Annalen, S. 214.

**) Die Urkunde steht in Zaakens Vorbericht, S. 95.

endlich, da er sah, daß er sich nicht lange mehr wer halten können, Pirna in Brand zu stecken, alle Festungswerke zu schleifen und dann zu verlassen. Schon war der Tag und die Stunde bestimmt, die Brenner waren kommandirt, alle zum Anstecken nöthige Materialien herbeygeschafft, und alles wartete mit Aengstlichkeit und Thränen darauf, wenn der Trommelschlag das Zeichen zum Anstecken geben würde. Da that Jakobäer der Apotheker *) mit einigen der angesehensten Bürger dem hartherzigen Banner bey der Pforte am Wasserkasten den 23. Sept. einen Fußfall, und bat in einem demüthigen Schreiben, die arme Stadt mit Brand zu verschonen. Banner las, warf es dann den Bittenden vor die Füße, und — eine grimmige Miene, harte Worte und das Drohen mit dem Stocke waren die Antwort des unerbittlichen Schweden. Alles flüchtete nun über die Elbe, und rettete, was noch zu retten war. Den 24. Sept. erfolgte eine Generalplünderung, und bald sollte nun alles Uebrige noch in Feuer auflodern. Da sprach der schwedische Oberste Oesterling, ein Mann von gefühlvollem Herzen, dem Banner es aufgetragen hatte, Pirna anzuzünden, Jakobäern heimlich und rieth ihm, sich so geschwind als möglich an die Churprinzessinn Maria Sibilla, zu wenden, die durch das Haus Brandenburg mit dem Könige von Schweden ver-

*) s. seine eigene Handschrift in Wilischens Freybergischer Kirchenhistorie, II. 543.

verwandt war, und gab ihm sogar sein eignes Pferd und seinen Pitschirring zum Zeichen, daß er es redlich mit ihm meyne. Jakobäer ritt in der Nacht heimlich nach Dresden, und stellte dem Churfürsten das Elend vor, von welchem Pirna bedroht würde. Christian gieng sogleich in der Nacht noch zu der Churprinzessinn und vermochte sie, eine in der Eil aufgesetzte Fürbitte an Banner zu unterschreiben. Banner las mit Bestürzung und Unwillen den Brief, und — der Oberste Oesterling bekam den Befehl, den 25. Sept. die Stadt zu verlassen, und die Thore, Thürme und verschiedene öffentliche Gebäude nach Kriegsmanier anzustecken und zu ruiniren.

Johann George der Zweyte suchte dem durch den Krieg so schrecklich verwüsteten Pirna, auf alle nur mögliche Art wieder aufzuhelfen, begnadigte die Einwohner auf mancherley Art, besuchte Pirna sehr oft, und ermunterte die Bürger bey jeder Gelegenheit, die Drangsale des Kriegs durch Thätigkeit und Gemeingeist weniger empfindlich zu machen. Nicht weniger gütig bewies sich auch Johann George der Dritte gegen Pirna. Er bestätigte der Stadt alle Privilegien, und versprach sie auch zu handhaben und zu schützen.*) Unter Johann George dem Vierten wurde der Plan entworfen, Pirna zu einer tüchtigen Grenzfestung zu machen. Allein der Tod des Churfürsten hemmte die

*) s. die Urkunde abgedruckt in Zaakens Vorber. S. 114.

Ausführung. Desto thätiger verwendete sich nun Friedrich August, König von Pohlen, für das Wiederaufblühen der Stadt Pirna, welches besonders zwey Urkunden beweisen, in welchen er sie väterlich ermahnte, die Stapelgerechtigkeit vor allen Misbräuchen zu bewahren,*) und Pirna, das seines durch den dreyßigjährigen Krieg so tief gesunkenen Ansehens wegen nur unter die gemeinen Städte gerechnet wurde, wieder in den weitern Ausschuß aufnahm.**) Friedrich Christians Regierung war leider nur zu kurz, um auch über Pirna die Segnungen zu verbreiten, die man sich in aller Rücksicht versprechen konnte. Ueber den jetzigen Zustand des Handels, der Fabriken und Manufakturen, über die guten Polizey- und Lehranstalten, die nach und nach getroffen worden sind, findet man in dem zweyten Hefte der malerischen Wanderungen durch Sachsen nähere Nachricht.

*) s. Zaakens Vorbericht S. 99. Die Böhmen und besonders die Bewohner von Nixdorf hatten nämlich viele Spezereyen auf der Elbe von Hamburg herauf gebracht.

**) Abgedruckt steht die Urkunde in Zaakens Vorber. S. 100.

VI.

Von den Honiggülden in der Markgrafenheyde bey Liebenwerda.

Die Bienenzucht fängt in diesem Jahrzehend an auch in der Liebenwerdaer Gegend ihre Liebhaber zu gewinnen.

Vielleicht wird es daher diesen nicht unangenehm seyn, wenn ich ihnen einige erscheinende Spuren derselben aus den mittlern Zeiten mittheile, die ihm zugleich Winke zur verbesserten Einrichtung dieses Nahrungszweiges geben können.

Unter den Papieren des vormaligen Creisamtmanns von [illegible], habe ich die Abschrift von einer Urkunde gefunden, welche einiges Licht hierüber verbreitet. Nur wünschte ich, daß der so fleißige und thätige Mann bemerkt hätte, woher er dies Document genommen habe, und ob es die eigentliche Urschrift, oder, wie ich es beinahe vermuthe, eine Uebersetzung aus dem vierzehnten Jahrhunderte sey. Kenner mögen urtheilen. Hier ist es.

Wir hynrig fon Gots Gnadin marcgrave zu Myssin. und zu die Osterlande. lantgrave zu Duringin. und pfallentzgrave zu Sachsin. bekennen an disin schriftin daz wir angesehn haben di grose arbeyt und fil kost. den unser Zydelmeyster [illegible] von [illegible] meihayn von unser wegin gehat hat in der [illegible] und die [illegible] zu [illegible]. und en kunftigen czyten

haben

habnn mag. dorumb haben wir mit wolbedachtem mut vnd mit rechter wissin demselben Vlrig vnd sich in synem lehes erbin zw rechtem manlehen verlyhen das Land an dir Prensniz. daz ist di veste Harig an dir swartzenn Elstire gelegenn. daz dorff Talbergk. der Ackir by den Tzsigbergk. daz dorff Kuschyn vnd achte flemische Pinhuuen in Saarer. biz an eynenn malboum der da stet vf di lingke Hand kein di Marggrauenhydi. mit allir fryheit vnd gnaden vnd mit sulchem rechte alz vnsir eldirn daz ann vns bracht vnd wir iz bitzher gehat habnn. Ez sye ann gerichten. ann zchindnn. ann hunigkgulte. an dinsten. besucht vnd vnbesucht. zw velde. zw dorffe. am holze. ann wazzir. ann wunne. an Hut vnd Zydillwydi. mit wyern. mit wyerstetin. mit vischwazzirn. wi daz gnant sind. adir wue si gelegenn sind. also daz her vnd syn erbin solch guttere von vns vnd vnsirn nakomenn zw rechtenn manlehn habnn. nuzzin vnd gebruchnn sullin. vnd was denselbnn vnsirn nakomen gewonlich eyde huldunge trewe vndertenikyt vnd gehorsamkyt vnd all andir sache dauon tun sollinr. als andir vnsir manne von irenn manlehnn plichtigk sind zw tun. diser dinge sint getzüge Otte der vogt. Otte vnd Siverd gebrudire von Nydecke. Bertold Spigel. vnd Alexandir unsir schryber vnd me frome Lute. gigeben zw Löwene do man zalte nach Gots gibort zwelf hundirt Jar vnd fünf vnd dryzzig Jar. an den abinde vnsir libnn vrowen liechtewye.

Es ist merkwürdig, daß man voriezt weder die Markgrafenheyde, noch die Premsniz, noch auch das Land an selbiger, anders, als aus Urkunden, und dem Hörensagen kennet.

Die Markgrafenheyde fieng sich vor dem bey Ublgau an, und gieng bis in das Sonnewaldische. Es wurden aber von selbiger theils durch den Anbau verschiedner Ortschaften, theils durch fromme Stiftungen, theils auch auf andre Weise so viel Stücke (mericae) von ihr abgetrennt, daß endlich nur ein Theil von ihr, den das Kloster zu Dobrilugk im Jahre 1325. erwarb,*) übrig blieb.

Der Ausdruck Land ist eben so viel, als Dynastie, und es war in den mittlern Zeiten nicht ungewöhnlich, ein solches Land nach dem Wasser, an welchem dessen Fluren lagen, zu benennen, wie das, von der Elster,**) und das von der Salza***) mit mehrerm zeigen.

Von der Premsniz findet sich,†) daß sie sich auf der einen Seite mit dem Bach Wewerdiz (Wemer), die

*) vid. I. P. Ludewig reliq. MStor. T. I. p. 310 sq.

**) Daher kamen die Besitzungen der Dynasten von Alestra.

***) vid. G. C. Kreyßigs Beyträge zur sächsischen Historie, T. IV. S. 137. Auch Altenburg hat im Jahre 1209. von dem Flusse Plisni den Namen gehabt. vid. C. Schöttgens diplom. Nachlese, Th. III. S. 395.

†) vid. Ludewig, p. 16.

die jetzt das Dower Flüßgen darstellet, und auf der andern Seite, bey der Schadewitzer Mühle, mit der trocknen oder kleinen Elster vereiniget habe.

Ob nun schon noch gegenwärtig auf besagte Mühle ein Beystrohm gehet, so hat sich doch der Name dieses Flusses mit dem mehresten Theile seines Flußbettes verloren, und die Verbindung mit der nunmehrigen Dower ganz aufgehöret. Selbst die Benennung dieses Landesstrichs hat von der Zeit an, da ein Theil davon an das Weltewizische, ein anderer Theil an das Brandensteinische Haus gediehen, aufgehört, und das letztere hat vielmehr seine Besitzungen mit den Namen der liebenwerdischen Lande bezeichnet. Doch sagt die Tradition, daß ohnweit gedachter Mühle das Wasser der Premsnitz in einen Teich gesammlet, und aus diesem in die kleine Elster geleitet worden. Jedoch, auch dieser Teich ist seit einigen Jahrhunderten so eingegangen, daß man beynahe keine Spur mehr von ihm findet, dadurch aber die umliegende Gegend in einen elenden Bruch verwandelt worden, der nie anders, als entweder durch Wiederherstellung mehr gedachten Flusses, oder durch Wiederanlegung besagten Teiches in einen brauchbaren Strich Landes umwandelt werden kann.

Auch die in der Urkunde genannten Ortschaften kennt man nur noch dem Namen nach, und sie sind den Grenzen der Dörfer Zeischa, Dobra, Theisa, Maasdorf, und den landesherrlichen Besitzungen einverleibet

verleibet worden. Doch haben sich seit dem vorigen Jahre Familien gefunden, welche sich auf einem Theile des Talbergs, der eigentlich den ganzen Lauch und die Maasdorfer Waldung bis an die Grenze des vormaligen Dorfs Knyßen in sich gefaßt, in funfzehn Häusler Nahrungen ansiedeln lassen.

Der Acker bey dem Tzsigberge ist, wenn man nach dessen Lage urtheilen darf, von den Einwohnern des Dorfs Theisa, welches ältere Urkunden Cisowe, auch Tschysowe nennen, benutzet, und bis ins Jahr 1300. als ein berühmtes Grenzmal in den Urkunden bemerkt worden.*)

In dem Dorfe Knyßen besaß im Jahre 1267. **) Henricus de Cnussyn octo mansos cum appendiciis agrorum, qui vulgariter nuncupantur ubirland, et duobus stagnis et dimidio et silva dicta Gruntsch, et taberna, et prato, nec non et judicio, sive hoc fuerit de reatu capitali, sive de homicidio, seu levioribus quibuscunque.

Endlich versichern in Ansehung des Saars noch jetzt lebende Personen, daß in dem sogenannten alten Dorfe zwölf Coßätengüther und eine Kirche gestanden

 haben,

*) ib. p. 32. 186. 236.

**) ib. p. 101. Hier wird der Bach, an welchem dies Dorf gelegen, penes Albeam beschrieben, und die Weber der schwarzen Elster entgegengesetzt. Dies geschiehet in mehrern Urkunden, und daher stehet auch der Ausdruck albeam nicht albim.

haben, dißseits der Elster aber, wo gegenwärtig nichts als Bruch und Heyde ist, ein Vorwerk, welches man den Zeidelhof genannt, vorhanden gewesen seyn solle.

Daß nun diese Ortschaften dem von Rummelhayer darum, weil er den Dienst eines Zeidelmeisters verwaltet, zugehöret: daran ist nicht allein nach Anleitung der Urkunde billig zu zweifeln, sondern es ergiebt sich auch aus mehrern Documenten, daß zwar der Dienst eines Zeidlers,*) keinesweges aber der eines Zeidelmeisters erblich gewesen.

Daß ihm aber einige Pinhufen mit in Lehn gereichet worden, das geschahe darum, weil die ihm angewiesenen Besitzungen, ob sie gleich einen ansehnlichen Strich Landes in sich faßten, doch wegen des geringen Bodens und wegen der damaligen schlechten Beschaffenheit der Landwirthschaft, nur eine sehr unbeträchtliche und mühsame Einnahme gewähreten. Da hingegen waren die Pinhufen von allen Abgaben frey, die Schwärme, welche sich daselbst anlegten, gehörten dem Eigenthümer, er vermiethete die Zeidelweyde, und nutzte selbst die Bienenzucht als einen der leichtesten und einträglichsten Nahrungszweige.**) Mit ihm befan-

*) vid. C. G. Schwarzii diss. de butigulariis, praecipue iis, qui Norimbergae olim floruerunt, p. 36 sq.

**) C. G. Bienerus sagt in diss. de apibus c. 1. §. 7. sehr recht: maiores nostri suo melle beatiores fuerunt, quam hodierna ipsorum propago melle Indico. cf. K. H. Langs historische Entwickelung der deutschen Steuerverfassungen, S. 43. 56. 134.

befanden sich die Unterthanen im Saar so wohl, daß sie sich ein eignes Gotteshaus aufbaueten, welches, wo es gestanden, noch jetzt die alten Leute anzugeben wissen. Denn damals war der Handel mit Bienen, Wachs und Honig Ursache des Aufkommens hiesiger Gegend. Das Wachs diente zur Ausschmückung und Erleuchtung der sich immer mehr und mehr ausbreitenden Gotteshäuser, wo man in der Anzahl und Stärke der Wachskerzen einen gewissen Grad des Verdienstes zu finden vermeinte; *) und jung und alt, arm und reich sich über eine schön erleuchtete Kirche eben so sehr freuete, als wir es jetzt über einen stark erleuchteten Tanz- oder andern Saal zu thun gewohnt sind. Der Honig war das, was uns jetzt Zucker und Sirop ist, und der Trank, welchen man aus selbigem bereitete, fand den Beyfall der angesehensten Personen. **)

Dies machte denn auch, daß sich viele Menschen mit den Bienen befaßten, und daß die Markgrafenheide, welcher unser Rummelhayn als Zeibelmeister vorstund, in gewisse Honiggülden vertheilet war. Wie viel

*) Noch im Jahre 1514. stiftete Churfürst Friedrich III. in der Stiftskirche auf jeden Freytag vor der Mettenzeit fünf Wachslichter vor den hohen Altar. Schöttgen, Th. X. S. 358.

**) Er hieß der Meth- und das Honigbier. Vt canonicis in diebus domesticis vnicuique detur mellitae copia. Albertus Stadensis ad ann. 1025. cf. Lang, S. 25.

viel dergleichen Gülden, und wo selbige gewesen? das kann ich nicht bestimmen, weil mir die Urkunden und Nachrichten hiervon mangeln; doch finde ich dergleichen in Oppelhayn, Schadewitz, Drebitz, Doberstroh, Alt- und Neuboren,*) u. s. w. In selbigen überließ der Zeidelmeister die an den Bäumen und sonst sich angesetzten jungen Schwärme dem Eigenthümer, gestattete ihm den Stand und die Zeidelweyde für seine Bienen, und entschied die dieserhalb entstandnen geringern Streitigkeiten;**) dagegen mußten die Leute, wenn sie Zeidler waren, die herrschaftlichen Bienenstöcke aushauen, reinigen, beschneiden und sonst versorgen,***) übrigens aber für die Zeidelweyde eine gewisse Geldabgabe,†) für den Stand, den Zehnten an Stöcken,

*) vid. Ludewig, p. 164. 184. 302. donavimus mellificia et eorum solutores, qui dediti nuncupantur in villis infra scriptis, videlicet in Dobrazdrow quinque, in Nozzedit quinque, in novo Boren duos, in antiquo Boren unum, it, p. 171.

**) vid. Schwarzius, §. 12 sq. besonders in der Urkunde, S. 80 sq.

***) Zidelweide in his tribus maxime rebus versatur, in caedendo eximendoque melle, in occupandis includendisque examinibus per fundum dispersis, et in nutriendis per silvas et agros apibus. Bienerus, c. III. §. 12.

†) Der Hunichpennig, das Honiggeld genannt, it. c. VIII. §. 39. 42.

Stücken;*) und für das Befugniß Bienen zu halten, gewisse Quantitäten an Honig und Wachse**) abgeben.

Demohngeachtet blieb die Bienenzucht ein einträglicher und beliebter Gegenstand; zumal da selbige in den Elbgegenden nicht mit dem Vortheile wie hier, getrieben werden konnte, und daher die Leute mit diesen Producten schönen Absatz hatten. Handel und Wandel reizte mehrere Familien, sich hier niederzulassen, und weil diese die Gottesverehrung in der Nähe wünschten, so ward unter dem Schutze des Bischoffs zu Meißen, sowohl in Wahrenbrück und Liebenwerda, als auch auf den Dorfschaften, eine Kirche und ein Altar nach dem andern erbauet.

Hierdurch entstunden zwischen den Bischöffen zu Meißen und den Aebten zu Dobrilugk, welche ihren Kirchsprengel so weit als die ursprünglichen Grenzen der Markgrafenheyde giengen, und so noch bis Ubi-

 gau

*) it. §. 40. cf. A. F. Schotts juristisches Wochenblatt, Th. II. nr. 14. Th. III. nr. 6.

**) Das war melagium und ceragium, it. §. 37. 38. Schwarzius, p. 44. 59. Weil nun beydes in damaligen Zeiten so nothwendig war, so hatten die fränkischen Könige diese Anordnung getroffen: quantascunque villas unusquisque in ministerio habuerit, tantos habeat deputatos homines, qui apes ad opus nostrum provideant. Capitul. de villis Karoli, c. 17. ap. Steph. Baluzium, T. I. p. 334.

gau und Sonnewalde zu behaupten suchten, auch, weil das Stift Magdeburg den Honigzehnden in gewissen Herrschaften (pagis) genoß,*) ein Gleiches in dieser Heyde verlangten, die lebhaftesten Streitigkeiten, und weil die Eigenthümer, vorzüglich die Lehnleute, sich hierunter nicht Ziel und Maaße verschreiben lassen wollten, auch die Geistlichkeit von keiner Seite nachgab, so arteten jene Mishelligkeiten in die schrecklichsten Feindseligkeiten aus.

Theilnehmer an diesen Streitigkeiten waren der Pfarrherr Harprecht zu Wahrenbrück,**) Reinhart von Kotewitz, welchem um das Jahr 1253. gewisse Besitzungen in Grawitz;***) Ortolff von Dewin, dem im Jahre 1268. das Vorwerk zu Schakow;†) Hanns von Sunnewald, dem im Jahre 1276. die Dörfer Alt- und Neuboren;††) der Pfarrer in Dober, dem im Jahre 1285. die neuerbauete Kirche zu Dobirstrow;†††) die Landesältesten und Forstbedienten der Meißnischen Mark-

*) Ao. 965. hat gedachter Kaiser (Otto) dem Stift Magdeburg allen Honigzehnden, welcher in denen pagis Meletici, Suisilli und Plonim gefallen, geschenket. Schöttgen Th. III. S. 421. Die Urkunde darüber stehet in D. Leubers sächsischem Stapel und Niederlage, nr. 1604. dipl. XVIII. und ist in Ansehung dieses Gegenstandes sehr merkwürdig.

) vid. Ludewig, S. 19. 49. *) it. S. 70.

†) it. S. 100. ††) it. S. 112. †††) it. S. 14[illegible]

Markgrafen, denen die Landesgrenze um das 1289ste Jahr; *) und Otto von Ilburg, dem um das Jahr 1299. die Wahrenbrücksche Grenze **) von besagten Aebten in Anspruch genommen worden. Hierzu kam, daß das Kloster in Dobrilugk um das Jahr 1300. das Dorf München, die Mühle bey Wahrenbrück, ***) und die dem Landesherrn noch übrig verbliebenen Antheile an der Markgrafenheyde zu erlangen wußte; †) ja so gar statt ihres zeitherigen Schutzherrn den Churfürsten von Brandenburg kiesete. ††)

Wie sehr dies alles die Gemüther empören, wie viel es zur Unterdrückung der Cultur dieses Strich Landes beytragen mußte, ist leicht abzunehmen. Denn hier ward über Gottesdienst und Eigennutz, zwey Dinge, welche uns zunächst angehen, gestritten; die Geistlichen, welche den ersten Einfluß auf unsere Gesinnungen haben, suchten das Feuer auf beyden Seiten zu unterhalten; und die damaligen Fehden †††)

 wurden

*) vid. Ludewig, S. 146. 150. **) it. S. 218.

***) vid. I. G. L. Wilkii Ticemannus diplom. 103 et 116.

†) vid. Ludewig, S. 184. 268. 311.

††) it. p. 479. Kreysig, S. 103. §. 57.

†††) Diese Fehden waren so, wie der dreyßigjährige Krieg in den neuern Zeiten, eine Kette von Beunruhigungen. Vorzüglich fielen sie in dem Striche nach Ubigau und Wahrenbrück

wurden nicht nach der Kriegskunst, sondern nach dem Grade der Erbitterung, auch nicht von geübten Soldaten, sondern in massa geführt; und je besser sich ein Ort befand, desto heftiger war der Angriff auf selbigen. Daher ward das gute Ländchen gar bald ein Opfer der kriegführenden Theile. Schon im Jahre 1289. finden wir Nachricht von einem, bey der trocknen Elster zusammengebrachten Hügel, *) statt des Dorfs am Saar war im Jahre 1297. daselbst und in dortiger Gegend ein Diebsweg, **) und ein Nachkomme unsers Zeidelmeisters, Nicolaus von Rummelhayn, mußte sich um das Jahr 1342. von Stegreif nähren. Wegen der hierbey ganz zu Grunde gerichteten Waldungen ward man genöthiget, Pechöfen anzulegen; und dadurch ein Nahrungszweig, der schon allein hiesige geringe Gegend ins Aufnehmen bringen kann, zu Grunde gerichtet.

renbrück vor, und wurden im Jahr 1358. durch Kaiser Karls IV. Macht- und Rechtsspruch beendiget. vid. Ludewig, Th. X. S. 45. Jens Ubiganer Fehden haben Gelegenheit zu Abänderung des ganzen Liebenwerdaer Amtsbezirks, und einigen ganz besondern Einrichtungen gegeben. Hierbey fochten außer den Interessenten verschiedene angesehene Bundesgenossen, z. B. Burggraf Herrmann von Golsin, der von der Dobrilugkschen Parthey erschlagen wurde. vid. Ludewig, Th. I. S. 279.

*) Qui incipiunt a colle comportato prope siccam Alestram iuxta villam Grunow, it. T. I. p. 159.

**) it. p. 186.

VII. Ueber

VII.

Ueber die Stadtschule zu Chemnitz, mit einiger Hinsicht auf die Geschichte des Schulwesens überhaupt.*) Von F. L.

§. 1.

Einleitung zum Folgenden.

Karl der Große, der den Schaden, welchen die Nationen durch seine kriegerischen Talente und seinen Eroberungsgeist leiden mußten, wenigstens dadurch wieder auszugleichen suchte, daß er ihnen die christliche Religion gab, und mit derselben Wissenschaften und Künste in seinen weitläuftigen Staaten auszubreiten suchte, hatte zwar in den Stiftern und Klöstern für die Errichtung von Schulen Sorge getragen: allein diese Anstalten waren, ihrer Absicht nach, gänzlich nur auf

*) Ohne Zweifel ist die Geschichte und Statistik der Schulen ein denkwürdiger Theil der Vaterlandskunde. Indessen ist dafür immer nur wenig geschehen, ohngeachtet sie doch bey der Verbesserung des Schulwesens von großer Wichtigkeit sind, wie schon im Journal für Sachsen, Th. 1, S. 432. der Verfasser einer Abhandlung, wie Schulprogrammen ein reichhaltiges Mittel zur Vermehrung gemeinnütziger Kenntnisse werden könnten? sehr richtig bemerkt hat. Zur Ausarbeitung des gegenwärtigen Aufsatzes hat besonders ein gutes Manuscript vom ehemaligen Conrector Beil gedient, der aus der Quelle selbst, dem Schularchiv und den Visitationsartikeln u. s. w. sehr gewissenhaft geschöpft hat.

auf die Bildung der höhern Stände, vorzüglich aber der Geistlichen, gerichtet; auf die Bildung der ganzen Nation, auf ihren Unterricht in gemeinnützigen Kenntnissen, hatte Karl noch nicht seine Aufmerksamkeit wenden können. Ein Canon des Maynzer Conciliums vom Jahr 813.*) also aus den letzten Tagen der thatenvollen Regierung Karls, sagt zwar unter andern: „es sey anständig, daß das Volk die Kinder zur Schule schicke, entweder in die Klöster oder zu den Pfarrern, um den katholischen Glauben und das Gebet des Herrn recht zu erlernen, damit sie dieses zu Hause andern wieder lehren können, ingleichen, daß jeder Pathe oder geistliche Verwandte seine Söhne im katholischen Glauben unterrichten solle.“ Allein man sieht aus dem Zusammenhange dieser Worte sehr deutlich, daß keine fortwährenden Schulen auf dem Lande vorhanden waren, geschweige denn, daß dergleichen durch diese Verordnung wären in Gang gebracht worden. Die Verordnung überläßt es noch beyder Willkühr, des Pfarrers und der Eingepfarrten, und begränzt den ganzen Unterricht auf eine sehr dürftige Kenntniß in der Religion. Verbreitung gemeinnütziger Kenntnisse durch Errichtung von Lehranstalten konnte Karl noch nicht zum Gegenstande seiner Regen-

ten-

*) s. Harzhemii concil. Germ. T. I. p. 412. und C. 47. das. Vergl. Ruhkopfs Geschichte des Schul- und Erziehungswesens, (Bremen, 1794.) Th. 1. S. 38.

tenthätigkeit machen. Denn wie wäre dieses auch möglich gewesen! — da es ihm in seiner Periode schlechterdings noch an Männern fehlen mußte, welche solche Kenntnisse besaßen, und denen also der Volksunterricht wäre zu übertragen gewesen. Die Pfarrer, welche die Nation in der Religion zu unterrichten hatten, besaßen ja so wenig Kenntnisse, welche dazu noch fast gänzlich in Gedächtnißsachen bestanden, daß von ihnen der Volksunterricht nicht geleistet werden konnte. Und wäre auch dieses nicht der Fall gewesen, wie würden die bis dahin so zwanglos gelebten Nationen sich haben zwingen lassen, daß sie selbst oder ihre Kinder, solche Lehranstalten besuchen. Ueberdem wohnten die deutschen Nationen in den meisten Gegenden so zerstreuet und einzeln, daß auch hierdurch dergleichen Anstalten unnütz, ja unmöglich, wurden. Und endlich, wozu würde ein Unterricht aller Volksclassen gedient haben? Die eigene Würde der Wissenschaften zu empfinden, dieses läßt sich bey rohen uncultivirten Menschen nicht denken. Bedürfnisse derselben in den Geschäften des Lebens fühlte man nicht. Man baute das Feld und trieb Viehzucht; Wollen- und Leinengewebe, noch nicht Gegenstände des Handels, verfertigten die Weibspersonen jeder Familie zur Nothdurft. Hierbey zeigte sich der Mangel wissenschaftlicher Kenntnisse noch nicht; die Nation war noch zu sehr Kind, um von dem Nutzen der Wissenschaften in den Gewerben des Lebens nur dunkele Ideen zu haben.

Auch

Auch der Handel, der gewiß unter allen Nationalgewerben am ersten gewisse Fortschritte in Kenntnissen verlangt, wurde noch so unbedeutend und auf solche Weise — nämlich durch Tausch und auf der Stelle — betrieben, daß man Wissenschaften leichte dabey entrathen konnte.

Es war also das Verdienst von Seiten Karls des Großen wichtig genug, welches er sich dadurch erwarb, daß er durch die Stifts- und Klosterschulen wenigstens den Grund legte, woraus nach mehrern Jahrhunderten allgemeine Volksbildung entspringen konnte. Allein hierzu mußten erst nach und nach mehrere Begebenheiten wirken, ehe an ihren Erfolg zu denken war. Denn es ist eine unwiderlegbare Wahrheit, daß ganze Nationen, wie einzelne Menschen, nur stufenweise gebildet, und ihre Verfassungen nur durch die in der Zeit eintretenden Bedürfnisse entwickelt werden. So wenig wir in den Zeiten Karls des Großen Spuren finden, welche die Bildung des Volks unmittelbar zur Absicht gehabt hätten, so vergeblich werden wir dieselben in den nächsten Jahrhunderten suchen. Indessen geschahen mehrere Schritte, veranlaßt durch die Nothwendigkeit, welche endlich auch dahin führen mußten, auf Anstalten zu denken, welche den Unterricht der Nation unmittelbar beabsichtigten. Zu solchen gehörten denn besonders die häufigere Erbauung von Städten von Heinrich dem Vogelsteller an, die wachsende Volksmenge, seitdem die Deutschen ruhiger und in mehr gesellschaftlicher Verbindung lebten, die hierdurch erzeugte Vervielfältigung der Erwerbszweige, die Entdeckung der Harzbergwerke, der böhmischen und meißnischen, in so weit durch die größere Menge des umlaufenden Geldes, der Handel, besonders der auswärtige, sich heben mußte, die häufigen Züge der Ottonen nach Italien, und das Bekanntwerden mit den sich dort noch etwas erhaltenen Künsten und Wisschaften selbst. Doch wirkten alle diese und andere Begebenheiten nur langsam: hingegen am Ende des eilften Jahrhunderts stoßen wir auf eine Begebenheit, welche, obwohl nach ihrem Zwecke voller Thorheit, nach ihren Folgen aber von den wichtigsten und nützlichsten Veränderungen war. Man wird hier leicht errathen, daß ich die Kreuzzüge meyne. Ohne mich weder auf eine Erzählung von ihren Ursachen und Absichten, ihrem nähern Erfolge oder auch allen den Veränderungen und Vortheilen, welche unbeabsichtigt aus denselben entsprungen sind, einzulassen, will ich nur dieses bemerken, daß Schifffahrt und Handel einen außerordentlichen Schwung durch dieselben erhielten.*) Viele Artikel des Luxus, die bis dahin dem

Occi-

*) s. des jetzigen Herrn Prof. Meerheim zu Wittenberg vortrefflich geschriebene und unter dem Vorsitz des Herrn Prof. Schröckhs, vertheidigte Habilitations-Dissertation: de utilitate expeditionum cruciat. Vit. 1776. §. IX. p. 33 sq. und die dort angeführten Beweisstellen.

Occident unbekannt geblieben, wurden jetzt von den Schiffen, welche aus dem Süden und Norden Europens Kreuzfahrer nach Palästina geführt, auf ihrer Wiederkehr mitgebracht, und den Nationen weit und breit verhandelt. Man weiß, welchen Eindruck Artikel des Luxus fast allgemein zu machen pflegen; dieser ist aber um so größer, je roher und sinnlicher die Nation ist, der eine solche Bekanntschaft zu Theil wird: welches in vorliegendem Falle um so weniger fehlen konnte, je mehr einige dieser Artikel zum Theil reelle Bequemlichkeiten in sich enthielten, und daher bald Bedürfnisse werden mußten. Nothwendig erzeugte also diese neue Bekanntschaft mit den Gütern des Orients einen fortdauernden Handel dahin; durch diesen mußte aber auch das inländische Verkehr eine größere Thätigkeit gewinnen. Alle Gegenden Deutschlandes wurden hierdurch in Verbindung gesetzt, die südlichen mit den nördlichen, und umgekehrt, die Bewohner von beyden kamen, um theils ihre einheimischen Produkte umzusetzen, theils jene orientalischen Waaren abzuholen: und beyde lernten zugleich von einander. So weit sich dieser Handel verbreiten konnte, hoben sich auch die Städte, welche größtentheils bis dahin von weniger Bedeutung gewesen waren. Auch standen, als sichtbare Folge des durch die Kreuzzüge verbreiteten Handels, die reichen und mächtigen Städte auf, welche sich ums Jahr 1241. unter dem Namen der Hanse-Städte zu einem gemein-

schaftli-

schaftlichen Zwecke vereinigten. *) Da der Handel nicht mehr, wie ehedem, in der Nähe betrieben werden konnte, sondern sich schon auf Correspondenz und weitläuftige Berechnungen stützen mußte, so konnte sich das Bedürfniß von Wissenschaften nicht anders als stark und allgemein äußern. Doch waren es nicht Gewerbe und Handel allein, welche bey dem Aufnehmen der Städte den Bewohnern derselben das Bedürfniß gewisser Kenntnisse fühlen ließen. Die Städte, zuvor nur Flecken vieler zusammengebauter Häuser, gehörten größtentheils den Stiftern und Klöstern, welche sich in denselben oder in ihrer Nähe befanden. Priester und Mönche waren also die Herren von den Bewohnern der Städte. Jene wurden in eben dem Maaße trotzend auf ihre auf mancherley Weise erlangten Rechte, als diese im Gefühl ihrer wachsenden Stärke, ihres Reichthums und ihrer Macht ungehorsam und misgünstig auf die Erwerbung und den Besitz jener Rechte wurden. Die Bürger suchten jenen täglich Abbruch zu thun. Jene konnten gegen die furchtlosen mächtigen Bürgersocietäten keine Gewalt gebrauchen. Was konnten sie anders, als bey den Kaisern und Päbsten sich beschweren! Hier wurden die Sachen sehr oft zum ordentlichen processualischen Gang verwiesen. Bald merkten die listigen Städte, daß sie

zu

*) s. die angeführte Wertheimsche Dissert. §. c. p. 37.

zu kurz kämen, wenn nicht Männer aus ihrer Mitte selbst Einsichten in den Rechten besäßen. Sie bestimmten also einige ihrer Söhne zu dem Studium der Rechte. Da aber anfangs in ganz Deutschland keine Anstalten hierzu waren, so mußten sie nach Italien gehen. Dort sprach man nicht nur lateinisch, sondern die Wissenschaft selbst wurde aus einem römischen Gesetzbuche in dieser Sprache vorgetragen. Sie mußten also hinlängliche Vorkenntnisse dahin mitbringen. Wo sollten sie diese erlangen? In den Klosterschulen wurde der Unterricht immer dürftiger, oder gieng gar ein. Bey vielen Klöstern in den sächsischen Provinzen findet man nicht einmal Spuren, daß dergleichen vorhanden gewesen. Waren sie da, so waren sie wegen ihrer Lage oder sonst zu unbequem für die Kinder der Stadtbewohner, oder, wie man schon sehr frühe Spuren trifft, man haßte die Mönche aus verschiedenen Ursachen, besonders weil sie die Kinder zu Mönchen und Nonnen zu machen suchten. Genug, Bekanntwerden mit den Wissenschaften durch zufällige Mittheilung im wechselseitigen Verkehr, verbunden mit dem Gefühle des Bedürfnisses sich durch Kenntnisse in Gewerben und Geschäften des gemeinen Lebens und vor Gericht besser behelfen zu können, erzeugte den Wunsch bey den Städten, in ihren Mauern zu dieser Absicht Unterrichtsanstalten anzulegen. Wir finden in der That dieses Verlangen bald realisirt. Es

wurden

wurden Schulen fast in allen Städten errichtet,*) wenn nicht unüberwindliche Hindernisse von Seiten der Geistlichkeit wegen Schmählerung ihrer Rechte in den Weg gelegt wurden.

§. 2.

Die ersten Nachrichten von der Schule zu Chemnitz, und ihr äußerlicher Zustand bis auf die Zeiten der Reformation.

Auch Chemnitz hatte durch den in dieser Periode allgemein verbreiteten und thätiger gewordenen Handel an Größe, Vermögen und Bevölkerung zugenommen. Die Lage gegen Böhmen, die Webereyen welche Chemnitz in sehr frühen Zeiten schon scheint gehabt zu haben, nachdem sie überhaupt mit dem eilften Jahrhundert in ganz Deutschland ein Gegenstand der Industrie des männlichen Geschlechtes geworden waren, und die ansehnlichen Bleichen, deren diplomatische

*) Lübeck errichtete 1161 und 1262. Hamburg 1281. Breslau 1267 und 1293. Nordhausen 1319. Gotha 1390 und 1403. Leipzig die Nicolaischule 1395. Braunschweig 1407. s. Ruhkopf am angef. Orte, S. 85. Wo uns die Geschichte die Stiftung nicht aufbehalten hat, finden wir doch Beweise ihrer frühen Existenz, z. B. von Zwickau. s. Ludovici Historia Scholarum &c. P. III p. 138. Vergl. (Wellers) Altes aus allen Theilen der Geschichte, Th. II. S. 480 ff.

Nachrichten bis zum Jahr 1357. hinauf gehen;*) waren die nähern Ursachen ihrer aufblühenden Handlung und ihrer zunehmenden Bevölkerung. Da nun auch hier das zutraf, was schon oben im Allgemeinen gesagt wurde, daß die Stadt unaufhörlich in Streitigkeiten mit den Mönchen des nahen Benediktinerklosters sich verwickelt sahe, so war auch die Nothwendigkeit vorhanden, für den Unterricht des Bürgers in gemeinnützigen Kenntnissen und einigermaaßen in gelehrten zu sorgen. Ohne das Jahr der ersten Stiftung einer Stadtschule zu Chemnitz durch Urkunden angeben zu können, kann man doch ihre Entstehung ohngefähr in den Anfang des vierzehnten Jahrhunderts setzen. Die erste Nachricht von ihrem Daseyn ist in einer Urkunde vom Jahr 1399. enthalten.**) Es ist ein Vergleich zwischen dem Stadtrath und dem Pfarrer der Stadtkirche, über verschiedene zwischen ihnen streitige Punkte, unter denen auch einige über den Schulmeister vorkommen. Der Pfarrer verspricht der Stadt, ihren Schulmeister nicht abzusetzen, und ihre Rechte künftighin diesfalls nicht zu kränken. Die Stadt bewilligt dagegen, daß der Schulmeister seine Dienste in der Kirche verrichten soll,

wie

*) Ad. Dan. Richters Chronik der Stadt Chemnitz, (2 Theile, Zittau und Leipzig 1767.) Th. II. S. 17. 21. 87. 118. Th. I. S. 116.

**) Richter am angef. Orte, Th. II. S. 177—179.

wie es alter Gewohnheit nach geschehen wäre, damit der Pfarrer keine Ursach zu klagen habe. *) Diese Stelle zeigt deutlich, daß die Schule schon damals dem Rathe zugehörte, und von ihm errichtet seyn mußte. Das Patronatsrecht der Pfarre, welches zuerst dem vor der Stadt belegenen Benediktinerkloster zugehörte, war endlich nach vielen Streitigkeiten und mehrern Vergleichen ein Eigenthum des Raths geworden. Hatte der Rath das Recht, den Pfarrer selbst zu setzen, einmal an sich gebracht, so waren auch die Schwierigkeiten nicht groß, neben der Parochialschule eine Stadtschule zu errichten. Allein es sind keine Spuren da, daß eine solche bestanden habe. Die Parochialschulen, in welchen dem Pfarrer entweder selbst oder durch einen von ihm angestellten Lehrer den Unterricht zu besorgen, oblag, waren fast immer schlecht bestellt. Der Pfarrer sah immer mehr bey Erwählung eines Lehrers auf Kenntnisse, wodurch derselbe ihm seinen Dienst in der Kirche erleichtern konnte; die Brauchbarkeit desselben für den Unterricht in der Schule mußte immer nachstehen. Woll-

ten

*) „Uf den vonfczenden Artikel vm den Schulmeister, sol der Pharer vorbas eren schulmeister nicht abehinden brengin, vnde sal die stat bie eren Rechte lassen, also das der schulmeister yn allen Sachen der kirchen er recht thun sal nach aldir gewonheit, also das der Pharer darumme nymandis clage dorfe. Uf des sehczende Artikel des hat der Pharer von gehorsams wegin getan kein den schulmeister."

ten nun die Städte andere Schulen errichten, so wurden von Seiten der Pfarrer Schwierigkeiten von derselben Art entgegengesetzt, als diejenigen, welche sich an Orten fanden, wo Cathedral- und Klosterschulen waren, weil die Einkünfte des Parochus, oder nach Unterschied der Fälle des Scholasticus dadurch geschmälert wurden. *) An einigen Orten ließen sie sich sogar vom Landesherrn mit Privilegien gegen Gründung aller andern Schulen versehen, wie z. B. in Freyberg im Jahr 1382. geschah. **) Ohngeachtet der Parochus kein Recht in Rücksicht der Schule besaß, so maßte er sich doch die Absetzung des Schulmeisters bisweilen an. Solche Anmaßungen hatten immer einen Schein von Recht, weil die Schullehrer gewisse Dienste in den Kirchen mit ihren Knaben verrichten mußten; mit einem Worte, weil die Schule als ein Anhang der Kirche betrachtet wurde. ***) Der oben erwähnte Vergleich hob endlich diese Streitigkeiten.

Ob anfangs gleich ein eigenes Schulgebäude in Chemnitz vorhanden gewesen, ist zu bezweifeln. Erst im Jahr 1486. finden wir eine gewisse Nachricht von der Erbauung eines solchen. †) Vor dieser Zeit wurde ohne

*) Ruhkopf am angef. Orte, Th. I. S. 84 ff.

**) Wilisch Freybergische Kirchenhistorie, Cod. dipl. S. 25.

***) Ruhkopf am angef. Orte, Th. I. S. 111.

†) Menk. Script. Germ. Tom. III. p. 160.

ohnfehlbar, wie auch anderwärts geschahe, die Schule in des Schulmeisters Wohnung gehalten.

In Rücksicht der Austellung eines Schulmeisters war hier dieselbe Beschaffenheit, wie man an allen Schulen des Mittelalters wahrnimmt, daß nämlich der Magistrat der Stadt mit einem Manne, dem man hinlängliche Kenntnisse zutrauete, oder der wenigstens keinen unanständigen Lebenswandel führte, einen Vertrag eingieng, vermöge dessen derselbe ein oder höchstens ein Paar Jahre gegen ein zugleich festgesetztes Schulgeld Schule in der Stadt halten sollte.*) Mehrentheils war ein oder der andere Theil oder beyde nach Verfließung der contraktmäßigen Zeit unzufrieden mit einander: sie trennten sich daher, weil sie nichts hielt, ohne Umstände, und der Stadtrath schritt zu einem neuen Contrakt. Daher kommen im Mittelalter bey allen Schulen jährlich andere Namen vor, welches auch hier der Fall ist. Die unanständige Lebensart war immer der Hauptgrund, warum man einen Schulmeister entließ; hierzu gehörte aber schon, nach der Denkungsart des Zeitalters, eine etwas freye Kleidertracht. Der Verfasser eines Catechismus am Ende des funfzehnten Jahrhunderts, hielt die Sache für wichtig genug, sie in einem sehr

 ernst-

*) (Wellers) Altes aus allen Theilen der Geschichte, Th. I. S. 378. Ruhkopf am angef. Orte, Th. I. S. 103.

zu verdanken gehabt hätte. Dieser doppelte Zweck hätte sollen bey dem Unterricht in Ueberlegung genommen werden. Allein den Unterricht und die Methode nach den verschiedenen Zwecken des Schülers zu unterscheiden und abzusondern, daran wurde nicht gedacht. Eine Kenntniß der lateinischen Sprache, so dürftig und elend sie auch seyn mochte, war das Ziel, wohin der Lehrer bey seinen Schülern zu arbeiten hatte. Deutschlesen, besonders Schreiben und Rechnen wurde zwar getrieben, auch mußte nebenbey wohl, doch immer nur äußerst wenig, und dazu oft irriges für geographische und historische Kenntnisse abfallen; aber so sehr diese Dinge Vergnügen und Aufmerksamkeit auf ihre Nützlichkeit erregen mußten, so wenig ließen doch unaufhörliche Gedächtnißübungen, besonders in der lateinischen Grammatik oder dem Donat für die Bildung des Verstandes, der Urtheilskraft und des Geschmacks durch gemeinnützige Kenntnisse übrig. Der künftige Bürger, der nie in seinem Leben vom Latein Gebrauch machen konnte, mußte doch die Regeln der Grammatik in der Schule hersagen, und elendes Mönchslatein mitplaudern können. — Es konnte dieses aber um so weniger anders seyn, da die Lehrer wenigstens im Anfange aus den Mönchsorden, besonders den Franziskanern mußten genommen werden, denn andere hatte man nicht. Gegen das sechzehnte Jahrhundert regte sich auch hier, wie überhaupt eine dunkele Idee von zweckmäßiger Schulverbesserung.

Paul

Paul Niavis, ein Mann, der den guten Willen — wenigstens besaß, zur Aufklärung seiner Zeitgenossen thätig beyzutragen, und der vom Jahr 1486. an ohngefähr 10 Jahr Schulmeister in Chemnitz war, that in einer Schrift,*) welche er dem Stadtrathe dedicirte, den Vorschlag, den Donat, mit dem man sich bisher alle Tage fast allein in der Schule vergeblicherweise beschäftigt hatte, auf einen Tag in der Woche zu verlegen, und statt dessen die Jugend — die doch in nützlichen Wissenschaften zu unterrichten sey — besonders zur Beredsamkeit anzuführen. Er verstand hierunter, wie aus andern seiner Schriften zu erhellen scheint, daß die Schüler zum Lesen der alten Classiker, und zur Bildung ihres Styls und Ausdrucks nach denselben sollten angeführt werden. Es ist wahrscheinlich, daß seine warme Liebe für das Studium der alten Auctoren, von denen er auch einige herausgab, auf den Zustand der Schule in der That wirksam gewesen. Nach seiner Zeit, besonders aber ums Jahr 1526. bis gegen die in den Meißnischen Landen vollzogene Reformation, scheint die Schule wegen ein Paar ihrer Lehrer zur Bildung in Sprachen gar nicht unschicklich

*) s. desselben Libell. pro parvulis editum s. l. et a. und M. Dan. Richters Progr. III. de Paulo Niave, Zittav. 1760 — 61 f. Dan. Traug. Mülleri Progr. II. de Paulo Niave rerum Schnoebergens. script. Schneeb. 1756. u. (Wellers) Altes aus allen Theilen der Geschichte, Th. I. S. 684 — 88.

schicklich gewesen zu seyn. Ge. Fabricius studierte unter Valentin Härteln und Johann Scultetus 6 Jahre in Chemnitz. Scultetus war es, welcher den Sohn, dessen Fähigkeiten er inne geworden war, zweymal seinem Vater aus der Kunstwerkstadt wegnahm, und nachdem er nicht allein lateinisch, sondern auch griechisch *) hier schon gelernt hatte, zu mehrerer Bildung nach Annaberg zum berühmten Joh. Rivius schickte.

Daß zwar bey diesen Verbesserungen, welche mehr das Werk guter Lehrer, als Anordnung von Obrigkeit war, noch immer der eine Hauptzweck, nämlich die Bildung des Bürgers durch gemeinnützige Kenntnisse nachstehen mußte, sieht man freylich; allein bey der allgemeinen Stimmung der Nation durch den Geist ihrer Religion und Philosophie war nicht mehr zu erwarten. Bey den meisten, ja wohl bey allen gemeinnützigen Wissenschaften fehlte es sogar noch an Mustern. Geschichte, Geographie, Naturkunde und Mathematik in Schulen vorzutragen, mangelte es fast oder gänzlich an Hülfsmitteln. Sogar Muster zum Briefschreiben fehlten lange, und vielleicht hat man vor dem sechzehnten Jahrhundert keine, wenigstens gedruckte.**) Man überzeugt sich hiervon leichter,

*) Dresseri Orat. in laud. Fabricii in Dresseri Rhetor. p. 785 sq. Creberi Vita Ge. Fabricii, p. 31 sq. Joh. Aug. Müllers Geschichte der Fürstenschule zu Meißen, 2ter B. S. 5.

**) Weller im Alten der Geschichte, Th. II. S. 565. hält eine

ter, wenn man betrachtet, daß es sogar noch an den Schreibmaterialien gebrach, welche, das Erlernen des Schreibens zu erleichtern, erfordert werden. Das Linnenpapier war bis dahin, daß man in Deutschland selbst anfieng dergleichen zu verfertigen, so selten und in so hohem Preise, daß man es wahrscheinlich beym Unterrichte nicht zu gebrauchen pflegte. Wie sparsam man noch im funfzehnten Jahrhundert, ja wohl noch später, mit dem Papier umgieng, zeigen die kleinen Stückchen kaum einer Hand groß, deren man sich zu wichtigen Briefen bediente.*) Vermuthlich gebrauchte man zum Unterricht im Schreiben schwarze hölzerne Tafeln. Daß man auch die dünnen hölzernen mit Wachs überzogenen Tafeln, deren man sich überhaupt in allen Handels- und Rechnungsgeschäften, besonders auch in Gerichten zu bedienen pflegte, auch in den Schulen gebraucht habe, wie Ruhkopf in der Geschichte des Schulwesens äußert, scheint wegen ihres Werths unwahrscheinlich.**) Alle diese Umstände erschwe-

eine Anweisung zum Recht- und Briefschreiben vom Jahr 1531. für die älteste, welches ich aber doch bezweifele.

*) Knauth in der Altenzellischen Chronik, in Cod. dipl. zeigt Beyspiele an.

**) Dergleichen Tafeln sind noch an mehrern Orten zu finden. Außer denen, welche Wehr vom Papier ꝛc. Th I. S. 29. und. Th. II. S. 5. erwähnt, sind auch auf der schönen und zahlreichen Bibliothek, welche der Herr geheime

erschwerten den Unterricht. Kein Wunder also, daß die ganze Methode desselben darinn bestand, alles dasjenige, was man wissen sollte, blos dem Gedächtnisse einzuprägen; für die Bildung des Verstandes, für einen wirksamen Einfluß des Unterrichts auf das Herz war man unbesorgt. Selten stieg nur ein Gedanke von der Möglichkeit einer solchen Wirkung bey denkenden Männern auf.

Auch die Disciplin oder Art, wie man die Jugend zur Ordnung und zum Gehorsam anführte, war ganz der finstern Denkart des Zeitalters gemäß. Man weiß, wie Luther nicht nur von seinen Eltern, sondern auch von den Lehrern auf der Mansfeldischen Schule die harte Behandlungsart bekennet. „Ich bin einmal in der Schule 15 mal hinter einander gestäubet worden,“ sagt er in seinen Tischreden. Auch Erasmus erzählt die harte Begegnung, mit welcher einer seiner Lehrer gegen ihn verfuhr. Wie war es auch Wunder, wenn man solche unnatürliche Strenge in den öffentlichen Schulanstalten antraf, da selbst die Privaterziehung fürstlicher Kinder von einer außerordentlichen Härte begleitet war, wie man in der Jugendgeschichte des Pfalz-

heime Kriegsrath von Ponickau, vor einigen Jahren der Universität Wittenberg schenkte, mit Wachs überzogene Tafeln, aus dem Mittelalter vorhanden. Das eine bestehe aus zehn Blatt, ist vom Jahr 1426. und vom Leipziger Rath damals zu einem Register für Gerichtskosten rc. gebraucht worden.

Pfalzgrafen, nachmaligen Churfürsten Friedrichs II. wahrnehmen kann. *) Auch in dieser Hinsicht war der oben genannte Niavis ein achtungswerther Mann, da er eine solche barbarische und unzweckmäßige Härte abzustellen suchte. Er bemühete sich, die jugendlichen Gemüther nicht durch Strenge, durch Schimpfen und Schlagen zu bessern; sondern durch freundliches Zureden, durch Güte und Weisheit zu gewinnen. In einer seiner Schriften sagt er: „Was steht einem Schulmeister würdiger, als durch Sittlichkeit ein Beyspiel, und durch Unterricht einen Wegweiser zu geben, wodurch der Geist der Jünglinge zur Tugend entflammt wird; denn hierdurch und nicht durch Züchtigung wird allein der Endzweck erreicht. **)

§. 4.

Begebenheiten und äußerer Zustand der Schule zu Chemnitz, von den Zeiten der Reformation bis auf den Ausgang des dreyßigjährigen Kriegs.

Bey aller Vorsicht, bey aller Strenge sogar, deren sich der Herzog von Sachsen, Georg der Bärtige, in seinen Provinzen gegen die Ausbreitung der Reformation

*) Keils Lebensumstände D. Martin Luthers, Th. I. S. 9. und Luthers Tischreden, S. 414 und 434. Burignis Leben des Desid. Erasmus von Rotterdam; übersetzt von Henke, im Anfange; Huberti Thomae Leod. vita Friderici II. Lib. II. §. 3.

**) Idiomata latina in praefat. ad Erasm. III. 6. Ad. Dan. Richter de Paulo Niave, Progr. I. p. 7.

mation bediente, hatte er doch ihren Lauf nicht hindern, nicht aufhalten können. Alle des Drucks, der Lasterhaftigkeit und Unwissenheit der Geistlichkeit müde, verabscheuten die Finsterniß, welche der Herzog zu erhalten suchte. Mehr als 20 Jahre waren verflossen, seitdem Luther aufgestanden war; in den Chursächsischen Provinzen war die Reformation überall vollbracht; in den benachbarten Meißnischen Provinzen alles dazu vorbereitet. Alle Hindernisse, welche Herzog Georg aus Vorurtheil oder aus Politik derselben entgegensetzte, hatten nur gedient, alle Köpfe um desto zuverlässiger dafür zu gewinnen; die gewöhnliche Wirkung von der Unterdrückung der Wahrheit. Georg starb (1539. den 17. April). Sein vermeynter Nachfolger, sein Sohn, starb vor ihm. Herzog Heinrich, sein Bruder, hegte eine andere Denkungsart. Kaum war er der Vater seines Volkes geworden, als er eine allgemeine Kirchenvisitation in den Meißnischen Ländern anordnete; eine Begebenheit von den größten und wohlthätigsten Wirkungen für unser Vaterland. Hatten Strafbefehle des Regenten, die eifrigsten Bemühungen der römischen Geistlichkeit, und überhaupt jede Art von Hindernissen zuvor den Fortgang der Reformation in den Meißnischen Provinzen erschweret, so sahe man jetzt Jedermann um so williger zu ihrer Beförderung die Hand reichen. In der That erscheinen nur wenige Begebenheiten in der Geschichte, wo eine Nation selbst so einstimmig zu einem Zwecke hinarbeitete.

Nichts

Nichts vermochten die Schwierigkeiten, welche einige Räthe des verstorbenen Herzogs oder einige aus dem Adel in den Weg zu legen suchten. Der feurigste Enthusiasmus, der durch Luthers Ermahnungen an alle Stände wegen Anlegung von Schulen aufgeregt war, ließ die Stadtobrigkeiten mit Ernst auf die Sicherung ihrer erworbenen bessern Erkenntnisse denken. Ueberall wurden Schulen errichtet oder verbessert; fast nirgends die erheblichsten Kosten, welche dazu erfordert wurden, gescheuet. Die erwähnte Kirchenvisitation war das lange gewünschte Beförderungsmittel zu diesen Anstalten. Es wurde selbige am 4. Julius 1539. auch zu Chemnitz gehalten, nachdem M. Fuß, der erste Superintendent daselbst, die erste evangelische Predigt gehalten hatte. Was die vielen Wirkungen betrifft, welche dieselbe für Kirchen und Schulen hervorbrachte, so interessiren uns gegenwärtig nur die letztern. Der erste Schritt zur Verbesserung der Schule war, daß man eine hinlängliche Anzahl von Lehrern bestellte, und ihren Gehalt auf eine sichere Weise auszumitteln suchte. Man nahm einen Schulmeister an, oder bestätigte vielmehr den noch aus den Zeiten vor der Reformation in dieser Qualität vorhandenen gelehrten und würdigen Valentin Härtel, nachdem man sich von seinen guten Gesinnungen in Hinsicht auf die Reformation überzeugt hatte; nächstdem wurde aber ein Baccalaureus und ein Cantor angenommen. Ob man gleich noch mehrere anstellen wollte, so fehlte es doch an gehörigen Subjecten. Indessen scheint auch der

der Supremus Caspar Curio, welcher aus den vorigen Zeiten noch da war, in seinem Amte bestätigt worden zu seyn. Den fünften Collegen setzte man erst nach acht Jahren, im Jahr 1547.*) Bey der Bestimmung des Gehalts, verfuhr man hier eben so als anderwärts, daß man nämlich die einzelnen Stiftungen von Vigilien, Seelmessen, Seelbädern, auch Opfer- und Ablaßgelder u. dergl. zusammenwarf, wozu oft von Seiten des Rathes oder der Bürgerschaft etwas an Zinsen oder Grundstücken hinzugefügt wurde, und daraus eine gemeinschaftliche, unter geistlicher und weltlicher Inspektion stehende Casse, (gemeinen Kasten) errichtete, aus welcher einem jeden Kirchen- und Schullehrer eine fixirte Besoldung jährlich ausgezahlt werden sollte.**) Nach den Visitationsacten wurde damals die Besoldung der Schullehrer folgendermaaßen festgesetzt, daß erhalten sollten:

der Schulmeister 80 Fl.
der Supremus 50 Fl.
der Baccalaureus 45 Fl.
der Cantor 45 Fl.
der Infimus 12 Fl. 8 Gr.***)

Diese

*) Dan. Mülleri Pr. de histor. Scholae Chemnicensi 1721. und ebendas. Pr. vom Jahr 1723. Richters Chronica Th. II. und ebendess. einige Nachrichten der Kirchengeschichte der Stadt Chemnitz. Annaberg 1743. 4. S. 3 f.

**) Ums Jahr 1575., nachdem aber mehrere Legate noch hinzugeschlagen waren, betrug die Einnahme des gemeinen Kastens zu Chemnitz jährlich 912 Fl. 10 Gr. 10 Pf. Der Rath gab hierzu noch Holz aus seinem Walde u. s. w. s. Richters Nachr. zur Chemnitzer Kirchengesch. S. 5.

***) s. die hiesigen Visitationsacten auf der Superintendur, und

Diese Summen waren in Vergleichung mit andern Städten damals immer nicht unansehnlich. Indessen blieb es in der Folge bey diesen nur für die damaligen wohlfeilen Zeiten ziemlich hinreichenden Besoldungen, wozu noch das Schulgeld und freywilligen Geschenke kamen, nicht stehen, sondern sie wurden auf mancherley Art vermehrt. Das meiste trugen allerdings die vielen zum Theil beträchtlichen Vermächtnisse, die von Zeit zu Zeit gemacht wurden, bey. So legirte der letzte Abt des vor der Stadt belegenen Benedictinerklosters, Hilarius Wagner von Rehburg, unter andern jedem Schulcollegen 10 Fl. und dem letzten 9 Fl. jährlich. Ferner stiftete Regine Neefin, aus dem alten bekannten Neefischen Geschlechte, eine Summe von 542 Fl. für den Tertius und Cantor, und eine andere aus demselben Geschlechte, Anna Neefin, 200 Fl. für den Baccalaureus. Uebrigens führt Richter in einer schätzbaren Abhandlung, welche jedoch nicht vollständig nachmals seiner Chronik einverleibt ist, folgende Legate als ihm nur dem Namen nach bekannt, an, welche das Ministerium und die Schule genießen, als:

 1) zwey

und mein hierbey zum Grunde gelegtes Manuscript vom Conrektor, nachmaligen Pastor Beil zu Chemnitz.

Der Name Schulmeister blieb in Sachsen bis 1657. üblich, da auf Churfürstlichen Befehl der Titel Rektor eingeführt wurde. Der zweyte Lehrer hieß Supremus, Hypodidascalus, was jetzt Conrektor ist. Der Baccalaureus wird auch damals in den Visitationsacten Medius genennt; in neuern Zeiten heißt er Tertius. Von der Veranlassung zu dem Titel Baccalaureus siehe Ruhkopf am angef. Orte, Th. I. S. 253. Vergl. auch S. 190. Von der Benennung des Rektors, s. das. S. 103.

1) zwey Schützische, (das eine davon an 100 Fl. war blos für die Schullehrer,) 2) das Jänische, 3) das Ganglossische, 4) das Siegelische, 5) das Mathesische, 6) das Hilarische, 7) das Hornische, 8) das Herteli-sche, 9) das Röhlingsche, und 10) das Berrlichsche für die Schule, war ein großes Capital.*) Gewiß eine Anzahl, davon man nebst den vielen Familiensti-pendien und den Stiftungen für die Armen, in man-cher andern ansehnlichen Stadt etwas ähnliches, so leicht nicht finden möchte!

Auch wegen der Wohnungen der Schullehrer auf der Schule wurde in den Visitationsartikeln damals festgesetzt, daß der Rektor haben sollte ein klein Stüb-lein und Schlafkammer, desgleichen der Supremus, der Medius (Baccalaureus, Tertius) und Cantor eine große Stube, der Infimus eine Cammer. Dieses wurde jedoch nie vollzogen, vielmehr wurde bey der 1555. ge-haltenen Kirchenvisitation niedergeschrieben, daß den Schuldienern das Franziskanerkloster bey der Pforte ausgebeten werden sollte, bey der Visitation von 1575. wurde aber denselben ein Hauszins festgesetzt. Ueber-haupt war die Kirchenvisitation von 1555. in mehrerer Rücksicht wichtig; besonders wurde angeordnet, daß bey Einsetzung und Absetzung der Kirchen- und Schul-diener der Rath mit dem Superintendenten conferiren sollten. Wegen ihrer Einkünfte wurde noch festgesetzt, daß die Zinsen von den Vermächtnissen des Abts soll-ten gangbar gemacht werden, und die sämmtlichen

Schul-

*) s. Richters einige Nachrichten rc. S. 60.

Schullehrer 10 Fl. zu Holz erhalten sollten, welches letztere aber bey der Visitation von 1575. erst vollzogen zu seyn scheinet. Auch wurde verordnet, daß die Schule sollte mit nothdürftigem Feuerholze versorgt werden;*) denn vor der Reformation mußten mehrentheils die Schüler sogar Geld für das Brennholz im Winter erlegen. Dieses nun sind die Beweise, wodurch die jedesmaligen Visitatoren sowohl als der Rath ihre eifrige Sorgfalt für die Schulanstalten an den Tag legten.

Was die übrigen Begebenheiten betrifft, welche sich mit der Schule, den Unterricht ausgeschlossen, in dieser Periode zugetragen haben, so sind dieses folgende. Im Jahr 1598. wurde das Schulgebäude auf Anordnung des Raths erweitert und erneuert, wovon die über die Thüre gesetzte Inschrift zeiget, welche also lautet:

Ampliat et renovat ludum hunc pia cura Senatus,
Serviat ut Christo litteralisque bonis
MDXCVIII. Mens. Iun. **)

Im dreyßigjährigen Kriege hatte Chemnitz besonders mit das Schicksal, ein Tummelplatz aller Kriegsvölker zu seyn. Plünderung, Feuer und Pest stürzten, immer einmal noch tiefer als das andere, diese zuvor volkreiche und ansehnliche Stadt in tiefes Verderben. Sie wurde gegen ihren vorigen Zustand ganz unkenntlich; Aschenhaufen und Brandstellen ließen nur ihr voriges Ansehen ahnden. Jedes traurige Schicksal der

*) s. Richters einige Nachrichten zur Kirchengeschichte, S. 5.

**) s. Richters Chronik, Th. I. S. 216.

Stadt äusserte sich auch stets sehr merklich für die Schule. Da im Jahr 1632 und 33. die Pest auch hier die schrecklichste Verwüstung anrichtete, so vergiengen anderthalb Jahre, in denen keine Lectiones gehalten wurden. Und kaum war den 9. Dec. 1633. die Schule wieder eröffnet worden, so wurde das Schulgebäude*) durch einen Brand, welcher den 21. April 1634. in der Nacht durch Fahrläßigkeit der in der Stadt liegenden sächsischen Truppen entstanden war, nebst der ganzen Stadt und allen öffentlichen Gebäuden in die Asche gelegt. In demselben Jahr im Monat October erfuhr die Stadt eine allgemeine Plünderung. Da Schlag auf Schlag folgte, ohne Zeit zur Erholung übrig zu lassen, so war es kein Wunder, daß 7 Jahre dahin flossen, ehe man einen Gedanken für die Wiederaufbauung der Schule fassen konnte. Erst im Jahr 1641. sahe man, alles fortdauernden Ungemachs ohngeachtet, durch die Vorsorge des Raths, die Schule wieder aus ihren Ruinen aufstehen. Der Pesttod hatte die Lehrer hinweggenommen, ohne daß man die Stellen sogleich wieder zu besetzen im Stande war. So stand denn 6 Jahre (von 1633 bis 1639.) die Stelle eines Conrektors, 10. Jahr (von 1633 bis 1643.) die Stelle eines Tertius, und 15. Jahr (von 1641 bis 1656.) die eines Baccalaureus unbesetzt. Die Lehrer, welche übrig waren,

*) s. Richters Chronik, Th. I. S. 216. und Denkwürdigkeiten der Stadt Chemnitz. Chemnitz 1734. 8. S. 108 ff. Beilii Memoria Scholae Chemnicensis. Progr. 1741. 4. Mülleri Progr. de hist. Scholae Chemnic. Chemn. 1721.

waren; hatten demohngeachtet oft nur 3 oder 4 Schüler. Wie nachtheilige Wirkungen alles dieses, man mag die Bildung des künftigen Bürgers fürs gemeine Leben, oder die Erziehung zum Gelehrtenstande betrachten, gehabt habe, kann man leicht errathen.

§. 5.

Innerer Zustand der Schule, Lehrstoff und Lehrmethode ꝛc. von der Reformation bis zum Ende des dreyßigjährigen Krieges.

Die Anordnungen, welche wir im vorigen §. angeführt haben, betrafen freylich nur das Aeußere; von dem Lehrstoffe, den Wissenschaften in welchen die Jugend unterrichtet werden sollte, den Lehrbüchern, deren man sich dabey bedienen möchte, der Lehrmethode überhaupt und der übrigen Behandlungsart der Schüler wurde in den Visitationsartikeln nichts verordnet. Vermuthlich bezog man sich stillschweigend auf die allgemeine sächsische Schulordnung, von Luther und Melanchthon entworfen und aufgesetzt. Diese Schulordnung paßte aber nicht so ganz auf die specielle Lage von Chemnitz. Sie war nur überall auf die Eintheilung der Jugend eines Orts in drey Classen gerichtet; hier waren aber deren fünf. Diese größere Anzahl hatte ohne Zweifel in der außerordentlichen Volksmenge der Stadt ihren Grund. Eben so wenig, wie durch die Visitatoren ausdrückliche Vorschriften in Hinsicht auf Lehrstoff und Methode gemacht war, scheint von Seiten der Inspection des Superintendentens und

Raths daran gedacht worden zu seyn. Es läßt sich vermuthen, daß Valentin Härtel, der aus den Zeiten vor der Reformation beybehaltene Rektor, von dessen gründlicher Gelehrsamkeit und Liebe zur römischen Litteratur uns die glaubwürdigsten Zeugnisse seiner Zeitgenossen übrig sind,*) nach seinen Kräften und dem Geiste seines Zeitalters und der Reformation werde Veränderungen und Verbesserungen vorgenommen haben. Allein unter dem folgenden Rektor, der nachmals im Jahr 1550. in dieser Qualität nach Grimma versetzt wurde, Adam Siber, erhielt die Schule eine festere Einrichtung. Siber setzte *nämlich* (vielleicht auf Veranlassung des Raths) den ganzen Studienplan und die Lehrmethode, wie er beydes in der Schule eingeführt hatte, auf, und ließ es drucken. Es erhielt den Titel: Ludus literarum apud Chemnicium Misniae qua ratione administretur und hat sich bis auf unsere Zeiten erhalten.**) Im Ganzen genommen konnte freylich dieser Plan demjenigen, den Luther und Melanchthon für den besten hielten, nicht unähnlich seyn; er mußte der Denkart und den Neynun-
gen

*) s. Vita Ad. Siberi studio Schumacheri, p. 75. sq. Schreberi Vita Ge. Fabricii, p. 31 sq.

**) Der vollständige Titel ist: Lud.... administretur, Adami Siberi it. Praecepta morum ac vitae Isocratis ad Demonicum, c. interp. Andr. Sidelii &c. Arg. 1549. 8. pl. 3½. Lips. in officina Haered. Valent. Papae 1561. 59 S. ibid. 1561. ibid. 1569. Diese drey Editionen liegen vor mir, und sind alle unverändert. Endlich soll auch Lips. ap. I. Rhambam 1574. eine Ausgabe da seyn.

gen des Zeitalters entsprechen: indessen enthält er doch einige Modificationen und Abweichungen von der allgemeinen sächsischen Schulordnung. Außerdem, daß er auf fünf Classen gerichtet ist, nimmt er den Unterricht in der griechischen Sprache, welcher in jener ausgeschlossen war, auf; so wie nächstdem der darin angeordnete Unterricht in der Dialectic und Rhetorik die Chemnitzer Schule über die gewöhnlichen Stadtschulen erhob; denn beydes gehörte nur in den Plan der kurz zuvor errichteten Fürstenschulen zu Meißen und Pforte.*) Ueberhaupt muß dieser Plan deshalb um so interessanter seyn, je gewisser es ist, daß man denselben sehr häufig bey der Einrichtung des Schulunterrichts an andern Orten zum Grunde legte. Sibers Einsichten in die Lehrkunst überhaupt, und besonders in Bestimmung des Lehrstoffs und der Methode wurden allgemein anerkannt; man bat sich überall Rath und Belehrung von ihm in Rücksicht auf Schulsachen aus.**) Auf einem Convent zu Torgau im Jahr 1579. wurde ihm vom Churfürst August eine Vorschrift zu verfertigen aufgegeben, welche alles enthielte, was beym Jugendunterrichte in der Schule zu beobachten sey.***) Kein Wunder also, wenn diese kleine Schrift so vielmal aufgelegt wurde. In dersel-

*) s. Müllers Geschichte der Fürstenschule in Meißen, Leipz. 1787. Th. I. S. 36.

**) s. Schumacheri Vita Ad. Siberi, p. 145.

***) s. ebendaselbst. Dieser Aufsatz wurde vermuthlich bey der Schulordnung von 1580. zum Grunde gelegt.

hen nun spricht Siber zuerst von der Nützlichkeit der Eintheilung der Schule in fünf Classen, dann zeigt er an, was in jeder Classe gelehrt werde; hierauf giebt er die Lehrmethode an, spricht von den Lehrstunden, den öffentlichen Prüfungen, besonders auch von der Uebung des lateinischen Styls, und endlich redet er von den Feyertagen. Sehr richtig und philosophisch genug geht er bey der Lehrmethode in dieser kleinen Schrift von dem Zwecke aller wissenschaftlichen Bildung aus, und bestimmt dann fromme und edle Gesinnungen als den ersten, und an diesen knüpft er als untergeordneten Zweck, die Fertigkeit sich richtig und der lateinischen Sprache gemäß ausdrücken zu können.

Mit der ersten Unterweisung im Lesen und Schreiben fieng sich demnach auch der Religionsunterricht in der fünften Classe an. Dieser bestand in den Anfangsgründen derselben, ohne Zweifel nach Luthers Catechismus, in den zehn Geboten, dem Glauben und Vater Unser. Man brachte dieses den gleichsam aus der Mutterschooß in diese Classe versetzten Knaben durch Vorsagen ohne alle Auslegung bey. Grade dasjenige Alter, welches am wenigsten im Stande ist von selbst Begriffe mit Worten zu verbinden, mußte hier Worte dem Gedächtnisse einprägen, ohne sich etwas dabey gedenken zu können. Wie war es aber Wunder, daß man so verfuhr, da man mit psychologischen Grundsätzen wenig oder gar nicht bekannt, diese am wenigsten auf Pädagogik anzuwenden verstand. So wie in der vierten Classe die Uebung im Lesen und Schreiben

fort-

fortgesetzt wurde, so gieng auch der Religionsunterricht fort, der nun zwar mit Erklärungen verbunden geschahe, aber nach einem lateinischen Lehrbuche; vermuthlich war es Melanchthons Examen theologicum. Da in dieser Classe, (freylich immer noch zu früh) der erste Unterricht in der lateinischen Sprache anfieng, so sieht man leicht ein, wie unangemessen es war, in der Religion ein Lehrbuch einer fremden Sprache zum Grunde zu legen. Von dieser Classe an war nächst der Theologie die Unterweisung in der lateinischen Sprache die einzige und unaufhörliche Beschäftigung. Die Muttersprache war von jetzt an gänzlich verbannt, und anders als lateinisch zu reden, auch hier wie in allen Schulen dieses Zeitalters, eine Schulsünde. Hatte nun eine stete Uebung dem Knabengedächtnisse die Declinations- und Conjugationsformeln eingeprägt, so gieng's zur dritten Classe. Hier waren ebenfalls beständige Uebungen in der Grammatik das Tagewerk. Welcher Grammatik man sich hierbey aber bedient habe, erhellet aus diesem Studienplan nicht; vermuthlich war es die des Melanchthons, welche 1542. zu Nürnberg herausgekommen und überall zum Grunde gelegt wurde. Der Lehrer mußte eine Theorie von den verschiedenen Theilen der Rede den Schülern beyzubringen suchen, wobey, um die Praxis sogleich damit zu verbinden, die kleinern Episteln des Cicero exponirt, aufgelöst und nach den Regeln der Grammatik zerlegt, andere Redensarten darnach gemacht, und dann das Ganze wieder in seine gehörige Construktion gestellt, und von allen der Grund nach der Grammatik angegeben wurde. Auch kleine Imitationen mußte der Lehrer aus dem Deutschen ins Lateinische übertragen lassen. Bisweilen wurde ein kleines Carmen eines züchtigen Dichters erklärt, um den Schülern die erste Anleitung zur lateinischen Verskunst zu geben, und ihnen dadurch früh schon den Wohlklang und die Zusammenstimmung als Zierde des Styls kennen zu lehren. Denn durch Melanchthons Poesien über die Bibel war bekanntermaaßen eine allgemeine Stimmung für die lateinische Verskunst in Deutschlands Schulen verbreitet worden;*) eine Begebenheit ohne Zweifel, die, durch den Misbrauch lange dazu beygetragen hat, deutsche Sprache und Geschmack in ihren natürlichen Fortschritten zu hindern. Nächstdem daß in der zweyten Classe die Grammatik noch ausführlicher als bisher getrieben wurde, kam noch besonders hinzu, daß Regeln für den lateinischen Styl und für das Sylbenmaaß gegeben wurden. Virgils Bucolica und Ciceros Briefe von schwererer Art als die in der dritten Classe, wurden hier hauptsächlich exponiret und zergliedert. Bisweilen kam eine Elegie aus dem Tibull oder eine Epistel des Ovids hinzu. Nun wurde auch die griechische Sprache zu einem Theil des Schulunterrichts gemacht, wobey die Grammatik und Aesopus Fabeln, welche exponiret und grammatisch erklärt wurden, den Lehrer und die Schüler beschäftigten. Zur Uebung

des

*) s. Paulis Methodologie für die lateinische Litteratur, Th. I. S. 23.

des lateinischen Styls wurden wöchentlich kleine Aufsätze, z. B. Briefe, geliefert. Hiernächst wurden die Schüler auch ferner zur Verskunst angehalten; sie mußten theils versetzte Verse in Ordnung bringen, theils eigene Versuche machen. So wie mit der Grammatik der Anfang des lateinischen Sprachunterrichts in der vierten Classe gemacht war, so wurde mit ihrer ausführlichen Erklärung endlich in der fünften Classe der Unterricht der Latinität beschlossen. Es wurden hierbey Ciceros Bücher vom Alter, von der Freundschaft, von den Pflichten, die Aeneide und der Terenz gelesen. Für die griechische Sprache las man des Isocrates Büchlein über die Sitten und Lucians Gespräche, aber nur die weniger launigten und satyrischen. Von Dialectik und Rhetorik wurden in dieser Classe die Anfangsgründe ganz einfach und faßlich vorgetragen, damit, wie Siber sagt, die Schüler dieser Classe, welche mit mehrerer Sorgfalt ihre Ausarbeitungen zu machen hätten, solche nach den Grundsätzen der Kunst verfertigen könnten.

Die Methode überhaupt war freylich damals vorzüglich auf die Uebung des Gedächtnisses gerichtet: der Schüler mußte von der letzten bis zur ersten Classe alles dasjenige, was gelesen oder vorgetragen war, wozu auch noch ein aufgegebenes Pensum kam, fertig hersagen können, und damit war man zufrieden; ob er es mit der Vernunft begriffen, darnach fragte man wenig. Doch hatte übrigens die Methode, deren sich Siber bediente, und die er den Lehrern der andern Classen als Muster vorschrieb, nebenbey manche gute Seiten an sich. Deutlichkeit und Kürze waren die Haupteigenschaften, welche er beym Vortrage der Wissenschaften sowohl überhaupt, als auch bey der Erklärung der Autoren nicht nur empfahl, sondern deren er sich auch selbst befleißigte. Er wußte sich so zu den Fähigkeiten seiner Schüler herabzulassen, und sich ihnen deutlich zu machen, daß mittelmäßige Köpfe auch seinen Vortrag selbst begreifen mußten.*) Der Natur gemäß gieng er Schritt vor Schritt vom Leichtern zum Schwerern über, und zwar dann erst, wenn er wahrnahm, daß die Schüler das erstere gefaßt hätten. Bey den Werken der Classiker bemühete er sich, ihnen den wahren Sinn des Autors sowohl im Zusammenhange verständlich zu machen, als auch die eigentliche Bedeutung einzelner Worte ins Licht zu stellen, und ihnen den Gebrauch davon für die Zukunft zu zeigen. Wider die so fehlerhafte Art, welche damals sehr häufig im Schwange gieng, bey der Erklärung dunkler Stellen weit auszuschweifen, und alles ohne Ziel und Maaß, wenn es auch gar keine Beziehung auf den vorliegenden Fall hatte, mit übelangewandter Gelehrsamkeit der Jugend, die ohne dem nicht alles zu fassen vermag, einprägen zu wollen, erklärt er sich sehr ernstlich und nachdrücklich. Bey der Bildung des lateinischen Styls hielt er eine anhaltende und sorgfältige Uebung als das ächte Mittel zum Zweck. Um ihnen die Quelle für den Ausdruck zu zeigen, nahm er die Argumente für Ausarbeitungen aus den Autoren, welche gelesen wurden. Bey der Correktur sahe er besonders auf alles Fremdartige und Ungebräuchliche, auf alle Härten, alles Dunkele und Verschrobene u. s. w. doch in der Maaße, daß er den Muth bey den Schülern nicht niederschlug. Mit diesem Lehrstoffe und nach dieser Methode war denn das ganze Feld des Unterrichts für den Bürger sowohl als für den Gelehrten durchlaufen. Sphärik oder ein Unterricht von der Bewegung der Weltkörper, Naturlehre, Mathematik, trugen zwar einige halbgelehrte Leute mit großer Prahlerey der unwissenden Menge in den Schulen vor,**) sagt Siber; allein sein ganzes

*) s. Vita Ad. Siberi, p. 137 sq.

**) Doctrinam de motibus corporum coelestium, de iis, quae

ganzes Bestreben gehe nur dahin, die Jugend zu einem reinen lateinischen Ausdruck geschickt zu machen. Daß sich Siber hier so geradezu gegen solche Wissenschaften erklärt, die sich so sehr an das gemeine Leben anschließen, muß natürlich unsere Bewunderung erregen: allein selbst Luther, Melanchthon und Camerarius, so sehr sie die mathematischen Wissenschaften sowohl, als auch Geschichte und Länderkunde schätzten, schlossen sie doch selbige fast überall vom Schulstudienplan aus.*) Alle die ehrwürdigen Männer, welche die Reformation veranlaßten oder beförderten, waren nur darauf bedacht, Theologen, rüstige Verfechter der evangelischen Wahrheiten und Prediger zu bilden; sie richteten auf die Bildung derselben so sehr ihre Aufmerksamkeit, daß sie deshalb alle Stadtschulen zu lateinischen Schulen machten, ohne auf die Forderungen, die der zukünftige Bürger wegen der Unterweisung in gemeinnützigen Kenntnissen an die Schulen zu machen hatte, nur einige Rücksicht zu nehmen. „Jeder Bürger müsse lateinisch gelernt haben," meynte Luther, „um im Nothfall zum Prediger gebraucht werden zu können;**)" und so brachte auch jeder zukünftige Bürger seine Jugendjahre unter dem Joche der Grammatik und des Vocabulariums hin, ohne daß die Anlagen, welche ihn für sich selbst und den Staat nützlicher gemacht hätten, wären entwickelt worden; ohne daß ihm diejenigen Kenntnisse mitgetheilt wurden, welche seine Einsichten in bürgerlichen Gewerben vermehrt und vervollkommnet hätten. Aber auch der Jüngling, zum künftigen Gelehrten bestimmt, gewann bey dieser Schulerziehung in der That

 sehr

quae gignuntur in aere, de mathematum principiis, quibus hoc tempore semidocti quidam in scholis se efferunt, adeo nobis in ludo nostro tradenda non putamus, &c.

*) s. Ruhkopf am angef. Orte, Th. I. S. 326.

**) s. Luthers Werke, 5 Th. jen. deutsch. Ausg. Fol. 178. B.

sehr wenig. Siber, der als Schüler des grossen Melanchthons durch den Vorgang seines Lehrers auf den Gesichtspunkt der gründlichen Interpretation bey dem Studium der Alten geleitet worden, suchte zwar solche, wie wir oben gesehen haben, in Ausübung zu bringen. Allein man hatte noch nicht die Gabe, die Forderungen der Grammatik bey der Erklärung eines Autors eben so schnell als einleuchtend und faßlich zu befriedigen; indem man also alle Zeit darauf verwandte, die Grammatik bey der Lesung eines Autors praktisch durch zu gehen, giengen alle die guten Wirkungen, welche die Werke der Alten auf den Verstand und das Herz haben können, verloren. Man lernte aus ihnen von Philosophie, Geschichte, Alterthümern, Beredsamkeit und Geschmack wenig oder nichts, oder faßte, was man bey ihnen fand, noch immer mit einem gewissen mönchischen Charakter auf, und wandte es eben so an. Hätte man solche gemeinnützige Kenntnisse, als Geschichte, Erdbeschreibung, Naturkunde und Mathemathik sind, in den Studienplan mit aufgenommen, so konnte es nicht fehlen, daß man nicht gleichsam von ohngefähr bey dem Studium der Alten darauf aufmerksam geworden, und daraus gelernt haben würde. Der Gelehrte lernte also bey der bestehenden Einrichtung der Schulen aus dem Unterrichte der lateinischen Sprache nichts als lateinisch plaudern und disputiren; Bildung des Verstandes, des Geschmacks, der Urtheilskraft, des Herzens durch das Lesen und Erklären der Alten war eine Sache, wornach man lange noch nicht mit Strenge fragen durfte. Dieses waren die Wirkungen davon, daß der gelehrte Unterricht von der bürgerlichen Erziehung auf keine Weise getrennt wurde; und daß auch in dieser Periode die Schule als ein Anhang der Kirche blos als Vorbereitungsart zu Kirchenämtern, nicht als Bildungsanstalt für die Welt und für die Humanität angesehen wurde.

Ich kehre zu Sibers eigener Beschreibung von dem innern Zustande der Schule zurück. Der Lehrstunden waren früh zwey und Nachmittags drey, doch so, daß allezeit eine Art von Freystunde dazwischen war. Gab der Cantor den Knaben nicht Unterricht in der Musik, welche noch zu den oben angeführten Lehrgegenständen gehörte, so wurde, war es eine Morgenstunde, selbige mit dem Gebet und der Lesung einer biblischen Historie hingebracht; Nachmittags aber, wenn ein Theil der Knaben zum Singen in die Kirche geschickt wurde, theils Censur über die Schulvergehungen gehalten, die übrige Zeit aber den Knaben zur Repetition gelassen. Zu dieser war auch wöchentlich ein Tag ausgesetzt, an welchem alles, was die Woche hindurch gelehrt worden, wiederholet wurde. Halbjährlich wurde aber, auch damals schon — ein Examen gehalten, wobey über das Betragen und den Fleiß eines jeden ein Urtheil gefällt, und die würdigen in höhere Classen versetzt wurden. An Sonn- und Feyertagen gieng die ganze Schule unter Anführung der Lehrer in die Kirche, wo selbige über die Schüler fleißige Aufsicht führen mußten. Den Tag zuvor aber wurde das Evangelium und der Catechismus erklärt. *)

Wie lange sich diese von Adam Siber gemachte und beschriebene Einrichtung in Lehrgegenständen und Methode unverändert erhalten, läßt sich aus Mangel der Nachrichten nicht anzeigen. Nicht uninteressant müßte es wohl seyn, zu wissen, wie durch neue in Umlauf gekommene Ideen über Schul- und Erziehungswesen auch hier Umänderungen veranlaßt worden. Indessen blieb das Ganze bis in die Zeiten des dreyßigjährigen Kriegs fast unverändert, da weder die Ramistischen Aufklärungen in der Philosophie, noch weniger aber die neue

*) Ueber alle das angeführte siehe Lud. literar. welches auch in Schumach. Vita Siberi zu finden.

Methode des Ratichs in Sachsen Eingang fand.*) Eben so wenig entwickelten sich im Innern von Sachsen um diese Zeit bessere Einsichten über Lehrkunst und Erziehungswesen.

Man weiß, welchen Kampf die Theologen besonders von der zweyten Hälfte des sechzehnten Jahrhunderts an führten; so heftig, daß der Staat sich diesem Kriege der Meynungen annehmen mußte; obgleich die Regenten selbst zweifelhaft waren, welcher Meynung sie beypflichten sollten. So abwechselnd das Glück der Partheyen war, so behielt die orthodoxe doch am Ende den Platz, und wachte nun um so mehr, jede neue Meynung, jede Idee zu Verbesserungen, wenn sie auch nur in der entferntesten Beziehung auf die Kirche zu stehen schien, in ihrer Geburt zu unterdrücken, ihren Erfinder oder Anhänger aber zu verketzern und zu verjagen. Es fehlt nicht an Beyspielen aus dem sechzehnten Jahrhunderte, welche das Gesagte rechtfertigen. Und so gieng es in unserm Vaterlande nicht allein. In der Lehrform, worin der Jugendunterricht gegossen war, blieb er also stehen, weil es sehr gefährlich war, daran etwas ändern zu wollen. Veränderte Lage und Zeiten, fortschreitendes Denken, neue Bedürfnisse blieben ohne Wirkung. Die Lehrform konnte um so weniger umgegossen werden, da die Schulen unter geistlicher Inspektion standen. Für den Religionsunterricht blieb Luthers Catechismus über diesen Zeitraum hinaus. Ein hiesiger Superintendent M. Ge. Reute, wollte einige veränderte Fragstücke ums Jahr 1591. in der Schule einführen; er wurde aber deshalb vor dem Rathe zur Verantwortung gezogen, und bey der Kirchen-

*) Von Ratich siehe: Mangelsdorf Versuche einer Darstellung dessen, was seit Jahrtausenden an Erziehungswesen gesagt und gethan worden, Leipzig 1779. S. 179. Pauli am angef. Orte, Th. I. S. 25. Ruhkopf am angef. Orte, Th. I. S. 399.

chenvisitation den 11. Sept. 1592. als des Cryptocalvinismus verdächtig seines Amtes entlassen.*) Ohngefähr beym Anfange des siebzehnten Jahrhunderts wurde auch Hutters Compendium, welches mehrentheils mit den eigenen Worten der symbolischen Bücher gegen die röm. Kirche, vornämlich aber gegen die Grundsätze Calvins gerichtet war, zum ausführlichern Religionsunterrichte hier eingeführt.

Ob nun aber die ganze beschriebene Lehrart und alle übrige Umstände die hiesige Schule sehr frequent und blühend gemacht habe, ob die Schüler sogleich von hieraus die Academie bezogen, oder zuvor andere Schulen besucht, ist in Ermangelung gewisser Schulbevölkerungslisten nicht zu bestimmen. Ueberhaupt wird auch ein mit ganz philosophischer Hinsicht entworfner Studienplan und Lehrmethode unfruchtbar bleiben, wenn die Lehrer nicht Talente der Anwendung besitzen; eine Forderung, die damals noch weniger als heut zu Tage geleistet wurde. Das thätige Leben eines Schulmannes, besonders eines Rektors kann daher in Rücksicht seiner Schule von außerordentlicher Wichtigkeit seyn, und selbst in der Schulgeschichte Epochen veranlassen. Viele Chemnitzer aus dieser Periode aber vollendeten ihre Schulstudien zu Pforte.**) Und zur Zeit der Drangsale und Verwüstungen des dreyßigjährigen Krieges, welche so mächtig auf das Aeußere der hiesigen Schulanstalten wirkten, wie wir oben gesehen haben, war die Schule wenigstens so in Verfall, daß Niemand mehr von derselben auf die Universität gehen konnte.

Am Ende des vorigen Zeitraums ums Jahr 1538. findet man schon Nachricht, daß zur Erholung und Ergötzung der Schüler (eine andere Absicht kam wohl anfangs in keines Menschen Sinn) von dem Schulmeister

*) s. Richters Chronik, Th. II. S. 227.

**) s. Pertuckii Chron. Portensis, P. II. Mülleri Progr. de hist. Schumach. Chemn. 1721,

meister zu Fastnacht eine geistliche Comödie auf dem Markte aufgeführet worden. Vermuthlich war solches auch schon viel früher geschehen. Vom Jahr 1603. an, wo die Knaben »mit den Adjuvanten des Chori Musici zu St. Jacob« ein gleiches thaten, wurde es fast jährlich wiederholet.*) Die Stücke waren fast immer aus dem Terenz oder der Bibel genommen. Ob das Gregorienfest vor der Reformation von der hiesigen Schule gefeyert worden, ist nicht gewiß. Wenigstens war es seit der Zeit in Vergessenheit gekommen; denn von dem Rektor Caspar Wirth, welcher sich von 1619 bis 1627. hier befand, wird gemeldet, »daß er zuerst den 22. März 1619. das Gregorienfest in schönem Habitu celebriret habe.**)« Die ganze Schule machte auf eine dem Geschmacke des Zeitalters angemessene Art in sonderbarer Kleidung einen Aufzug, gieng durch die Straßen und in die Häuser und sang; oder es traten auch Knaben auf und hielten Reden. Die Einwohner des Orts theilten dafür Geschenke aus. Diese angesprochene Freygebigkeit war vermuthlich die Veranlassung von Seiten der Schullehrer, welches um so gewisser scheint, da um das Jahr 1619. das traurige Kipper- und Wipperwesen im Schwange gieng, wodurch diejenigen, welche fixirte Besoldungen genossen, überall zu kurz kamen, und daher auf neue Erwerbungen bedacht seyn mußten. Dieses mag auch anderwärts häufig die Veranlassung zu den Umgängen gewesen seyn.

*) s. Müllers Einladungsschr. zu einer Comödie, 1733.

**) s. Weils Mscr. über die Schule zu Chemnitz.

Die Fortsetzung folgt.

Museum

für

die Sächsische Geschichte Litteratur und Staatskunde.

Herausgegeben

von

Dr. Christian Ernst Weiße.

Dritten Bandes zweytes Stück.

Leipzig,

in der Weidmannischen Buchhandlung.

1796.

I.

Fortsetzung der Abhandlung von der Stadtschule zu Chemnitz.

§. 6.

Begebenheiten der Schule vom 30jährigen Kriege an bis auf unsere Zeiten — Stiftung einer Schulbibliothek, Legat für arme Kinder 2c.

Sieben Jahre hatte das Schulgebäude in seinen Ruinen gelegen, als es im J. 1641 wieder aufgeführet, und den 14. Sept. nach einer von dem Superintendenten M. Sebastian Hommel gehaltenen Predigt eingeweihet wurde. Den 1. Oct. wurden die öffentlichen Lectionen durch einen feyerlichen Actus, bey welchem vier Schüler als Redner auftraten, eröffnet. Der damalige Rector, Adam Andreä, ladete durch ein lateinisches Programm in Saphischen Versen, welches von poetischen Glückwünschungen der übrigen Lehrer begleitet war, dazu ein *). Dieser

Andreä,

*) S. Richters Chronik, Denkwürdigk. von Chemnitz. Beilii Memoria Scholae Chemnicensis. Müller. de hist. Scholae Chemn.

Andreä, dessen Leben nebst der übrigen Rectoren und Conrectoren Leben ich künftig in einem kurzen Nachtrage liefern werde, bleibt für diese Schule stets ein verdienstvoller Mann; er legte nämlich durch das Vermächtniß seines Büchervorraths den Grund zu einer Schulbibliothek, und setzte überdem zu deren Vermehrung ein kleines Capital von 50 Gülden aus *). So gering auch der Anfang war, so wuchs sie doch durch die Wohlthätigkeit sowohl von Seiten der Geistlichkeit, als der Kaufmannschaft und Bürger, bald ansehnlich an. Auch die Schüler trugen öfters beym Abgange dazu bey; und einige von ihnen erinnerten sich derselben, wenn sie in vermögende Umstände gekommen waren. Besonders legirte aber der Amtmann Salomon Siegel († 1685) unter andern ein Capital von 500 fl., davon die jährlichen Zinsen dem Ministerium, dem Schulcollegium und der Schulbibliothek wechselsweise zufallen sollten **). Aus diesem Legate waren denn auch unter dem verdienten Rector, Daniel Müller (von 1707 — 1741), allein schon eine An-

zahl

*) S. Dan. Mülleri Progr. de fundatione Bibliothecae Scholae Chemn. ab Ad. Andreae, Rect. Chem. 1721. fol.

**) S. Mülleri Progr. de Bibliotheca Scholae Chemnicensi, Chem. 1709. fol. Eiusd. Progr. continens Indicem librorum, quibus Sal. Sigelius Bibliothecam Chemn. auxit, ibid. 1736. et Eiusd. Progr. ad Memoriam Sal. Sigelii et alior. viror. ibid. 1733.

zahl recht guter und brauchbarer Bücher angeschafft, welche der Rector Hager in einer Gedächtnißschrift auf Siegeln kürzlich anführet. Sie bestehen in philologischen und historischen Schriften, als: Salmasii Exercitat. Plinianae, Speneri opus heraldic. eiusd. theatr. nobilium, Historici Ecclesiastici Gr. III Tom. Philonis opera, Iosephi opera; Buddeus allgem. histor. Lexikon; Strabonis Geographia, ed. Amstd. Herodotus Gronouii, Aristophanem Kusteri, Gatakeri opera critica, Gyraldi opera, Cavei hist. Litt. Script. eccl. Cypriani Hilaria euang. Platonis opera, Bocharti opera, Pollucis onomasticum, Calvaers Saxoniam infer. Am. Marcellinum Gronouii, Lindenbrogii Script. Septentr. Puffendorffii Comment. de rebus Frid. Wilhelmi, Clementis Alexand. opera, Pistorii Script. rer. german. Hippolyti opera, Sommersbergii Script. rer. Siles. Thebesii Liegnitzische Jahrbücher, Propertium Broukhuysii, Monumenta Paderborn. Suetonium Pitisci, Taciti opera Gronouii, Senecae Tragoedias Gronouii, Liuii opera etc. *). Auch unter dem gelehrten Rector Hager kam theils aus diesem Fond manches nützliche und kostbare Buch hinzu, wie z. B. Hesychii Lexicon gr. ex rec. Alberti, T. I—II. L. B. 1756—66. fol.; theils vermehrten auch andere Gönner dieselbe,

*) S. Einlad. zu einer Redeübung zum Andenken Sal. Siegels von M. J. G. Hager, Rector. Chemn. 1742.

selbe. So schenkte der Burgemeister Wend Linné Systema Naturae etc. c. pr. Io. Ioach. Langii, T. I.—III. Halae 1769—70. 8. c. fig. hinein, und ein abgehender Schüler, Chr. Fr. Oehme, verehrte 1764 Rollins Röm. Historie, Lpz. 1739—1750. 8. in 5 Theilen. Und manches seltne Buch ist darin anzutreffen, unter andern: *Directorium Statuum*, seu verius, Tribulatio seculi in 4to 36 fol. siue 9 plag. c. fig. ligno incisis a Petro Attendornio, Argent. 1489. editum; *Musae lacrymantes*, siue Pleias Tragica, i. e. septem Tragoediae sacrae — auct. R. P. Iac. Corn. Lummenaeo a Marca Relig. Presb. S. Bened. in monte Blandino ad Gandauum. Duaci 1628. 4. min. 1 Alph. 7 Bog.; *Liber faceti-docens* mores hominum praecipue iuuenum in supplementum illorum, qui a cathone erant omissi iuvenibus vtiles, impr. Coloniae per Henricum Quentell. in 4. 26 fol. circa an. 1490—1492. Hager unternahm daher etwas nützliches, als er von den Merkwürdigkeiten dieser Schulbibliothek in sieben Programmen Nachricht ertheilte *). Neben dieser Stiftung einer öffentlichen Schulbibliothek hat sich ein anderer Mann durch eine ähnliche Stiftung ein verdientes Andenken erworben. Dieses ist der Steuerrath Andreas Crämer, ein Chemnitzer von Geburt, der als Curren-

*) Memorabilia Bibliothecae Chemnic. Progr. I—VII. Chemn. 1769—1777.

Currendaner die Schule seiner Vaterstadt besucht hatte. Er stiftete 200 fl., um armen Stadtkindern Schulbücher auszutheilen. Es geschiehet solches jährlich beym Examen, und ist den 19. Nov. 1703 zum ersten Male befolget worden *). Für die Unterstützung der Schüler ist übrigens durch die Currende und das grössere Chor gesorgt. Jene ist zu Rector Hagers Zeiten durch die Inspection bis auf 16 Knaben erhöhet worden, damit theils solche ohne Verhinderung der übrigen Tertianer ꝛc. die Metten und halbe Chorleichen allein besorgen möchte, theils damit dem geschwinde Singen der Currendaner vor den Häusern künftig dadurch abgeholfen würde, daß solche nun in 2 Chören singen gehen. Beyde, sowohl das Chor als die Currende, erhalten durch das ordentliche Singen und durch das sogenannte Ansingen bey Geburts- und Namenstagen durch die Wohlthätigkeit der Einwohner nicht geringe Vortheile. Die Currendaner werden überdem durch den Rath alljährlich mit Tuch zu Kleidern und alle 2 Jahr mit Tuch zu Mänteln versorgt; und in Rücksicht der öffentlichen Stunden sind sie auch vom Schulgelde befreyet **). Weder Chor noch Cur-

 rendaner

*) S. Richters Chronik, Th. 1. S. 216. und dessen Nachrichten zur Kirchengesch. S. 60.

**) S. Hagers zuverlässige Beschreibung der gegenwärtigen Verfassung der latein. Stadtschule zu Chemnitz. Chemn. 1755. 4. 2 Bog.

rendaner erhalten etwas von der Einnahme beym Gregoriussingen, welche nämlich den Lehrern, vom Rector bis zum Baccalaureus, zufällt: allein sie haben dagegen die ganze Einnahme des Neujahrssingen zu genießen; und überdem gehört dem Präfect und Adjunct des Chors der Gewinn von dem Dorfsingen bey Gelegenheit dieser Feste. Das Singen beym Gregoriusfeste, wo die Lehrer selbst mit durch die Stadt umherziehen müssen, ꝛc. ist hier eben noch wie in den meisten Städten Deutschlands gebräuchlich: denn man fühlt das Unanständige einer Gewohnheit noch nicht

herumziehenden und verlaufenen Bettelmönchen und

Freytische, zum Theil für baare

Diese Gewohnheit ist alt. Schon die welche allem Ansehen nach nicht später

nen, enthalten Vorschriften für diejenigen Schüler, welche als Kinderlehrer sich gebrauchen lassen *). Zugleich

*) S. Richters Chronik, Th. 1. S. 224. f.

gleich ersetzen aber hier die Schüler eine Anstalt, welche in Manufacturstädten gewiß erforderlich ist, welche aber, so viel ich weiß, außer England nicht angetroffen wird *). Bekanntlich ist Chemnitz eine Manufacturstadt; der ärmere Theil der Einwohner hat durch den Verdienst, welchen ihre Knaben in den Cattundruckereyen finden, eine fast gerechte Entschuldigung, selbige den öffentlichen Schulen zu entziehen, weil sie in den gewöhnlichen Schulstunden ihren Unterhalt durch ihre Arbeit selbst verdienen müssen. Ein erwachsener Schüler unterrichtet daher eine Anzahl von 6 — 10 Knaben, welche sich in einer Abendstunde versammeln, in den nothwendigsten Kenntnissen. Es ist leicht einzusehen, daß dieser Unterricht nicht anders als sehr dürftig ausfallen kann, da er ohne obrigkeitliche Inspection und einen gewissen vorgezeichneten Plan vorgenommen wird. Es wäre beydes wohl um so nöthiger, da diese Knaben gewöhnlich außerordentlich verwildert sind, welches, wie es scheint, daher rührt, daß sie in Gesellschaft erwachsener Personen von verschiedenem Charakter arbeiten, welche, wenn auch ohnabsichtlich, durch sittenlose Gespräche früh schon jede moralische Regung in den Seelen dieser Knaben ersticken. Es verdiente daher wohl von Freunden der Menschheit erwogen zu werden, wie diesem Uebel in Manufacturstädten mit glücklichem Erfolge entgegen zu arbeiten sey. —

 Je

*) Sonntagsschulen trifft man außer England wohl nicht an.

Je geringer durch diese Gelegenheit, den täglichen Unterhalt in den Manufacturen verdienen zu können, die Anzahl der Schüler aus der Stadt gewöhnlich seyn muß — Hager zählte im J. 1764 nur 78 Stadtkinder in allen Classen der latein. Stadtschule — desto zahlreicher pflegen diejenigen Schüler zu seyn, welche, um sich für die höhern Wissenschaften geschickt zu machen, aus der Nachbarschaft hier studieren. Im J. 1723 saßen in den beyden höchsten Classen 89 Schüler, unter welchen sich 29 Chemnitzer befanden, und bey Hagers Tode (1777) waren 85 Schüler darinnen, unter welchen sich nicht mehr als 28 Chemnitzer befanden, wovon noch viele zu bürgerlichen Gewerben zurückkehrten *). Wenn geringes Schulgeld zur Bevölkerung einer Schule beytragen kann, so scheint das hiesige kein Hinderniß derselben. Ein Quintaner und Quartaner bezahlt das Quartal für die öffentlichen Stunden nicht mehr als 1 Gr. und für die Privatstunden 6, 8 oder 12 Gr. Ein Tertianer für die öffentlichen 2 Gr. und für Privat- und Singstunden 12 Gr. Ein Secundaner und Primaner endlich, jener 3 und dieser 4 Gr. und für die Privatstunden 16 Gr. Privatissima werden ebenfalls das Quartal nur mit 16 Gr. bezahlt.

Alle

*) S. Hagers Progr. unter dem Titel: Ungegründete Einwend. wider die öffentlichen Schulen. Chemn. 1764. Gelegenheitsgedichte der Schüler mit dem Namensverzeichnisse von 1723 auf den Namenstag des Conrect. Weiß, und 1777 auf Hagers Tod.

Alle Schüler geben bey der Aufnahme und den Namenstagen ihrer Lehrer etwas Beliebiges *). Dieses Schulgeld ist nebst den Namenstags- und Gregorius-geldern ein Theil der Einkünfte der Lehrer, die zum Theil, nach dem, was oben angegeben worden, nicht so ganz geringe, sondern vielmehr in Rücksicht anderer Orte besonders einträglich sind. Ich erinnere mich wenigstens ein Einnahmeverzeichniß eines ehemaligen Conrectors gesehen zu haben, wo sich die Jahreseinkünfte desselben auf 420 — 40 Rthlr. beliefen.

Ohngeachtet der schwachen Anzahl der Stadtkinder in dieser Schule, daran theils die oben angegebene Ursache des Manufacturwesens, theils die Bequemlichkeit des Hausunterrichts durch die größern Schüler, theils andere Dinge Schuld seyn können, nahm doch im J. 1719 die Jugend in den untern Classen so stark zu, daß der Rath, als Patron der Schule, noch einen Schulcollegen, einen Sextus, anstellen mußte **); allein 1770 ist diese Stelle, wegen schlechter Zeiten, lange vacant geblieben, und ich weiß nicht, ob sie gegenwärtig besetzt ist. Ueberdem ist aber schon aus frühern Zeiten, wenigstens der Mitte des vorigen Jahrhunderts, der jedesmalige Kirchner zu St. Jacob Collaborator der Schule.

*) S. Hagers Beschreibung der Verfassung der Schule zu Chemnitz.

**) S. Beils Mscpt. über die Schule zu Chemnitz.

§. 7.

Innerer Zustand der Schule, vom 30jährigen Kriege bis auf unsere Zeiten — Lehrstoff, Methode, Disciplin etc. Lectionscatalog vom J. 1794.

Die Streit- und Verfolgungssucht unter den Protestanten in der zweyten Hälfte des 16ten Jahrhunderts und im Anfange des 17ten, schien alles Selbstdenken, alles Forschen und damit alle wahre Gelehrsamkeit zu Grabe tragen zu wollen; die Barbarey eines dreyßigjährigen Krieges im 17ten Jahrhundert suchte jede Spur von Cultur auszulöschen: doch alles war vorübergehend, und wirkte nur zur Entwickelung der Humanität; schwerlich hätten wir ohne jenen schrecklichen Krieg, ohne den darauf erfolgten Frieden unsere segensvolle Denkfreyheit erlangt. Kaum breitete der milde Frieden Ruhe über Deutschland aus, kaum erndtete der Landmann die Früchte seines Schweißes für sich wieder ein, kaum genoß der Städter die Belohnungen seines Fleißes und seiner Kunst, ohne Furcht geplündert zu werden: so wurde auch auf die Aufbauung von Kirchen und Schulen Geld und Sorgfalt gewendet. Auch Chemnitz hatte seine Schule wieder aufgebauet. Jetzt hob sie sich binnen kurzer Zeit unter ihrem Rector, M. Albin Seyfried, von 1646—1658 wiederum so, daß die Schüler von da die Academie beziehen konnten *). Seyfried, dessen Verdienste hier-

*) S. Mülleri Progr. de hist. Scholae Chemn. 1721.

hierbey in der Folge dadurch belohnt wurden, daß er Superintendent zu Chemnitz wurde, war ohne Zweifel ein guter Philologe. Als Rector verfertigte er den Chemnitzer Donat, der sich lange als Schulbuch hier erhalten hat *). Alle seine Einrichtungen sind zwar nicht zu bestimmen: allein es ist gewiß, daß die meisten Abweichungen von dem vorigen Studienplan ihm zuzuschreiben sind: durch ihn und seine Nachfolger Egenolph, Engel, Arnold, Schulz, Müller u. s. w. so wie durch die Conrectoren, Joh. Matth. Engel, Planckner, Weiße, Hähling, Beil, Krebs u. s. w. kam die Schule überall in gutes Ansehen, und nicht nur die Stadtkinder, welche zum Studieren bestimmt waren, frequentirten die Schule, sondern auch Fremde, durch die Freygebigkeit der Einwohner noch mehr angelockt, machten sich hier zu den academischen Studien geschickt **). Es waren die gedachten Männer nicht

*) S. Richters Chronik, Th. 2. S. 240.

**) Es sind viele Männer seit dieser Zeit in Chemnitz gebildet worden, welche als Gelehrte in der Folge sehr merkwürdig geworden. Unter den frühern nenne ich nur den ehemaligen Prof. Platner zu Leipzig und den Schuldirector Ranisch zu Altenburg; von denen, welche noch leben, ist ohne Zweifel der Prof. Heyne zu Göttingen der denkwürdigste. Der Prof. Johann August Ernesti zu Leipzig sagte daher in der Schlußrede zu Salomon Ranischens Dissert. de Lucae et Iosephi in morte Herodis

nicht allein gute Philologen, sondern einige unter ihnen dachten mit Gründlichkeit über Pädagogik nach. Die Vollständigkeit der Geschichte erlaubt es nicht, einen Mann hier besonders unerwähnt zu lassen, der über Pädagogik überhaupt und über Lehrkunst und Methode mit tiefdringendem Blicke nachforschte. Es war dieses der damalige Conrector, Chr. Heinr. Weiße, der von hier als Rector nach Annaberg und von da nach einem Jahre als Director des Gymnasiums nach Altenburg gerufen wurde. Sein früher Tod († 1730. alt 42.) entriß die Hoffnung, so manche seiner Ideen realisiret zu sehen *). Seine Meinungen über pädagogische Gegenstände blieben auch gewiß in Chemnitz nicht

rodis Agrippae Consensu, Leipzig 1745. mit Recht: Est praecipua quaedam et iam aliquot saeculis cognita, in excellentibus ingeniis proferendis, felicitas Chemnicii: neque alia temere, in his terris, vrbs est, vnde instructiores graecarum et latinarum litterarum scientia adolescentes ad nos venerint.

*) Der Herr Herausgeber dieses Museums verzeihe meine Kühnheit, hier seinen verewigten Herrn Großvater genannt zu haben. Von dem Wenigen, was gesagt worden, steht jedem Leser die Quelle zur Ueberzeugung offen. Diese sind seine Schriften, als: Gutachten von Schulsachen ꝛc. Chemnitz 1718. 8. 352 S. Latium in compendio, d. i. sichere und angenehme Methode, die lateinische Sprache auf mathemat. Art zu erlernen. 2 Theile. Altenburg bey Richter 17.. und 1769. 8. Bey der Lesung

nicht ohne Wirkung, und er durfte daher hier nicht übergangen werden. Nach des Rector Dan. Müllers Tode kam Hager nach Chemnitz. Von ihm ist uns der Lehrstoff und die Lehrmethode zu seiner Zeit in einem Programm v. J. 1755 ausführlich beschrieben worden. Ein so thätiger Mann, wie dieser, dessen Verdienste um die Erdbeschreibung, so wie um einige andere Fächer der Litteratur, bekannt genug sind, wirkte ohne Zweifel auf die Verfassung der Schule; seine Beschreibung scheint dieses zu rechtfertigen. Das Wesentliche davon ist folgendes: Ehe er zur Beschreibung selbst übergeht, bestimmt er als Zweck von den Bemühungen der Lehrer die Erzeugung einer ungeheuchelten und wahren Gottesfurcht, eine gründliche Kenntniß der nothwendigen Sprachen und Wissenschaften, und eine nach den Zeiten höchst erforderliche Ausübung guter Sitten. Auf diesem Wege hofft er gute Christen und brauchbare Männer in jedem Fache zu bilden. Dann geht er zur wirklichen Beschreibung über. In der fünften Classe fing sich demnach, wie in allen Classen, die Schule mit Gesang, Gebet und Bibellesen an, alsdann wurden die ersten Anfänger im A. B. C. im Buchstabiren und Lesen geübt. Die Grundlehren der Religion, als biblische Sprüche,

Psalmen

Lesung und dem Urtheile muß man freylich auf das Zeitalter Rücksicht nehmen. Dieses ist bey allen Schriften der Vorzeit nöthig.

Psalmen und Hauptstücke, wurden sorgfältig erkläret und durch Vorsagen eingeprägt. In der vierten Classe wurde der vorige Unterricht fortgesetzt; allein es kam nun auch das Lateinische hinzu, welches im Decliniren, Conjugiren und Beybringung leichter lateinischer Wörter bestand. Doch, zur Ehre dieses vernünftigen Schulmannes sey es gesagt, erinnerte er, daß es einem jeden Vater frey stände, zu erklären: ob sein Kind blos das Christenthum, Rechnen und Schreiben erlernen, oder weiter angeführt werden solle. Im ersten Falle, sagt er, würde blos das reine deutsche Lesen, eine zierliche Hand zu schreiben und gründlich zu rechnen gelehret, und hauptsächlich mit allem Eifer die Grundsätze der christlichen Religion, nach Anleitung des Dresdner Catechismus, deutlich erkläret und eine wahre Gottesfurcht durch Wiederholen eingeschärfet. Im zweyten Falle blieb es bey der gewöhnlichen Ordnung. In der dritten Classe wurde auf dem in der Religion gelegten Grunde fortgebauet. Die Knaben mußten die Hauptstücke, die vornehmsten Fragen und wichtigsten Sprüche des Catechismus und die Bußpsalmen auswendig lernen. Im Lateinischen wurde durch Wiederholung des Vorigen alles fester beygebracht, die Regeln des Zusammenhangs wurden nach Langens Grammatik erkläret, und die Anwendung in Langens Colloquien, Aesopus Fabeln und dem Orbis pictus gezeigt; indem solche täglich übersetzt und zergliedert wurden. Dabey sah man

stark

stark auf die vorkommenden Sittenlehren. Kleine Nachahmungen wurden deutsch gegeben, und dann verbessert. Wörter und Redensarten, die sich darin fanden, wurden auswendig gelernet. In den Privatstunden wurde theils das Vorige fortgesetzt, theils ward die Kunst, schön und recht zu schreiben und zu rechnen, gewiesen. Zur Uebung im Lesen wurden verschiedene Handschriften vorgelegt. Der Spectius wurde übersetzt und gebessert; die latein. Wörter in Langens Grammatik auswendig gelernet. Mit dem Griechischen wurde der Anfang gemacht, und die Hallische Grammatik dabey gebraucht. Ueberdem wurden viermal wöchentlich Singestunde gehalten, die Anfangsgründe der Vocalmusik zu lehren. Die zweyte und erste sind in den öffentlichen Stunden vereinigt. Der Religionsunterricht war nach Hutters Compendium, Definitionen und Beweissprüche wurden erklärt und auf die Beweisgründe in letztern aufmerksam gemacht, und sowohl deutsch als lateinisch auswendig gelernet. In der lateinischen Sprache wurden Epistolae et Orationes Ciceronis und der Virgil gelesen, und dabey auf eigentliche Bedeutung und Reinigkeit der Wörter, Schönheit der Redensarten, Einrichtung, Zierlichkeit und Verstand ganzer Sätze und auf die Uebereinstimmung oder Abweichung der lateinischen von der Muttersprache gesehen. Kurze Nachahmungen wurden dabey gemacht; und Alterthümer und Mythologie dabey mit Entdeckung der

Quellen

Quellen erklärt; auch Sittenlehren nach Beschaffenheit daraus gezogen. Die Langische und Märkische Grammatik zog man überall dabey zu Rathe. Im Griechischen wurde Plutarchus de educatione Puerorum oder die Sonntagsevangelien und Episteln gelesen, die Hallische Grammatik und Posselii Syntaxis gebraucht, und wie im Lateinischen verfahren. Die Schüler mußten den Inhalt mit lateinischen Worten erzählen, wodurch sie zum Lateinischreden angeleitet wurden. Zur Sittenbildung las man Erasmi Roterodami Ciuilitas morum, und sah auf Ausübung. Vor Genießung der Communion wurden ascetische Stunden gehalten, und denen, welche zum ersten Male dazu gehen, ein catechetischer Unterricht ertheilet. Der Conrector ging in beyden Classen den Curtius, Julius Cäsar und Ovid, und im Griechischen das neue Testament durch. Der Cantor hielt wöchentlich fünf Singestunden in den obern Classen, welche die Choralisten nothwendig besuchen mußten, aber auch jedem andern freystunden. In der zweyten Classe besonders wurden vom Conrector in den öffentlichen Stunden allein alle Theile der Grammatik nach Langen gelehret, wobey die nothwendigen Regeln auswendig gelernet und mit Beyspielen erläutert wurden. Alle Mittwoche wurden deutsche und lateinische Verse und alle Sonnabend eine ungebundene deutsche Uebersetzung aufgewiesen und verbessert. In den Privatstunden wurde Cornelius Nepos, der Terenz und das griechische neue

Testa-

Testament gelesen und die griechische Grammatik fleißig getrieben. Privatissime hielt selbiger französische und italiänische Stunden, und gab Anleitung zum Styl. Der Rector erklärte den Schülern der ersten Classe öffentlich Zopfens Vernunftlehre und Freyeri Oratoria. Mittwochs wurden deutsche oder lateinische und griechische Gedichte, und Sonnabends deutsche, lateinische, griechische und hebräische Uebersetzungen, deutsche und lateinische Perioden, Briefe, Fabeln rc. aufgewiesen und verbessert. Vier Primaner hielten selbst verfertigte oder aus guten Schriftstellern genommene Reden, wobey man auf alles einem Redner Anständige Acht gab. Alle 14 Tage wurde über eine von einem Primaner verfertigte Disputation disputiret, zuvor erklärte Hager aber seine Elementa artis disputandi. Privatim wurden Heineccii fundamenta styli, der Horaz und Homer erklärt, die Sittenlehren und alle Theile der Geschichte pragmatisch vorgetragen. Privatissime wurden Danzens Compendium linguae hebraeae halbjährlich vollbracht; Opitii Biblia sacra beständig gelesen, zur deutschen und lateinischen Dichtkunst Anweisung gegeben, und die Geographie nach Hagers eigenem Lehrbuche vorgetragen, auch französische und italiänische Stunden und bisweilen oratorische Uebungen gehalten.

Dieses ist die innere Verfassung, wie sie unter dem Rector Hager und besonders im J. 1755 bestand.

Wenn wir diese Beschreibung mit der Schilderung der vorigen Zeiten vergleichen, so werden wir freylich manche Fortschritte gewahr. Wir sehen Geschichte und Geographie in den Schulstudienplan, obwohl nur für die höhern Classen, aufgenommen; da doch auch der künftige Gewerbe treibende Bürger dieser und ähnlicher Kenntnisse sehr bedarf. In Rücksicht der Methode wissen wir von mehrern Lehrern, daß sie in neuern Zeiten glückliche Verbesserungen gemacht haben, z. B. in zweckmäßiger Erklärung der Autoren u. s. w. Das Ganze sieht aber bey alle dem der alten Verfassung überall gar zu ähnlich. Dieses würde zwar nichts zu bedeuten haben, wenn entweder die alte Einrichtung in der Folge nie einer Verbesserung bedurft hätte, oder wenn nicht dadurch angedeutet würde, wie wenig man überhaupt zu Verbesserungen geneigt sey, wie selten man auf die Forderungen höret, welche neue Bedürfnisse und veränderte Zeiten machen, wie spät man zur Realisirung der Vorschläge großer Pädagogen in diesem Jahrhundert schreitet. Allein es ist nicht hier allein der Fall. — Ohne diesen Gegenstand und die möglichen Verbesserungen selbst zu verfolgen, will ich nur eine Lectionstabelle, welche die innere Beschaffenheit der höhern Classen aus der neuesten Zeit darstellt, hier beyfügen, und dann weiter gehen.

Oeffentliche Stunden.

Stunde	Montag	Dienstag	Donnerstag	Freytag
6—7	Singen, Beten und Bibellesen.	wie Mont.	wie Mont.	wie Mont.
7—8	Theol. nach Reichardi Init. doctr. Christ.	Univers. Geschichte nach Schröckh.	Theologie wie Mont.	Choralisten u. Secundaner in der Kirche bis 8 Uhr.
8—9	Cic. de offic.	Curtius.	N. Testam.	frey.
halb 1 Uhr bis halb 2.	Singestunde.	wie Mont.	wie Mont.	wie Mont.
halb 2 bis 2.	Ovid. Metamorph.	wie Mont.	Iul. Caesar.	wie Donnerst.
2—3	Epist. Cic.	wie Mont.	Xenoph. Memorab.	Virgilii Aen.

Privatstunden in Cl. II.

9—10	Sel. hist. e prof. Script.	wie Mont.	N. Testam.	wie Donnerst.
3—4	Terentius.	wie Mont.	Aeliani variae hist.	wie Donnerst.

in Cl. I.

9—10	Homer. od. Spec lat. vel gr.	Sueton.	Gesners Chrest. gr.	Horat.
3—4	Hebräisch	wie Mont.	Orat. Cic.	wie Donnerst.

Mitwochs und Sonnabends ist es von 6—7 wie an den andern Tagen, dann werden in der zwey-

 ten

ten Classe Specimina corrigirt, auch etwas aus einem Autor perorirt, welches eben so in der ersten Classe statt findet, wo etwas aus dem Horaz perorirt und dann ein Specimen ausgearbeitet wird. Um 8 Uhr geht das Chor singen, und die obern Classen haben keine Lectionen weiter.

Das Gebet in diesen beyden Classen läßt der Rector und Conrector wochenweis abwechselnd anfangen, wonach sich auch das Halten der nächsten Lectionen richtet. Denn die öffentlichen Lectionen werden von einem dieser beyden Lehrer in beyden Classen, die alsdann vereinigt sind, besorgt.

Was die Schulzucht betrifft, so ist diese mehr mit der Zeit fortgerückt. Die Schulgesetze, davon ich das Jahr, wie oben erinnert, nicht angeben kann, enthalten Vorschriften in Rücksicht der aufzunehmenden und aufgenommenen Schüler, des Gehorsams gegen die Lehrer, des Fleißes, des Betragens gegen andere Leute, besonders Wohlthäter, der Kleidung rc. rc. Auch wegen des Chors sind besondere Anordnungen darin enthalten. Sonst wird der Stock als zweyter Grad der Strafe bestimmt; bey gewissen Vergehungen werden auch Geldstrafen von 3 Pf. bis 1 Groschen festgesetzt *). Letztere Strafen sollen einigermaßen noch üblich seyn. Uebrigens sind zur Erhaltung der Ordnung einige Classen in Decurien getheilt, wo jeder Decurio Aufsicht über seine Mitschüler führt.

Um

*) S. Richters Chronik, Th. 1. S. 216—28.

Um den Fleiß der Lehrer und die Fortschritte der Schüler in Wissenschaften und Sitten zu beobachten und nöthige Verbesserungen zu veranstalten, werden halbjährlich Examina gehalten. Siber erwähnt ihrer schon, obgleich eine andere Nachricht sagt, daß der Superintendent M. Tettelbach (zwischen 1554 und 1566) dieselben bey der lateinischen Stadtschule eingeführt habe *). Zu dem nämlichen Zwecke dient auch der Besuch, welchen der Ephorus öfters, und nach einer gewissen Nachricht **) alle 4 Wochen, in der Schule ablegen soll. Der Rector Hager rühmt in seiner Beschreibung den öftern Besuch des damaligen Superintendentens, Dr. Hellers. Die Versetzung aus einer Classe in die andere geschiehet allezeit Freytags vor Pfingsten, wo ein jeder Schüler sein Lob oder Tadel öffentlich erhält, nachdem er dessen würdig ist.

Zu den Zeiten des Rector Hagers, der doch ein gewissenhafter Mann gewesen zu seyn scheint, war vermuthlich die Klage über häufige Feyertage nicht selten. Er rechtfertigt sich wenigstens in seiner Beschreibung deshalb, und versichert: daß jederzeit Freytags Nachmittags vor dem Feste die Schularbeit beschlossen, und Donnerstags nach dem Feste wieder angefangen würde. Beym Neujahrsingen würden, in Abwesenheit des Chors und der Currende, von ihm und dem Conrector öffentliche Stunden, und in den untern Classen ordent-

 lich

*) S. Hagers oft angef. Pr. von der Verf. der Schule.

**) S. Richters Chronik, Th. 2. S. 254.

lich Schule gehalten. Bey den zwey Jahrmärkten wäre die Schule 3 Tage geschlossen, und diese 6 Tage wären die eigentlichen Feyertage des ganzen Jahrs. Beym Gregoriusfeste wären Lehrer und Schüler nicht müßig, und in den Hundstagen wäre Vormittags Schule, wiewohl solches im ganzen Lande nicht statt finde. Alle übrige Feyertage wären nur Nachmittagsstunden, wobey die Privatissima nicht ausgesetzt würden. Nach einer ganz neuen Nachricht, welche vor mir liegt, sind jetzt folgende Feyertage: 3 Wochen Oster- und Gregoriusfest, 3 Wochen-Hundstagsferien, 4 Wochen Weyhnachtsfest und Neujahrssingen, 8 Tage zu Pfingsten, 8 Tage zu jedem Jahrmarkte. Hierzu kommen die halben Feyertage, als: 6 Namenstage der Lehrer, an welchen das Chor singen muß; 6 Namensfeyertage, an welchen die Geschenke für die Lehrer gegeben werden; 4 Quartalfeyertage u. s. w. Ueberdem wird bey Chorleichen ausgesetzt. —

Zu den Schulfesten gehörten sonst die Schulcomödien. Unter den Rectoren Schulze und Müller waren sie häufig. Es findet sich, daß 1686, 1709 den 19. und 20. Sept. und 1. Nov. 1710 den 17. 18. 19. und 20 Jun. 1714 den 18. 19. und 25. Sept. 1716 den 3. 4. 7. und 8 Sept. 1717 den 18. 19. 21. und 22. Oct. 1719 den 11. 12. 14. und 15. Sept. 1721 den 8. 9. 11. und 12. Sept. 1727 den 8. 9. 11. und 12. Sept. 1728 den 30. und 31. Aug. den 2. und 3. Sept. 1730 den 4. 5. 7. 8. und 13. Sept. 1733 den

7. 8. 10. 11. Sept. und 1738 den 28. 29. 30. 31. Jul. und den 1. Aug. dergleichen gehalten worden. Nach dieser Zeit finde ich nur einmal, daß der Rector Hager 1747 den 23. Nov. eine Schulcomödie von den Schülern hat aufführen lassen. Man schrieb zwar denselben für die Bildung junger Leute große Wirkung zu: allein mehrentheils und hauptsächlich wurde das Vergnügen beabsichtigt. Durch die Namensfeyertage, wo die Schüler der beyden obern Classen bey ihren beyden Lehrern mit Kuchen, Wein, Bier u. s. w. versorget werden, ist einigermaßen für die Erholung und das Vergnügen der jungen Leute gesorgt. Der Gregoriusumgang hingegen ist dahin nicht zu rechnen, da die Einnahme dabey den Lehrern als einen Theil ihrer Einkünfte zufällt. Gut wäre es auch hier, wenn Chemnitz andern Städten Sachsens und Deutschlands ein Beyspiel gäbe, und diesen Umgang der Lehrer durch ein Aequivalent an bestimmtem Gelde abstellte; denn ohne Zweifel ist das Unanständige eines solchen Umgangs von vielen braven Einwohnern schon anerkannt worden. Der Lehrer würde, ohne sich einer seinem Amte so unwürdigen Beschäftigung, als das Einsammeln seiner Besoldung vor den Thüren der Häuser ist, aussetzen zu dürfen, gern und mit Eifer künftig die Lehrstunden abwarten, die 14 Tage bis 3 Wochen zum Schaden der Schuljugend deshalb ausgesetzt werden.

II.

Rechts- und Rezeßmäßiger Beweis, daß die Succession in dem Genuß des Amtes Oldisleben den appanagirten Herzogen der Sächsischen Ernestinischen Linie allerdings zustehe.

Vorerinnerung.

Das heutige Senioratsamt Oldisleben war in ältern Zeiten ein Benedictinerkloster, dessen Stiftung die ehemaligen Geschichtschreiber der Adelheid, der Gemahlin des Grafen Ludewigs des Springers, zugeschrieben haben *). Diese Angabe läßt sich aber nicht beweisen, und man hat vielmehr aus guten Gründen behauptet, daß dieses Kloster von der Wittwe des Graf Cuno von Beichlingen, die auch Adelheid geheißen, um das Jahr 1089 gestiftet und mit vielen Gütern ausgestattet worden **). Schon daraus, daß die Grafen von Beichlingen in dieser Gegend begütert waren, und daß sie nicht nur die Schutzvogtey über das Kloster Oldisleben im Besitz hatten ***), sondern auch dem-

*) Thur. Sacra, p. 709.

**) Schwarzii Append. ad Albini Geneal. Com. Leisn. ap. Menck. S. R. Germ. T. III. p. 966. Heidenreichs Entwurf einer Hist. der Pfalzgrafen zu Sachsen, S. 88.

***) Dipl. Oldisleb. ap. Menck. l. c. T. I. p. 618.

nselben nach und nach viele Güter und Einkünfte ewendet haben; kann man um so gewisser auf die hlingische Stiftung schliessen, weil die Vogteyge- 'igkeit insgemein dem Stifter eines Klosters vor- lten wurde. Indessen stand dasselbe unter der ingischen, nachhero aber Sächsischen Landesho- und wurde daher, nachdem es im Bauernauf- (1525) eine gänzliche Zerstörung erlitten hatte, Herzog Georg zu Sachsen eingezogen und in ein ierwandelt.

1.

rmöge des 1485 errichteten Theilungsrecesses, ge- damals Oldisleben dem Hause Sachsen Alber- er Linie, wurde aber, durch den Naumburger Ver- vom J. 1554, vom Churfürst August an den unglück- chen Churfürst Johann Friedrich und dessen Söhne, Johann Wilhelm und Johann Friedrich den Jüngern abgetreten. Diese hatten dasselbe eine sehr kurze Zeit im Besitz. Schon im Jahre 1555 errichteten die letzt- genannten drey Herzoge mit den Grafen von Manns- feld einen Umtauschvertrag, nach welchem letztere das Hennebergische Amt Römhild und die beyden Pfand- schaften Lichtenberg und Brückenau dem Ernestini- schen Hause Sachsen gegen Ueberlassung des Kloster- amts Oldisleben, nebst einer Zugabe von 50000 Fl., erb- und eigenthümlich abtraten, und zwar mit dem Beding, daß die Grafen von Mannsfeld dasselbe vom Fürstlichen Hause Sachsen zu Mannlehen empfangen

 soll.

sollten *). Im Jahre 1591 verkaufte aber Graf Bruno zu Mannsfeld gedachtes Amt dem Herzog Friedrich Wilhelm zu Sachsen **), und als nachher (1603) dessen hinterlassene Söhne mit ihrem Oheim, dem Herzog Johann zu Sachsen-Weimar, die bekannte Landessonderung vornahmen, wurde Oldisleben dem Letztern zugetheilet, und von der Zeit an machte dieses Amt ein Pertinenzstück des Fürstenthums Weimar aus.

In diesem Fürstlichen Hause kam endlich im Jahre 1641 zwischen den drey Fürstlichen Brüdern, Wilhelm, Albrecht und Ernst, in Ansehung der Weimarischen Landesportion, eine abermalige Theilung zu Stande, wobey unter andern die Abrede genommen wurde, daß das Amt Oldisleben, bey der damals im Hause Sachsen eingeführten Senioratsverfassung, der jedesmalen älteste Prinz des gesammten Weimarischen Hauses, als ein Aequivalent für das, in gemeinschaftlichen Angelegenheiten zu führende, Directorium, in lebenslänglichen Besitz und Genuß haben sollte ***).

Dieser

*) dipl. in Grumers Gesch. Herz. Joh. Friedrichs des Mittlern, S. 217.

**) Beylage Nr. I.

***) Lünigs R. Archiv. P. Spec. von Sachsen p. 438. — Nach den damaligen Portionsanschlägen kamen die Revenüen von Oldisleben mit 2500 Fl. in Ansatz, dermalen aber kann man den Ertrag wenigstens auf 5000 Thaler angeben.

Dieser Bestimmung wegen führte nun Oldisleben den Namen des Senioratamtes, und seit jenem Vertrage hat dasselbe allemal der älteste regierende Herzog zu Sachsen, Weimarisch-Gothaischen und Eisenachischen Stammes, folgendermaßen besessen:

1) Herzog Wilhelm zu S. Weimar vom Jahre 1641 bis 1662.

2) Herzog Ernst zu S. Gotha vom Jahre 1663 — 1673.

3) Herzog Johann Ernst zu S. Weimar vom Jahre 1674 — 1683.

4) Herzog Johann Georg zu S. Eisenach vom Jahre 1684 — 1686.

5) Herzog Friedrich zu S. Gotha vom J. 1687 — 1691.

6) Herzog Bernhard zu S. Meiningen vom J. 1691 bis 1697.

7) Herzog Heinrich zu S. Römhild vom J. 1698 — 1710.

8) Herzog Ernst zu S. Hildburghausen vom J. 1711 bis 1715.

9) Herzog Johann Ernst zu S. Saalfeld von 1716 — 1729.

10) Herzog Friedrich Wilhelm zu S. Meiningen von 1730 — 1746.

11) Herzog Anton Ulrich zu S. Meiningen von 1746 bis 1763.

12) Her-

12) Herzog Franz Josias zu S. Saalfeld-Coburg besaß Oldisleben nur wenige Monate, weil er schon am 15. Dec. 1764 starb.

13) Herzog Friedrich zu S. Gotha vom J. 1764—1773.

Bey dem bisherigen Wechsel dieses Senioratamtes war noch nie der Fall eingetreten, daß ein appanagirter Prinz aus dem Ernestinischen Hause Sachsen einen von den vorhin benannten regierenden Herzogen im Alter übertroffen hatte, mithin konnte auch nicht die Frage entstehen, ob das gemeinschaftliche Directorium, nebst dem damit verbundenen Senioratamt Oldisleben, einem appanagirten S. Prinzen zu Theil werden könnte? Als aber Herzog Friedrich III. zu Sachsen-Gotha 1773 mit Tode abgieng, so ereignete sich jener Fall in der Person des damals noch lebenden Prinzen, Joseph Friedrich zu S. Hildburghausen, welcher, als Aeltester im gesammten Hause Sachsen Ernestinischer Linie, auf den Besitz und Genuß des bisherigen Senioratamtes, wiewohl mit Widerspruch der beyden Fürstlichen Häuser zu Sachsen-Weimar und S. Coburg, Anspruch machte, und die deshalbigen Gründe dem Kaiserlichen Hofe in nachfolgender Schrift vorlegte, welche ich, zur Erläuterung eines noch nicht genug bekannten Gegenstandes der Sächsischen Staatsverfassung, hier mittheile. Das Resultat davon war dieses, daß die Sachsen-Weimarischen und Coburg-Saalfeldischen Widersprüche und Protetestationen, durch ein am 21. Januar 1773 ergangenes Reichshofrathsconclusum, als unerheblich verworfen und an dem jetzt regierenden Herrn Herzog zu Sachsen-Gotha, welcher des Prinzen Friedrich Josephs zu Hildburghausen Ansprüche auf das streitige Senioratsamt ohnehin anerkannt hatte, rescribirt wurde, dasselbe an jetzt genannten Prinzen, nach Ablauf des Receßmäßigen Nachschußjahres, mit allen Landesherrlichen Gerechtsamen abzutreten *).

Sectio I.

Geschichte der Bestimmung dieses Amtes.

§. 1.

In dem Fürstl. Hause Sachsen war von den ältesten Zeiten, durch eine lange Folge von Jahren, eine gewisse Verfassung, welche bald Seniorat, bald Directorium und bald Principat genennet wird, durch Hausverträge eingeführet. Es wurden mit diesen Ausdrücken nicht immer einerley Begriffe verbunden, sondern diese wurden nach und nach durch die Recesse und Dispositionen auf verschiedene Art abgeändert und bestimmt.

Zu der Absicht, in welcher diese Bogen geschrieben sind, ist es unnöthig, weiter als in das vorige Jahrhundert zurückzugehen.

In

*) S. die Beylage Nr. V.

In den ersten Jahren desselben war nicht nur unter den Fürstl. Weimarischen Herren Gebrüdern eine völlige Gemeinschaft der Lande, sondern es wurden auch von denenselben alle iura coniunctim ausgeübet, und die Schlüsse per maiora gefasset, dergestalt, daß damals und bis gegen das Ende jenes Seculi alle Herren dieses Fürstl. Hauses regierend waren.

Das damalige Seniorat oder Directorium gab also dem ältern Herrn Bruder weiter nichts, als den Vortritt und das Präsidentenamt in den Berathschlagungen und Conferenzien *).

§. 2.

Im J. 1629 erhielt dieses Directorium in damaliger Fürstl. S. Weimarischer, hernach allen übrigen Ernestin. Linien, eine besondere Bestimmung. Der ältere Hr. Bruder bekam, außer diesem Vorsitz und Präsidentenamt, noch die Macht und Gewalt, den gemeinschaftlichen Staat für sich und die übrigen Hrn. Brüder zu repräsentiren, alle aus diesem iure repraesentationis fließende hohe Gerechtsame in seinem und und der übrigen Namen auszuüben, in wichtigen Sachen mit den jüngern Hrn. Brüdern zu communiciren, und per maiora den Schluß zu fassen, auch alle öffentl. Landesherrl. Negotia und Expeditionen auf diese Art zu besorgen, da er es vorhero coniunctim thun mußte. Dieses Directorium wurde Principat, die

*) Lünigs Grundveste, P. 2. pag. 124. §. 2.

die Führung der Landesregierung, auch die Landesregierung selbst genannt *).

§. 3.

Dieses Directorium oder Principat sollte, vermöge der damaligen Observanz, jederzeit demjenigen Hrn. Bruder oder Vettern, ohne einigen Unterschied der Linien, zustehen, der nicht per repraesentationem, noch per fictionem iuris, sondern in der That und Wahrheit von Natur und an Jahren, Monaten und Tagen der Aelteste zu derselben Stunde und Zeit seyn würde, und zwar ohne Ansehen, ob er von einem ältern und im Landesfürstl. Principat gesessenen Hrn. Vater herkomme oder nicht **).

§. 4.

Als im J. 1641 eine Landestheilung beliebet wurde, so mußte dieses Directorium oder Principat dadurch nothwendig eine ganz andere Gestalt deswegen erhalten, weil die wesentlichsten Vorrechte desselben durch die Abtheilung cessirten.

Von diesem Zeitpunkt an hat dahero das Directorium einen weit eingeschränktern Begriff erhalten.

Die in der Theilung zur Gemeinschaft ausgesetzt gebliebenen Stücke, welche in dem Receß weitläuftig speci-

*) Fürstbrüderl. Erbvertrag d. d. Weimar den 19. Marz 1629. ap. Lünig. R. Arch. P. sp. Cont. II. S. 413.

**) Ebendaselbst.

specificiret sind, machten nunmehro das hauptsächlich- ste Objectum pro praesenti aus *).

In der Zukunft aber sollte es sich auch auf denjenigen Landesanfall erstrecken, welcher, um Fürstl. Portiones daraus zu machen, nicht ansehnlich genug seyn würde, und dahero, vermöge dieses Vertrags, ebenfalls so lange in Gemeinschaft bleiben sollte, bis er zur Theilung, durch andern Zuwachs, groß genug werden würde **).

§. 5.

Nunmehro war also das Seniorat oder Directorium wieder an und für sich nichts anders, als „Ehre, „in den, diese gemeinschaftlichen Stücke be„treffenden, Angelegenheiten die Oberstelle bey allen Zu„sammenkünften, Rathschlägen, Händeln und Sachen „zu haben und zu halten, die größte Aufsicht, Sorge „und Mühe vor den andern Hrn. Brüdern und Vet„tern zu tragen, was noth oder nütz zu erinnern, an„zufahen, fortzutreiben, Rathschläge vorzunehmen, „darinne das Präsidentenamt zu führen, zu proponi„ren, umzufragen, und wenn die Vota an der Zahl „einander gleich waren, den Ausschlag zu geben, und „die mehrere zu machen, sonst aber die Vota abzuzählen, „und nach den mehresten Stimmen zu beschließen ***).“

§. 6.

*) Fürstbrüderl. Erb- und Hauptvertrag, d. d. Gotha den 12. Sept. 1641. §. 6. Beym Lünig. l. c. S. 478.

**) Ebendas. §. 11.

***) Dieß sind die Worte des vorhin angef. Recesses, §. 6.

§. 6.

r Director erhielt zwar die Befugniß, das, was
estalt beschlossen worden, wenn es nicht von
:er Wichtigkeit war, unter seiner Subscription,
gesammter Namen, für sich und die zween
oder Vettern auszufertigen. Wenn es aber
züglicher Erheblichkeit war, sollte die Expedi-
allen Fürstl. Interessenten unterschrieben und
zu Besorgung der Geschäfte auch ein gemein-
her Rath angestellet, demselben in wichtigen
en aus jeglicher Regierung ein Privatrath zu-
:t, desgleichen ein gemeinschaftlicher Registra-
genommen, und beyde gemeinschaftlich besoldet
*).

§. 7.

Die Succession in diesem Directorio war auf die nämliche Art bestimmt, wie sie durch den Erbvertrag von 1629 in Absicht auf das damalige Principat festgesetzet und oben §. 3. angeführet worden ist.

§. 8.

Zum Vortheil des Directorii wurde das Amt Oldisleben ausgesetzet, dem ältesten Herrn, der jedesmalen dirigiren sollte, auf seine Lebenszeit assigniret, und auf diese Art kam von Anno 1641 an das Amt Oldisleben zum Directorio, und wurde ursprünglich allemal von einem regierenden Herrn besessen.

§. 9.

*) v. Recess. de anno 1641. §. 19.

§. 9.

Anno 1657 wurden zwar zwischen den damaligen beyden Fürstl. Häusern Weimar und Gotha, sowohl wegen der unter dem Directorio begriffenen gemeinschaftlichen Stücken, als auch wegen Führung des Directorii selbst, einige Veränderungen und nähere Bestimmungen gemacht; allein sie ändern die Sache in Absicht auf den gegenwärtigen Endzweck so wenig, daß man billig Bedenken gefunden, durch solche diese Arbeit unnöthiger Weise auszudehnen *).

§. 10.

Als Anno 1662 Hr. Herzog Wilhelm zu S. Weimar, der, als Aeltester, das Directorium geführet hatte, starb; so kam dasselbe auf dessen Hrn. Bruder, den Herzog Ernst den Frommen zu S. Gotha.

Bey dieser Veränderung aber ergaben sich verschiedene Umstände, welche in den vorherigen Recessen nicht genug bestimmt worden waren, und es wurde daher Anno 1668 §. IV. deshalb zwischen den beyden Häusern ein anderweiter Receß errichtet, und *in* solchem nochmals bestätiget und festgesetzet, daß der jedesmalige

*) Hierüber ist ein besonderer Receß von 1657 vorhanden, welcher folgende Rubrik führet: Punctationes, worüber die Durchl. Fürsten und Hrn. Hrn. Wilhelm und Ernst, Gebrüdere, Herzoge zu Sachsen, nach gehaltener Deliberation, sich freundvetterl. verglichen, d. d. Weimar, den 18. July 1657. Er stehet in der Deduct. iuris et facti, Beyl. Nr. 2.

desmalige Director des Amts ordentlicher Landesfürst seyn und in demselben die Landeshoheit und Administration in allen geist- und weltlichen Sachen haben solle *).

§. 11.

In Betreff der Succession in diesem Amte wurde damals beschlossen, daß die Erben des verstorbenen Besitzers den Ertrag des Amtes noch ein ganzes Jahr genießen, der im Directorio folgende älteste Herr aber, nach Abgang des Jahres, die Possession ohne alle Hinderung ergreifen solle.

Zugleich wurde eine Formel der Erbhuldigung verglichen, nach welcher die Huldigungspflicht von den Oldisleber Amtsunterthanen, nebst dem wirklichen Seniori, auch zugleich demjenigen von dessen Hrn. Vettern, auf welchen nach dessen Tode, vermöge der vorhandenen Recesse und bisherigen Observanz, nach dem natürlichen Alter von Jahren, Monaten und Tagen, die Succession dieses Directorialamtes Oldisleben kommen und fallen wird, als ihrem Landesfürsten und Herrn mit geleistet wird **).

*) S. Fürstvetterl. Receß über das Amt Oldisleben, den 1. Febr. 1668. in Ardts S. Archiv, Th. III. S. 451.

**) all. Recess. de anno 1668. §. 1 — 5. Diese Huldigungsnotul ist vermöge eines anderweitigen zwischen S. Coburg und S. Meinungen über das Amt Oldisleben vollzogenen Recesses, de 8. Aug. 1692, nach Anleitung der Com-

§. 12.

Unter diesen bisher angeführten Bestimmungen wurde das Seniorat und das demselben zugewachsene Directorium in dem Fürstl. Hause Ernestinischer Linie lange Jahre exerciret, unter wechselsweiser Benennung, ohne daß man diese beyden Ausdrücke besonders unterschieden hätte.

§. 13.

Im Jahre 1680 wurde durch den bekannten und nachtheiligen Gothaischen Receß, außer diesem directorio generali, welches damals bey Weimar stand, in Absicht auf die Gothaische Branche, noch ein den jüngern Hrn. Brüdern so nachtheiliges directorium particulare eingeführt, welches jedoch mit dem Genuß des Amtes Oldisleben keine Verbindung hatte. Es ist daher hier nur daraus anzumerken, daß das Hauptdirectorium, in so fern es nach solchem Receß annoch statt finden sollte, den sämmtlichen jüngern Hrn. Brüdern, ohnerachtet sie auf alle Landeshoheit entsaget hatten, dennoch vor- und in Gemeinschaft behalten wurde, nebst dem Genuß des Amtes Oldisleben *).

§. 14.

In eben diesem Receß wurde auch zuerst des Seniorats unter einem abgesonderten Begriff vom Directorio

Compactaten des gesammten Fürstenhauses, nachmals abgeändert worden.

*) Erbtheil. Vergl. d. d. Friedenstein, den 24. Febr. 1680. §. §. 4. 5. et 21.

rectorio gedacht, mit den Worten, daß das Seniorat 2c., zumalen aber der Vorgang und Präcedenz,
beym Hause 2c. ebenfalls gemeinschaftlich bleiben solle.
Weiters wurde zwar deshalber in specie nichts verordnet. Als aber 1691 nach Absterben des regierenden Hrn. Herzogs Friederichs zu Gotha, zwischen dessen und des Fürstl. Weimarischen gesammten Hauses
Gesandten, auf dem Reichstage zu Regenspurg, ein
Präcedenzstreit entstund; so gab dieses, ob gleich letztere Anno 1696 durch einen Vergleich beygeleget wurde,
dennoch in der Folge zu vielen Irrungen Anlaß. Bey
welcher Gelegenheit man sich hauptsächlich auf das
Senium berief und soutenirte, daß nach der Fürstl.
Hausverfassung solches auch besonders darinne bestehe,
daß allemal der Aelteste an Jahren, ohne Rücksicht auf die
ältere oder jüngere Linie, auf den Reichs- und Kreistagen den Vorsitz und das Vorrecht beym Votiren habe.
In den darüber Anno 1704 getroffenen Vergleich
wurde auch gesetzt, daß in und außer dem Fürstl.
Hause, sowohl unter regierenden als appanagirten
Herren, nur gegen einander das Senium und die davon dependirende Präcedenz, sammt allen andern iuribus, allerdings wie es nach den Recessen im Fürstl.
S. Hause Ernestinischer Linie bis anhero gewesen, und
insonderheit auch Hrn. Herzog Bernhard das ihm dermalen zustehende Seniorat und Hauptdirectorium des
Fürstl. Hauses ungeändert verbleiben solle *).

C 3 §. 15.

*) v. Mosers deutsch. Staatsrecht, T. 23. S. 350 bis 364.

§. 15.

Aus allem, was bishero angeführet worden, muß nicht nur bestimmt werden, was für ein Begriff mit den Worten Seniorat, oder Senium und Directorium in den verschiedenen Jahren und Epochen, nach den vorliegenden Hausverträgen, verbunden werden müsse, sondern es erhellet auch, daß das herkömmliche Seniorat von dem, nachher demselben zugewachsenen Hauptdirectorio separiret und unterschieden werden müsse, ob sie gleich beyde immer in einerley Person angetroffen worden, und daher in Absicht auf ihre abgesonderte und eigene Wirkungen und Eigenschaften sehr schwer zu determiniren sind.

§. 16.

Die Bestimmung, welche das Amt Oldisleben in dem Receß von 1641 erhalten hat, beziehet sich nicht nur nach dem klaren Buchstaben auf das letztere, sondern es lassen sich auch die Gründe davon gar leicht bemerken, wenn man auf die in sothanem Directorio fließende Incumbenz des jedesmaligen Fürstl. Directoris, dem es ohnstreitig viele Mühe, Sorgen und Kosten auferleget, einige Rücksicht nehmen will.

§. 17.

Inzwischen hatte nicht nur die Regierungsform des Hauses Sachsen Ernestin. Linie, durch Einführung des vorhin ungewöhnlichen Primogeniturrechtes, eine sehr wesentliche Revolution gelitten, sondern es wurde auch dadurch im Jahr 1707, in Absicht auf das

Directo-

Directorium, eine nicht weniger merkliche und wesentliche Veränderung gemacht.

Es wurde nämlich das Hauptdirectorium mit allen seinen Prärogativen in perpetuum, jedoch saluo iure Senii, aufgehoben, der Genuß aber von dem ausgesetzten Amt Oldisleben, wie es bishero dem Directori zugestanden, also in Zukunft dem jedesmaligen ältesten Herrn im Fürstl. Hause ad dies vitae, nach dessen Ableben aber dessen Erben annoch auf ein Jahr überlassen *).

§. 18.

Dieses ist ein näherer Beweis, daß man das Directorium und das Ius Senii als zwey ganz verschiedene Sachen, der Observanz gemäß, betrachtete, und daß das Amt Oldisleben seiner ursprünglichen Bestimmung nach blos dem Directorio anklebte.

§. 19.

Da nun das Directorium aufgehoben wurde, so wurde es auch als eine ausgemachte Sache angesehen, daß das Amt Oldisleben sich ebenfalls seiner Bestimmung nach verändern mußte. Ueber dessen Umwandlung aber konnten sich die Fürstl. Hrn. Vettern damals nicht gleich vergleichen. Herzog Friederich zu S. Gotha betrieb die im obgedachten Receß getroffene

 Ver-

*) S. die vorläufigen Vergleichspunkte, wegen Aufhebung des bisherigen Hauptdirectorii in gesammtem Fürstl. Hause Ernestin. Linie, und des darzu gewidmet gewesenen Amts Oldisleben, in der Beylage Nr. IV.

Verfügung, daß dieses Amtes Genuß hinführo dem jedesmaligen ältesten Herrn im Fürstl. Hause ad dies vitae überlassen werden sollte, zum Gunsten des Hrn. Herzogs Heinrichs zu S. Römhild am meisten.

Die übrigen Hrn. Vettern, und besonders Hr. Herzog Johann Wilhelm zu S. Eisenach, wollten, daß besagtes Amt wieder in Gemeinschaft fallen solle.

Aus dieser Ursache wurde auch gedachter Receß erst im J. 1707 und 1708 von den Fürstl. Interessenten ratihabiret, nachdem sich dieselben vorhero über das Amt Oldisleben verglichen hatten. Bey welcher Gelegenheit Herzog Johann Wilhelm zu S. Eisenach an S. Gotha ausdrücklich schrieb, was gestalten Hr. Herzog zu S. Gotha mit ihme hierunter einig sey, daß das zum Behuf des bisherigen Directorii ausgesetzt gewesene Amt Oldisleben bey Cessirung des Directorii auch aufhören, und hinwiederum in die Gemeinschaft fallen müsse, woraus denn folge, daß kein Fürstl. Theil sich dieses Amtes, wider die Beschaffenheit des jetzigen Zustandes, mit Bestand Rechtens anmaßen können.

Nachdem aber die Meinungen über dessen Verwendung sehr different schienen, so wolle er in Consideration für S. Gotha dahin condescendiren, daß Hr. Herzog Heinrich solches Amt genießen möge, jedoch unter der ausdrücklichen Reservation und Bedingung, daß Hr. Herzog Heinrich aus dem Genuß des Amtes Oldisleben das Directorium, welches nun cessire, sich nicht asserire, noch auch, was dessen Person

allein

allein zugestanden worden, zur Consequenz ziehen, sondern, nach dessen Hintritt, jedem der Fürstl. Interessenten freygelassen werden soll, zur Division oder Verkaufung des Amtes zu provociren ꝛc. *).

§. 20.

Man findet nicht, daß hernach wegen dieses Amtes etwas weiteres verfüget, und die eben angeführte Clausel jemalen in besondere Anregung gekommen seye, sondern das Amt Oldisleben blieb von dieser Zeit an allemal dem Aeltesten des Fürstl. Gesammthauses Ernestinischer Linie zum Genuß ausgesetzet.

Ob nun gleich in den meisten Häusern dieser Fürstl. Linie das ius primogeniturae schon seit geraumer Zeit eingeführet worden, so hat sich doch noch zur Zeit niemals der Fall ereignet, daß ein Appanagiatus der Aelteste gewesen.

Nunmehro aber stehet derselbe bevor, indem, nach dem in Gottes Händen beruhenden Hintritt des dermaligen Besitzers dieses Amtes, des regierenden Hrn. Herzogs zu S. Gotha, des Hrn. Herzog Joseph Friedrichs zu S. Hildburghausen Hochfürstl. Durchl. in dem Fürstl. Gesammthause der Aelteste sind. Es kommt dahero die Frage zu untersuchen vor:

*) Dieß erhellet aus einem, dem oballegirten Receß de anno 1707 angefügten Schreiben Hrn. Herzogs Joh. Wilhelms zu S. Eisenach an S. Gotha, den 5. Sept. 1707.

Ob höchstbesagten Herrn Herzogs Joseph Friederichs Hochfürstl. Durchl., als Appanagiatus, auf die Succession in dem Genuß dieses Amtes Ansprüche machen könne?

Sectio II.

Receßmäßige und unpartheyische Untersuchung dieser Frage.

§. 1.

Vor allen Dingen ist hier vorläufig anzumerken, daß in Absicht auf den Genuß des Amtes *Oldisleben* unter den beyden Epochen von 1641 und 1707 ein wesentlicher und wichtiger Unterschied ist.

In der ersten Epoche war der Besitz des Amtes Oldisleben allemal mit dem Directorio verbunden, und der Besitzer ein regierender Herr. (§. 8. Sect. I.) In der letzten Epoche hat es mit der Hausverfassung eine weit andere Bewandniß. Es war das Recht der Erstgeburt schon hin und wieder eingeführt, und existirten folglich auch appanagirte Prinzen. (§. 15.)

Das Directorium wurde saluo iure Senii aufgehoben, das Amt Oldisleben aber, nach dem Buchstaben des neuerlichen Recesses, dem jedesmaligen Aeltesten des Fürstl. Hauses, ad dies vitae, überlassen. (§. 15. Sect. I.)

Diese doppelte Determination, daß es a) der jedesmalige älteste Herr, und b) ad dies vitae genießen soll, scheinet also gewissermaßen den Begriff eines Seniorats auszumachen.

§. 2.

§. 2.

Es scheinet dahero auch, daß die Frage: ob überhaupt ein Appanagiatus des Familienseniorats fähig sey? hier entscheidend seyn würde.

Hr. von Berger hat solche weitläuftig untersuchet und verneinend beantwortet.

§. 3.

Es kann hier sehr gleichgültig seyn, ob die Meinung des Hrn. von Bergers bey einem solchen Seniorat, wovon er redet, Platz finde oder nicht.

Es ist aber genug, diese Abhandlung gelesen zu haben, um sogleich überzeugt zu werden, daß der daselbst angenommene Begriff eines Seniorats auf den Fall mit dem Amte Oldisleben gar im geringsten nicht angewendet werden könne.

§. 4.

Da Hr. von Berger und alle diejenigen, die seiner Meinung sind, ihre Entscheidungsgründe in den vorzüglichsten Gerechtsamen des Seniorats suchen, und ihren Beweis einzig und allein darauf bauen, daß solche Gerechtsame ihrer Natur nach von einem Appanagiato nicht exerciret werden könnten, indem solche theils wesentliche Stücke und Theile der Landeshoheit, welche dem Primogenito priuatiue cediret worden, ausmachten, theils aber der Appanagiatus die Mittel, solche auszuüben, e. g. Canzley ꝛc. nicht habe; so verstehet sich von selbst, daß es darauf ankomme, ob der-

dermalen mit dem Genuß des Amtes Oldisleben eben dergleichen Iura Senioratus verbunden seyn?

§. 5.

Diejenigen, welche Hr. v. Berger bey jedem Familienseniorat voraussetzet, sind vorzüglich. Complectitur, sagt er, Senioratus plura egregia iura inque his directionem negotiorum Imperii ac Circuli, directorii in Reichs- und Kreissachen. Sic Senior familiae suffragium in Comitiis communi nomine domus fert, inuestituram accipit, officium circulare gerit, si domui sit quaesitum caeteros *ad collectas* et subsidia Imperio praebenda, compellit, ac alia negotia vniuersam familiam concernentia procurat. Hinc plerumque vtitur certis consiliariis ad negotia Senioratus tractanda constitutis, Senioratsräthen.

§. 6.

So ausgebreitet dieser Begriff des Seniorats ist, so wenig kann er mit Bestand auf einzelne Fälle überhaupt, noch weniger auf den casum substratum angewendet werden. Es sind darinne, sagt einer unserer verdientesten Publicisten, sehr viel unrichtige Sätze, da man z. E. was da und dorten obseruantiae particularissimae ist, zu einer allgemeinen Regel machen will, da doch nicht leicht in einer ad iuris prudentiam priuatam illustrium gehörigen Materie weniger als in dieser aus der Observanz dritter Häuser sich etwas sicheres schliessen lässet, weil dieses Seniorat fast überall

auf

auf ausdrücklichen Pactis, die (welches der Hauptumstand ist) gar sehr von einander differiren, beruhet *).

§. 7.

Insbesondere aber ist es hier mit dem Amte Oldisleben ein ganz verschiedener Fall, indem der Genuß desselben mit weiter gar keinem einzigen Befugniß oder Gerechtsame verbunden ist, und der jedesmalige Besitzer gar nichts in den gemeinschaftlichen Hausangelegenheiten zu besorgen hat **).

§. 8.

Hieraus folget, daß die von dem Hrn. von Berger contra Appanagiatos angeführten Gründe hier nicht derogiren können, indem die vorangesetzten Iura Senioris tanquam ratio (wie solches besser unten mit mehrerm bewiesen werden soll) nicht vorhanden sind, und folglich die Inhabilität der nachgebornen Prinzen tanquam rationatum von selbst wegfällt.

Die Observanz im deutschen Reich bestimmt aus denen oben §. 6. allegirten Ursachen ebenfalls nichts, und es bleibt daher kein anderer Weg übrig, als diese Sache in jedem einzeln Falle nach den Hausverträgen zu entscheiden. In dubio, sagt Moser, käme es also meines Erachtens auf das Arbitrium iudicis an, ob diejenigen Sachen, so ein solcher Senior versehen soll, so

*) v. Mosers deutsch. Staatsr. 22. Th. S. 518.

**) S. oben §. 15. Sect. I.

so beschaffen seyn, daß dasjenige Subjectum, von welchem die Frage ist, nach den Umständen, darinne es sich befindet, sie zu verwalten fähig sey oder nicht.

Wäre jenes, so spräche ich für einen nicht regierenden Herrn, wie in allen nicht die Beysammenbehaltung der Kräfte des Hauses betreffenden Sachen*).

§. 9.

Aus diesem allen erhellet endlich so viel, daß nunmehro die oben angeführte Frage genauer bestimmet, und besonders darauf gestellet werden muß:

Ob ein nachgebohrner Fürst in den S. Häusern Ernestinischer Linie überhaupt auf die Succession in das Amt Oldisleben gegründete Ansprüche machen könne?

§. 10.

Um dieses genau und bündig zu entscheiden, wird hauptsächlich erfordert, daß man zuförderst die Beschaffenheit mit dem Amte Oldisleben aus den Recessen genau bestimme, und festsetze, was eigentlich mit dem Genuß desselben, nach der dermaligen Verfassung, für Rechte und Verbindlichkeiten verknüpfet sind.

§. 11.

Der Hauptreceß, aus welchem insbesondere dieses erkläret werden muß, ist der vom J. 1707; durch denselben hörte die vorige Bestimmung des Amtes Oldisleben auf, und es gehörte dahero wieder zur Gesammtschaft (§. 17. Sect. I.), folglich ist dessen nunmehriger

*) v. Moser l. c. S. 517.

mehriger Zustand als eine ganz neue, von der vorherigen vollkommen unterschiedene, Bestimmung anzusehen.

§. 12.

Da in dem allegirten Receß das Ius Senii ausdrücklich beybehalten worden; so ist auch noch praeliminariter zu untersuchen, a) worinne dieses Ius Senii in dem Fürstl. S. Hause Ernestin. Linie eigentlich bestanden, und b) ob dieses Amt nunmehro zu diesem Senio, nach der Absicht des Recesses, dergestalt gehöret, daß es bloßerdings vi huius iuris jedesmal besessen wird?

§. 13.

Obgleich quoad a) dieses ius Senii, von dem ersten Anfang des vorigen Jahrhunderts an, jederzeit mit dem Directorio verbunden war (§. §. 1. 2 et 4.), so kamen doch Fälle, wo es von solchem wohl unterschieden wurde (§. 12.), und alsdann bestand es in nichts anders, als in der Observanz, daß

1) unter den regierenden und appanagirten Herren gegen einander der Vorgang und die Präcedenz beym Haus, mit den daraus folgenden Gebührnissen, nach dem natürlichen Alter etabliret war, sodann aber

2) die regierenden Herren unter sich auf den Reichs- und Kreistagen nach ihrem eigenen Alter, ohne Rücksicht auf die ältere oder jüngere Linie, zum Votiren aufgerufen werden sollten. (§. 12. Sect. I.)

§. 14.

§. 14.

Was nun aber quoad b) den Umstand betrifft, ob das Amt Oldisleben, nach dem Sinn des Recesses, dem ältesten Herrn des Fürstl. Hauses blos in Absicht auf dieses beschriebene Ius Senii Familiae gegeben, und mit diesem Iure dergestalt verbunden worden, daß es bloßerdings vi huius iuris genossen und besessen werden solle? so scheinet es zwar, α) nachdem solches ius Senii ausdrücklich vor- und beybehalten, auch β) immediate hernach das Amt dem ältesten Herrn des Fürstl. Hauses ad dies vitae assigniret worden: daß bey dieser Disposition das Ius Senii allerdings in besondere Betrachtung gekommen sey.

§. 15.

Allein, wenn man auf der andern Seite erwäget:

a) daß in dem Receß von 1707 ausdrücklich nicht enthalten, daß sothanes Amt zu dem annoch übrigen sehr eingeschränkten Senio, als ein Emolumentum Senii, qua talis, gehören solle, welche Verordnung

b) hierzu um so nöthiger gewesen wäre, als dergleichen pacta strictissimi iuris sind, und daher keine interpretationem extensiuam leiden, sondern vielmehr nach dem blossen Buchstaben genommen werden müssen; wie denn aus eben diesem Principio

c) in dem Receß von 1641 ausdrücklich bemerkt worden, daß solches Amt zum Vortheil des Directorii ausgesetzet sey, dieses aber Anno 1707 ex pari ratione auch hätte geschehen müssen, sodann auch

d) um

d) um deswillen nicht zu vermuthen ist, daß bey der neuerlichen Destination des Amtes Oldisleben auf das beschriebene Senium familiae besonderer Bedacht genommen worden, weil mit demselben ohnehin nicht die geringsten Beschwerlichkeiten, wie ehedem mit dem Directorio, sondern vielmehr gewisse Vorzüge verknüpft sind, nächstdem aber

e) aus dem oben §. 17. Sect. I. angeführten Schreiben Herzogs Johann Wilhelm zu S. Eisenach klar erhellet, daß der Genuß sothanen Amtes nur gleichsam ad interim, und bis man sich wegen dessen anderweitigen Destination oder Vertheilung vergleichen würde, und über dieses

f) aus besonderm Favor gegen den Hrn. Herzog Heinrich zu Römhild, als den damaligen ältesten Herrn des Fürstl. Hauses assigniret, folglich auch

g) als eine mit dem herkömmlichen und aufs neue bestätigten Senio familiae ganz verschiedene Sache angesehen worden; so ergiebt sich von selbst, daß der Genuß dieses Amtes Oldisleben auf das in dem Fürstl. Hause noch übrige Senium familiae keinen nothwendigen Bezug, und wenn er auch mit demselben in einerley Subjecto sich befindet, im übrigen doch weiter keine Verbindung habe, sondern blos casu darzu gekommen sey, und folglich als ratio et rationatum mit demselben in sensu strictiori keinesweges verbunden worden, sondern bloßerdings ein Emolumentum Senii *naturalis* sey.

§. 16.

Nunmehro, und durch diese vorausgesetzten Grundsätze, ist der Begriff, welcher mit dem Genuß des Amtes Oldisleben verbunden werden muß, näher bestimmt, und man kann daher in der Untersuchung der oben §. 9. aufgeworfenen Frage: ob ein Appanagiatus nach den Hausrecessen der Ernestinischen Linie überhaupt in demselben succediren könne? mit sichern Schritten fortgehen.

§. 17.

Die Argumente, welche gegen die Appanagiatos vorgebracht werden können, bestehen darinnen: Es muß

A) bey einer jeden Disposition in dubio auf die Gründe derselben (rationes legis) gesehen werden; da nun

B) das Amt Oldisleben, nach seiner ersten Bestimmung und den klaren Worten der Recesse, ohnstreitig auf das Directorium und die demselben zukommende hohe Befugniß, auch daraus entspringende Incumbenz, seinen gänzlichen Bezug gehabt, solche Befugnisse und Incumbenz aber

C) ohngezweifelte Ausflüsse der Landeshoheit seyn, welche nunmehro

D) durch die nachmals eingeführte Primogenitur dem regierenden Herrn ganz allein cediret worden, dergestalt daß

E) die

E) die Appanagiati auf dieselbe weder im Ganzen noch zum Theil einiges Recht hätten, so folge

F) von selbst, daß sie auf die damit verknüpften Emolumenta eben so wenig Ansprüche machen könnten, wenn sie ihnen nach den Recessen nicht besonders vorbehalten worden, indem

G) nach den Rechten, durch Einführung der Primogenitur, dem Aeltern alles zugestanden sey, was den Nachgebohrnen nicht auch ausdrücklich reserviret worden; und ob zwar

H) die Reservation in der Gothaischen Primogeniturconstitution geschehen, so sey doch dieses keine allgemeine Regel, sondern beweise vielmehr erst angeführtes Principium, daß nämlich die ausdrückliche Reservation nothwendig sey, desto mehr, welches auch außerdem

I) dadurch noch weiter bestätiget werde, wenn man betrachtet, daß damals, als das Amt Oldisleben seine erste Grundbestimmung bekam, in dem Hause Sachsen lauter regierende Herren und keine Appanagiati waren, und daß daher

K) nicht vermuthet werden könne, daß sie die Appanagiatos, deren damals nach der Hausverfassung noch keine existirten, hätten darunter begreifen wollen, welches so gewiß sey, daß,

L) als nach der Hand nur S. Eisenach die Primogenitur eingeführet, dieses Haus, um sich das Prärogativ des Seniorats dadurch nicht zu entziehen,

 zwar

zwar das Principium, daß ein jeder, und also auch ein nachgebohrner Prinz desselben fähig sey, aufstellen müssen, dabey aber ausdrücklich bedungen, daß, so oft ein Postgenitus der Natur nach Senior würde, der Primogenitus oder regierende Herr das Amt des Senioris führen und des Senioris natura angefallenes Recht vertreten, das Amt Oldisleben auch dem Primogenito zugeeignet werden soll. Es fielen auch

M) diese allegirten Rechtsgründe, durch die Anno 1707 geschehene Aufhebung des Directorii, um deswillen nicht weg, weil solche Aufhebung gleichwohl saluo iure Senii geschehen, und

N) dadurch nur der einzige Unterschied bewirket worden, daß das Amt Oldisleben, so wie es sonst zum Directorio und Seniorat gehörig gewesen, nunmehro zum Seniorat allein geschlagen worden, und dieses Seniorat sey

O) ebenfalls nur auf die regierenden Herren zu verstehen, indem nicht prätendiret werden könne, daß diese durch die damit verknüpften Vorzüge den Appanagiatis nachgesetzet werden sollten, und es könne also

P) der in dem Receß von Anno 1707 gebrauchte Ausdruck, ältester Herr, blos auf den regierenden Herrn gedeutet werden, welches

Q) noch deutlicher aus der für das Amt Oldisleben festgesetzten Huldigungsformel zu erklären seyn, maßen darinne ausdrücklich stehe, daß der jedesmalige

Besitzer

Besitzer des Amtes ordentlicher Landesfürst seyn solle, wobey wohl zu erwägen, daß

R) dieses Amt mit allen Befugnissen der Landeshoheit, (die Steuern, auch Kreis- und Reichsangelegenheiten ausgenommen,) auch sogar mit dem den regierenden S. Fürsten eigenen Privilegio de non appellando, an seinen jedesmaligen Besitzer übergehe, welche Befugnisse denn

S) wegen der nöthigen Administration, eine Canzley voraussetze, die doch den Appanagiatis nicht verstattet werde, dieses aber, nämlich

T) das Privilegium de non appellando, offenbar eines derjenigen Stücke sey, welche den regierenden Fürsten allein zukommen.

Aus welchem allen dann nothwendig folge, daß ein Appanagiatus nach den Hausverträgen in das Amt Oldisleben nicht succediren könne.

§. 18.

So wahrscheinlich aber bey dem ersten Anblick diese Zweifelsgründe scheinen, so wenig halten sie die Prüfung einer bedachtsamen und aufgeklärten Aufmerksamkeit aus; denn so ist es zwar

1) quoad A, außer allem Zweifel, daß bey Beantwortung der vorliegenden Fragen hauptsächlich auf die rationes der hierinne entscheidenden Verträge gesehen werden muß; allein es ist auch

2) nicht weniger gewiß, daß die gegenwärtige Destination des Amtes Oldisleben nicht in dem

Receß von 1641, sondern in dem Vertrage von 1707, zu welcher Zeit das Ius primogeniturae in den Fürstl. Häusern schon hin und wieder eingeführet worden war, ihren Grund hat, indem durch diesen letztern das Directorium p. §. 17. Sect. II., folglich auch die erste und ursprüngliche auf blos regierende Herren sich beziehende Bestimmung dieses Amtes völlig aufgehoben worden.

p. §. 19. alleg. Sect. I.

So wie nun aber

3) durch diese gegründete Anmerkung *alle sub Lit. B. bis K.* angeführte rationes dubitandi von selbst hinweg fallen, also mag auch

4) quoad M das in dem Receß von 1707 beybehaltene Senium nichts zum Nachtheil der Appanagiatorum erwirken, maßen eines Theils in dicto Recessu das Amt Oldisleben dem ältesten Herrn des Hauses nicht dergestalt, daß er solches als ein Emolumentum dieses Senii genießen solle, gegeben worden (§. 14. Sect. II), sondern solches vielmehr nur ein zufälliger Anwachs des Senii, in so ferne sie in einem Subjecto zusammen kommen, ist (p. §. alleg.); andern Theils aber auch dieses Senium nach seiner Observanz- und Receßmäßigen Bedeutung die Appanagiatos nicht einmal ausschließet, weil damit keine Befugnisse verknüpft sind, die sie nicht ausüben können *). Woraus denn

5) sich

*) §. 8. Sect. II. et ibid. citat. Mosers deutsch. Staatsrecht. 22ster Theil. S. 517.

5) sich die sub Lit. N. et O. enthaltenen Gründe selbst widerlegen, zumal quoad Lit. P. der in dem Receß de Anno 1707 gebrauchte Ausdruck: ältester Herr, ex ratione dispositionis auf den regierenden Herrn gegen den Buchstaben um so weniger eingeschränket werden mag, als hier von einem iure personalissimo die Rede ist, welches nicht auf andere per repraesentationem et iuris fictionem transferiret werden kann. Es ist auch

6) dieser Begriff der in den Herzogl. Häusern Ernestinischer Linie hergebrachten Observanz vollkommen gemäß, indem nicht nur

a) in der Fürstl. Gothaischen Primogeniturconstitution, nach der Anfuge Num. II. der Genuß des Amtes Oldisleben den nachgebohrnen jüngern Prinzen ausdrücklich zugesprochen, und mit klaren Worten, „daß dieses der bisherigen Observanz gemäß sey," angeführet worden, sondern es wird auch solches

b) in der S. Coburg-Saalfeldischen Primogeniturconstitution ebenmäßig nach der fernern Beylage Num. III. statuiret, und daselbst in solchen Ausdrükken disponiret, daß nicht sowohl eine neue Einrichtung in favorem der Appanagiatorum gemacht, als vielmehr ihre iura und Observanzmäßige Gerechtsame gegen die zu befürchtenden Eingriffe der Primogenitorum sicher gestellt und confirmiret worden sind.

Ob nun gleich

7) quoad L nach der Eisenachischen Primogeniturconstitution dem Primogenito das Amt Oldisleben mit Ausschließung der Postgenitorum zugestanden worden, so kann doch dieses nicht nur hier um deswillen, weil damals, nämlich 1685, dieses Amt noch ein Annexum des oben beschriebenen directorii generalis war, welches allerdings von einem Postgenito nicht füglich konnte versehen werden, zu keiner Folge gereichen, sondern es erhellet vielmehr aus den Worten der Disposition selbst sonnenklar, daß ein Postgenitus des Seniorats, so wie es nach dem Receß von 1707 noch existiren sollte, allerdings fähig ist, weil ein Postgenitus diese iura nicht hatte acquiriren können, der Primogenitus sie auch für ihn und in seinem Namen nicht hätte verwalten können. Ist aber

8) ein Appanagiatus qua talis der dem natürl. Senio anklebenden Emolumenten an und für sich fähig, und ist dieses Amt Oldisleben dermalen weiter nichts, als ein solches dem natürlichen Senio anklebendes Emolumentum (p. §. 14. Sect. II), so muß er in dem Genuß desselben nothwendiger Weise so lange succediren können, bis er durch besondere und gültige Hausverträge davon ausgeschlossen ist. Es kann daher auch

9) quoad G das Principium, daß dem Primogenito alles das zugestanden sey, was den Postgenitis nicht ausdrücklich reserviret worden, wenn man es

auch

auch als wahr zugeben will, hier bey einem solchen iure personalissimo keine Anwendung finden. Dagegen aber wird

10) das oben angeführte Beyspiel der Gothaischen Primogeniturconstitution desto concludenter, wenn man erwäget, daß damals, als sie errichtet worden, sogar das in dem Receß von 1641 gegründete vorzügliche Directorium existiret, und daß also hieraus der Schluß tanquam a maiori ad minus mit der größten Zuverläßigkeit gemacht werden kann; zugleich aber ergiebt sich auch

11) daraus quoad H, daß diese Gothaische Constitution nicht exceptio a regula sey, sondern daß vielmehr durch diese und durch die obangeführte S. Coburg-Saalfeldische, als welche beyde zusammen genommen die meisten Fälle in der Herzogl. Ernestinischen Linie ausmachen, schon an und für sich eine Observanz begründet werde. So viel aber

12) quoad Q, den in der Oldislebischen Eidesformel befindlichen Ausdruck Landesfürst betrifft, so folget aus dem, was bisher angeführet worden, von selbst, daß nämlich solcher mehr seinen Bezug auf die diesem Amt anhängigen hohen Landesgerechtsame, als auf die vorherige Eigenschaft des Successoris habe. So wenig aber

13) überhaupt daraus, daß ein Postgenitus an den Landesherrl. iuribus seines Fürstl. Hauses keinen

 Antheil

Antheil hat, folget, daß er nicht fähig sey, dergleichen iura zu acquiriren; so wenig können

14) quoad R die mit dem Amte verbundenen Gerechtsame eine Hinderniß abgeben, daß ein Appanagiatus solches nicht besitzen könne.

Aus allem diesen aber ergiebt sich durch eine richtige Folge der Satz:

„daß, der obangeführten Zweifelsgründe ohngeachtet, ein Appanagiatus, nach den Rechten und der Ernestinischen Hausverfassung überhaupt, in dem Genuß des Amtes Oldisleben succediren könne.“

§. 19.

Dieses vorausgesetzt, bleibt also zu gänzlicher Entscheidung der Gerechtsame des Hrn. Herzog Joseph Friederichs, auf die Succession dieses Amtes, nichts mehr übrig, als zu untersuchen, ob durch die Fürstl. S. Hildburghausische Primogeniturconstitution etwas anders versehen worden sey?

§. 20.

Es scheinet im ersten Anblick abermals, als ob nach solcher diese Frage nicht zu Gunsten höchstgedachten Prinzens zu beantworten sey, wenn es in besagter Primogeniturconstitution heißt:

„daß dem regierenden Herrn die künftig anfallenden Lande zukommen, auch dieser in allen andern hohen iuribus, auch allen übrigen Stücken, welche zu Folge der alten und vorigen Verträge das

„Fürstl.

»Fürstl. Haus Hildburghausen mit den übrigen »Fürstl. Häusern und Agnaten in Gemeinschaft be»halten rc. allein succediren solle.«

§. 21.

Wenn man aber andern Theils erwäget, 1) daß, da die Administration oder der Genuß des Amtes Oldisleben, durch den Vertrag von 1707, dem jedesmaligen Aeltesten des Fürstl. Hauses, und also einem einzigen und bestimmten Subjecto assigniret worden, nicht gesaget werden könne, daß es in Gemeinschaft mit den übrigen agnatischen Fürstl. Häusern geblieben, solches auch in keinem einzigen Receß, wo diese gemeinschaftlichen Stücke benennt werden, befindlich ist, sondern darunter lediglich diejenigen Befugnisse, welche zur Zeit des errichteten Testaments noch zum gemeinschaftlichen Genuß und Administration, zu Folge der vorigen Verträge i. e. nomine tenus ausgesetzt waren, wie z. E. die Universität Jena rc. verstanden werden müssen; und wenn man ferner,

2) daß ein Appanagiatus an die Succession in das Amt Oldisleben als Senior naturalis so lange gegründete Ansprüche hat, als er nicht durch besondere Verträge ausdrücklich davon ausgeschlossen wird, sich aus dem Vorigen erinnert, dabey auch

3) wohl erwäget, daß nicht zu vermuthen ist, als ob der Fürstl. Testator die nachgebohrnen Prinzen seiner Fürstl. Nachkommenschaft, zum Favor der andern agnatischen Häuser, eines Rechts verlustig machen

wollen,

wollen, auf das sie gegründete Ansprüche haben, massen der Favor Primogeniturae blos in der Conservation des eigenen Fürstl. Hauses seinen Grund hat, und ohne Noth und zum Nachtheil der Prinzen desselben nicht ausgedehnet werden darf. Wann man endlich

4) in Betrachtung ziehet, daß die Fürstväterliche Disposition nach ihrem Wortverstande,

lediglich die Anfälle der Lande, Leute und Befugnisse, die entweder die andern Häuser priuatiue besitzen, oder mit S. Hildburghausen in Gemeinschaft usufruiren,

in sich begreifen können; so ergiebt sich nach der genauesten Prüfung ganz offenbar, daß des Herrn Joseph Friedrichs Herzogl. Durchl. nach der S. Hildburghausischen Hausverfassung, auf die Succession des Amtes Oldisleben die gegründetsten Ansprüche haben.

Beylagen.

I.

Kaufpunctation zwischen Herzog Friedrich Wilhelm zu Sachsen und dem Graf Bruno zu Mannsfeld, das Amt Oldisleben betreffend, den 10ten Jan. 1591.

Zwischen dem Durchlauchtigsten Hochgebohrnen Fürsten und Herrn, Herrn Friedrich Wilhelm, Herzogen zu Sachsen, Landgrafen in Thüringen und Marggrafen zu Meisen ꝛc. ꝛc. Und dem wohlgebohrnen

Herrn Bruno Grafen und Herrn zu Mannsfeld, Edlen Herren zu Heldrungen, ist, von wegen des Guthes und Amtes Oldisleben, nachfolgende Abrede gemacht; Daß wohlgedachter Graffe solch Guth Oldisleben, mit aller seiner Ein- und Zubehörung, wie es vor dessen, in der Permutation an die Graffen von Mannsfeld kommen, hochgedachten Herzogen zu Sachsen ꝛc. Erblichen Kaufsweise zugeschlagen, bescheidentlich und also, Daß J. F. G. anfangs der Wittbe von Bortfeld ihrem Pfandschilling und Baugelder auszahlen, und darüber noch Zwölftausend Gulden an baaren Gelde bezahlen, und an solche Gelder niemands weder Arrest, Kummer, Hülff noch anders gestatten sollen.

Das Guth Oldisleben, soll von dem Graffen, wie Landüblich und gebräuchlich, sonderlich aber vermöge des von dem Graffen zu Mannsfeld versiegelten Erbregisters gewehret, auch die Unterthanen zu Oldisleben rechtlich überwiesen und von dem Graffen aller Pflicht ledig gezehlet werden. Weil auch so viel Berichts einkommen, das Johann Leuningk seine Getraÿde Zinnß von freyen Guth Etzleben, bisher nicht entrichtet, und sich darunter auf den Herrn Graffen beruffen soll, damit J. F. G. nicht zufrieden seyn, noch das Amt dermaßen verschmelern können: Als sollen dieselben Zinnse in allewege mit angewiesen und gewähret, Leuningk von dem Herren Graffen in andere Wege abgefunden werden. Hierüber soll allenthalb

ein

ein beständiger Kaufbrief gefertiget, und wohlgedachter Graffe auf den 22. hujus zu Weimar einkommen, den Kaufbrief einantworten, und dargegen baare Bezahlung gewärtig seyn. Weil aber vor deßen bey Regierung weyland Herzog Johann Wilhelms zu Sachsen 2c. hochseeliger Gedächtnis, so wohl vor dreyen Jahren denen von Hagen, zu Quetlinburg, auf Eintausend Achthundert Thaler Capital und betagte Zinnsen, Consens geben, wohlgedachter Graffe aber denselben nichts geständig, noch schuldig seyn wollen: Als will der Herr Graf auf deren Ankunft sich dieser Dinge entweder gebührlich entwirken, oder auf allem Fall so viel Gewißheit machen, daß J. F. G. des angegebenen Consens halb ohne Gefahr seyn, und bleiben mögen.

Es haben sich auch J. F. G. gnädiglich erboten, den Herrn Grafen Zehen Erfurther Malter Rocken, und Zehen Erfurther Malter Gersten zum Kauf zu geben, und dieselbe aus dem Amt Alstädt anzuschaffen. Weil auch der Herr Graf beydes des Schönburgischen und Brottfeldischen Baugeldes nicht allerdings geständig seyn wollen: So ist S. G. ihre verhofte Anforderung gegen die Herrn von Schönburg so wohl den von Bortfeld ausdrücklich bedinget und vorbehalten. Alles treulich und ungefehrlich. Zu Urkund ist diese Abrede bis zu Fertigung des Kauf-Brieffes gezwiefacht, von J. F. G.

F. S. und S. mit eigen händen unterschrieben. Datum den 10. Ian. 1591.

Friedrich Wilhelm Herzog zu Sachsen.
Bruno Graff und Herr zu Mannsfeld.

II.

Extract aus der S. Gothaischen Primogenitur-Constitution, de dato Friedenstein, den 22. April 1685.

rc. Und soll hierüber der Ertrag und Genuß des Amtes Oldisleben, wie selbiger vor den jedesmaligen Seniorem Unsers ganzen Samthauses der hiesigen Gothaischen und Weimarischen Linien in Gemeinschaft behalten und verordnet worden, wenn das Seniorat, der bisherigen Observanz nach, bey einem der nur gedachten Prinzen, der jüngern Linie, bestehen wird, denselben ad dies vitae gleichergestalt gefolget werden rc. rc.

III.

Extract aus der Coburgischen Primogenitur-Constitution.

rc. Daferne aber auf einen von Unserer appanagirten Descendenz das Seniorat im Fürstl. Ernestin. Gesamthauß, nebst dem darmit verknüpften Genuß des Amtes Oldisleben, kommen würde, soll derselbe bey sothanen Iuribus Senii, und der darzu gehörigen Abnutzung jetzt erwehnten Amtes ruhig gelassen werden, und ihnen darinne von dem Primogenito oder regierenden Herrn auf keinerley Weise Eintrag geschehen rc.

IV. Ver-

IV.

Vergleichspuncte zwischen S. Gotha und S. Weimar, die Aufhebung des Directorii im Fürstl. Hause Sachsen Ernestinischer Linie, und das darzu gehörige Guth Oldisleben betreffend, den 17. Aug. 1706.

1.

Wird das in dem Fürstl. Hause Ernestin. Linie bis anhero gewesene Hauptdirectorium mit seinen Prärogativen nunmehro gestalten Sachen nach, jedoch saluo iure Senii, in perpetuum aufgehoben, der Genuß aber von dem ausgesetzten Amte Oldisleben, wie er bishero dem Directori zugestanden, also in Zukunft dem jedesmaligen ältesten Herrn im Fürstlichen Hause ad dies vitae, nach dessen Ableben aber dessen Erben annoch auf ein Jahr überlassen. Wie nun

2.

Hierzu vorjetzo S. Römbild, als dermaliger Senior, auf solche Maße den Anfang machet, und künftighin nach dem Senio gleichergestalt continuiret wird; also ist bey dieser Einrichtung besonders verglichen, daß Herrn Herzog Wilhelm Ernstens zu S. Weimar Durchl. zu Fr. Vetterl. Gefälligkeit der völlige Genuß ermeldten Amts und alles dessen in complexu, was besage Pachtbriefs vom 24. Aug. Anno 1700. sowohl zu selbiger Zeit ihnen verpachtet, als auch was ausgezogen und reserviret gewesen, mithin den Ertrag des ganzen Amts, nebst aller und jeder Zubehör, nichts überall

überall davon ausgeschlossen, von S. Römhild, und, auf sich begebenden Fall, auch von dem nachmaligen Senioren der Fürstl. S. Gothaischen Herren Brüdere gegen jährliche Auszahlung 2000 Rthlr., welche auf dem Fürstl. Weimarischen Antheil des Geleits zu Erfurth zur prompten immediaten Erhebung, und hiernächst in subsidium auch auf die paratesten Oldislebischen Amtsgefälle angewiesen, und die Beamten zur punctuellen Lieferung dem Herrn Seniori zu verpflichten, nach Endschaft des Jahrgenusses, welcher dem Fürstl. Meiningischen Theil, nach dem Hochseel. Ableben Herren Herzog Bernhards, noch zustehet, solle überlassen bleiben, und übernimmet Herr Herzog Friederich zu S. Gotha dieses also zu vermitteln, und bis zu erfolgender Genehmhaltung zu garantiren, also fort nach dieser S. Gothaischen Fürstl. Herren Brüder Nimmerseyn aber wird mehr höchstgedachter Sr. Durchl. vi senii diese völlige Genießung des Amtes ohne Entgeld und fernere Abgabe erwehnter 2000 Rthlr. auf ihre übrige Lebenszeit ungehindert zugestanden, und soll nach Ihro, bis zu fernern Vergleich, wegen Alienir- oder anderer Einrichtung solchen Amts, dessen Genuß auf gleiche Weise, wie es vormals von denen Herren Directoribus besessen, genutzet worden, auf dem sodann im Leben vorhandenen und folgenden Hrn. Senioren ohne einzige Exception kommen, auch durante Senio demselben gelassen werden. Alldieweilen aber

3.

Die Gebäude von besagtem Amte dergestalt baufällig, daß selbiges dieserwegen gebührend nicht gebrauchet und genutzet werden kann; also sollen zu dem Ende solche Gebäude vor allen Dingen auf gemeinsame Kosten repariret, und diese zu gleichen Theilen secundum lineas, et in lineis secundum capita, vorgeschossen, nach dieser Hauptbesserung aber die kleinen Reparaturen, so nicht über 6 fl. sich belaufen, von dem Fürstl. Usufructuario, nach Anleitung des §. Ueberdies wollen ꝛc. von obgedachtem Pachtbriefe, auf eigene Kosten bewerkstelliget werden; nächstdem und

4.

Wird von dem Fürstl. Usufructuario und dessen Erben, das Amt, wie es übernommen worden, dem Successori wieder überlassen, künftig aber von dem Fürstl. Weimarischen Erben damit dergestalt der Anfang gemachet, daß besagtes Amt auf sich begebenden Fall ratione des Inventarii, wie Eingangs ermeldeter Pachtbrief besaget, im übrigen aber so, wie es repariret werden wird, künftig wieder abgetreten werden soll; dargegen und

5.

Als lange Sr. Hochfürstl. Durchl. zu S. Weimar vor besagtes Amt jährlich 2000 Rthlr. abzutragen, und vi senii es nicht ohne alles Entgeld zu geniessen hat, derjenige Fürstl. Theil, so diese 2000 Rthlr. empfähet, die schweren Casus fortuitos pro rata nach Anlei-

Anleitung mehr besagten Pachtrecesses, §. im Fall aber ꝛc. mit zu übernehmen und an S. Weimar zu vergüten hat. Es ist auch darbey noch

6.

Paciseiret, daß dem Fürstl. Ha[use S.] Weimar zu seinen in dem Amt Oldisleben haben[den] Resten dergestalt, als die von S. Weimar an S. Gotha unterm 9. Junii 1704, wegen Wiederabtret[ung] des Amtes Oldisleben, ausgestellte Versicherung b[esaget,] schleunig verholfen werden soll.

7.

Erbiethet sich S. Gotha, S. Saalfe[ld und S.] Eisenach allenfalls per maiora und sonst zu S. [Erhal]tung der Sie mit concernirenden Puncten zu [...]niren und S. Weimar dieserwegen sicher stel[len zu] helfen.

8.

Soll dem Fürstl. Hause S. Gotha zugestanden und vorbehalten seyn, auf der Gehra und Unstrut nach und durch das Oldislebensche frey zu flößen, und das Scheitholz an bequemen Ort ohne Entgeld auszusetzen. Uhrkundlich ist diese Punctation bis zu Errichtung und Vollziehung eines völligen Recesses einstweilen von den hierzu deputirten Ministris in duplo unterschrieben, besiegelt und ausgewechselt worden. So geschehen Erfurth den 17. Aug. 1706.

V.

Reich ofrathsconclusum.

In Sachen , S. Hildburghausen, Herrn Prinz Joseph Friedri contra den Herzog zu S. Coburg und die Herz von S. Weimar, das Senioratamt Oldisleben ffend, wurde vom Reichshofrath den 21. Jan. ermangelnder realer, ad mandatum sich ender Turbation, das gebetene Mandat qu gen;

wurde, mit Verwerfung der Frau Herzogin . Weimar Gesuchs, an den Herrn Herzog zu Gotha rescribiret: Kaiserl. Maj. hätten ersehen, ß Er des Prinzens Joseph Friederichs Befug isse auf das Senioratamt Oldisleben und die damit verknüpften Landesherrlichen Gerechtsame, billigst anerkannt und Sich bereitwillig erkläret habe, auch annoch während dem Nachgenußjahre das Amt Oldisleben an ersagten Herrn Prinzen, gegen gewisse Conditionen, abzutreten, durch die von Weimar und Coburg-Saalfeld gemachten Widersprüche hingegen an Erfüllung dieser Zusicherung gehindert worden. Gleichwie aber Ihro Kaiserl. Maj. alle von Weimar und Coburg gemachte Einwendungen gegen den von dem Herrn Prinzen Joseph Frederich rechtmäßig ergriffenen Besitz ganz unerheblich und unwirksam ansehen müßten; als versähen Sie Sich zu dem Herrn Herzog, er werde

nun-

nunmehro, seiner gethanen Zusage gemäß, an Aushändigung des Amtes Oldisleben sammt allen damit verknüpften Landesherrl. Gerechtsamen und Befugnissen, sogleich mit Beendigung des Nachgenußjahres, oder auch, nach Erfüllung der stipulirten Conditionen, noch vor Ablauf desselben, durch die Weimarischen und Coburg-Saalfeldischen ganz unerheblichen Widersprüche und Protestationen, Sich nicht hindern lassen, vielmehr Denselben in mehrgedachtes Senioratamt, und die demselben anklebenden receßmäßigen landesherrlichen Gerechtsame und Befugnisse realiter immittiren.

Die darauf von S. Weimar, wegen des Senioratamtes Oldisleben, nachgesuchte kaiserliche Declaration wurde vom Reichshofrath den 7. August gebetenermaßen abgeschlagen *).

*) v. Mosers Zusätze zu seinem neuen teutsch. Staatsrechte, Th. II. p. 609.

III.

Von den letzten Fürsten, Grafen zu Mansfeld, und den, durch ihr Aussterben, in der Grafschaft Mansfeld, besonders in dem Antheile Chursächsischer Hoheit, veranlaßten Veränderungen so wohl, als den an das Churhaus gefallenen Domänen.

Der Mannsstamm des Fürstlich-Gräflichen Hauses Mansfeld, welches sich eines hohen Alterthums rühmen konnte, erlosch im Vater und Sohne, welche 1780 beyde kurz auf einander starben. Der Vater war Heinrich Paul Franz, des heil. Röm. Reichs und zu Fondi, Fürst, Graf und Herr zu Mansfeld, Edler Herr zu Heldrungen, Seeburg und Schraplau, Herr der Herrschaften Doberzisch, Heiligenfeld, Stützow, Suchodoll, Rußel, Arnstein rc. Röm. Kaiserlicher wirklicher Kämmerer. Er war den 16. Jul. 1712 zu Doberzisch gebohren. Sein Vater, Carl Franz, starb den 9. Jul. 1717 unvermuthet zu Prag, und seine Mutter, Marie Eleonore, eine Tochter des Fürsten Heinrich Franz, Grafen zu Mansfeld, führte, unter der obervormundschaftlichen Aufsicht der beyden hohen Lehnsherren der Grafschaft, die Vormundschaft über ihn. Die Fürstin wollte Projecte ausführen, die schon ihr Gemahl entworfen hatte, und sie zog sich dadurch weitläuftige und verdrüßliche Unterhandlungen an beyden Höfen zu. Sie wollte nämlich behaupten, daß die Grafschaft Mans-

feld

feld eine unmittelbare Reichsgrafschaft wäre, und suchte am Kaiserlichen Hofe diese Behauptung gegen die beyden hohen Lehnsherren durchzusetzen. Sie wollte daher auch die Obervormundschaft der letztern über ihren unmündigen Prinzen nicht zugeben, und sich die Vormundschaft und Administration in der Grafschaft unter Kaiserlicher Autorität anmaßen. Sie brachte auch wirklich ein Kaiserliches Rescript aus, welches sie als Vormünderin bestätigte. Es erschienen bey dieser Gelegenheit einige Schriften im Drucke, welche dem Kaiserlichen Reichshofrathe übergeben worden waren, und welche für die Mansfeldische Geschichte wichtig sind. Von Chursächsischer Seite kam eine Darstellung der vornehmsten Fundamente des Befugnisses, den unmündigen Fürsten Heinrich, Grafen zu Mansfeld, zu bevormunden, 1718 in Fol. heraus. Hierauf wurde von Mansfeldischer Seite in einer Schrift geantwortet, welche einen gewissen Stephan Christoph Harpprecht, der sich Mansfeldischen Kanzler und Lehnprobst nannte, sich aber in dieser Schrift nicht zu erkennen gab, zum Verfasser hat, und den Titel führt: Ohnumstößliches Vormundschaftsrecht der von der Röm. Kaiserl. Maj. verordneten Fürstlich-Mansfeldischen Vormundschaft, den Chursächsischen und Herzoglich-Magdeburgischen widrigen Anmuthungen entgegengesetzt. in Fol. Hierauf folgte: Gründliche Beantwortung derjenigen Schrift, welche unter dem Titel: Unumstößliches Vormundschaftsrecht :c von

 wegen

darüber am Königl. Preußischen Hofe dauerten von 1722 bis 1735. Die Innhaber der Güter wurden zur Liquidation ihrer Forderungen und zur Abtretung der Aemter vor der Magdeburgischen Regierung provociret. Um aber die zur Einlösung nöthigen Summen desto füglicher aufzubringen, suchte die Fürstin bey dem Könige von Preußen um einen Vorschuß gegen gewöhnliche Zinsen nach. Er wurde unter der Bedingung bewilliget, daß der König sich die Hälfte der einzulösenden Aemter auf 24 Jahre wiederkäuflich vorbehielt, und zur Reluition der andern Hälfte das erforderliche Geld gegen 5 Procent vorgeschossen werden sollte. Allein weil der König auch den Besitz und die Administration der letztern Aemter, die für den Prinzen eingelöset werden sollten, bis zur Abtragung des, von ihm darauf vorgeschossenen, Capitals verlangte, ob man sich gleich Mansfeldischer Seits verbindlich gemacht hatte, alle jährlich zu erhebenden Nutzungen blos zu Abtragung des Capitals und der Interessen zu verwenden, und man es für zu bedenklich hielt, auf solche Art dem Könige fast die ganze Grafschaft Magdeburgischer Hoheit einzuräumen, so zerschlugen sich die Tractaten. Der König fieng hierauf, aller vom Hause Mansfeld darüber geführten Beschwerden ungeachtet, an, mit einigen Innhabern der Aemter und Güter für sich in Handlung zu treten, dieselben einzulösen und einige Mansfeldische Vasallen auszukaufen. Und so kamen dann, wie es schon vorher 1712

mit

mit dem Amte Helfta geschehen war, nach und nach das Oberamt Schraplau mit den Vorwerken Schützenhof, Röblingen und Schaafsee, das Unteramt Schraplau mit dem Vorwerke Etzdorf, das Könitzische Lehngut zu Schraplau, das Marschallische zu Benstedt, das Phulische zu Grosörner, das Hattorfische zu Hedersleben und Polleben, das Steubensche zu Gerbstedt, das Bischofrödische, das Vitzthumische und Hempelische zu Helfte, das Dorf Zaschwitz und die schwarze Mark zu Brachwitz an das Königliche Haus; wozu nach der Zeit noch mehr Güter gekommen sind. Die übrigen Innhaber der Mansfeldischen Aemter und Güter blieben im Besitze derselben, weil sich keine neue Gelegenheit zur Wiedereinlösung fand.

Die Fürstin Eleonore brachte es 1733 dahin, daß das Recht der Erstgeburt in dem Hause Mansfeld eingeführet wurde. Der Fürst Heinrich Franz, ihr Sohn, aber gieng 1732 nach Frankreich und Italien auf Reisen, hielt sich vornehmlich zu Turin auf, und kam 1734 zurück. In diesem Jahre wurden die Obervormundschaften aufgehoben, und der Fürst trat die Regierung und Verwaltung seiner Herrschaften selbst an. Er hat sich zweymal vermählet. Die erste Gemahlin war Josepha, des Grafen Franz von Thun, Kaiserl. wirklichen Kämmerers und des großen Landrechts Beysitzers in Böhmen, Tochter, mit welcher er sich den 4. Dec. verband. Sie starb den 17. Sept. 1740 zu Doberzisch. Die zweyte Gemahlin war Maria Anna,

Josephs,

Josephs, des heil. Röm. Reichs Grafen Czernin von und zu Chudenitz, Herrns der Herrschaften Chudenitz, Petersburg, Neuhaus, Platz, Prälatz in Böhmen und der Herrschaft Schmiedeberg in Schlesien, Röm. Kaiserl. wirklichen Geheimenraths, des Königreichs Böhmen Statthalters und des größern Landrechts Beysitzers, nachgelassene Tochter. Er wurde mit ihr vermählet den 9. April 1741. Sie starb den 15. Jan. 1772. Aus beyden Ehen hatte er folgende Kinder.

Aus der ersten Ehe:

1) Joseph Wenzel, geb. den 12. Sept. 1735.

2) einen Sohn, der am Tage seiner Geburt, den 2. Jan. 1738, wieder verstarb.

3) einen Sohn, der gleichfalls den 17. Jan. 1739 gebohren wurde und starb.

4) Bruno Heinrich, geb. den 20. März 1740, gest. den 24. April 1740.

Aus der zweyten Ehe:

5) einen Sohn, 1742 gebohren und gestorben.

6) Johann Georg, geb. den 30. Jun. 1744, gest. 1763.

7) Bruno, geb. den 31. Aug. 1745, und jung gestorben.

8) Heinrich Paul, geb. den 7. Jul. 1747, und in der Kindheit gestorben.

9) Marie Isabelle, geb. den 29. Aug. 1750, vermählt den 6. Jan. 1771 an Franz Gundacker von und zu Colloredo, des heil. Röm. Reichs Grafen zu Walsee,

Vice-

Vicegrafen zu Melß, und Markgrafen zu St. Sophia, Erbtruchseßen im Königreiche Böhmen, Röm. Kaiserl. wirklichen Geheimenrath, Kämmerer und Botschafter am Spanischen Hofe, und 1789 nach seines Vaters Tode Reichshofvicekanzler. Sie wurde Sternkreuzordensdame den 3. May 1771. Nach einer geschlossenen Convention soll dieselbe in die Güter des Hauses succediren, und ihr zweyter Sohn das Majorat darüber erhalten.

10) Georg Heinrich Caspar, geb. den 18. Dec. 1752, gest. den 27. Jul. 1763.

11) Marie Henriette, geb. den 1. Nov. 1754, vermählt den 18. Jan. 1778 an Anton, Grafen von Leslie, Kaiserl. Königl. Kämmerer und wirklichen Geheimenrath.

12) Marie Eleonore Gabriele, geb. den 11. May 1756, gest. den 1. April 1757.

13) Marie Polyxene, geb. den 23. Sept. 1757, vermählt den 21. Nov. 1775 mit Adolph, Grafen von Kauniß, Kaiserl. Königl. wirklichen Kämmerer und des größern Landrechts in Böhmen Beysitzer.

Bey Gelegenheit des ersten Schlesischen Krieges hatte der Fürst das Unglück, in die Ungnade der Kaiserin Königin zu fallen. Er wurde beschuldiget, daß er den Charakter eines Kaiserlichen Botschafters bey Carl VII. gesucht und auch wirklich übernommen, und sich unter diesem Charakter nach Rom und Neapel begeben habe; daß sein fast einziger Umgang in Prag

mit

mit Franzosen und Französischgesinnten gewesen sey; daß er um das Commando über ein französisches Regiment nachgesucht und es erhalten habe; daß er selbst bey den von der Prager französischen Besatzung auf die Belagerer gethanen Ausfällen mit zugegen gewesen, und, als bey einem solcher Ausfälle die Oestreicher sich zu retiriren angefangen, sich ehrenrühriger Worte bedienet habe. Er erhielt also zu Anfange des Jahres 1743 Befehl, das Königreich Böhmen zu räumen. Doch wurden ihm die beschwerenden Puncte zur Verantwortung zugeschickt. Der Fürst beantwortete sie dahin, daß er der nach Italien übernommenen, und nur auf ein Ceremoniel, nicht aber auf eine der Kaiserin Königin zuwiderlaufende Unterhandlung gerichteten Gesandtschaft sich als ein Vasall des Römischen Reiches nicht entbrechen können, auch dadurch dem Kaiser, als erwähltem Kaiser, und nicht als damals proclamirtem Könige in Böhmen, gedienet habe; daß der Umgang mit Franzosen von Stande und Geburt zu der Zeit, als in Prag ihnen alles zu Gebote stehen müssen, unmöglich zu vermeiden gewesen, daß, anstatt um ein französisches Regiment sich zu bewerben, er deren vielmehr zwey, welche der Marschall von Bellisle ihm zu seiner freyen Wahl angeboten, ingleichen ein kaiserliches ihm angebotenes Regiment ausgeschlagen habe; und daß endlich die Beschuldigung, als ob er während letzterer Belagerung der Stadt Prag bey den französischen Ausfällen sich befunden, und dabey gegen die sich zurückziehenden östreichischen Truppen ehrenrührige Worte gebraucht habe, unerwiesen und nicht einmal wahrscheinlich sey, da er niemals in Kriegsdiensten gewesen, und sich gleichsam zur Lust der Gefahr auszusetzen, keine vernünftige Ursache gehabt habe. Die königliche Hofcommission in Prag ließ hierauf dem Fürsten den Stubenarrest ankündigen und Wache setzen. Nach einigen Tagen wurde ihm bekannt gemacht, sich gefaßt zu halten, den Tag darauf in den weißen Thurm, einen sehr schimpflichen Ort, zum Arrest zu gehen. Allein durch Hülfe eines treuen Bedienten entfloh er vorher aus Prag, und flüchtete nach Dresden. Seiner Gemahlin aber wurde darauf die Wache gesetzt, weil sie seine Entweichung aus dem Arreste nicht zum voraus angezeigt, und seine Böhmischen Güter wurden in Sequestration genommen, die auch noch aus dem Grunde verhänget wurde, weil sich bey dieser Gelegenheit wichtige Gläubiger meldeten. Der Fürst wendete sich an die Höfe zu Berlin und Dresden, und bat um Fürsprache bey dem Wiener Hofe. Er erhielt endlich wieder Begnadigung, gieng den 16. Aug. wieder von Dresden nach Prag, und trat die Administration seiner Güter, nachdem er vierzigtausend Gulden abbezahlet hatte, wieder an. Er starb zu Prag, den 15. Febr. 1780.

Ihm folgte sein obengenannter Sohn, Fürst Joseph Wenzel. Dieser war im Theresiano zu Wien erzogen worden, gieng nach Turin, wurde Officier

bey

bey der kaiserlichen Armee, wohnte einigen Feldzügen im siebenjährigen Kriege bey, und wurde zuletzt Kaiserl. Königl. wirklicher Kämmerer und Commerzienrath in Böheim. Er vermählte sich zu Wien den 29. Febr. 1764 mit Elisabeth, des Grafen Maximilians von Regal zweyten Tochter, welche den 22. Sept. 1766 Sternkreuzordensdame wurde. Er starb den 31. März 1780 an einem Lungengeschwüre, ohne Kinder zu hinterlassen, und mit ihm endigte sich der ganze Mansfeldische Stamm, männlichen Geschlechts. Diese letzten Grafen von Mansfeld waren von der Bornstedtischen Linie, welche unter den übrigen Linien der Grafen zu Mansfeld noch allein übrig geblieben war. Die Abstammung war folgende:

Philipp II. Stifter der Bornstedtischen Linie, ein Sohn Ernsts II. † 1546.

|

Bruno der Aeltere, † 1615.

|

Bruno, der Jüngere, † 1644.

|

Franz Maximilian, Fürst, † 1692. und Heinrich Franz, Fürst, † 1715.

|

Carl Franz, † 1717, Gemahlin, Marie Eleonore, † 1747, Tochter des Fürsten Heinrich Franz.

|

Heinrich, † 1780.

|

Joseph, † 1780.

Die

Die Lehnsherren der Grafen von Mansfeld waren der Churfürst zu Sachsen, und der König von Preußen, als Herzog zu Magdeburg; und dann wegen geringerer Lehngüter, die sich, das einzige Braunschweigische Lehn ausgenommen, außer der Grafschaft befanden: der Churfürst von Maynz, der Herzog von Braunschweig und das Stift Merseburg, oder der Churfürst zu Sachsen. Außerdem besaßen sie auch noch das Lauensteinische Lehn bey Saalfeld.

Die Einkünfte des Fürsten, Grafen zu Mansfeld, aus der sämmtlichen Grafschaft beyderley Hoheit bestanden: 1) in dem Zehenden aus dem Mansfeld- Eisleb- Hettstedt- und Leinungischen Bergwerke auf $1\frac{1}{2}$ Fünftheil, oder $\frac{3}{10}$ Theil. Den übrigen Zehenden auf $3\frac{1}{2}$ Fünftheil oder $\frac{7}{10}$ Theil erhielt der Rath zu Leipzig, der wegen alter Schuldforderungen, weil er das Bergwerk ehemals im Verlage gehabt hatte, darauf verwiesen war; 2) in Pachtgeldern von den Aemtern Bornstedt, Friedeburg, Klostermansfeld und Holzzelle, von dem Schlosse Arnstein und den dazu gehörigen Pertinenzien, von dem Schlosse zu Artern, von dem Eislebischen Schlosse und Garten, von dem Leimbachischen Schlosse; von Mühlen, Fischereyen, Jagden und einer Fähre über die Saale unter Friedeburg; 3) in Forstnutzungen und Wildpretsgeldern, wozu fünf Förster bestellt waren; 4) im Geleite; 5) in Lehngeldern, Erbzinsen, Garbenzehend und Dienstgeldern; 6) in einigen andern Gefällen, als in einem Canon

schen Streitigkeiten liegen, unter der Sangerhäusischen Inspection bisher gestanden hatte. Die kirchliche Verfassung Magdeburgischer Hoheit kam unter das Königliche Consistorium zu Magdeburg, und es wurden zugleich vier besondre geistliche Inspectionen, zu Mansfeld, Friedeburg, Schraplau und Dederstedt, errichtet. Das Mansfeldische Archiv, welches in Eisleben verwahret worden war, wurde durch verordnete Commissarien, als: Chursächsischer Seits durch das Oberaufseheramt in Eisleben, und Königl. Preußischer Seits durch den Jagd- und Grenzrath Lichotius aus Halle, getheilet.

Das nun eingegangene Fürstl. Mansfeldische Consistorium, dessen Aufsicht sich über alle Kirchen und Schulen, Chursächsischer und Magdeburgischer Hoheit, (nur das Amt Arnstein ausgenommen,) wozu 117 Kirchen und 72 Prediger gehörten, erstreckte, und seinen Sitz in Eisleben hatte, bestand in dem Generalsuperintendenten zu Eisleben, als Präses, dem fürstlichen Kanzleydirector, und drey fürstlichen Hofräthen. Geistliche Beysitzer waren, außer dem Generaldecanus in der Stadt Mansfeld, die 4 Pastores der 4 Pfarrkirchen in Eisleben.

Das fürstliche Kanzleycollegium, welches seine Gerichtsbarkeit nur in der Magdeburgischen Lehnschaft hatte, weil der Chursächs. Antheil der Grafschaft in der Sequestration lag und unter dem Chursächsischen Oberaufseheramte zu Eisleben stand, machten obige

Kanzley-

Kanzleydirector und Räthe aus. Noch gehörte in Kammersachen dazu der fürstliche Oberforstmeister, der auf dem Schlosse Mansfeld wohnte.

Mit dem Aussterben der Grafen von Mansfeld hörte auch die Sequestration der Grafschaft Chursächsischen Antheils auf, welche seit 1570 gedauert hatte *). Die Gräflichen Güter, welche die Besitzer theils wiederkäuflich, theils unterpfändlich inne hatten, blieben im Besitze derselben bis auf die hohe Entscheidung des Churfürsten, die aber jetzt (1796) noch nicht in Ansehung aller erfolgt ist. Nur die beyden Aemter, Oberwiederstedt und Voigtstedt, sind, jenes den Herren von Hardenberg, und dieses den Auerbachischen Erben, gegen einen jährlichen Canon, erblich zugestanden worden.

Die durch das Aussterben der Grafen zu Mansfeld an das Churhaus gefallenen Domänen sind theils solche, welche die Grafen selbst genutzt hatten, theils solche, deren Einkünfte zur Sequestrationscasse geschlagen gewesen waren. Sie bestehen:

I. in baaren Geldeinnahmen. Dahin gehören:

1) Der Zehend, oder Zwanzigste vom Ganzen, das heißt, vom Mansfeldischen, Eislebischen, Hettstedtischen und Grosleinungischen Bergwerke, wovon jedoch

*) S. von ihr, wenigstens von den ersten Zeiten derselben, Nachrichten in G. A. Arndts Archiv der Sächsischen Geschichte, 1 Th. S. 267. f.

der Rath zu Leipzig wegen seiner alten Anforderungen $\frac{7}{10}$ Theil noch zur Zeit percipiret. Der Zehend war den Grafen in dem 1484 geschlossenen Vergleiche wegen der Ueberweisung des kaiserlichen Bergwerkslehns an Chursachsen, und auch bey den nachher erfolgten Veränderungen des Bergwerks von dem Churhause zugestanden worden. Er betrug im J. 1778. 21291 Thlr. 7 Gr. 2 Pf.

2) Die Gräfliche Bergrathsbesoldung von 100 Thlr. jährlich, welche 2 Gräfliche Räthe aus der Zehendcasse erhielten.

3) Das Kupfergeleite zu 1 Gr. von jedem Centner Kupfer, der von dem Wagemeister verwogen wird. Diese Abgabe wurde sonst an die Sequestrationscasse bezahlt, und es wurde davon die für die Schieferfuhren innerhalb der Grafschaft Mansfeld nöthige Unterhaltung der Wege bestritten. Sie beträgt jährlich ungefähr 350 Thlr.

4) Der Beytrag aus der Churfürstlichen Generalaccise-Casse an 2414 Thlr. 4 Gr. 8 Pf., welcher als ein Surrogat für die ehemaligen Gräflichen Steuern an die Sequestrationscasse jährlich bezahlt wurde.

5) Lehn- Ritterpferd- Abzugs- Strafgelder, Erbzinsen von verschiedenen Mühlen, Häusern und Wiesen, die sonst zum Theil in die Fürstl. Mansfeldische, zum Theil in die Sequestrationscasse, fielen.

6) Das Geleite in Eisleben und Artern, vormals sequestrirt.

II. im

II. in Gütern mit ihren Nutzungen. Diese sind:

1) das Amt Artern nebst dem Vorwerke Castet und dem zum Amte gehörigen Dorfe Ritteburg *), einer Mühle an der Unstrut und einem kleinen Holze, die Aspen genannt. Dieses Amt war eine Zeitlang der Arterischen, und nachher der Eislebischen Linie der Grafen zu ihrem Unterhalte überlassen worden. Denn nach einem jüngern Sequestrationsrecesse waren jedem Gräflich-Mansfeldischen stirpi 1500 Fl. zum Unterhalte aus der Sequestrationscasse bewilliget worden. Weil nun solche bey der Sequestrationsadministration jährlich zu suchen beschwerlich fiel, so wurden in den neuern Zeiten gewisse Aemter dafür eingeräumt, die ungefähr so viel einbrachten. Eigentlich waren 2000 Gülden jeder Mansfeldischen Linie ausgesetzt, nämlich 1500 Fl. aus der Chursächsischen und 500 Fl. aus der Magdeburgischen Sequestrationscasse. Als die Sequestration Magdeburgischen Antheils aufhörte, so wurden diese 500 Fl. aus der Chursächsischen Sequestrationscasse bezahlet, welches auch bis zum Aussterben der Grafen geschehen ist. Nach Abgang der Eislebischen Linie wurde das Amt Artern wieder zur Sequestration gezogen. Es wurde damit verbunden das

*) Hieraus ist Leonhardi Erdbeschreib. der Sächs. Lande, 1. Th. S. 439. der zweyten Ausgabe zu berichtigen, wo der Marktflecken Gehoven mit zum Amte Artern gerechnet wird. Gehoven ist ein adeliches Dorf, wo die Herren von Eberstein die Gerichte haben.

sogenannte Fräuleingut in der Stadt, welches vormals eine Gräfin von Mansfeld, und nachher die Herzogin Louise Christiane zu Sachsen-Weißenfels, verwitbet gewesene Gräfin zu Mansfeld, besessen hatte. Von dieser wurde es 1722 für 10000 Thlr. aus der Sequestrationscasse gekauft, seitdem jedesmal mit dem Amte zugleich verpachtet, das Wohngebäude aber für den jedesmaligen Justizamtmann bestimmt. Alles dieses, nebst dem Arterischen Geleite, war nebst noch einigen Bedingungen für 4402 Thlr. 19 Gr. an einen Pachter überlassen. Das Amt hat die Obergerichte auch in der Stadt, und dem Rathe der Stadt kommen nur die Erbgerichte zu.

Von dem Amte waren getrennt und ausgenommen:

Das Schloß zu Artern. Die Schloßgebäude waren seit dem Absterben der Arterischen Linie der Grafen äußerst baufällig, und die Schloßkirche in neuern Zeiten abgetragen worden. Was noch bewohnbar war, hatte man von Gräflicher Seite an einzelne Miethleute vermiethet. Denn nach den Sequestrationsrecessen waren sämmtliche Schloßgebäude in der Grafschaft mit ihren Zubehörungen von der Sequestration ausgenommen und ihre Benutzungen unmittelbar den Grafen geblieben. Aber eben dies hatte auch ihren Verfall nach sich gezogen. Denn die folgenden Grafen bekümmerten sich wenig darum.

Der Schloßgarten. Er war von der Gräflichen Kanzley für 80 Thlr. verpachtet.

Die

Die Fischerey in der Unstrut oberhalb und unterhalb der Mühle war von der Gräflichen Kanzley für 7 Thlr. 9 Gr. ingleichen die Jagd für 37 Thlr. verpachtet.

Das Heimbackbrecht zu Artern. Es war an die Bäckerinnung daselbst für 105 Fl. jährlich verpachtet; sonst zur Sequestration gehörig.

Der Arterische Schoß zu einem jährlichen Fixo von 250 Thlr. Er wurde auch an die vormalige Sequestrationscasse bezahlet.

2) Das Amt Bornstedt, mit dem unter dessen Gerichtsbarkeit stehenden Dörfern Bornstedt und Schmazerode *). Dieses Amt gehörte vom Anfange auch mit zur Sequestration. Allein 1673 erhielten die Grafen zu Mansfeld, Georg Albrecht, Franz Maximilian und Heinrich Franz von der Bornstedtischen Linie, dieses Amt mit Ober- und Untergerichten, Holz- und Forstnutzungen und mit allen Zubehörungen, insbe-

*) Ehemals stand auch das Dorf Welserode, Chursächsischer Hoheit, (denn der andre Theil des Dorfes mit der Kirche liegt in Magdeburgischer Hoheit,) unter der Gerichtsbarkeit des Amtes Bornstedt. Allein Wolserode gehörte mit zu den Stücken, welche die Grafen von Mansfeld von dem Herzoge zu Braunschweig zu Lehn trugen. Nach Abgang des Mansfeldischen Mannsstammes wurden diese Stücke und also auch das Dorf Wolserode von dem Herzoge von Braunschweig, als Oberlehnsherrn, an den Landdrost und Schatzrath Johann Lebrecht von Bülow wieder verliehen.

sondre auch mit freyem Brauhandel, ohne Tranksteuer zu entrichten, zu ihrer Competenz, jedoch mit Vorbehalt der, dem Churfürstl. Oberaufseheramte in Eisleben, vi sequestrationis, zustehenden andern Instanz, und stellten damals dagegen einen Revers aus, daß sie ihren erblichen Ansprüchen auf das Schloß und Amt Heldrungen entsagen wollten, doch mit Vorbehaltung des Titels und Wappens. Es trug nach und nach mehr als 1500 Fl. ein, als so viel die bestimmte Competenz betragen sollte, wie es denn zuletzt ohne den Forst für 2950 Thlr. und einige andere ansehnliche Leistungen verpachtet war; allein man sahe bey der Sequestration nach, und forderte den Ueberschuß nicht; man zählte selbst nach obiger Bemerkung noch 500 Fl. Alimentgelder aus der Sequestrationscasse. Und so nützten es die letzten Fürsten bis zu ihrem Abgange. Jetzt (1796) ist dieses Amt, wovon noch die Jagd getrennt worden ist, beynahe dreyfach höher, als zu den Zeiten der letzten Fürsten, verpachtet. Das Schloß dabey, welches ehemals die Bornstedtische Linie der Grafen bewohnte, und auf einem hohen Berge liegt, ist vom Anfange dieses Jahrhunderts an so zu Grunde gegangen, daß nichts als Ruinen von Gemäuern, Gewölben und einem runden Thurme übrig ist. Zu dem dem Amte zustehenden Forste gehören 1000 Morgen Holz. Die Jagd war zu den Zeiten der Grafen dem Pachter des Amtes mit überlassen.

3) Das

3) Das Schloß Arnstein. Es ist dieses von dem Amte Arnstein, oder, wie es auch sonst, obgleich unrichtig, das Amt Endorf heißt, weil die Gerichtsstube an diesem Orte ist, (eigentlich das Amt Arnstein zu Endorf,) zu unterscheiden; denn dieses letztere besitzt die Freyherrliche Familie von Knigge noch unterpfändlich. Auch dieses Schloß, welches für sich auf einer großen Anhöhe liegt, hat das Schicksal der übrigen Mansfeldischen Schlösser gehabt, daß es, nachdem die Arnsteinische Linie der Grafen, die es bewohnte, ausstarb, größtentheils in Ruinen zerfiel. Was davon an Behältnissen noch brauchbar ist, war mit dem dazu gehörigen Garten, den Holzungen und Gerechtigkeiten von der Gräflichen Kanzley für 200 Thlr. verpachtet. Die Jagd war zur Hälfte und für einen jährlichen Canon verkauft, die andere Hälfte aber um 90 Thlr. verpachtet. Den auch zum Schlosse gehörigen Forst, welcher meistentheils aus Vorhölzern besteht, benutzte der Fürst zu 300 Thlr. jährlich.

Der unweit des Schlosses Arnstein liegende Brauhof zu Harkerode, welcher die Braugerechtigkeit im ganzen Amte hat, und womit eine Mühle verbunden ist, war um 1650 Thlr. verpachtet, und das Geld kam in die Sequestrationscasse.

Noch gehören hieher einige Wiesen, welche sonst immer zum Amte Artern geschlagen waren, aber wegen der Entlegenheit nachher getrennt und von der Sequestration

stration an Einwohner im Amte Arnstein verpachtet wurden.

4) Das Schloß zu Eisleben nebst dem Schloßgarten. Das eigentliche Schloß ist völlig verfallen. Es befinden sich aber im Bezirke desselben noch einige Wohnungen, welche mit dem Garten verpachtet sind. Der Ertrag davon, nebst einigen Erbzinsen, machte 123 Thlr. 21 Gr.

5) Das Oberaufseheramtshaus und das vormalige Gräfliche Kanzleyhaus.

6) Die Forste und Jagden. Die Jagden *in allen* Gräflichen, sequestrirten und unsequestrirten, Forsten hatten sich die Grafen vorbehalten, und die Einkünfte davon kamen nicht zur Sequestrationscasse. Sie brachten in dem Chursächs. Antheile noch ungefähr 250 Thlr. ein. Was aber die angefallenen Forste betrifft: so bestehen sie, außer den bey den Aemtern und Schlössern schon bemerkten und noch einigen, von den Grafen, im Amte Rammelburg und in dem Chursächsischen Amte Sangerhausen, benutzten, welche beyde letztern 437 Acker betragen, noch in den sogenannten Sequestrationsholzungen, welche über 16000 Acker in sich enthalten.

Zu den Einnahmen, welche in die Sequestrationscasse flossen, war ein Churfürstl. Rentmeister in Eisleben bestellt, der auch nun die aus den angefallenen Domänen fließenden Einkünfte einnimmt. Er ist zugleich Marschcommissarius, Empfänger der Ritterpferd-

Donativ-

Donativ- und Militärgelder, Forstbeamter, und hat die Inspection über den Haushalt der Domänen. Er ist von dem andern Churfürstl. Rentmeister in Eisleben unterschieden, welcher die Accise- und Personensteuereinnahme in der Grafschaft zu besorgen hat.

Die oben bemerkten Gräflichen Senioratslehne fielen an die Lehnsherren zurück.

Der letzte Oberaufseher der Grafschaft Mansfeld mit dem ganzen Umfange dieser Würde, war Herr Christoph Gottlob von Burgsdorff, nachher Oberconsistorialpräsident und jetzt Conferenzminister in Dresden. Nach dessen Abgange von Eisleben 1788 wurde das Oberaufseheramt von neuem bestätiget, doch mit einigen Abänderungen. Es haben nämlich noch jetzt alle Unterobrigkeiten in der Grafschaft ihre Appellationsinstanz bey demselben, doch mit Ausschließung des Bergamts in Eisleben, welches seine unmittelbare Instanz bey dem mit dem geheimen Finanzcollegio verbundenen Berggemache hat. Das Oberaufseheramt hat alle Publika und Militaria zu besorgen. In Ansehung der Justiz stehet es unter der Churfürstl. Landesregierung, und in Ansehung der Oeconomicorum und der Polizey unter dem geheimen Finanzcollegio. Die Befehle wegen der Landeseinkünfte, doch mit Ausnahme der Accise, als zu deren Besorgung ein Oberacciscommissarius und ein Rentmeister gesetzt ist, ergehen mit an den Chef desselben, und der Churfürstl. oben bemerkte Rentmeister hat die Einnahme. Der

derma-

dermalige Chef des Oberaufseheramts ist Hofrath und Oberamtmann. Bey dem Oberaufseheramte ist eine besondre beträchtliche Lehnscurie, die die Grafen von Mansfeld sonst besaßen, wozu, weil viele auswärtige Fürsten, Grafen und Herren dahin zu Lehn gehen, noch ein besondrer Commissarius, und zwar dermalen in der Person des Kreishauptmanns des Thüringischen Kreises, Herrn von Zedtwitz, zugeordnet ist.

Das Forstamt der Grafschaft macht der Oberforstmeister, Oberamtmann und Rentmeister aus. Die Jagdgelder aber werden von dem Oberforstmeister an den Oberhofjägermeister verrechnet.

Uebrigens ist in Publicis und Polizeysachen in der Grafschaft alles geblieben, wie es sonst war *).

*) Aus dem Vorstehenden ist Leonhardi Erdbeschreib. der Sächs. Lande, 1. B. 2te Ausg. S. 428. 430. zu berichtigen. Noch ist zu S. 427. das zu bemerken, daß die Churbraunschweigische Hypothek in der Grafschaft schon 1789 aufgehoben worden ist.

IV.

Ausführliche Nachricht von der Landtagsverfassung im Fürstenthume Querfurth.

Von J. S. Gbl.

Vorerinnerung.

Derjenige Geschichts- und Staatsrechtskundige, welcher das, was Hr. Dr. von Römer im dritten Theile seines Staatsr. und Statist. des Churfürstenthums Sachsen, (Wittenb. 1792. 8.) S. 93—104. von den Landständen des Fürstenthums Querfurth, und ihren Versammlungen, aus den ihm damals offenen Quellen im Amte Querfurth, mit Ausführlichkeit und ziemlicher Zuverläßigkeit vorträgt, gelesen hat, wird es vielleicht überflüßig und großsprecherisch finden, daß ich es unternehmen will, annoch eine ausführliche Nachricht über diesen Gegenstand zu liefern. Ich gestehe selbst ein, daß ich lange bey mir anstand, ob ich wohl mit dieser Abhandlung hervorgehen sollte. Nach vielfältig darüber angestellten Prüfungen schmeichelte ich mir endlich, mich überzeugen zu dürfen, daß sie keinesweges überflüßig seyn, und auch noch manches enthalten werde, was v. Römer a. a. O. nicht geliefert hat. Nur diese Ueberzeugung, und die Hoffnung auf eine nachsichtsvolle Beurtheilung konnte mich zur Bekanntmachung derselben, als eines Pendants zu der im im vorigen Stücke dieses Journals von mir gelieferten Abhandlung: von der Landtagsverfassung im Hochstift Merseburg, vermögen.

Bevor ich jedoch von der Landtagsverfassung selbst handle, wird es meines Erachtens nicht zweckwidrig seyn, wenn ich zuförderst den geographischen Umfang des Fürstenthums Querfurth beschreibe, sodann die Geschichte seiner Entstehung und seiner Regenten kürzlich erzähle, und zuletzt auf die Geschichte der Landtage übergehe.

Einleitung.

A. Geographische Beschreibung des Fürstenthums Querfurth.

Es darf davon hier nur so viel angeführt werden, als zum bessern Verständniß der folgenden Abhandlung nöthig ist.

Das Fürstenthum Querfurth besteht aus zweyen von einander entfernt liegenden Haupttheilen von Ländern, die zwar ein ganzes Territorium ausmachen, aber mit ihren Grenzen einander nicht berühren, mithin zwar integrirende Theile eines Ganzen sind, aber ein zugerundetes Ganze selbst nicht bilden. Ein Umstand, der, wenn es seinen eignen Fürsten haben sollte, die Macht desselben gegen seine Nachbarn sehr schwächen würde.

Es wird dieses Fürstenthum in die beyden Kreise, den Querfurthischen und Jüterbogkischen getheilet. Jener liegt im Thüringischen Kreise, und grenzt mit der Grafschaft Mansfeld, dem Hochstifte Merseburg, und mehrern Thüringischen Aemtern; dieser im Churkreise, und grenzt mit der Mark Brandenburg, der Herrschaft Baruth, der Niederlausitz, und einigen Aemtern des Churkreises.

Den Flächeninhalt dieses Fürstenthums giebt man gemeiniglich auf $8\frac{1}{4}$ Quadratmeilen, und drüber an, mit 15,520 Einwohnern nach Leonhardi Erdbeschr. d. Sächs. Lande, Th. II. S. 572. oder mit 15,936 Einwohnern nach der im Journal für Sachs. St. 1. befindlichen Tabelle, ingleichen nach der im Politisch. Journ. Novbr. 1792. N. I. befindlichen Uebersicht der Staatskunde des Churfürstenthums Sachsen. Nimmt man aus beyden Angaben die Mittelzahl, so kämen 15,738 heraus, und solchemnach auf eine Quadratmeile beynahe 2000 Einwohner. Im Verhältniß gegen die übrigen Provinzen des Churfürsten von Sachsen soll dieses Fürstenthum den hundertsten Theil ausmachen, oder nach einer noch genauern Angabe sich wie $\frac{1}{98}$ zu 1 verhalten. Es sind darinnen 4 Aemter, 4 Städte, 33 Schriftsassen mit 14 Dörfern, 9 Amtsassen, 7 Vorwerke und Freygüther, 43 Amtsdörfer, in allem 57 Dörfer befindlich. Es muß jedoch hierbey bemerkt werden, daß diese Angabe nicht verbürgt werden kann. Unsere statistischen Nachrichten bedürfen insgesammt noch vieler Berichtigung, so auch die verschiedenen Angaben der Schriftsteller über des Fürstenthums Querfurth statistische Uebersicht.

Nach obiger Angabe befinden sich

		Stadt	Schriftſ. m.	Dörf.	Amtſ.	Amtsd.
	Querf.	1	15	4	4	11
im Amte	Heldr.	1	3	1	5	4
	Jüterb.	1	9	7	—	16
	Dahme	1	6	2	—	12
		4	33	14	9	43
nach Canzler p. 81.		4	29	—	7	65

Allein der Herr v. Römer giebt in s. Staatsr. Th. 1. S. 149. andere Zahlen an, deren Richtigkeit ich zur Zeit nicht in Zweifel ziehen will.

I. Im Amte Querfurth sind folgende

Rittergüther	und deren Besitzer
Farnstädt, Ober- Mittel- und Unterhof,	v. Geusau,
Gatterstädt,	Krug v. Nidda,
Gatterstädt	v. Münchhausen,
Leimbach,	Lüttich,
Lodersleben,	v. Dankelmann,
Obhausen St. Joh.	Scheube,
- - Nicol.	a. d. Winkel,
- - Petri.	v. Trotta,
Weydenthal,	Hahn.

Amtsdörfer: Barnstädt, Döcklitz, Gatterstädt, Göhrendorf, Göritz, Kuckenberg, Nemsdorf, Obhausen St. Joh. Nic. und Petri, Thaldorf.

II. Im

II. Im Amte Heldrungen,

Rittergüther,	deren Besitzer.
Braunsroda,	v. Trebra,
Bretleben,	v. Trebra,
Harras,	Hofmann,
Oberreinsdorf,	Gebser,
Niederreinsdorf,	v. Trebra.

Amtsdörfer: Bretleben, Hauteroda, Oberheldrungen, Reinsdorf.

III. Im Amte Jüterbogk,

Rittergüther,	deren Besitzer.
Fröhden,	v. Klitzing,
Gräfendorf,	v. Thümen,
Hohenahlsdorf,	v. Wollkopf,
Markendorf,	Lüder,
Welsigkendorf,	Müller.

Amtsdörfer: Bocho, Borgisdorf, Dalicho, Dennewitz, Vorstadt Damm, Hohengersdorf, Höfgen, Kaltenborn, Korbitz, Langenlippsdorf, Lichterfeld, Lindo, Neumarkt, Niedergersdorf, Rohrbeck, Werbig.

IV. Im Amte Dahme,

Rittergüther,	deren Besitzer.
Bollensdorf,	v. Hennicke,
Vorwerk Dahme,	Haberland,
Damsdorf,	Kölling,
Gebersdorf,	v. Kleist,
Glienig,	v. Flemming,

Görsdorf,	v. Raschkau,
Mehlsdorf,	v. Kleist,
Nonnendorf,	v. Kampz.

Amtsdörfer: Bucko, Hohenseefeld, Ilmersdorf, Ihlo, Liebsdorf, Niendorf, Prennsdorf, Riethdorf, Rosenthal, Schwedendorf, Wildau, Zagelsdorf.

Von einem oder dem andern besonders merkwürdigen Orte hier weitläuftig zu handeln, würde am unrechten Orte seyn.

Die beyden Aemter Wendelstein und Sittichenbach, welche ehedem nebst dem Fürstenthume Querfurth mit zur Sachsen-Weißenfelsischen Landesportion gehörten, sind nicht als ein zugehöriger Theil dieses Fürstenthums zu betrachten.

Aus Mangel zuverläßiger Nachrichten über den Ertrag der Einkünfte des Fürstenthums Querfurth unterlasse ich es, hier specielle Angaben darüber zu liefern, bemerke aber das Subscriptionsquantum dieses Fürstenthums bey der Brandassecurationscasse.

134,543 Thlr.	18 Gr.	Amt	Querfurth,
96,468	18	=	Heldrungen,
134,750	—	=	Jüterbogk,
47,225	—	=	Dahme.
412,987 —	12 —		

270,475 Thlr.	—	Amtsbezirk	Querfurth,
34,718	18 Gr.	=	Heldrungen,
230,818	18	=	Jüterbogk,
136,262	12	=	Dahme.
672,275 —	12 —		

1,085,262 Thlr. 12 Gr. Totalsumme.

B. St.

B. Geschichte des Fürstenthums Querfurth.

1.

Die vormalige Herrschaft Querfurth, welche grösstentheils bey dem Erzstifte Magdeburg zu Lehn gieng, hatte bis zum Jahre 1496 ihre eigenen Besitzer, die edeln Herren von Querfurth oder Querenvorde, deren Namen in der ältern Geschichte von 1209 an sehr häufig vorkommen. In dem vorgedachten Jahre starb diese Familie mit Bruno X. aus, und die Besitzungen derselben fielen an das Erzstift Magdeburg, die Herzoge zu Sachsen, und die übrigen Lehnsherren, als eröffnete Lehne zurück. Das Erzstift Magdeburg hatte auch bereits bey Lebzeiten des letztern Besitzers die Dörfer Barnstädt, Göritz, Nehmsdorf und Göhrendorf an sich gekaufet. Die bey diesem Anfalle über die Grenzen und verschiedene Gerechtsame dieser Lehne, zwischen den Herzogen zu Sachsen und dem Erzbisthume Magdeburg entstandenen Streitigkeiten wurden durch besondere Vergleiche im J. 1499 und 1502 beygelegt. Die Urkunden hierüber stehen in des Herrn Prof. Arndts Archiv d. Sächs. Gesch. Th. II. S. 297—303. ingl. S. 389—392.

2.

Eine kurze Geschichte der Besitzer der ehemaligen Herrschaft Heldrungen hat bereits der Herr Geh. Fin. Sekr. Grundig in Samml. verm. Nachr. z. Sächs. Gesch. Th. VI. S. 300—319. aus einer Sagittarischen Handschrift geliefert. Einer der letztern Besitzer,

Friedrich IV. verlor 1412 diese Herrschaft wegen eines verübten Landfriedenbruchs, und mußte solche dem Grafen von Hohnstein einräumen. Im J. 1484 wurde sie an den Graf Gebhard VI. von Mansfeld verkauft, von dessen Nachfolgern der Churfürst Johann Georg I. solche an sich zu bringen wußte.

3.

Die Stadt und Pflege Jüterbogk kam schon in den ältesten Zeiten, im 12ten Jahrhunderte, an das Erzbisthum Magdeburg.

4.

Eben so gehörte auch das heutige Amt Dahme von den ältesten Zeiten her zu dem vorgedachten Erzbisthume.

5.

In dem zu Prag zwischen dem Kaiser Ferdinand I. und Churfürst von Sachsen Johann Georg I. am 30. May 1635 geschlossenen Frieden wurde die Herrschaft Querfurth nebst den Aemtern Jüterbogk, Dahme und Burg, (von dem Amte Heldrungen konnte hier nicht weiter die Rede seyn, weil dasselbe, wie bereits vorhin angeführet worden, durch Kauf an das Churhaus Sachsen schon gekommen war,) von dem Erzbisthume Magdeburg, das damals des Churfürsten Prinz, August, administrirte, eximiret, und an den Churfürsten von Sachsen dergestalt erblich überlassen, daß er darüber die Lehnsherrschaft des nur gedachten Erzbisthums anerkennen, und sothane Aemter so lange behalten

halten sollte, bis sie mit seinem guten Belieben und Willen per aequipollens ausgewechselt würden.

6.

Der darauf erfolgte Osnabrückische Friedensschluß vom J. 1648 ertheilte dem Churfürsten von Brandenburg über das Erzbisthum Magdeburg eine Exspectantiam qualificatam, dergestalt, daß es bey erfolgender Vacanz an das Haus Brandenburg fallen, und daher das Domcapitul und die Stände alsbald nach dem Frieden die Erbhuldigung leisten sollten. Dagegen blieben obgedachte vier Aemter dem Churfürsten von Sachsen für immer überlassen *, unter der Bedingung, daß er die Reichs- und Kreissteuern davon tragen sollte. Von der Lehnsverbindung derselben mit dem Erzbisthume Magdeburg wurde weiter etwas nicht gedacht. In der Folge entstanden hierüber einige Streitigkeiten, wovon unten noch zu reden seyn wird.

* I. P. O. Art. XI. §. 9. „Caeterum quod ad quatuor Dynastias s. Praefecturas Querfurth, Iuterbogk, Dahme et Borg attinet, cum iam olim Domino Electori Sax. traditae sint, in eiusdem quoque ditione permaneant, in perpetuum, cum hac tamen reseruatione, vt quae hactenus ratione earundem ad collectas Imperii et Circuli contributa fuerit quota, a dicto Domino Electore Saxon. in posterum exsoluatur, eaque Archiepiscopatui dematur, et huius rei ratione ex-

 pressa

pressa fiat prouisio in Matricula Imperii et Circuli."

7.

Diese neu erworbenen Besitzungen schlug nachher Churfürst Johann Georg I. in seinem merkwürdigen Testamente vom 20. Julii 1652, zu der für seinen 2ten Sohn August, den vorhin schon erwähnten Administrator des Erzbisthums Magdeburg, und nunmehrigen Stifter der Sachsen-Weißenfelsischen Linie, ausgesetzten Landesportion.

8.

Zu Folge des zu Leipzig unterm 17. Febr. 1663 errichteten Recesses, (in Lünigs Reichsarch. Part. spec. Cont. II. Abth. IV. Abschn. II. p. 195.) und eines nachher zu Torgau unterm 12. May 1681. errichteten Vertrags, — beyde Verträge sind die Grundlage der heutigen Verfassung des Fürstenthums Querfurth, — ingleichen des Elucidationsrecesses von 1682, (in Glafey Sächs. Gesch. S. 1115. sq.) wurde die Sache dahin eingeleitet, daß die vorgedachten 4 eximirten Aemter nebst Heldrungen, Wendelstein und Sittichenbach zu einem unmittelbaren Reichsfürstenthume erhoben werden sollten.

9.

Inzwischen aber machte das Haus Brandenburg, nach Uebernahme des Erzbisthums Magdeburg, wegen der Lehnsherrlichkeit über diese 4 eximirten Aemter dringende Ansprüche, die nicht anders, als durch

Zurück-

Zurückgabe des Amts und der Stadt Burg vermittelst eines zu Kölln an der Spree am 22. Julii 1687 geschlossenen Vertrags, (in Lünigs R. A. Part. spec. T. III. Brandenb. p. 271. sq. jedoch sehr fehlerhaft,) getilgt werden konnten. Die Lehnsverbindung dieser Aemter mit dem Erzbisthum Magdeburg hörte gänzlich auf, und dagegen wurde nunmehro der Herzog von Sachsen-Weißenfels Johann Adolf I. ingleichen das gesammte Haus Sachsen Albertinischer und Ernestinischer Linie, am 12. April 1688 von dem Kaiser mit dem neu gestifteten Fürstenthume Querfurth feyerlich beliehen, und seitdem ist dieses Fürstenthum ein unmittelbares Reichslehn. Allein die Introduction des Churfürsten von Sachsen, als Besitzers desselben, mit der ihm zukommenden Sitz und Stimme im Reichsfürstenrath, hat zur Zeit wegen verschiedener von einigen altfürstlichen Häusern erregten Widersprüche noch nicht erfolgen können. Dagegen ist das Haus Sachsen wegen dieses Fürstenthums auf den Obersächsischen Kreistagen zur Introduction mit Sitz und Stimme bereits 1664 gelangt. Auch hat der Churfürst von Sachsen als Fürst von Querfurth noch das besondere Recht, einen Reichskammergerichtsassessor allein zu präsentiren, wenn ihn die Reihe in dem Obersächsischen Kreise trifft. Man s. des Hrn. Domherrn Rau Abh. von dem Präsentationswesen des Obersächsischen Kreises. Regensb. 1782. 4.

Es nahm jedoch der vorhin erwähnte Herzog Johann Adolf von diesem Fürstenthume weder Wappen noch Titel an, und daher kommt es auch, daß noch bis jetzt dieses Fürstenthum weder in den Titel noch in das Wappen eines Churfürstens von Sachsen aufgenommen worden ist. Die Ursachen hiervon müssen in dem Sächsischen Staatsrechte weitläuftiger erklärt werden.

Wegen eines Beytrags zu den Römermonaten ist dieses Fürstenthum noch nicht in Ansatz gebracht worden, dagegen aber trägt es zu einem Kammerzieler 56 Thaler 8¼ Kreuzer, oder, wie andere behaupten, 42 Thaler 7 Kreuzer bey.

10.

Die Sachsen-Weißenfelsische Linie verlebte nur eine kurze, aber in vieler Rücksicht sehr glänzende Periode. Die Fürsten aus dieser Linie zeigten eine Prachtliebe, die höher stieg, als ihre Kräfte reichten, und endlich ein förmliches Schuldenwesen erwachsen ließ. Es ist hier der Ort nicht, die Regierungsgeschichte eines jeden weitläuftig zu erzählen.

I. Herzog August ward 1625 zum Coadjutor, und 1628 zum Administrator des Erzstifts Magdeburg erwählet, und blieb dabey bis an sein Ende. Er starb zu Halle, wo er residirte, 1680.

II. Johann Adolf I. sein Sohn, residirte zu Weißenfels, in dem prächtig erbauten Schlosse Neuaugustusburg, und starb den 24. May 1697. Sein Sohn

III. Jo-

III. Johann Georg führte nach der Religionsveränderung des Königs von Pohlen, Friedrich Augusts, das Directorium Corporis Euangelicorum, und stiftete 1703 den Ritterorden von der edeln Neigung, verschwendete auch bey der Bewirthung des Königs von Spanien Carls III. viele Tonnen Goldes. Starb d. 16. März 1712. Sein Bruder

IV. Christian folgte ihm in der Regierung, und ließ eine Schuldencommission eröffnen. Starb d. 28. Jun. 1736 ohne Erben; ihm folgte sein Bruder

V. Johann Adolf II. starb den 16. May 1746 zu Leipzig ohne Erben; ob er gleich mit seinen beyden Gemahlinnen 5 Prinzen und 1 Prinzessin erzeugt hatte. Diese starb erst 1751.

Mit ihm erlosch diese Linie schon wieder, und die derselben gehörige Landesportion fiel nun wieder an das Churhaus Sachsen zurück. Eine Veränderung, die auch auf die Landesverfassung des Fürstenthums Querfurth gar mancherley Einfluß gehabt hat, obwohl dasselbe nach Maaßgabe des in C. A. C. T. I. p. 346. befindlichen Befehls v. 1. Jun. 1746. „*quoad statum publicum* in der bisherigen von den Chur- und alten Erblanden separirten Verfassung, und in der Form eines absonderlichen *Corporis* und Reichsfürstenthums, darein es durch die Recesse von 1663 und 1667, und die darauf erfolgten Kaiserlichen Belehnungen gesetzt worden, conserviret werden sollen.“

Die

Die zeitherigen Collegia zu Weißenfels, deren Direction sich auch über das Fürstenthum Querfurth erstreckt hatte, hörten auf, und die sonst dahin gehörigen Sachen wurden an die zu Dresden befindlichen Collegia verwiesen. Das Herzogliche Appellationsgericht, die Landesregierung, Kammer und das Consistorium wurden eingezogen, auch deren Archive zerstreut. Von der Jurisdiction des Oberhofgerichts zu Leipzig sind die beyden Thüringischen Aemter dieses Fürstenthums Querfurth und Heldrungen eximirt geblieben, so wie auch die beyden Aemter Jüterbogk und Dahme dem Hofgerichte zu Wittenberg nicht unterworfen sind.

Mit dem Aussterben der Weißenfelsischen Linie versiegte nunmehr so manche Quelle gewohnter Vergnügungen, und für den Handel, Consumtion, Nahrung und Gewerbe trockneten die bisher vollen Kanäle aus. Dem Staatspolitiker giebt das unvermuthet frühe Aussterben dieses Hauses, so wie der andern beyden Linien, Merseburg und Zeiz, reichlichen Stoff zu mancherley Betrachtungen. Mit demselben stürzte zugleich das von dem Churfürst Johann George I. mit Vorliebe so künstlich als zweckwidrig aufgeführte Gebäude einer besondern Ländertheilung und Regierung wieder zusammen.

II.

Bey dieser Katastrophe blieb jedoch die Landtagsverfassung des Fürstenthums Querfurth, die mit der

Land-

ndtagsverfassung in den Chur- und Erblanden nur
r wenig gemein hat, und mit der Art der in diesem
ürstenthume gewöhnlichen Staatsabgaben unzer-
ennlich verbunden ist, ohne Veränderung. Es
urde daher auch in dem vorhin schon angezogenen
efehle vom 1. Jun. 1746 ausdrücklich versichert:
aß zum Behuf des Bewilligungswerks derer dazu
hörigen Stände von Vasallen und Städten beson-
re Land- und Ausschußtage gehalten werden soll-
n, wobey die Direction im Namen des Churfürsten
s geheime Consilium und das Kammercollegium
übrige Besorgung führen sollte.« Dieß ist die
le Grundlage der noch bis auf den heutigen Tag
stehenden Landtagsverfassung im Fürstenthume
uerfurth.

12.

Ueber den Ursprung dieser Landtage kann ich zur
it, aus Mangel vollständiger archivalischen Nach-
hten, keine hinlängliche Auskunft mittheilen, son-
rn ich muß solches denen, welche das Glück haben,
n Quellen darzu nahe zu seyn, überlassen. —
So viel läßt sich mit vieler Wahrscheinlichkeit be-
upten, daß die Landtage in der heutigen Art erst
it der Errichtung des Fürstenthums ihren Anfang
nommen haben mögen, ob man wohl auch auf der
dern Seite vermuthen kann, daß die Vasallen und
tädte in den Aemtern Querfurth, Jüterbogk und
ahme schon ehedem, als sie noch unter den Magdeburgischen

burgischen Krummstab gehörten, zu den Landesver-sammlungen werden convociret worden seyn, um auch auf ihre Schultern einen Theil der aufzubringenden Abgaben legen zu lassen.

Nach dem Anführen des Herrn v. Römer a. a. O. S. 97. sind seit 1673 in dem Fürstenthume Querfurth von 6 zu 6 Jahren Landtage zu Weißenfels gehalten worden. Aus dem Umstande, daß sie anfangs, als der Herzog August zu Halle residirte, außerhalb dem Bezirk des Fürstenthums gehalten worden, will v. Römer den Ständen das Befugniß, *dergleichen Versammlungen innerhalb ihres Territorii zu halten*, streitig machen. So geradehin kann ich seiner Meinung nicht beytreten; wenn ich aber hierbey einen ohnmaßgeblichen Vorschlag äußern dürfte, so wäre es dieser, daß die Landtage wechselsweise, einmal im Querfurthischen, und das anderemal im Jüterbogkischen Kreise gehalten werden möchten. —

Nach dem Rückfall der Weißenfelsischen Landesportion wurde alsbald im J. 1746, weil die bisher bewilligten Abgaben mit Michael zu Ende giengen, eine Versammlung der Stände des Fürstenth. Querfurth nach Torgau ausgeschrieben. Es sollte dabey der modus tractandi dem in der Ober- und Niederlausitz eingeführten Fuß, so viel möglich, gleichgestellt werden.

Diese Versammlung nahm mit dem 23. Octobr. gedachten Jahres ihren Anfang, und endigte sich am 4ten des folgenden Monats. Der Geheimerath und

Kreis-

Kreishauptmann, Graf von Brühl, wurde nebst dem Geheimen Kammerrath von Brawe als Churfürstl. Commissarius dahin abgeschickt. Es wurden auf diesem Landtage einige neue Abgaben, insonderheit die Landaccise, Personensteuer u. s. w. eingeführt, oder doch wenigstens nach dem modo in den alten Erblanden eingerichtet.

Nach Verfluß von 6 Jahren wurde wiederum 1752 ein Landtag, und zwar nach Querfurth ausgeschrieben. Er währte vom 1. Aug. bis 24. Sept. unter der Direction des Churfürstl. Commissarii, des vorhin genannten Grafen von Brühl.

Ob nun wohl die 6jährigen Bewilligungen mit dem Jahre 1758 abgelaufen waren, so konnte doch wegen des nun angefangenen Krieges keine Landtagsversammlung gehalten werden. Die bisherigen Bewilligungen wurden größtentheils continuiret, jedoch die Kopf- und Vermögenssteuer gänzlich, ingleichen die Ritterschaftlichen und Landschaftlichen Donative zur Hälfte erlassen.

Nach dem wieder hergestellten Ruhestande wurde auch in dem Fürstenthume Querfurth vom 15. bis 28. Jan. 1764 ein Landtag unter dem abgeordneten Churfürstlichen Commissario, dem Geheimen Rath und Director des Consistorii zu Leipzig, Carl Gottlob v. Ende, gehalten.

Vom 18. bis 27. Septbr. 1769 wurde wiederum ein Landtag zu Querfurth gehalten, jedoch zu Erspa-

rung

rung des Kostenaufwands ein besonderer Commissarius nicht abgeordnet, sondern dem Kreisdirector des Querfurthischen Kreises, v. Geusau, diese Function mit übertragen.

Eben dieses geschah nach Ablauf der sechsjährigen Bewilligung. Der Landtag währte vom 30. Aug. bis 17. Sept. 1775. Auf demselben wurde zum erstenmale ein Beytrag zu den neuen Zucht- und Arbeitshäusern zu Zwickau und Torgau verwilliget.

Gegen das Ende dieser Bewilligungsfrist offerirten die Stände des Jüterbogkischen Kreises die Fortstellung der bisherigen Bewilligungen, und verbaten die Haltung eines Landtags; allein die Stände des Querfurthischen Kreises traten ihrer Meinung nicht bey, sondern wünschten, daß ein Landtag gehalten werden möchte. Dieß geschah auch vom 26. Aug. bis 14. Oct. 1781, und der Kreisdirector v. Geusau erschien dabey abermals als Churfürstlicher Commissarius. Die Stände baten jedoch am Schlusse ihrer Bewilligungsschrift, daß künftig wieder ein besonderer Commissarius abgeordnet werden möchte, „da sie sich zeither der Vorsprache, des Raths und Beystandes ihres zugleich zum Landtagscommissarius ernannten Kreisdirectors benommen gesehen hätten, und dieses den vornehmsten Grund abzugeben scheine, weswegen dieser Landtag als ein minder feyerlicher Landtag angesehen, und ihnen die äußerlichen Kennzeichen desselben, das Kirchengebet, die Landtagspredigt, die

Miliz-

Miliʒwache, und andere sonst gewöhnliche Solennitäten versagt werden wollen."

Dem ohnerachtet aber erhielt bey dem vom 13. May bis 27. Jul. 1787 zu Querfurth gehaltenen Landtage der Kreisdirector von Geusau nochmals Auftrag zur Bewilligungsunterhandlung. Es wurde den Ständen die Entrichtung der Landaccise nach dem neuern Tarif angesonnen; allein sie suchten solches abzulehnen, weil es der Grund- und Steuerverfassung des Fürstenthums entgegen wäre.

Der neueste Landtag wurde vom 11. bis 21. Jun. 1793 zu Querfurth gehalten, und mit dem Herrn Geheimen Finanzrath Grafen von Hohenthal als Commissarius beschickt.

I. Von der Convocation der Querfurthischen Landstände.

1.

Das Fundamentalgesetz für die Landtagsverfassung im Fürstenthume Querfurth ist die auf dem Landtage zu Halle 1679 errichtete Landtagsverfassung, welche auch von dem nachfolgenden Herzoge von Sachsen-Weißenfels Johann Adolf auf dem Landtage 1680 confirmiret worden ist, dergestalt, daß dieselbe gleich einem Fundamentalgesetze hinfort und zu ewigen Zeiten agnosciret, und ohne des Landesherrn und der Stände gemeinen

Vergleich nimmermehr geändert, noch darwider gehandelt werde.

2.

Da sich die Landtagsbewilligungen dieser Stände gewöhnlichermaaßen nur auf 6 Jahre erstrecken, so pflegt vor Ablauf derselben ein neuer Landtag ausgeschrieben zu werden. Die Anordnung desselben hat das Geheime Consilium zu besorgen. Die Ausschreiben werden durch die Beamten zur Insinuation der Stände gebracht, und solche respective vorgeladen.

3.

Das Sitz- und Stimmrecht auf solchen Landtagen kommt den Ritterguthsbesitzern und Städten zu, kann aber von erstern nur unter gewissen Verhältnissen und Bedingungen ausgeübt werden. Es wird nämlich die Landtagsfähigkeit, d. h. Adel, ohne jedoch solchen erst durch eine Ahnenprobe beweisen zu müssen, der Besitz eines Ritterguths, (ohne Unterschied, ob solches neu- oder altschriftsäßig, oder amtsäßig sey,) worauf die Landstandschaft haftet, Mündigkeit, und einige andere Qualitäten erfordert. Die Städte wohnen den Landtagen durch Abgeordnete aus dem Rathe bey. Der Stadt Heldrungen kommt, aus einer mir zur Zeit nicht bekannten Ursache, ein Sitz- und Stimmrecht auf den Querfurthischen Landtagen nicht zu.

4.

Unter den Landständen selbst wird in Ansehung der Art und Weise, wie sie zu dem Landtage convocirt

werden,

werden, ein Unterschied gemacht. Einige werden durch verschlossene Missiven, andere durch offene Ausschreiben berufen. Jene nennen dieses Vorrecht ius convocationis, und dessen haben sich die 3 schriftsäßigen Städte Querfurth, Jüterbogk und Dahme, ingleichen einige Ritterguthsbesitzer zu erfreuen.

5.

Die Ertheilung der Landstandschaft und des iuris conuocationis hängt von dem Entschlusse des Landesfürsten ab. Der Herr Dr. v. Römer führt a. a. O. S. 97. ein neueres Beyspiel an, daß dem Schriftsäßigen Ritterguthe Obhausen St. Johannis, der Schieferhof genannt, das ius conuocationis 1766 ertheilet worden, ohne vorher darüber an die Landstände etwas gelangen zu lassen.

Unmündige und abwesende Ritterguthsbesitzer können durch ihre Vormünder, wenn diese selbst Mitstände sind, erscheinen, letztere erhalten jedoch deshalb keine besondere Auslösung, vermöge Decrets vom 19. Novbr. 1698.

6.

Die Anzahl der Landtagsfähigen Ritterguthsbesitzer hat sich in neuern Zeiten ziemlich vermindert. Von 43 Stimmen, welche eigentlich statt finden können, waren im J. 1787 nur 11 gangbar, nach v. Römer a. a. O. S. 94.

In jedwedem Kreise soll ein Kreisdirector nebst 3 Ausschußpersonen von der Ritterschaft seyn. Den

Ständen kommt hierbey ein ius denominandi zu. Der ältere Kreisdirector hat vor dem neuern allezeit die Präcedenz, wie schon auf dem Landtage 1696 entschieden worden ist. Eben so hat auch die Ausschußstadt in demjenigen Kreise, dessen Director die Präcedenz hat, den Vorsitz vor der andern.

II. Von der Versammlung der Landstände.

7.

Diese geschiehet gemeiniglich auf dem Churfürstlichen Schlosse zu Querfurth, in dem sogenannten Fürstenhause. Die erschienenen Stände melden sich vor dem zur Eröffnung der Landtagsproposition angesetzten Tage bey dem Churfürstlichen Commissario persönlich, und es wird darüber in den Landtagsacten das Nöthige angemerkt. Dabey wird ihnen zugleich eröffnet, daß der Commissarius das erhaltene Commissariale einigen Abgeordneten im Originale vorzulegen, auch ihnen eine beglaubte Abschrift davon zu ertheilen bereit sey. Dieß erfolgt auch hernach, indem die beyden Kreisdirectoren dieses Geschäfte übernehmen.

8.

Hiernächst wird den Ständen aufgegeben, einen Landschaftlichen Syndicus zu bestellen, und an den Churfürstlichen Commissarius zu präsentiren.

9. Vor

9.

Vor der Eröffnung des Landtags wird der Churfürstliche Commissarius von den Landständen in die Kirche zu Abwartung des Gottesdienstes und Anhörung der Landtagspredigt in die Schloßkirche begleitet. Nach dessen Beendigung begeben sich die Landstände wieder in den Saal des Fürstenhauses zurück, und es wird nunmehro der Landtag durch Vorlesung und Mittheilung der Landtagsproposition eröffnet, dabey auch von dem Commissario eine kurze Anrede an die versammleten Stände gehalten, und von dem Kreisdirector beantwortet.

Die beyden auf dem jüngsten Landtage gehaltenen Reden sind im Druck erschienen.

III. Von den Deliberationen auf dem Landtage.

10.

Eines der ersten Geschäfte ist die Wahl eines Landschaftlichen Syndicus, der nach erfolgter Wahl und Vorstellung an den Churfürstlichen Commissarius zu seiner Function besonders verpflichtet wird, und auch an letztern den Handschlag abgeben muß.

11.

Nächst diesem werden über die an den Landesfürsten mittelst der Präliminarschrift zu bringenden Landtagsbeschwerden, Intercessionen und Memorialien, auch andere ähnliche Gegenstände Erörterungen angestellt. Nach deren Beendigung wird die Präliminar-

 schrift

schrift selbst, ingleichen nach Befinden der Umstände eine Hauptbeschwerdeschrift abgefaßt und übergeben. Wenn man, wie Herr v. Römer a. a. O. S. 101. anführt, die Annahme einer solchen Schrift verweigern wollen, so ist solches wohl hauptsächlich in der Absicht geschehen, das Landtagsgeschäfte selbst nicht zu verlängern, zumal da gar nicht geläugnet werden kann, daß eine sehr große Menge Beschwerden zu Landtagsbeschwerden gemacht werden, die es gar nicht sind. Es gehört eine sehr genaue Kenntniß von der Landesverfassung, und von der Geschichte der *auf den vorhergehenden* Landtagen geschehenen Verabhandlungen, dazu, wenn die anzubringenden Beschwerden nicht ewige Wiederholungen, oder ungegründete Klagen über Dinge, die sich in der Maaße, als verlangt wird, nicht abstellen lassen, seyn sollen.

12.

Der Hauptgegenstand eines Landtags bleiben immer die Bewilligungen der Stände. Sie deliberiren darüber nach Anleitung der ihnen mitgetheilten Landtagsproposition, und nehmen dabey auf die Kräfte des Landes Rücksicht. Da die Verfassung der Abgaben in dem Fürstenthume Querfurth von der in den übrigen Chursächsischen Provinzen sehr verschieden ist, so werde ich davon hernach weitläuftiger handeln. Jetzt will ich nur noch den Gang der Geschäfte auf dem Landtage weiter verfolgen.

13. Wenn

13.

Wenn die Deliberationen über die Bewilligungen durch Vereinigung der Stände bis zu einem allgemeinen Beschlusse beendigt sind, so wird nunmehr von dem Landschaftlichen Syndicus die Bewilligungsschrift entworfen, sodann von den Ständen durchgesehen, und endlich in mundo gehörig vollzogen dem Churfürstlichen Commissario überreicht, der sie alsdann an das Geheime Consilium nach Dresden einsendet.

Bey dem im J. 1787 gehaltenen Landtage hatten die Stände ihre Bewilligungsschrift nicht an den Churfürstlichen Commissarius abgegeben, sondern unmittelbar nach Dresden eingesendet. Die Bewegungsgründe dazu sind mir nicht bekannt.

14.

Daferne nun die geschehenen Bewilligungen der Landtagsproposition entsprechen, und von dem Landesfürsten angenommen werden, so erhält der Commissarius darauf den Landtagsabschied, um solchen den Ständen auf die gewöhnliche feyerliche Weise zu publiciren und auszuhändigen. Außerdem aber, wenn die Bewilligungen so beschaffen sind, daß sie höchsten Orts einigen Eingang nicht finden, so erhält der Commissarius fernere Instruction, und es müssen nach Beschaffenheit der Umstände neue Deliberationen angestellt werden.

tembern u. dergl. ist hier gänzlich unbekannt, sondern es werden die bewilligten Abgaben, vermöge des den Ständen zustehenden iuris subcollectandi, nach einem besondern Fuße auf den jährlich zu haltenden Kreis- oder Ausschußtagen ausgebracht, dergestalt, daß auf jeden Ort, nach Verhältniß der darinne befindlichen Grundstücke und des Gewerbes, eine Rata gelegt wird. Ueber das einem jeden Orte zugetheilte Quantum macht alsdenn der Ort selbst die Quartalsanlagen nach den daselbst befindlichen Individuis, ihren Grundstükken, Professionen und Gewerbe. Die Abgaben selbst sind von zweyerley Beschaffenheit, entweder Real- und Grundsteuern, oder Consumtionsauflagen und Gewerbesteuern. Es wird sich unten von selbst ergeben, zu welcher Classe eine und die andere Art der Abgaben gehöre.

18.

I. In die erste Classe der auf Landtagen bewilligten Abgaben gehöret das sogenannte Bewilligungsquantum, anstatt der ordinariorum und extraordinariorum. Auf dem letzten Landtage wurden auf 6 Jahre 27,000 Thlr. bewilliget, also jährlich 4650 Thlr. Jene 27000 Thlr. werden dergestalt vertheilet, daß

12,000 Thlr.	—	—	als ordinar.	der Querfurthische,
5,233	13 Gr.	1½ Pf.	extraord.	
9,766	10	10½	der Jüterbogkische Kreis	

zu tragen hat. Die jährlichen Ratae werden in vier Quartalen, Weyhnachten, Ostern, Johannis und

Michae-

Michaelis, zur Churfürstlichen Rentkammer abgeführet.

In den Ordinariis trägt das Amt Querfurth von hundert Thalern 81 Thaler, und die Pflege Heldrungen 19 Thaler. In den Extraordinariis trägt jenes von hundert Thalern 75 Thlr. 21 Gr. und diese 24 Thlr. 3 Gr. mithin quartaliter

	zu den Ordin.	zu den Extraord.
Amt Querfurth	2430 Thlr.	992 Thlr. 17 Gr. 8$\frac{7}{8}$ Pf.
- Heldrungen	570	315 , 15 , 6$\frac{1}{2}$
	3000 Thlr.	1208 Thlr. 9 Gr. 3$\frac{1}{8}$ Pf.

mit Inbegriff eines Ueberschusses, zu Bestreitung der Reste, da dergleichen nicht zugerechnet werden dürfen.

In dem Querfurthischen Kreise wird dieses Steuerquantum auf die Städte und Dörfer nach der Hufenzahl vertheilet. Man rechnet

849 Hufen, 9 Acker Felde gleich, 1$\frac{1}{4}$ Acker Erde im Amte Querfurth, darunter sollen jedoch nach Leonhardi p. 574. nur 730 Hufen 7$\frac{79}{120}$ Acker Magazinhufen seyn, und

296$\frac{7}{8}$ Hufen im Amte Heldrungen.

840 Hufen im Amte Jüterbogk.

376 Hufen im Amte Dahme.

Die Hufen sind hier weit kleiner, aber dennoch stärker belegt, als in den übrigen Chursächsischen Provinzen. In den letztern rechnet man eine Hufe ordinair zu 24 Dresdner Scheffel Aussaat. Im Querfurthischen

furthischen machen 30 Acker, jeder zu 1 Schfl. Querfurthisches, oder ohngefähr einen halben Schfl. Dresdner Maaß Aussaat gerechnet, eine Hufe aus. Diese differirt also von jener beynahe um 8 Scheffel. In dem Querfurthischen kommen auf eine Hufe jährlich über 20 Thaler Abgaben.

Die von diesem Steuerquanto auf den Jüterbogkischen Kreis fallenden jährlichen 9766 Thlr. 10 Gr. 10½ Pf. werden quartaliter mit 2441 Thlr. 14 Gr. 8⅝ Pf. abgeführet. Dazu giebt

Thlr.	Gr.	Pf.	
748	14	2½	Amt Jüterbogk,
308	18	3½	= Dahme,
836	10	1½	Stadt Jüterbogk,
308	18	3½	= Dahme,
14	3	9½	Bollensdorf,
31	10	10½	Fröhden,
24	20	1¼	Gebersdorf,
7	—	10½	Görsdorf,
20	10	2½	Gräfendorf,
15	4	2¼	Hohenahlsdorf,
40	6	5½	Markendorf,
14	20	⅝	Mehlsdorf,
16	14	9½	Nonnendorf.
37	15	7¾	Welsigkendorf,
16	14	9½	Zagelsdorf.
2441 Thlr.	14 Gr.	8⅝ Pf.	Summa.

Auf dem jüngsten Landtage war den Ständen auch ein besonderer Beytrag von 877 Thlr. 22 Gr. monatlich, zu den Kriegskosten des Reichscontingents ange-

sonnen

sonnen worden; allein die Stände deprecirten solchen unter dem Anführen, daß sie stets ein Quantum statt der Reichs- und Kreisanlagen bewilligt und abgeführet hätten.

19.

II. Die zwote Abgabe sind 6314 Thlr. 23 Gr. jährlich zur Kriegscasse, zur Verpflegung einer Compagnie Cavallerie in den gewöhnlichen Portionen und Rationen, wie solche in den alten Erblanden gebräuchlich sind, nur daß sie in dem Querfurthischen nicht nach den Schocken, sondern nach einem andern modo aufgebracht werden. Herr v. Römer, Th. II. S. 241. giebt nur 6123 Thlr. 2 Gr. an. Er scheint den Nachschuß nicht mit gerechnet zu haben. Eben so muß auch Leonhardi, Th. II. S. 574. berichtiget werden.

Nach dem festgesetzten Quanto hat das Fürstenthum Querfurth 62 Portionen und 62 Rationen in Gelde aufzubringen, und zwar 40 Rationen und Portionen der Querfurthische, und 22 der Jüterbogkische Kreis. Auf jede Portion und Ration werden täglich 6 Gr. 6 Pf. und hierüber noch monatlich auf jede Ration und Portion 6 Gr. als ein Nachschuß entrichtet, mithin

3954 Thlr.	4 Gr.	auf 40 Rat. u. Port.	im Querfurthischen,
120	—	Nachschuß	
2174	19	auf 22 Rat. u. Port.	im Jüterb. Kreise.
66	—	Nachschuß	
6314 Thlr.	23 Gr.	Summa.	

Ueber-

Ueberdieß seit 1775, 1 Metze Korn, und 1 Metze Hafer von jeder Magazinhufe jährlich in die Magazine resp. nach Heldrungen und Wittenberg, jedoch nicht in natura, sondern statt derselben 3 Gr. jährlich zu Martini von jeder Hufe.

20.

III. Die Fleischsteuer, zur Churfürstlichen Rentkammer, wie solche in den alten Erblanden entrichtet wird. Vor dem Anfalle der Weißenfelsischen Lande wurde diese Abgabe nach dem im Fürstenthume Querfurth ergangenen besondern Fleischsteuerausschreiben v. J. 1743 erhoben; welches in einigen Puncten von dem allgemeinen Fleischsteuerausschreiben vom J. 1682 abgieng. So war auch z. B. darinne der Fall, wenn der Ritterguthsbesitzer sowohl, als dessen Pachter, auf dem Guthe wohnen, daß beyde die Fleischsteuerbefreyung in Ansehung des zur Hausconsumtion geschlachteten Viehes genießen sollen, entschieden.

21.

IV. Die Tranksteuer, ebenfalls wie in den alten Erblanden, nach dem Tranksteuerausschreiben vom J. 1747.

In der Stadt Querfurth ist seit 1766, um zu einem Fond zur Bezahlung der Stadtschulden zu gelangen, eine temporaire Auflage von einem Pfennige auf jedes Maaß in der Stadt, oder auf dem Schlosse gebrauten, und andern Bieres gelegt worden. Ein Hülfsmittel, das in mehrern Städten gebräuchlich ist.

Es

Es ist diese Auflage von Zeit zu Zeit mit höchster Genehmigung beybehalten worden, obwohl nunmehro die Communschulden getilgt seyn mögen, da im J. 1776 nur noch 9491 Thlr. 14 Gr. 3⅓ Pf. Kriegsschulden übrig waren. Es sollen die über Einnahme und Ausgabe dieser Auflage geführten Rechnungen alljährlich zur Querfurthischen Kreissteuerexpedition zur Desectur abgegeben, und die darüber erhaltenen Atteste zur Landesregierung eingesendet werden.

22.

V. Die Landaccise, jedoch nicht nach der Neuen Landaccisordnung vom Jahre 1788, welche in diesem Fürstenthume noch nicht hat Eingang finden wollen, sondern nach dem ältern Ausschreiben vom 9. März 1682.

23.

VI. Impost vom Stempelpapier und Spielkarten. Des Imposts von Kalendern, nach dem Mandate vom 30. Oct. 1773, da er nicht auf der Bewilligung der Landstände beruhet, wird seit 1775 auf Landtagen nicht weiter gedacht.

24.

VII. Impost von ausländischem Weine, Tobak, Bier und Brandwein.

25.

VIII. Personensteuer nach dem Ausschreiben vom Jahre 1767.

26.

IX. Donativ 12500 Thaler, in 6 Jahren, und zwar 7000 Thlr. für den Durchlauchtigsten Churfürsten, und 5500 Thlr. für seine Frau Gemahlin, die Churfürstin. Die Landstände offerirten auf dem jüngsten Landtage 1793 auch ein Donativ von 2000 Thalern für die Prinzessin Augusta; es wurde aber höchsten Orts nicht angenommen, um den Ständen nicht eine neue Beschwerde zuzuziehen, zumal da sie den ihnen angesonnenen geringen Beytrag zu den Kriegskosten, unter Vorschützung des Unvermögens, abzulehnen gesucht hatten.

Diese Donativgelder werden zur Churfürstlichen Rentkammer in vierteljährigen Ratis eingesendet, und aus selbiger in die Schatulle des Churfürsten und seiner Frau Gemahlin abgeliefert.

Obige 12,500 Thaler Donativ werden dergestalt vertheilet, daß davon die Ritterschaft allein 2000 Thaler, und die übrigen 10,500 Thlr. die Landschaft aufbringt. Von diesen letztern kommen 6701 Thlr. 22 Gr. $5\frac{1}{4}$ Pf. auf den Querfurthischen und 3798 Thlr. 1 Gr. $6\frac{3}{4}$ Pf. auf den Jüterbogkischen Kreis.

Mit den Ritterpferdsgeldern in den alten Erblanden sind also diese Donative nicht zu vergleichen, und man kann daher auch keine Ritterpferde im Fürstenthume Querfurth annehmen, wenn gleich einige Statistiker dergleichen haben angeben wollen, wenigstens werden die Beyträge zu den Donativgeldern

nicht

nicht von der Ritterschaft allein, und auch nicht nach den Ritterpferden aufgebracht.

27.

X. 200 Thlr. jährlich zu den Zucht- und Arbeitshäusern zu Torgau und Zwickau. Davon kommen

127 Thlr. 15 Gr. 8 Pf. auf den Querfurthischen, und

72 Thlr. 8 Gr. 4 Pf. auf den Jüterbogkischen Kreis.

Dieser Beytrag hat seit 1775 seinen Anfang genommen, und bis 1787 wurden auch nur 100 Thlr. jährlich beygetragen. Sollte sich denn seit dem die Anzahl der Zuchthausfähigen so merklich vermehret haben? oder war das bisherige Quantum zu gering?

28.

XI. Eine Anlage zu Bestreitung der Landtagsauslösungen, zu welchem Ende nach dem letztern Landtage 1793

1467 Thlr. 9 Gr. 6 Pf. auf den Querfurthischen, und

1981 Thlr. 18 Gr. — auf den Jüterbogkischen Kreis

gelegt wurden.

29.

XII. Ein Quantum zu Uebertragung der Caducitäten, und zu dem Begnadigungsfond für Neuanbauende, Abgebrannte, und dergl. und zwar

2000 Meißn. Gülden im Querfurthischen, und

1500 bis 2000 „ im Jüterbogkischen Kreise.

Damit durch die den Neuanbauenden und andern durch Brand, Wetter, Miswachs, oder sonst Verunglückten zu ertheilenden Befreyungen von den öffentlichen Abgaben nicht Reste in den zur Rentkammer abzuführenden Quantis erwachsen möchten, so wurde bereits im J. 1740 für dergleichen Fälle ein eigner Begnadigungsfond durch Landschaftliche Bewilligungen ausgemittelt, auch darüber unterm 22. Jun. 1742 ein eignes Mandat abgefaßt, dessen Inhalt Herr v. Römer Th. II. S. 473. sq. umständlicher angeführet hat.

Dem Vernehmen nach ist seit einigen Jahren ein neues Regulativ im Werke.

30.

XIII. Endlich wird auch noch von den ersten Zeiten her ein Excurrens zu den Landschaftlichen Bedürfnissen bewilliget. Es wird jährlich eine gewisse Summe auf Berechnung in jedem Kreise ausgeschrieben, und sind davon verschiedene Besoldungen, z. B. der Kreisdirectoren, (400 Thlr. jährlich, incl. 100 Thlr. als Marschcommissarius, der Kreisdirector des Querfurthischen, und 300 Thaler der Kreisdirector und Marschcommissarius des Jüterbogkischen Kreises,) des Landschaftlichen Secretairs, oder Actuars, des Physici, der Kreiscassirer, und einige andere Ausgaben zu bestreiten.

31.

Dieß sind die öffentlichen Abgaben, welche auf den Querfurthischen Landtagen bewilligt zu werden pflegen. Man siehet von selbst ein, daß sie von den in den alten Erblanden gewöhnlichen gar sehr verschie-

den

genden Steuerbeyträge,

…n Extrarente, …lich 60 … quartaliter.		Zu d. Zucht- und Arbeitshäusern jährl. 127 thlr. 15 gr. 8 pf. quartal.			Summa der völligen Abführung quartaliter.			von		
gr.	pf.	thlr.	gr.	pf.	thlr.	gr.	pf.	Hufen.	AF	AE
6	1	4	22	10	942	7	5	173	6	1
18	2	2	17	4	298	6	1	58	7	—
—	4	—	20	6	152	10	4	30	—	—
20	9	1	11	—	260	13	8	51	2	2½
4	—	1	12	8	271	17	11	53	5	—
20	7	1	16	2	298	6	1	58	7	—
2	10	—	10	10	80	6	5	15	8	—
20	1	1	15	10	297	7	9	58	5	½
3	10	2	9	—	423	4	10	83	3	—
6	8	—	11	8	86	13	2	17	—	1
17	10	1	—	2	179	20	9	35	4	—
20	6	2	2	2	373	22	11	73	6	—
17	6	1	20	6	331	7	2	65	2	—
4	4	1	2	6	196	15	3	38	7	—
19	6	24	5	2	4378	14	8	849	9	1¾
21	3	1	11	2	231	6	2	56½	—	—
19	7	1	15	9	262	11	2	64⅛	—	—
9	7	1	8	7	214	21	3½	52½	—	—
1	11	1	17	8	271	3	11	66¼	—	—
—	2	1	11	8	235	8	4	57½	—	—
4	6	7	16	9	1215	2	10½	296⅞	—	—

…ern,

…d- …en …jl. .	VI. Zu den Zucht- u. Arbeitshäusern jährl. 200 thlr. quartal.		
.	thlr.	gr.	pf.
$\frac{1}{2}$	5	13	$1\frac{1}{3}$
$\frac{1}{2}$	6	4	$8\frac{2}{3}$
$\frac{3}{4}$	—	5	7
$\frac{1}{4}$	—	3	$2\frac{1}{2}$
$\frac{3}{4}$	—	2	$8\frac{1}{2}$
	—	7	2
	—	6	$8\frac{1}{4}$
$\frac{1}{2}$	2	6	$10\frac{2}{3}$
$\frac{1}{2}$	2	6	$10\frac{2}{3}$
$\frac{3}{4}$	—	2	$6\frac{1}{4}$
$\frac{1}{4}$	—	4	5
$\frac{3}{4}$	—	1	3
$\frac{3}{4}$	—	2	$7\frac{1}{3}$
	—	2	$11\frac{1}{3}$
	—	2	$11\frac{1}{3}$
	18	2	1

den sind. Ob eine Parification derselben rathsam seyn sollte, getraue ich mir nicht zu behaupten.

Ueber die bewilligten Abgaben haben die Kreisdirectoren besondere Repartitiones der vierteljährigen Beyträge zu entwerfen, solche jährlich zum Geheimen Finanzcollegio einzusenden, auch hernach, wenn solche approbiret worden, die Beyträge selbst darnach auszuschreiben. In dem Landtagsabschiede von 1691 wurde hierüber folgendes festgesetzt: „Wenn die Verwilligung auf einem Land- oder Ausschußtage geschehen, sollen die Directores zwar quartaliter die Repartitiones in Unsere Aemter und Städte, sowohl der Ritterschaft Dorfschaften machen, jedoch aber bey Unserer Rentkammer zur Ersehung zeitig einsenden, die solche gegen den Abschied und Catastra halten, und darnach examiniren, sodann in Unsern Geheimen Rath einschicken wird. Wenn Wir nun dieselben approbiret, sollen solche Repartitiones vermittelst Unsers Befehls unter Unsrer eigenhändigen Subscription von einem Geheimen Rath contrasigniret, und von dem Geheimen Secretario unterschrieben, denen Directoribus zum Ausschreiben zugefertiget werden." rc.

Die im Vorhergehenden unter I. IX. X. XI. XII. und XIII. bemerkten Bewilligungen werden, wie aus den hier angefügten Tabellen sub A. und B. zu ersehen, von den Ortschaften in besondern Ratis nach dem einmal angenommenen Fuße aufgebracht.

Anhang.

I. Von der Consumtionsaccise in der Stadt Jüterbogk.

Damit der auf die Stadt Jüterbogk kommende Beytrag zu den bewilligten Abgaben desto leichter aufgebracht werden möchte, so fiel man bereits 1687 darauf, eine Generalconsumtionsaccise daselbst einzuführen, um dadurch auch andere zur Mitleidenheit zu ziehen. Im Grunde vertheuerte man sich aber selbst die damit belegten Artikel, da jeder Verkäufer bey dem zu bestimmenden Verkaufspreise auch die erlegten Abgaben mit in Anrechnung bringt, solche eigentlich nur verlegt, und sich vom Käufer wieder erstatten läßt. Hat nun, welches niemals gänzlich zu vermeiden seyn wird, der Verkäufer Gelegenheit, dergleichen Abgaben zu unterschlagen, so läßt er sich solche im Verkaufspreise wieder erstatten, ohne sie erlegt zu haben. Dieß ists eben, was so manchen zu Defraudationen verleitet.

Die beabsichtigte Erleichterung bey Einführung dieser Consumtionssteuer in Jüterbogk scheint nie ganz erreicht worden zu seyn. Es geht vom Ertrage derselben wiederum eine beträchtliche Summe für Einnehmergebühren u. dergl. ab, so daß das zu Abführung des Contingents Ermangelnde noch durch besondere Anlagen von der Bürgerschaft aufgebracht werden muß. Diese Steuer wird nach der vormals aufgerichteten und nach und nach erläuterten Steuerordnung, insonderheit aber nach dem Reskripte vom 8. Aug. 1749 gefordert, und beträgt in der Regel 6 Pfennige vom Thaler des Werths aller eingehenden Waaren. Wegen dieser Steuer ist 1) ein Accisinspector mit 50 Thalern Gehalt, 2) ein Acciseinnehmer, mit 60 Thalern Gehalt, und 5 Thaler statt der Accisbefreyung, auch 16 Groschen von jedem Hundert Einnehmergebühren, die sich jährlich ohngefähr auf 24 Thaler belaufen, und 3) ein Gegenschreiber, mit 52 Thalern Gehalt, und 5 Thlr. statt der Accisbefreyung, nebst 4) mehrern Thorschreibern und Visitatoren angestellt. In Ansehung der letztern kommt dem Stadtrathe das Recht zu, verschiedene Subjecte vorzuschlagen, von welchen sodann der Amtmann eines wählet.

Der Accisinspector hat zunächst die Aufsicht über das bey der Consumtionssteuer angestellte Personale zu führen, und die vorkommenden Defraudationen mit Concurrenz zweyer Abgeordneten des Raths zu untersuchen, und zu bestrafen. Von den zuerkannten und eingebrachten Strafen wird eine Hälfte an das Amt zur Berechnung eingeliefert, die andere Hälfte aber unter den Accisinspector, Einnehmer und Denuncianten vertheilet.

Die eingenommenen Gelder sollen in eine auf dem Rathhause befindliche Casse, zu welcher der Rath und der Einnehmer einen Schlüssel hat, wöchentlich Montags abgeliefert werden, und der Rath soll für die sichere Verwahrung dieser Casse sorgen.

Von Michaeli 1764 bis dahin 1765 soll die Einnahme dieser Consumtionssteuer 4039 Thlr. 3 Gr. 7 Pf. betragen haben, jedoch zu Bestreitung der hierbey erforderlichen Ausgaben noch ein Quantum von 430 Thlr. 18 Gr. 10 Pf. nöthig gewesen seyn. Der auf die Stadt Jüterbogk kommende jährliche Beytrag zu den Steuern und andern Landschaftlichen Praestandis betrug damals 4015 Thlr. 2 Gr. 8 Pf. und konnte mithin von der Consumtionssteuer nicht ganz getilgt werden, da die Ausgaben sich höher beliefen.

Hiernächst ist zu bemerken, daß schon *Herzog Johann Adolf I.* 1691 den Versuch machte, in der Stadt Querfurth die Generalaccise einzuführen, um derselben einige Erleichterung in Aufbringung der Steuern zu verschaffen. Allein der Erfolg war nicht glücklich, es konnte von dem Einkommen nicht ein einziges Quartal der ordinairen Steuern bestritten werden. Man gab daher den Versuch bald wieder auf. Nachher wurde im J. 1722 auf dem Landtage zu Weißenfels unter den Postulatis auch die Generalaccise den Ständen angesonnen. Allein sie thaten Vorstellung dagegen, bezogen sich dabey auf den Erfolg des hierinne schon 1691 gemachten Versuchs, und die Einführung dieser Abgabe unterblieb.

Bald nach dem Rückfall der Weißenfelsischen Landesportion nebst dem Fürstenthume Querfurth an das Churhaus, war man unter andern auch darauf bedacht, die Generalconsumtionsaccise in den Städten

diesis

dieses Fürstenthums einzuführen; allein die Sache kam erst im J. 1766 ernstlicher in Anregung, und es wurde deshalb von den Kreisdirectoren und Beamten Bericht erfordert. Man s. v. Römer Th. II. S. 652. Die in den erstatteten Berichten dagegen aufgestellten Gründe waren von der Beschaffenheit, daß man nicht weiter daran denken konnte, eine dergleichen Abgabe einzuführen, wenn nicht in Ansehung aller übrigen in diesem Fürstenthume eingeführten Abgaben eine Veränderung vorgenommen werden sollte; denn es ergab sich, daß der vermeynte Vorzug dieses Fürstenthums, den es vor den übrigen Chursächsischen Landen, bey nicht eingeführter Generalaccise, genossen, nicht vorhanden war, mithin auch durch Einführung derselben keine Parification der Abgaben bewirkt, sondern vielmehr eine neue Last aufgelegt werden würde.

II. Von dem Ritterschaftlichen Canon im Amte Querfurth und Heldrungen.

In den ältern Zeiten bis gegen das Jahr 1687 hatte die Ritterschaft im Amte Querfurth und Heldrungen zu den aufzubringenden Römermonaten, Türken- Reichs- und Kreissteuern den 4ten Theil beygetragen. In dem angeführten Jahre fieng sie an, sich dieser Mitleidenheit zu entziehen, und gerieth darüber mit der Stadt Querfurth sowohl, als den übrigen Contribuenten in den Aemtern Querfurth und Heldrungen, in Rechtshändel, welche von der Fürstlichen Landes-

regierung

regierung zu Weissenfels dahin entschieden wurden, daß die Ritterschaft die geforderten Beyträge so lange, bis im Petitorio ein anderes ausgeführet worden, entrichten sollte. Allein anstatt dieser Entscheidung nachzukommen, wußte sie einen andern Weg einzuschlagen, um den übrigen zur Ritterschaft nicht gehörigen Contribuenten die schuldigen Beyträge zu entziehen, sie wandte sich an den Landesfürsten selbst, und kaufte sich durch Erlegung eines Capitals, und durch Verwilligung eines jährlichen Canonis, von ihrer Verbindlichkeit los.

Die Ritterschaft im Amte Querfurth erlegte, zu Folge Recesses vom 9. Decbr. 1689, ein Capital von 9000 Thalern, und versprach von jedwedem Ritterpferde jährlich 3 Thaler Canon abzuführen.

Die Ritterschaft im Amte Heldrungen bezahlte, vermöge Recesses vom 11. Januar 1692, ein Capital von 1200 Thalern, und übernahm einen jährlichen Canon von 8 Thalern überhaupt.

Beyde Canones zusammen betragen, mit Einschluß des nachher dazu gezogenen Ritterguthes Weidenthal, 41 Thaler 18 Gr. jährlich.

V.

Einige Bemerkungen über den Aufsatz von der Landtagsverfassung im Stift Merseburg, in des Musei für die Sächs. Gesch. III. Bandes 1m Stück. Nr. I. Von W—b.

Seite 1.

Wenn auf Befehl des Stiftsherrn das Domcapitul sich mit den übrigen Landesständen in Landesangelegenheiten versammlet, so heißt solches ein Stiftstag. S. Decret vom 14. May 1764. §. 1. 2. Seite 45.

.. Wenn das Capitul mit dem Ausschuß, oder auch gesammten Ständen sich betaget, wie ihm solches §. 5. gedachten Decrets erlaubet worden, so heißt solches eine Ständische Zusammenkunft.

Wenn aber das Capitul in eigenen Angelegenheiten sich versammlet, so heißt solches ein ordentliches oder außerordentliches Generalcapitul; welches mit einem Stiftstag weder in der Materie, noch Form etwas gemein hat.

S. 3. Zwischen einem alten Placito, worinnen Freyen Recht gesprochen wurde; zwischen einem Aufgebot der Militum, der Ritter und Knechte, um erlittene Beeinträchtigungen zu vergelten und künftige abzuwenden; und zwischen einem heutigen Land- oder Stiftstag, an dem die Abgaben der Unterthanen zum gemeinen Bedürfniß festgesetzt werden, ist ein himmelweiter Unterschied.

S. 4. Otto, Graf von Hohnstein, war Bischof zu Merseburg von 1402 bis 1407. Die von ihm erhobenen Beten, petitiones generales, haben eher eine Aehnlichkeit mit heutigen Landesbewilligungen.

S. 10. ad §. 9. Gleich nachdem das Domcapitul die nach Ableben weiland Churfürst Friedrich Christians anderweit angetretene Sedisvacanz beendiget, und die Regierung des Stifts an den noch minderjährigen Churfürsten, Friedrich August, überwiesen hatte, für diesen aber die Huldigung eingenommen worden war, erhielt der dazu gebrauchte Commissarius Befehl, mit Zuziehung der Stiftischen Collegiorum, die vor Capitul und Ständen angebrachte Beschwerden, und die dabey allenthalben von ihnen angezogene alte Stiftsverfassung zu untersuchen, damit darauf, in so fern sie gegründet befunden würden, gerechte Remedur erfolgen könnte. Eine der ersten Folgen davon war die Ausschreibung des Stiftstags vom 17. Apr. 1764, und das auf selbigem ertheilte Decret vom 14. May, so die gründlichste Nachricht von der unter zwey Regierungen beynahe in Vergessenheit gekommenen, nunmehro wiederhergestellten Verfassung des Stifts enthält. Seitdem wird allemal, kurz nachdem die allgemeine Landesversammlung der sieben Kreise der alten Erblande zu Dresden ihre Endschaft erreichet, ein besonderer Stiftstag zu Merseburg ausgeschrieben. Denn bey jenen allgemeinen Landesversammlungen erscheinen zwar die Domcapitul zu

Merseburg und Naumburg, gleich den alten Bischöffen, jedesmal im Prälatencollegio, und legen dadurch ein öffentliches Anerkenntniß der ohntrennbaren Verbindung dieser Stifter mit dem Churfürstenthum Sachsen zu Tage: sie nehmen aber an den Landesbewilligungen keinen weiteren Antheil, als daß sie bitten, es möchten der Verfassung gemäß besondere Stiftstage in beyden Stiftern ausgeschrieben werden, wo sie sich denn über des Landes Bedürfniß weiter erklären würden.

S. 13. Das Legat des ehemaligen Herzoglich-Merseburgischen Kanzlers, Wex, war zu Beförderung der Gerechtigkeitspflege für diejenigen Armenpartheyen im Stifte Merseburg, und denen vormals zur Merseburgischen Landesportion gehörig gewesenen Aemtern des Leipziger Kreises gewidmet, die ihre Rechtssachen aus eigenen Mitteln nicht behörig fortstellen konnten, weil der rechtschaffene Kanzler aus eigener Erfahrung wahrgenommen hatte, wie langsam in den Kanzleyen und Expeditionen gearbeitet werde, wenn an schleuniger Zahlung der Gerichtsgebühren sich Mangel ereignet.

Eben deswegen konnten aber auch die allerdings in einer geraumen Zeit von Jahren hoch angeschwollenen Zinsen des legirten Capitals nicht, der Absicht des Stifters entgegen, zu einem Zucht- und Arbeitshause angewendet werden, und der nachherige Versuch, beyde Stifter, Merseburg und Naumburg, zu einer gemeinschaftlichen Anstalt zu bewegen, war vergebens.

S. 15. Im Bayerischen Kriege 1778 haben die Merseburgischen Stände eben sowohl, als die übrigen Stände des Churfürstenthums Sachsen, ihren Antheil an der gemeinen Last übernommen und getragen. Es ist eine außerordentliche Ständische Versammlung, mit Einziehung des sonst gewöhnlichen Ceremoniels, gehalten, und die Erhöhung der Tranksteuer vom ausländischen Wein, Bier und Brandwein um $\frac{1}{4}$, und der Personensteuer um die Hälfte, hierüber auch noch 9 Pfennige und 9 Quatember, und 80 Thlr. von jedem Ritterpferd, bewilliget worden.

Wegen des Ausschußconvents von 1742 hätte der von Römer wohl seinen Gewährsmann nennen mögen.

S. 16. ad §. 24. Die kleine, und für das Publikum ganz unbedeutende Schrift des Herrn von Schmidt auf Wegwiz hätte entweder ganz übergangen oder behörig recensiret werden sollen, damit es nicht das Ansehen gewinne, als ob der Verfasser allein den Muth gehabt habe, gewisse Mißbräuche aufzudecken, von deren Abstellung gleichwohl keine Meldung geschiehet.

Gedachter Verfasser fand eine von dem Ausschuß der Ritterschaft getroffene Wahl nicht seinem Wunsche gemäß: er beschwerte sich daneben über das Verfahren der Stiftischen Collegiorum in seinen Privatange-

legen-

legenheiten; und hätte gern gesehen, wenn die Stände hierunter mit ihm gemeinschaftliche Sache gemacht hätten. Diese sahen aber wohl ein, daß seine Beschwerden nicht für sie, sondern für die behörigen Instanzien gehörten: und wiesen daher solche glimpflich zurück. Statt sich dabey zu beruhigen, ließ er solche nunmehro gar drucken, und wollte das Publikum zum Richter in Sachen machen, worüber dasselbe auf einseitiges Anbringen, und ohne Einsicht vollständiger Acten, niemals ein richtiges Urtheil fällen kann. Der dabey gebrauchte beleidigende Ton hat ihm nothwendig Untersuchung und Unannehmlichkeiten zuziehen müssen.

S. 17. ad §. 26. So lange ein Stiftstag währet, ist allemal Generalcapitul; mithin wird der Stiftstag nie durch Abgeordnete besorget.

Vermöge der Capitulation ist zwar die Einwilligung des Domcapituls in einem und anderem Punkte der Ausübung der Regierung nöthig: deswegen aber ist es gleichwohl nicht Mitregent, sondern von den Ständen ohngetrennt. S. Decret von 1764. §. 4. Seite 46.

S. 18. §. 28. Der Ausschuß bestehet aus zwölf Mitgliedern, worunter der Stiftsdirector den 1ten, der Abgeordnete des Raths zu Leipzig den 3ten, und der Bürgemeister zu Merseburg den 12ten Platz einnimmt.

Ad §. 30. Die Wahl der Mitglieder des Ausschusses wird eben sowohl, als die des Stiftsdirectoris, vom Domcapitul confirmiret, und dem Stiftsherrn angezeiget, der denn darauf durch seinen Commissarium dem Domcapitul, zur weitern Bekanntmachung an die Stände, eröffnen läßt, wie er aus sothaner Anzeige, wessen sich das Domcapitul mit den Ständen über solche Wahl vereiniget, ersehen habe, und dasselbe sich in Gnaden gefallen lasse.

S. 19. §. 32. Derer Rittergüther, so zum Sitz und Stimme auf Stiftstagen einberufen werden, sind 83; als

20 im Amte Merseburg,
28 — — Lützen,
24 — — Skeudiz,
11 — — Lauchstätt.

Das Verzeichniß der Rittergüther und Pferde S. 55. ist nach der Matricul der Stiftsregierung, welcher gemäß die Ausschreiben geschehen, folgendergestalt zu verbessern:

Amt Merseburg.

Niederbenna	. .	1 Rpf.
Oberfrankleben	Beytrag	— ½
Unterfrankleben	. .	1 —
Körbisdorf	. . .	1 —
Runstätt	. .	1 —
Nauendorf	. . .	1 —
Brandorf	.	1 —
Geusau	. . .	2 —
Bündorf	. .	2 —

Kreppan

Kreypau		1 Rpf.
Blösien		1 —
Wallendorf	Beytrag	— ¼
Tragart		1 —
Kriegsdorf		1 —
Kriegstädt		1 —
Lössen		1 —
Löpitz	Beytr.	— ¾
Ostrau und Keuschberg		1 —
Skopau		2 —
Burgsteden	Beytr.	— ½

NB. Callenberg wird nebst 1 Ritterpferd nicht mehr in der Matricul geführet.

Summa 20 — Summa 20 ½

Amt Lützen.

Eitra		3 Rpf.
Pobles, beyde Theile		1 — — ⅓
Kölzen und Starsiedel		1 —
Delitz		3 —
Kitzen		1 —
Knautnauendorf mit Rehbach und Großskorlop	Beytr.	— ½
Kleinzschocher, Großzschocher		2 —
Döhlen		¼ —
Quesitz		¼ —

Gärnitz		$\frac{1}{2}$	Rthl.
Mödenitz und Prießäblich	Beytrag	—	$\frac{1}{2}$
Witschersdorf		1	—
Starsiedel		$\frac{1}{3}$	—
Starsiedel	Beytr.	—	$\frac{1}{2}$
Kötschau		2	—
Dürrenberg		—	—
Teudiz		1	—
Jölschen		—	$\frac{1}{4}$
Oegliz	Beytr.	—	$\frac{1}{4}$
Großgoddula		1	—
Kleingoddula und Vesta		1	[illegible]
Sößen	Beytr.	—	$\frac{1}{4}$
Meuchen		$\frac{1}{4}$	—
Kleincorbetha		1	—
Großgörschen		1	—
Kleingörschen		$\frac{1}{3}$	—
Röken		$\frac{1}{3}$	—
Hierüber der Rath zu Zwenkau		1	—
Summa 28	Summa	24	[illegible]

Amt Skeudiz.

Ermliz	1	Rthl.
Oberthau, Oberhof / Oberthau, Unterhof	1	—
Wehliz	1	—
Lindenau, Leitzsch und Barnek, dem Rathe zu Leipzig	4	—

Klän-

Kleindölzig	1 Rpf.
Altscherbitz	1 —
Skeuditz	1 —
Neuscherbitz	Beytrag — ½
Wahren	1 —
Großdölzig 1sten Theils	1 —
— , — 2ten Theils	1 —
Breitenfeld	2 —
Kölsa	Beytr. — ½
Lützschena	2 —
Schönau	1 —
Modelwitz	1 —
Dölkau	2 —
Közschlitz und Güntersdorf	1 —
Kleinliebenau	2 —
Zöschen, Oberhof	1 —
Zöschen, Unterhof	1 —
Wegwitz	1 —
Westmar	1 —
Summa 24	Summa 28 ½

Amt Lauchstätt.

Raschwitz	1 —
Kleinlauchstätt	Beytr. — ½
Schaafstätt	2 —
Neukirchen	2 —
Passendorf	1 —
Nezschka	2 —

Cößeln, Möst und Werdothau, Stiftische Lehne, zum Guthe Ostrau im Leipziger Kreis gehörig	.	1 Rpf.
Benkendorf	.	1 —
Beuchlitz, Ober- und Unterhof		3 —
Reinsdorf	Beytrag	— $\frac{1}{2}$
Döllitz am Berge	.	1 —
Summa 11	Summa	14 $\frac{1}{2}$

Es sind demnach nur 84 Ritterpferde, und $4\frac{1}{2}$ Pferd Beyträge.

S. 22. §. 38. Der Stiftsherrliche Commissarius hat, außer einem Marschall, den ihm die Stände zugeben, und der ein ohnangesessener von Adel zu seyn pfleget, keine Cavaliers bey sich. Wenn durch den Hoffourier die Deputirten der Städte, die Ritterschaft, der Ausschuß und das Domcapitul, zu Vermeidung aller Concurrenz, in die Kirche geführet worden, so kommen 2 Deputirte des Domcapituls, um den Commissarium abzuholen; und dann pflegen demselben vorzutreten

a) die Officiers von dem in Besatzung liegenden Regiment,

b) die Mitglieder der Stiftischen Collegiorum, in so ferne sie nicht zugleich Stände sind, als welchenfalls sie sich zu den Ständen halten;

c) der Marschall; und

d) die beyden Deputirten des Capituls.

S. 24. §. 42. Der Commissarius besteigt nicht den Thron, sondern bleibt rechter Hand vor demselben stehen.

S. 26. §. 48. Die Behauptung der Ritterschaft in den sieben Kreisen, daß die Stiftische Ritterschaft als ein Theil von ihr anzusehen, ist allerdings grundlos. Denn die Stiftische Ritterschaft zog den Churfürsten nicht anders, als unter dem Panier ihres Bischoffs, zu.

S. 29. §. 55. Das Stift Merseburg mag nicht für einen integrirenden Theil der 7 Kreise der alten Erblande angesehen werden; nimmt auch dahero an deren Schulden keinen Antheil: steht aber gleichwohl mit den Chursächsischen Landen in einer ohntrennbaren Verbindung. In der brüderlichen Theilung zwischen Churfürst Ernst und Herzog Albrecht von 1485 ward festgesetzt, „daß der Bischof von Merseburg und seine Nachkommen mit ihrem Bißthum, Schlossen, Städten, Dörfern, Unterthanen, Leuten, Güthern, Zu- und Anbehörungen in desjenigen Bruders, dem der Meißnische Theil zufiele, und hinwiederum der Bischof zu Naumburg mit seinem Bißthum ꝛc. in desjenigen Bruders, dem der Thüringische Theil zufiele, Schutz, Schirm, Vertheidigung und Handhabung seyn und bleiben, sich auch jeglicher gegen seinen Vertheidigungsfürsten wiederum mit Freundschaft, gütem Willen und hülflichem Beystand halten und erzeigen solle, inmaßen auch vorgewest und Herkommen ist.“

Nach

Nach der Reformation und perpetuirlichen Capitulation hat sich hierunter gar vieles geändert, und die Superiorität des Churfürsten ist, besonders in Ansehung des iuris armorum und der dazu erforderlichen Steuern, der Gesetzgebung und der obern Appellationsinstanz ꝛc. durch das neuere Herkommen hinlänglich begründet worden.

§. 56. Die Stiftsstände bewilligen nichts zu dem Fond d'amortissement der Chursächsischen Landesschulden; nichts zu den Bedürfnissen des Chursächsischen Steuerärarii; nichts zu den Chursächsischen Gesandschaften. Vielmehr haben ihre Bewilligungen das Bedürfniß der Stiftsherrlichen Rentkammer und des Stifts selbst, und dann hauptsächlich den Beytrag des Stifts zur Unterhaltung des nicht Stiftsherrlichen, sondern Churfürstlichen, Militaris zum Gegenstand.

S. 30. §. 57. Anno 1793 sind auf 6 Jahre bis 1799 bewilliget, und im Stiftstagsabschied acceptiret worden:

I. Zur Einnahme der Stiftischen Rentkammer:

A. Die Landsteuer an 16 Pfennigen von jedem gangbaren Schocke.

B. Die Tranksteuer an 5 Gr. 3 Pf. von jedem Eimer braunen, und 5 Gr. 10⅞ Pf. von jedem Eimer weißen Bieres; bey der Stadt Merseburg aber an 18 Thlr. 4 Gr. von jedem ganzen Gebräude: bey welcher, in Verhältniß gegen alle andere, so weit herunteruntergesetzten Abgabe diese Stadt gleichwohl noch immer über Verfall ihres Brauurbars klaget.

C. Die ordinaire Weinsteuer, nach denen 1746, 1747 und 1749 bestimmten Sätzen, und mit Gleichsetzung des Frankenweins auf 1 Thlr. vom Eimer.

D. Die Abgabe von ausländischen Brandeweinen und Liqueurs, an 2 Thlr. 12 Gr. vom Eimer einfachen und 4 Thlr. vom Eimer abgezogenen.

E. Der Impost vom Stempel und Spielkarten.

F. Die allgemeine Personensteuer.

Doch sind ad C. in Ansehung der neuen und erhöheten Weinsteuer, und ad F. in Ansehung der Personensteuer das Domcapitul, sammt dessen Officianten und Kirchenpersonen, befreyet. Von der Personensteuer geben die Stiftischen Diener nur die Hälfte, und die Ritterguthsbesitzer genießen die Befreyung von der ordinairen Weinsteuer wegen des zu ihrem Tischtrunk eingelegten Weins.

G. Die Landaccise. Die Generalconsumtionsaccise beruhet weder im Stifte Merseburg, noch in den übrigen Churfürstlichen Landen, auf Bewilligung. S. Hungers Finanzgeschichte von Sachsen, S. 140. Dahero auch deren Einkommen nicht zur Stiftischen, sondern zur Churfürstl. Rentkammer verrechnet wird.

H. Die Fleischsteuer an 2 Pfennigen vom Pfund bey dem Bankschlachten, und 1 Pfennig bey dem Hausschlachten, zur Besoldung der Stiftischen Gerichtscollegien.

I. Ein

I. Ein Pfennig zur Kammerhülfe; und zur Erhaltung des Stiftsherrlichen Etats 2 Pfennige und 2 Quatember.

K. An Verpflegungskosten aus der Stiftsbedürfnißcasse für einen aus dem Stift nach Waldheim oder in ein anderes Arbeitshaus aufzunehmenden Züchtling 30 und resp. 33 Thlr., für einen Armen aber 44 Thaler.

II. Zum Churfürstl. Sächs. Militari.

A. 47406 Thlr. durch 31 Pfennige und 31 Quatember aufzubringen.

B. Zu eben diesem Behuf 6 Pfennige und 6 Quatember, nach deren wirklichem Ertrag.

III. Statt des Magazingetreydes 6 Groschen von jeder unter'n Pflug getriebenen steuerbaren Hufe.

IV. Als ein Beytrag zu den dermaligen Kriegskosten auf so lange, als das Reichscontingent gegen die Feinde des teutschen Reichs im Felde stehen wird, jährlich 1000 Thaler, und noch 1200 Thaler, welche beyde Posten die Ritterschaft für dießmal allein übernommen.

V. Zur Stiftsbedürfnißcasse jährlich 3 Pfennige und 3 Quatember, nebst dem, was von den 31 Pfennigen und 31 Quatembern ad No. II. A., nach Abführung der darauf gewiesenen Summe, übrig bleibt. Davon werden bestritten.

A. Das Präsent für die Churfürstin an 500 Stück Ducaten.

B. Die

B. Die festgesetzten Besoldungen.

C. Der Ersatz dessen, was das Waisenhaus und der Schulfiscus zu Merseburg an denen von der Chursächsischen Steuercreditcasse empfangenden minderen Zinsen verliert.

D. 230 — 240 Thlr. jährlich zu Unterhaltung des Hebammeninstituts.

E. Die Auslösungs- und Zehrungskosten bey dermaligem Stiftstage und andern nachgelassenen Ständischen Zusammenkünften.

F. Die Erlasse und Baubegnadigungen von denen zu dieser Casse gehörigen Pfennigen und Quatembern.

VI. Das Ritterschaftliche Donativ an 9300 Thlr. wovon jährlich 1550 Thlr. nach dem Fuß der Ritterpferde aufzubringen.

VI.

Von den Gerechtsamen des Hauses Sachsen in der Stadt Nordhausen, und der Landgräfl. Thüringischen Burg zu Furra, mit der selbige eine Zeitlang vereinbaret gewesen; von W—d.

1.

Die von Alters her den teutschen Königen und Kaisern ohnmittelbar unterworfene Stadt Nordhausen hat sich jederzeit gefallen lassen müssen, daß die Gerichte in derselben in des Kaisers und Reichs Namen von andern, damit beliehenen, Reichsständen ausgeübet worden. J. J. Moser, der selbst ein rechtliches Gutachten darüber geschrieben, giebt in seinem teutschen Staatsrecht, Th. XLII. S. 83. sqq davon ausführliche Nachricht; welcher jedoch noch ein und das andere zuzusetzen, der Sächsischen Geschichtskunde halber vielleicht nicht überflüßig seyn wird.

2.

Zuförderst sind die Reichsvogtey, und das Reichsschultheißenamt genauer, als solches fast überall geschiehet, von einander zu unterscheiden.

Die Reichsvogtey an den peinlichen Gerichten, oder das Recht, das vom Stadtrath gehegte peinliche Gericht von Reichswegen mit einem Voigt zu besetzen (Moser l. c. S. 89.), stand von Alters her den Grafen von Hohnstein zu.

Im

Im Jahr 1356 ward bey der Theilung zwischen Schwarzburg und Hohnstein über Graf Heinrichs von Hohnstein, Herrn zu Sondershausen und Straußberg, Verlassenschaft dieses Recht den Grafen von Hohnstein vorbehalten. In einem Vergleich zwischen dem Stift Halberstadt und dessen Lehnmann, Graf Hansen von Hohnstein, an einem, Herzog Wilhelm zu Sachsen am andern Theil, um die Gerichte in und vor der Stadt Nordhausen, vom Jahre 1481, ward solche Voigtey als Halberstädtisches Lehn anerkannt. Gleichwohl behauptete 1543 Graf Ernst von Hohnstein in einem Vergleich mit der Stadt Nordhausen, daß er und seine Vorfahren solches Recht vom heil. Reich gehabt hätten. Im Jahr 1546 zu Ostern versetzte er solches dem Rath zu Nordhausen selbst auf 20 Jahr gegen Erlegung 400 Rheinischer Goldgülden und 400 fl. an ganzen- und halben Zinsgroschen. Nach dem im Jahr 1593 erfolgten Abgang des Gräflich-Hohnsteinischen Mannsstammes ward solche Voigtey als ein eröffnetes Reichslehn angesehen, und vom Kaiser am 27. Nov. 1600 damit, nicht aber mit dem Reichsschultheißenamt, das Churhaus Sachsen während der Minderjährigkeit Christians II. beliehen.

3.

Wie sich hieraus von selbst ergiebt, aus welchem Grunde 1668 Churbrandenburg die Nordhausische Erbvoigtey, als eine Zubehörung der ihm im Westphälischen Frieden zugeeigneten Grafschaft Hohnstein, in

Anspruch genommen: also mag hingegen die Bestellung Friedrich des Ernsthaften, Markgrafen zu Meissen, zum Voigt und Pfleger über die Städte Mühlhausen und Nordhausen, wovon in der Sammlung vermischter Nachrichten zur Sächsischen Geschichte, B. XI. S. 323. die Rede ist, blos auf die 1323 vom Kaiser Ludwig von Bayern an ihn geschehene Verpfändung beyder Reichsstädte, und den daraus fliessenden Schutz und Schirm gegen äusserliche Gewalt, nicht aber auf die peinliche Gerichte, Absicht gezielt haben.

An dem Schutzgeld von 300 fl. *jährlich aber*, so vermöge einer anonymischen Nachricht von Nordhausen S. 457. schon vorher diese Stadt an Landgraf Albrecht, und hernachmals an das Haus Sachsen beyder Linien, jährlich entrichtet haben soll, wird wohl erlaubt seyn, so lange zu zweifeln, bis man die Urkunden oder Rechnungen, worauf sich solche Erzählung gründet, gesehen haben wird.

4.

Ganz unterschieden von der Voigtey war das Reichsschultheissenamt, welches von Alters her die Landgrafen von Thüringen ausgeübet haben. Dieses begriff unter sich

1) die bürgerlichen Gerichte, nach den im vorgedachten Vergleich von 1481 (S. Moser c. l. S. 93.) bestimmten Gränzen, »inn- und außerhalb der Stadt »auf allen Gütern, so die von Nordhausen vom Reich »und von dem Rath daselbst zu Lehn haben; nämlich,

»daß

»daß der Schultheiß über alle bürgerliche Klagen, so »zu den genannten Gütern geschehen, um Schuld, Ab»ackern der Reine, und dergleichen Klage, so man in »bürgerlichen Sachen zu solchen Gütern zu klagen »hat, und von altem Herkommen ist, verhelfen soll; »doch ohnbeschadet der Reichsvoigtey, und auch der »Gerechtigkeit, so die von Nordhausen auf solchen »Gütern zu haben vermeinen.«

Zu Ausübung dieser Gerichte setzten die Landgrafen eigene Schultheißen nach Nordhausen, die auch, jedoch nach Maasgabe jenes Vergleichs, nur in verpfändete Güter, Hülfe thun, nicht minder Kummer und Arrest verhängen konnten.

5.

Hiernächst hatte der Stadtrath zwar das Recht, die Ausgetretenen zu vergleiten. Doch nahm der Schultheiß

2) das Gleitgeld, von jedem Faß Bier einen alten Pfennig. S. Moser c. l.

Unter Herzog Georg zu Sachsen ward solches 1499 zum erstenmal ein Zoll genannt. Auch war hergebracht, daß, wer Bürger werden wollte, zum Bürgerrecht dem Rath 2 Thlr., dem Schultheißen aber 18 Gr. geben mußte.

6.

Endlich stand auch dem Schultheißen

3) die Münze und der davon fallende Schlägeschatz zu; womit er jedoch in der Folge, des Obersäch-

sischen Kreises Münzordnung gemäß sich zu verhalten, angewiesen wurde. S. Moser c. l. S. 401. In dieser Maaße war freylich mit guter Münze, und bey einer Stadt, die weder Bergwerke, noch Seehandlung hat, mit dem Schlägeschatz wenig zu verdienen. Eben deswegen verließ aber auch der Stadtrath, sobald er dieses Recht wiederkäuflich an sich gebracht hatte, des Obersächsischen Kreises Münzordnung, und hielt sich zu dem damals schlechter ausmünzenden Niedersächsischen: dagegen er 1619 einen Pacht von 300 fl. von der Münze erhob.

7.

Alle diese Landgräfliche Gerechtsamen zu Nordhausen verpfändeten Landgraf Balthasar in Thüringen, und Friedrich sein Sohn, 1402 ihren Burgmannen zu Großenfurre, denen von Werthern und von Seebach; und sie sind bis zu Ende sothanen Jahrhunderts bey dem Schlosse Furre geblieben, und durch dessen Pfandinnhaber verwaltet worden.

Der Ort Furre ist alt, und kommt unter dem Namen Furari schon unter den 116 Thüringischen Orten vor, in welchen König Ludwig der Teutsche auf einer zu Ingelenheim am 18. May 874 gehaltenen Volksversammlung dem Stifte Fulda, als der Mutterkirche des von dem heiligen Bonifacio in Thüringen erneuerten Christenthums, die Zehenden bestätigte. Siehe Schannat in Buchonia vetere, p. 402. Vielleicht giebt es noch Gelegenheit, von dem Wippergau einige

Nach-

Nachricht beyzubringen, in welchem sothaner Ort gelegen, und welcher dem sonst so fleißigen und gelehrten Abt zu Gottwich unbekannt geblieben; daher derselbe im IV. Buch seines Chronici, S. 698. dem Nabelgow viel zu weite Gränzen angewiesen.

8.

Im XIII. Jahrhundert war zu Furre ein adeliches Geschlecht ansäßig, so den Namen von diesem Dorfe führte.

Müldener in Antiqq. Kirchberg. §. 14. führet im Jahre 1240 einen Herrmann von Furre an, in Gesellschaft Hartungs von Kirchberg und Dietrichs von Werthern. Eben dieser Herrmann schenkte 1256 dem Convent zu Walkenried einen Platz in der Neustadt zu Nordhausen, und ward dafür in die Brüderschaft des Convents aufgenommen. S. Walkenriedische Chronik, S. 274.

Anno 1258 stiftete Reinerus de Vurre eine Memorie zu Walkenried. Das Kloster war dankbar, und räumte dem Geschlecht ein Erbbegräbniß bey sich ein. S. Leuckfelds Walkenried. Hist. P. I. S. 307. 334.

Sub dato Cranichfeld Ao. Domini 1259. IX. Kal. Novbr. übergab Sophia, Graf Heinrichs VIII. zu Schwarzburg Wittwe, ihrem Bruder, Graf Heinrichen zu Hohnstein, die von ihrem Vater erhaltenen Schlösser, Kirchberg und Ehritz. Dabey war Zeuge Walther de Vurre. S. Müldener l. c. Beyl. IV.

Eben derselbe war Zeuge, als 1269, in vigilia B. Iacobi, Graf Heinrich zu Kirchberg der Kirche zu Jechaburg das Ius advocatiae trium mansorum in villa Ihaba übereignete; s. Müldener ibid. Beyl. VI. Und vermuthlich waren es seine Söhne, Hermannus miles, und Hermannus secundus, fratres de Vurre, die 1275 dem Cistertzienserkloster zu Kelbra eine halbe Hufe Landes zu Großbach verkauften. S. Leukfelds Kelbraische Alterthümer, S. 145.

Eben dieses Geschlecht war von den Landgrafen in Thüringen mit den Gerichten zu Großenfurra beliehen. Allein 1315 bewies und erhielt Graf Heinrich von Hohnstein der Jüngere »mit der Kundschaft, als »Recht ist, daß seine Grafschaft und sein Gerichte »gehe an das Dorf zu Furre aller umme, und er besser Recht zu den Gerichten habe, denn die von Furre.« Landgraf Friedrich fertigte ihm darüber ein Bekenntniß aus, so in Schöttgens Script. rer. German. T. I. S. 315. zu finden.

9.

Seit der Zeit verschwinden die von Furre vom Schauplatz der Geschichte dasiger Gegend: und ihr Lehn scheinet Landgraf Friedrichen mit der gebissenen Wange, oder seinem Sohne gleiches Namens angefallen, und von letzterem theils zu geistlichen, theils zu weltlichen Endzwecken angewendet worden zu seyn. In Ansehung des Geistlichen bezeugt die noch ungedruckte, mit anhangendem Siegel wohlerhaltene Urkunde

kunde sub Nr. I., was maßen Landgraf Friedrich der Gestrenge Anno 1326 die Cisterzienser Nonnen von Großballhausen nach Furre versetzt, und ihnen das Patronatrecht über die Pfarrkirche des letztern Orts zugeeignet hat. Wenn Canzler in seinem Tableau historique de l'Electorat de Saxe, S. 699. bekennet, daß er nicht wisse, von welchem Orden die Nonnen zu Großenfurre gewesen, so rühret solches lediglich daher, daß ihm die Identität derselben mit denen zu Ballhausen unbekannt gewesen. Besage des Würdweinischen Archidiaconatsregisters von Thüringen, so Wenck in seiner Heßischen Landesgeschichte, II. Buch, im Urkundenbuch Nr. CCCCLVI. liefert, stand die Pfarrkirche zu Furra maior unter dem Archidiaconat Jechaburg, und dessen Specialdecanat oder dem Sede Iechaburg. Das Kloster allda ließ, nachdem die meisten Nonnen sich verlaufen hatten, Herzog Georg zu Sachsen im November 1538 durch den Schösser zu Weißensee einnehmen; und Herzog Moritz verkaufte solches, mit aller seiner Zubehör zu Furra und Großballhausen, mit Rath und Vorwissen derjenigen, so von dem großen Ausschuß der Landschaft dazu verordnet, am 8. März 1544 erblich an Hans Wurm, Thomasbrückner Linie, um und für 2200 fl. und gegen Uebernehmung 4 Ritterferde.

10.

Im Weltlichen erschien, nach Abgang derer von Furre, an deren Statt in der Mitte des XIV. Jahr-

 hunderts

hunderts eine landgräfliche Gränzvestung mit drey Thürmen und doppelten Gräben. Der Ort war wohl gelegen, um den Paß an der Wipper gegen feindliche Einfälle aus Niedersachsen zu sperren, auch wohl dem Grafen von Hohnstein, der seine Besitzungen in Thüringen immer weiter ausbreitete, und in den damaligen Fehden nicht allemal des Landgrafen Fahnen folgte, mitten in solchen Besitzungen einen Zaum anzulegen.

Eine solche Veste erforderte Besatzung, und die Fürsten hatten zu der Zeit noch keine stehende Kriegsheere. Auch die gemeinen Lehnleute dienten ihnen nur im Felde, nach vorgängigem Aufgebot, und auf gewisse Zeit. Eine Burg hingegen mußte beständig bewachet werden, wenn man sie nicht der Gefahr aussetzen wollte, überfallen und gebrochen zu werden, ehe der aufgebotene Lehnadel ihr zu Hülfe kommen konnte. Der Burgherr mußte also eigene Burgmänner, Castrenses, oder Castellanos, annehmen, und selbige, weil das baare Geld meistens selten war, mit lehnbaren Gütern besolden.

Dergleichen Burgmännern waren auch in der Veste Furre die Thürme anvertrauet, und zwischen ihnen hauseten im Hauptgebäude die landgräflichen Voigte und Amtleute, so die Gerichte ausübten, und die Einkünfte erhoben.

11.

Zuerst geschiehet dieser Burg 1354 Erwähnung. Ein altes Copialbuch sagt: Anno 1354 Fridericus Landgrafius Thuringiae, contulit Adelheidi, uxori Henrici de Rukerslebin, curiam in castro Fuer, cum adhaerentibus bonis, dotalitii nomine.

Eben dieser Landgraf setzte Friedrich, Bertholden und Dietrichen, Gebrüdere von Werterde, zu seinen Voigten und Amtleuten auf der Veste Furr ein, so lange, bis sie wegen 312 Mark löthigen Silbers, Mühlhäuser Gewichts, befriedigt seyn würden; sub dato Gotha 1357. Fer. 3. post Pascha; erlaubte auch die Margarethae 1359, daß von dieser Summe 25 Mark in aedificia castri eiusdem, de scitu castellanorum in Wisense, Richardi Golzen et Ludovici de Husen, verwendet werden möchten. Diese Gebrüdere von Werterde gehören ohne Zweifel zu dem Freyherrl. und Gräflich-Wertherischen Geschlecht, und zwar zu dessen Thalheimer, von Hübnern in seiner 785sten genealogischen Tabelle ziemlich unvollständig vorgestellten, Linie, wovon der letztere, Berlt, sein freyes Vorwerk zu Thalheim bey Frankenhausen Anno 1454 dem Kloster Walkenried vermachte.

12.

Nachdem Landgraf Friedrich Anno 1381 verstorben war, bekam sein Bruder, Balthasar, in der Theilung mit desselben Söhnen, (s. Horn Geschichte Friedrich des Streitbaren, S. 658.) Thüringen, und unter andern Ämtern auch Furr, ingleichen das Schultheißenamt zu Nordhausen.

Besagter Landgraf Balthasar, nebst seinem Sohne Friedrich, verpfändeten von neuem s. d. Gotha, Dominica ante Viti Mart. 1402, an Fritschen von Werterde, Friedrichs seel. Sohn, auch Thilen und Reicharden von Sebach, Gebrüdere, für 200 löthige Mark Silbers, Erfurthischen Zeichens, Weiße und Gewichte, auch 40 Schock Groschen Baukosten, ihr Schloß Fur; und schlugen dazu das Schultheißenamt, Geleite und Schlägeschatz zu Nordhausen.

Fritsche von Werterde muß noch vor 1424 das Zeitliche verlassen, und Berlt, vermuthlich sein Sohn, die von Sebach ausgekauft haben. Denn von diesem Berlt lösete Dietrich von Tutcherode das Schloß Fur, auch Schultheißenamt, Gleit und Schlägeschatz zu Nordhausen für 210 Mark löthigen Silbers ein; und Landgraf Friedrich der Jüngere in Thüringen versetzte letzterem alle diese Stücke um die benannte Summe, s. d. Weißensee 1424 in vigilia Petri et Pauli App.; mit Vorbehalt der Aufkündigung nach 8 Jahren. Auch währte diese Tutcheröder Pfandschaft nicht viel länger.

Denn Landgraf Friedrich der Jüngere verpfändete s. d. Gotha 4. Walp. vigilia 1435 sein Schloß Fuhr nebst dem Schultheißenamt an Lorenzen von Rüxleben und Kerstoffeln von Rade um 210 Mark löthigen Silbers und 300 Rheinische Gülden guten Goldes, so sie darein verbauen möchten.

Nach

Nach besagten Landgrafens Tode fiel Thüringen an seine Vettern, Churfürst Friedrich und Herzog Wilhelm zu Sachsen. Diese verpfändeten f. d. Weimar fer. 6. Walpurg. 1444, ihr Schloß Großenfurra und das Schultheißenamt, Gleite und Schlägeschatz zu Nordhausen für 210 Mark löthigen Silbers, Erfurther Zeichens, Gewichts, Weiße und Währe, und 250 Rheinische Gülden Baukosten, an die Ritter, Berlt Werterde, (vermuthlich einen Sohn vorgedachten Berlts, der bisher zwar nicht als landgräflicher Voigt, aber doch als Burgmann, zu Großenfurra geblieben war) Hansen seinen Sohn, Dietrichen von Tutchinrode, Luzen Wurm und Friedrichen von Hopfgarten.

Diese Pfandschaft ward bald darauf f. d. Weimar, Freytags Philippi, Iacobi et Walpurgis 1444, in einen Wiederkauf verwandelt, und darinnen ausdrücklich der Macht, zu Nordhausen-Schulzen ein- und abzusetzen, Erwähnung gethan. Hernachmals trat Anno 1467 Conrad von Germar in diesen Wiederkauf.

Allein 1479 schlossen mit selbigem die Söhne des immittelst verstorbenen Luze Wurms, (eines Schwiegersohns und Erbens des letztbenannten Berlt von Wertherde,) einen Wechsel, und brachten von ihm gegen Abtretung ihres altväterlichen Gutes zu Tunzenhausen, sein Recht an dem Schloß Furre und dem Schultheißenamt rc. an sich.

Herzog

Herzog Wilhelm bestätigte ihnen solches Wiederkaufsrecht auf 20 Jahr lang, s. d. Weimar, Sonnabends vor Oculi 1479; und erhielt dagegen von ihnen den Revers sub Nr. II. wegen des vorbehaltenen Oeffnungs- und Wiedereinlösungsrechts.

Nach Verlauf dieser 20 Jahre ward von Herzog Georg zu Sachsen, in Vollmacht seines damals in den Niederlanden abwesenden Herrn Vaters, Herzog Albrechts, dieser Wiederkauf s. d. Erfurth, Mittwochs nach der 11000 Jungfrauen Tag, in einen Erbkauf verwandelt; jedoch davon das Schultheißenamt, Zoll und Schlägeschatz zu Nordhausen, so bisher dabey gewesen, zurückgenommen: und Luze Wurm der Jüngere empfieng s. d. Dresden, am Dienstag Apolloniae virginis, einen Kaufbrief über das Schloß Furre allein, und dessen übrige Zubehörungen, gegen Erlegung 2220 Gulden Rheinisch.

13.

In denen dieser Kaufhandlungen halber gefertigten Anschlägen ward das jährliche Einkommen derer bisher zu Nordhausen von den Innhabern des Schlosses Furre ausgeübten Rechte zu 90 Schock Groschen, je 20 Schneeberger für 1 Schock gerechnet, angegeben. Herzog Georg bestellte forthin eigene Schultheißen zu Nordhausen, von denen die Appellationen an ihn giengen.

Anno 1542 versetzte Herzog Moritz solches Amt an den Stadtrath zu Nordhausen wiederkäuflich für

2000

2000 Gülden Groschen. Unter seinem Nachfolger, Churfürst Augusto, ereignete sich ein Fall, da die Rechte des Churhauses Sachsen auf eine ganz besondere Art herausgestellet wurden. Die Nonnen des Klosters ad Beatam Mariam auf dem Frauenberge zu Nordhausen hatten die Lehre des Evangelii angenommen, und dasjenige, was ihnen von den Gütern und Einkommen ihres Klosters übrig geblieben war, zu Stiftung einer Mädchenschule angewendet, den Rath allda aber zum Vormund und Executore solcher Stiftung Anno 1557 verordnet. Der Rath zeigte solches dem Churfürsten an, und bat, daß Er solche Stiftung, als Schutzherr, aus Obrigkeit und Macht, confirmiren wolle. Der Churfürst ertheilte, mittelst der Urkunde Nr. III. Sonnabends nach Mauritii 1558, die gebetene Bestätigung, als Schutz- und Landesfürst: ohne daß der Rath gegen diese, in der That einander widersprechende, Prädicate etwas erinnert hätte. Vielleicht fürchtete sich derselbe damals noch mehr für den, dergleichen Secularisationen misbilligenden, Reichsgerichten, als für der Chursächs. Schutzgerechtigkeit.

14.

Anno 1619 ward dem Stadtrath der damals auf 3000 Thlr. hoch stehende Wiederkauf über das Reichsschultheißenamt, und die damit seit 1600 verbundene Reichsvoigtey, aufgekündiget: und Dr. Simon Reinhart sollte zum Schultheißen bestellet werden, unter der Bedingung, daß er für das Einkommen sothanen

Amts

Amts und des Zolls jährlich 300 fl. entrichtete. Da sich jedoch der Rath 1620 zu einer Erhöhung der Wiederkaufssumme verstand, so blieb es beym Alten.

Anno 1674 ward der Wiederkaufsschilling bis auf 10000 Mfl. hinangetrieben, und dafür der Contract mit den Bürgemeistern, Rath und Gemeinheit der Stadt Nordhausen erneuert.

Ein Gleiches geschahe 1687 auf funfzehn Jahre. Allein weder dieser Contract, und die noch nicht abgelaufene Frist desselben, noch andere Betrachtungen, mochten den damaligen Chursächsischen Großkanzler, Grafen von Beichlingen, abhalten, im Namen seines Herrn, des Königs Friedrich Augusts von Pohlen, der zu dem von ihm angefangenen unglücklichen Kriege mit Pohlen vielen Geldes benöthiget war, Anno 1697 die Reichsvoigtey und das Schultheißenamt zu Nordhausen, nebst dem weit wichtigeren Amte Petersberg, und der Schutzgerechtigkeit über das Stift Quedlinburg an Churbrandenburg zu verkaufen.

Dieses wußte solche Gerechtsame wohl zu benutzen, und schon 1701 beklagte sich die Stadt, daß der Zoll verdoppelt, auch ein Meß- und Scheffelgeld eingefordert werde. S. Moser c. l. S. 102.

Die Stadt war endlich froh, daß sie 1715 mit Aufopferung 50000 Thlr. alle und jede von Chursachsen an Churbrandenburg übertragene Rechte, namentlich auch die Reichsvoigtey und das Reichsschultheißenamt, erb- und eigenthümlich an sich bringen konnte.

Bey-

Beylagen.

No. I.

Litere donationis Sup. parochiā jn Furrha. *)

Fredericus dei gratia Thuryngie Lantgravius. Mysnen et orientalis marchio. dominusque terre plysnenſis omnibus preſentibus et futuris salutem in eo, qui eſt omniū vera ſalus, Gratum deo credimus obſequiū preſtitiſſe cū de bonis noſtris a deo nobis conceſſis divini cultū nominis augmentamus, hinc eſt, quod nos ad honorem ipsius dei et ſancte matris ejus Marie virginis in noſtre ac noſtrorū pgenitorum animarū Salutem et remediū de votis in Xrō. abbatiſſe et conventui ſamonialiū in majori Ballenhusen. ordinis Cyſtercien. jus patronatus ecclesie parochialis in majori Fhurre. damus contradimus et donamus. et in dei nomine transferimus perpetuo posſidendum. ita videlicet, quod clauſtrum ibidem conſtruant et se in illo recipiant. domino jugit famulantes, In cujus rei teſtimoniū et vt premiſſa noſtra donatio robur perpetuę firmitatis obtineat. pſentes litteras dari ſecimus sigilli noſtri munimine roberatas. Teſtes quoque sunt nobiles viri Henricus et Gunth. fratres germani Comites de Swarzburch. dominus Walth.

prepo-

*) Einige in dieſer Urkunde befindliche Abbreviaturen haben deswegen ausgeſchrieben werden müſſen, weil die Formen dazu in der Druckerey fehlten. A. d. H.

prepositus ecclesie Mysnensis Chris. de Sybeleyben miles. atque plures alii fide digni. Datum Anno domini millesimo trecentesimo vicesimo sexto iijo Nons Marcij.

No. II.

Wir Mit namen Herman Lutze Hanns Jorge Bernd Baltazar vnd Heinrich gebrudere genand die Worme, Nachdem der Irluchte Hochgeborne Furst, vnnd Herre, Herr Wilhelm Hertzog zu Sachssen, Landgraue In doringen vnd Marggraue zu miessen, Vnnser gnediger lieber Herre, vns das Sloß großen fuhr mit sampt dem schultheyßen Ampt, gleit vnd Slegeschatz zu Northusen, vnd andern Zugehorungen, Inmaßen Er Cunrad von Germar Ridter, von dem wir das mit siner gnaden verwilligunge, durch einen Wechsel fur Tunzenhusenn an Vns bracht haben, das Inngehabt fur ezlich summ silbers vnd gulden, vff einen widerkauff Ingethan, vnd verschriben had, Innhalts siner gnaden briues vns daruber gegeben, der von wortten zu wortten außgeschrieben hernach volget, also lutende, Wir Wilhelm von gots gnaden Hertzog zu Sachssen, Landgraue In doringen und Marggraue zu miessen, Nachdem vnnser lieber getruwer Er Cunrad von Germar Ritter, das Sloß großen fuhr mit sampt dem Schultheißen Ampt gleite vnd slegeschatz zu Northusen, mit allen renten vnd zugehorungen, vnd allen rechten, die wir daran gehabt haben, etlich Jare uff

wider-

widerkauff fur zcweihundert zcehen marck lotigs silbers, vnd drithalbhundert gute Rinische gulden verschrieben, von vns Innengehabt, vnd das im durch einen rechten wechsel fur Tuntzenhusen mit verwilligunge Hannsen vnd Heinrichs siner sone, An Herman Lutzen Hannsen Jorgen Berlden Baltazarn vnd Heinrichen die Worme gebrudere, had komen laßen, Vns demutiglich Bittende sollichen wechsel gnediglich zu bewilligen vnd den gnanten wormen gebrudern das gemelte Sloß großen fuhre vnd das Schultheißen Ampt, mit andirn dorzcu gehorinde, wieuor gerurt, vnd Inmaßen er das Innen gehabt had, vff wiederkauff, fur obgemeld kauff summ silbers vnd golds zuuerschreiben, Nu angesehin sine demuthige bete zu sampt beyder teil bequemlichkeid, So Bekennen wir mit diesem briue fur vns vnd vnser erbin gein allermeniglich, das wir vnnsern willen vnd verhengnis zu egerurthem Kaufe gegeben vnd doruff den gnanten Herman Lutzen Hannsen Jorgen Berlden Baltazarn vnd Heinrich wormen gebrudern, vnd yr aller erbin, dasselbe vnnser Sloß fuhr mit allen sinen zugehorungen gesucht vnd vngesucht mit gerichten vnd recht uber hals vnd hand uber schulde vnd gulde, dorczu auch alle rente Zcinse geschoß bete gericht, holtzer wiltpan, vischerien wiesen wirden lehin wie die namen haben, vnd vnser Schultheisen Amt gleit vnd slegeschatz zu Northusen, mit allen rentenn Zugehorungen vnd rechten, die wir do haben, und haben sullen fur die gnanten Zcweyhundert

 Zcehen

Zcehen marck alles lotigs silbers Erffurtischs Zceichens gewichts, wiße vnd wehr, vnd vor drithalbhundert Rinische gulden, zu eym rechten widerkauf Ingeben vnd verschriben haben, vnd vorschriben geinwertiglich In krafft dießs briues, Also das sie vnd yre erben, daßelbe Sloß fuhr, vnd Ampt zu Northusen, mit allen Zugehorungen nichts vßgesloßen, dafur Innehaben, das getrewlich In wesen behalden vnd by recht behertten sullen, wie das vormals gewest vnd an sie komen ist, so furderst sie mogen, an alles geuerde, vnd zu sollicher behertunge, wie yn getruwelich bystendig sein, vnd helffen sullen, wanne des nod ist, vnnd was dauon gefellet, es sey cleine oder groß, das mogen und sullen sie wenden ann yren nutz vnwidersprechlich, von vns oder vnsern erben, Auch sullen vnd mogen die gnanten kauffer doselbs zu Northusen, Schultheißen setzen vnd entsetzen wann yn das getlich oder eben ist, An vnser, vnser erbin, noch nymands von vnsern wegen, Inlegen noch sprechen, In keine wieß an argelist, Were auch das vnser manlehin doselbs erledigt loß wurden, die sullen wir by demselben Sloß bliben, vns die damit ab wir das widerkauffen wurden, volgen laßen, Als hernach geschrieben steht, Auch mogen sie an dem vorgnanten Sloß fuhr hundert gulden, an den enden do des nod ist, kuntlich verbuwen, die sie vns wanne wir ader vnser erbin das gnante Sloß wider zu vns losen berechen, vnd wir ader vnser erbin, yn die alsdanne mit sampt der houpt-

summ

summ wider geben sollen, In sollichem kauffe wir vnns vorbehalden, So das wir vnnser erbin vnd erbnemen das gnante Sloß fuhr, mit dem Schultheißen Ampt, zu Northusen vorgnand, allen vnd Iglichen yren Zugehorungen, widerkauffen mogen, vßgehinde Zcwentzig Jaren, Nach dato dießs briues, die nechst noch einander volgen, vnd wanne die Zcwentzig Jare verlauffen sind, welches Jares wir wullen, vnd vns das ebind, So mogen wir vff Sanct walpurgis tag nechst dornach volgende, das widerkewffen vnd ehr nicht, doch das sollich widerkouff vns vnsern erben vnd nachkomen, vnd sust nymands zugute geschen, dann fur vns selbs mit vnsern eigen berechinten Amptluten zu bestellen, fur die obgnante Sume zcwey hundert zcehen marck lotigs silbers, vnd drithalb hundert Rinischer gulden, mit sampt den hundert gulden ab sie die wie obgemeldt an dem gnanten Sloße kuntlich verbuwt hedten, vnd vns berechinten, sullen wir vnd vnnser erben, den gnanten Wormen gebrudern, vnd yrer aller erbin, wider ablegen, vnd bezcalen, vnd wann wir dann den widerkouff thun wullen, das sullen wir yn ein vierteil Jares vor Sanct Walpurgen tag verkundigen, Alsdann sullen wir ader vnnser erbin, den gnanten kewffern solchs gelds, ehr yre abtretunge des Sloßs fuhr, vnd des Schultheißen Ampts zu Northusen, mit allen vnd Iglichen yren Zugehorungen vorgerurt, Nemlich zcweyhundert vnd zcehen mark altes lotigs silbers vnd drithalb hundert

 gute

gute Rinische gulden, mit sampt hundert gulden buwe geld, vorgerurt, gütlich bezcalen vnd reichen, An yren schaden vff den nechsten Sanct Walpurgen Tag, der nach der vffagunge queme, zu Erffurd, ader Northusen, In welcher der Stet eine, sie kiesen, vnd dann das Sloß suhr, vnd Ampt mit seiner Zugehorunge wider Innemen, das sie vns dann also wider zu kauffe geben, vnd In antwerten sullen, wann wir sie bezcalt haben, So vorgerurt ist, vnd ehr nicht, vnd sie sullen vnns auch den acker der dorzcu gehorit uber winther wol wider besewit laßen, Als sie den Ingenomen enpfangen haben, vnd an sie komen ist, hedtenn sie aber mer besewit zcu sollicher Zceit, Als wir den kauff wider theten, dann als sie den funden haben, das uberige sullen vnd wullen wir yn ablegen Nach erkentnis zcweier vnser Rethe vnd zcweier yrer freunde, die wir dorzcu von Beidenteiln geben sullenn, zuerkennen, angeuerde, vnd was dann vff Sanct walpurgen tag verfallen were, Als wir den widerkauff theten, ader thun wurden, vßgehinde der Zcwentzig Jaren vorgerurt, an Zcinßen renten, an korne ader wie sich die verfallunge geburte, das sullen sie vfheben vnd Innemen, an allerley hindernis, vnser, vnser erbin, an argelist vnd geuerde, Auch sal das obgnant slos fuhr vnser offen Sloß sein, zu allen vnsern gescheffte wider allermeniglich nymands vßgesloßen, wann vnd wie dicke vns, ader vnnsern erben, ader Amptluten das eben ist an allerley hindernis vnd geuerde, wurden

wir

wir aber vnnser Amtlute mit folke vff das obgnante Sloß legen, zu ynnsern Krigen, So sullen wir mit den vnsern bestellen, das sie vnd die yren, doruff vor vnfuge bewart werden, vnd sullen alsdenn wechter, thorwarten, vnd hußlute verkostigen, diewiele wir ynnser volk doruff ligende hedten, verloren sie dann zu der ader zu einer andern Zeyd, das obgnante Sloß von vnnser Kriege wegen do god vor sey, So sullen wir yn das Sloß byne einem virtel Jares, als gut widerschicken, vnd Inantworten, Als sie das Ingenomen haben, Ader yn byne der Zeyd zcwey hundert vnd zcehen marck lotigs silbers, vnd drithalb hundert gute Rinische gulden mit sampt hundert gulden Buwegelds, ab sie anders die an dem gnanten Sloß kuntlich verbuwet hedten, wider geben vnd bezcalen, das yn wol billich vnd volkomlich gunget angeverde, Wir sullen sie auch getruwelich schutzen vnd verteidingen zum rechten als ander vnser mann vnd yre volkomlich mechtig sein, zum rechten, were auch ab sie ymand vervnrechten wolt, gein dem wir sie bynnen einem virtel Jares zu recht nicht brengen mochten, So mochten sie sich des von dem egenanten Sloßs schutzen vnd vffhalden, vnd wider dorzu angeuerde, wer es auch ab wir den widerkauff nach der vffsagunge nicht teten, Aber ab wir yn das Sloßs Nachdem als das verloren were, Als vorgeschrieben stet, vnnd bynn der Zeyd nicht wider geschickten konten, Nach byne der Zeit sollicher Sum̄ gelds vorgnand, sie dann was

 were,

were, aber mit der verbnwunge nicht bezcalten, und doruff moglichen schaden gewonnen wurde, welcherley der were, zu Cristen oder Juden, den sullen und wullen wir yn, vnd yren erbin, ab des nod sein wurde gutlich vnd gentzlich bezcalen, vnd der Jnn kein Innhalt nach spare, der vns zu fromen, und yn zu schaden komen mochte, machen, Ader nymand von vnsern, ader vnser erbin wegin, wie manne den finden ader erdencken mocht An arglist vnd geuerde, Des zu Vrkünde, vnd waren Bekentnis haben wir vnser Insigel vor vns vnd vnser erben, wißentlich hieran laßen hangenn, Geben zu Wymar vff Sonnabind vor Oculi Anno Dominj Millesimo Quadringentesimo Septuagesimo Nono, Als gereden vnd glaben wir obgnanten, Herrmann Lutze, Hanns Jorge Berld Baltazar vnd Heinrich Worme für vns vnd vnser erben das wir dem obgnanten Vnserm gnedigen lieben Hern vnd sinen erbin mit offenunge vnd widerkouffe des gnanten Sloßs große sche mit sampt dem Schultheyßen Ampt gleyt vnd slegeschatz zu Northusen vnd alle dem das davon sinen gnaden Als pfand Amptlute, vnd nach laut vorgemeldter siner gnaden verschribunge zuthunde pflichtig sind getruwelich vnd vffrichtiglich gewertig vnd gehorsam sein sullen vnd wullen, vnwiderrede, vnd an alles geuerde, Mit vrkund dieß briefs doran wir Herman vnd Lotze vnnser Insigel fur vns vnd die obgnanten vnser bruder mechtiglich

haben

haben thun hencken, Geben Im Jare vnd am tage abgeschriebenn.

L.S. L.S.

Aus dem Herzogl. Archiv zu Weimar vom besiegelten Original.

Conc. c. Orig. I. C. Meyer, Secret.

No. III.

Von gottes gnaden Wir Augustus Hertzogk zu Sachsen des Röm. Reichs Ertzmarschalck und Churfurst Landtgraf in Duringen, Marggraf zu Meißen, vnd Burggraf zu Madeburgk Bekhennen vnd thuen Kundt, vor Vnß, Vnsere Erben vnd nachkommen gegen menniglichen, das Vnß die Ersamen weisen, Vnsere lieben getreuen der Rahtt zu Northausen vnterthänigst anbracht, Nachdem die Versamblunge des Jungfrauen Closters woselbst vf dem FrauenBerge gelegen zu wahrem erkendtnüß vnserer wahren reinen Christlichen vnd heilwerttigen Religion kommen, vnd nach abschaffunge der Missbreuge des Closterlebens bedacht, das durch Ihre Vorfahren solche Stieftunge vnd Closter sonder Zweifel diese meinunge aufgerichtet Damit gottes des allmechtigen Ehre vnd lob gepreiset vnd ausgebreitet, die Kirchen Schuldiener dauon erhalten, vnd sonderlich die Jugendt in Gottes erkendtnuß Christlicher Lehre gutter Zucht vnd Erbarkeit auferzogen werde Dieweil aber zu besorgen das nach Ihren der Jungfrauen Absterben das Ubrige

 des

des Closters einkommen vnd güttere hinfuro, wie hie-
beuor geschehen wollen möchten eingezogen, vnd zu
weltlichen ProPhansachen :|: zu welchem Sie der
nicht gestiftet noch geordnet :|: angewendet vnd ge-
braucht werden Als hetten sie solchem vorzukommen,
auß rechter Christlicher andacht mit zeittigem wohlbe-
dachtem Rahte vnd bedenken, in der bestendigsten
form vnd weiß wie solches zu recht am Creftigsten sein
mag oder geschehen soll zu Christlicher vnd Erbarer
auferziehunge der Jugendt alles des Closters einkommen nichts dauon ausgeschloßen hinfuro vnd zu ewigen Zeiten zu einer Jungfrauen Schulen fundiret gestiftet vnd verordnet, vnd vnß darauff vnterthänigst
angelanget, Das wir als der Schutzherr, auß obrigkeit vnd macht, solche ewige Vermachtnuß vnd fundation gnedigst confirmiren, vnd bestetigen wolten,
welch fundation vnd stiftunge von worten zu wortten
lauttendt wie folget.

Wir Margaretha Peßin, Anna Kirchners, Margaretha Drolschinn, Margaretha Prachs mit sambt
der ganzen Samlunge des Jungfrauen Closters off
dem Frauenberge, bekennen vnd Vhrkunden hirmitt
öffentlichen, Nachdem vor etzlicher viel jahren vnser
Closter alhier auf dem Frauenberge gelegen sambt deßelben einkommen ohne Zweifel bester meinunge, alles
zu gottes ehren gestiftet vnd fundiret worden, Wir
aber im vorgangenen Pauernkriege allerley des Closters gütter, Teiche, Gehöltze, vnd anders von etz-
lichen

lichen weltlichen Ständen eingenommen zu sich gezogen, vnd vor Ihr eigenthumb behalten, dadurch das einkhommen des Closters merklichen geschwechet, vnd geschmelert worden Auch das Closterleben in diesen Landen abgangen, vnd der mehrer Theil der Ordens Persohnen in Gott entschlaffen, vnd zu besorgen das nach Vnserm Absterben das Vbrige des Closters gütere vnd einkommen von den weltlichen aus deren Landen das mehrentheils vnser Closter gereichet wirdt vollends möchten eingenommen, zu weltlichen sachen gebrauchet vnd angeleget werden,

Vnd aber anfänglichen vnsere Vorfahren vnd Stifter des Closters aus gutter andacht solch Closter vnd desselben einkommen alleine zu der ehre vnd Lob Gottes gemeinet vnd verordnet, auch vermüge aller beschriebenen vernünftigen, Erbaren Rechten heilsam versehen Das solche gütter vnd einkhommen so zu milden vnd geistlichen Sachen gegeben v. gestiftet zu keinem weltlichen ProPhansachen gebrauchtt vnd angewendet, sondern stets dabey bleiben, vnd die Geistlichen Persohnen so Gottes Wort lehren vnd predigen, die Jugend vnterweisen, dauon sollen vnterhalten werden, vnd do gleich derhalben etwan Miesbräuche wehren eingerißen, das alsdenn dieselben zu andern beßern vnd rechten Christlichen gebrauch sollen angeleget vnd gekehret werden, Als haben wir demselbigen so viel vns müglichen vorzukommen nachgedacht, vnd aus rechter Christlicher andacht mit zeitigem wohl-

 bedachtem

bedachtem Rahte vnd bedencken vns eintrechtiglichen wolmeinend verglichen vnd beschloßen, Dieweil Gott dem Almechtigen doran ein sonderlicher wolgefallen vnd dinst geschihet, wen die Jugend zu seinem erkendtniß Zuchth vnd Erbarkeit auferzogen wirdt, also das auch vnser Lieber Herr Jesus Christus selbst spricht, wer ein solches Kind in meinem Nahmen aufnimbt der nimmet mich auf ꝛc. Das hinfurder vnd zu ewigen Zeiten dieses vnser Closter zu einer Megdichen oder Jungfrauen Schulen, vnd das gantze einkommen zu vnderhaltunge derselben Persohnen soll gebraucheth werden, Wie wir denn hiemit vnd in Craft dieses Stieftunge vnd fundation Brief in der bestendigsten form der Rechte, wie solches am krefftigsten vnd beständigsten geschehen soll Kan oder mag zu lob vnd ehren dem einigen ewigen Allmechtigen warhaftigen Gotte dem Vatter sambt seinem ewigen einigen Sohne vnsern Heylandt Jesu Christ vnd heiligen Geiste vnd zu außbreittunge seines göttlichen allein seligmachenden wortes vnd Christlicher auferziehunge der lieben Jugendt ordnen setzen stiften vnd fundiren, Das hinfurder dieses vnser Closter, vnd deßelben gantzes einkommen nichts dauon außgeschloßen zu einer Jungfrau Schulen soll gebraucht vnd erhalten werden, Nemblich vnd also, das die Jungen Mägtlein vnd Jungfräulein alhier zu Northausen täglichen vor vnd nach Mittage etzliche stunden hienein gehen, vnd darinnen lesen vnd schreiben den Catechißmum vnd die

vor

vornembsten sprüche, aus der heilig Gottlich Schrift lernen, bethen, vnd geistliche Lieder singen sollen, Vnd weil eine große anzahl der Kleinen Mägdlein in dieser Stadt vnd gemeine welche von einer Person nicht konnen noch mögen vnterrichtet werden. So wollen vnd ordnen wir ferner, das ein Erbar Raht neben den herren Pfarhern vnd Prädicanten alhier zu Northausen nach Ihrem besten Verstande vnd gutdünken etzliche Christliche zimlich betagte Mann vnd Matronen dazü annehmen vnd bestellen, Welche mit großem Vleiß vnd höchster treu die Kindlein vnd Magdlein sollen lernen beten lesen schreiben vnd singen vnd ihnen mit holichen Christlichen vnd Züchtigen Wandel vorgehen, vnd nicht böse Exempel vnd ergernüß geben, zu betrachtunge das vnser heilandt vnd erlöser der Herr Jesus Christus saget, wer dieser geringsten einen der an mich glaubet ergert, deme wehre beßer das ein Mühlstein an seinen halß gehenget vnd erseufft würde im Meer da es am tiefsten ist, Sintemal jhre Engel im Himmel sehen alezeit das angesichte meines Vaters im Himmel. Denselben Persohnen soll von vnsers Closters einkommen Jehrlich eine gewisse besoldunge gemacht vnd gegeben werden, damit sie Sich davon vnderhalten, vnd mit großem Vleiß solcher Arbeit abwartten vnd die Kinder lehren mügen, Vnd damit sie in diesem Ambtt desto vleißiger, So bietten vnd ordnen wir, das die Herren Pfarrherrn vnd Prädicanten alhier einer vmb den andern alle wochen Zwir

hienein

hieneln geben, vnd mit auffsehen, auf das die Kinder in der reinen Lehre des wort Gottes, wohl vnd mit vleiß vnderrichtet, nicht geergert noch versäumet werden. Das auf alle wochen auf die Mietwochen früe vmb neun Vhr ein halbe stunde der Catechißmus vor Ihnen in der Jungfrau Schulen außgeleget vnd gepredigte werde. Dauor den einem jeden Prädicanten, jährlichen ein Martscheffel Korn, von vnsers Closters einkoummen sol gereichet vnd gegeben werden. Nachdem wir auch wohl bedacht dieselbe Mägdlein Schule in vnserm Closter zuuorordnen vnd *aufzurichten*, weil aber Vnser Closter am äusersten *orte* der Stad gelegen, welches vornemblich winterszeit der gemeinen Jugendt gar beschwerlichen vnd vnmüglichen fallen wolte, Als haben wir vnß mit einem Erbarn Rahte verglichen das sie vnß gegen gebührliche erstattunge einen gelegenen ort vnd behausunge in der Stad laßen zukommen, die wir auch zu fürderunge dieses Christlichen werks wollen dazu verordnet vnd bescheiden haben.

Desgleichen nachdeme von alters hero dem Pfartherr vnd Prädicanten vnsers Closters ad Beatam Mariam aufm Frauenberge zu seiner vnderhaltunge zwelff Martscheffel Getreidich, einen Martscheffel weitzen, einen Martscheffel gersten Michels Nebeling zu windehausen ein Martscheffel gersten Heinrich zu windehausen einen halben Martscheffel Rocken einen halben Martscheffel Habern, Hanß Holtze zu Salza einen Martscheffel weitzen, einen Martscheffel Rocken einen

Mart-

Martscheffel Habern, der Krause Nebeling zu Heßenroda einen Martscheffel Rocken, Christof Schencke zu Kleinwehrter zweene Martscheffel Rocken, Hanß Hardevogt, burger alhier zu Northausen, vnd anders mehr von des Closters einkhommen Jehrlichen gegeben vnd gereichet Wirdth Welche vnterhaltunge wir auch Craft dieser vnser Stiftunge vnd verordnunge, Itzo vnd hiemit wollen verneüret vndtt bekräftiget haben,

Und damit dieser vnser ordnunge vnweigerlich vnd aufs treulichste nachgesetzet, das einkommen mit fleiß eingebracht vnd zu keinem andern sondern obgerurtem gebraucht vnd vnderhaltunge der Persohn, so der schulen vorstehen vnd die Mägdlein Christlich vnderrichten vnd Lehren sollen angewendet vnd gebrauchet werden. So soll dazu ein Probst oder vorsteher solches Closters vnd Jungfrau Schulen verordnet vnd in Pflicht genommen werden, das er mit treuem Vleiße das einkommen einnehme vnd einbringe, vnd angemelten Nutz vnd gebrauch wende vnd außgebe auch järlichen einem Erbare Raht davon gebürliche Rechnung thue, Wie wir den Itzo zu solchem vorsteher vnd Probst den Erbaren Veit Mitzsch geordnet Besetzet vnd Constituiret haben,

Ordnen setzen vnd constituiren ihnen hiemit in beständigster form der Rechte, das er solchem Ambt getreulich vorstehe, wie er Vnß den derhalben mit einem leiblichen eide zu thuen angelobet vnd zugesaget, Derhalben wir ihn im Nahmen vnd von wegen solcher Itzo fundirten vnd gestiften Jungfrau Schulen im gevüglichen

vüglichen stillen gebrauch besietz gewehr vndt possession solches Closters vnd allein deßelben einkommen vnd Gerechtigkeit nichts außgeschloßen hiemit einsetzen vnd einweisen, in obbgenanter gestiften Jungfrau Schulen nahmen, vnd derselben zum besten, solches alles Inne zu haben, zu besetzen, vnd das einkommen einzubringen zu berurtem Nutze vnd gebrauch anzulegen, zu wenden vnd zu kehren in allermaßen wir selbst, von wegen des ordenß, solch Closter vnd sein einkommen Inne gehabt vnd gebrauchet haben, Denn wir Vns solcher possession vor Vnß vnsers ordens vnd Closters wegen gentzlichen begeben, vnd der gestiften Jungfrau Schulen hiemit einreumen vnd tradiren Vnß doch Auf vnser leben wohnunge vnd vnterhaltunge davon vorbehalten haben, Alles treulich vnd vngefehrlich, Gott dem Allmechtigen seinem heiligl. Nahmen zu lob vnd ehren, vnd haben darauf einen Erbaren wolweisen Raht der Stad Northausen dieser vnser Stiftunge vnd fundation treue Vormünder vnd Executores zu sein geordnet vnd gebetten, deme zu. Jder Zeit treulich zu leben veordnen wollen.

Des alles zu vhrKunde vnd stetter vester haltunge, haben wir vnsers Convents vnd Closters insiegel anbey sein der Ehrwürdigen Herren M. Antonij Ottonis Pfarhers ad S. Nicolaum, M. Iacobi Siboldis Pfarhers ad S. Blasium, Johann Unsebergers Pfarrers ad S. Iacobum, M. Andreae Berbers Pfahrers ad Beatam Virginem Mariam im Aldendorffe vnd Herrn

Andreß

Andreß Gewaltigst ad Beatam Virginem Mariam aufm Frauenberge, Vndtt des Erbarn vnd wohlweisen Burgermeistern Johanß Hessen Johanniß Kochen, hansen Lüders, hanß Branderoht, Blasien habens Jost Ernsts als der Itzigen regierenden Burgermeistere sambt leonhardt Thomaß, vnd Aßmus Schmiden, Als verordneten Vormünden vnsers Closters vnd dieser Schulen, Auch in des wohlgelahrten Notarien Andreß Nammenß gegenwerttigkeitt angehangen, auch den Notarium gebehten, darüber ein offentlich Instrument aufzurichten, Geschehen zu Northausen in dem Closter, vnd nunmehr gestifteten Jungfrau Schulen, auf dem Frauenberge, Montags nach dem Sonntage Exaudi Nach Christi, vnsers lieben einigen Erlösers vnd Seligmachers geburth Tausend Fünfhundert vnd im siebenunfzigsten Jahre.

Weil denn dieses ein löbliches Christliches vnd mildes vornemben vnd werk, so zu Gottes lob ehr vnd Preiß auch zu Christlicher auferziehung, vnd unterweisung der Jugend, nach außweisung der Prophetischen Apostolischen schrift vnd Augspurgischer Confession gereichen thut, vnd also hirdurch der Rechte gebrauch der Kirchengütter gemeinet wird,

Alß haben wir demnach, als der Schutz vnd Landesfurst solch ewig vermechtnuß vnd fundation, aus furstlicher macht vnd Obrigkeit gnedigst confirmiret vnd bestettigett, confirmiren vnd bestettigen die auch hirmit vnd in Craft dieses briues vnd wollen das solchem wie oben benant in allen seinen Puncten Articulen und Inhaltungen stett veste vnd vnverbrüchlich gehalten, vnd deme zu wieder nichts vorgenommen werde. Wie wir denn darauff obgedachten Rahte zu Northausen alß dieser Stiftung vnd fundation Vormündern vnd Executorn hiemit befehlen, fleißige Aufachtung zu haben, das diesem allem stette Veste vnd fleißig nachgelebet vndt treulich nachgegangen werde, Jedoch Vnß vnd vnsern Rechten vnd gerechtigkeiten vnschedlich treulichen vnd ohne gefehrde.

Hiebey sein gewesen vnd gezeugen vnsere Rähte vnd lieben getreuen, Hanß von Ponickau auf Bombsen, Haubold Pflug zum Stein, H. Hieronimus Kysenwetter der Rechten Doctor, vnser Cantzler Volradt von Watzdorff, H. Lorentz Lindenau auch der Rechten Doctor vnd andere mehr der vnsern genug glaubwürdige. Zu vhrkundt haben wir vnser Insiegel an diesem brif wißentlich hengen laßen, vnd Vnß mit eigener hand vnterschrieben. Geschehen vnd geben Dreßden den Sonnabent nach Mauritij den 24. Monats Septemb. Nach Christi vnsers Lieben Herren geburt Tausent fünfhundert vnd im Acht vnd funfzigsten Jahre.

L. Sigil. Augustus Churfürst.

Churf. Augusti Christseligsten gedächtniß Confirmation vber die Klosterschule vff Frawenberge de Anno 1558.

VII. Meinin-

VII.

Meiningische Landtagsacten von 1775.

Vorerinnerung.

Herzogs Ernst des Frommen zu Gotha nachgelassener dritter Prinz, Bernhard, geb. 1649 den 10. Sept. wurde Stifter der S. Meiningischen Linie, und verwechselte 1680 seine Residenz Ichtershausen mit Meiningen, woselbst er 1682 den Grund zum itzigen Residenzschloß legte, das unter dem Namen Elisabethenburg das Andenken seiner zweyten Gemahlin verewiget. Herzog Bernhard folgte dem großen Muster seines frommen Vaters, sorgte für thätiges Christenthum, und für den Wohlstand seiner Unterthanen in allen Ständen durch preiswürdige Anstalten. Er starb 1706 den 27. April, und hinterließ von zwey Gemahlinnen drey Prinzen, nämlich Ernst Ludwig und Friedrich Wilhelm, von Maria Hedwig, Prinzissin zu Hessen-Darmstadt; Anton Ulrich aber von Elisabeth Eleonore, Prinzessin zu Braunschweig-Wolfenbüttel.

Wegen des im S. Meiningischen Hause noch nicht eingeführten Erstgeburtsrechts, hätten eigentlich alle drey Prinzen die Regierung gemeinschaftlich antreten sollen; sie wurden aber einig, daß der älteste, Herzog Ernst Ludwig, geb. 1672 d. 7. Oct. für sich und im Namen seiner beyden Herren Brüder die Landesregierung führte, nur daß zu wichtigen Landesangelegenheiten, besonders aber zu Veräußerungen und Verpfändungen, auch Veränderungen der Lehen und bey nothwendigen Geldaufnahmen, die Einwilligung aller erforderlich blieb. Bey erfolgtem Ableben Herzogs Ernst Ludwigs 1724 d. 24. Nov. waren seine beyden Prinzen, Ernst Ludwig und Carl Friedrich, noch unmündig. Daher übernahm sein leiblicher Bruder, Herzog Friedrich Wilhelm, geb. 1679 d. 16. Feb. die Landesregierung ausschließungsweise allein, mußte aber seinen jüngern Bruder, Herzog Anton Ulrich, geb. 1687 den 22. Oct. auf Kaiserlichen Befehl 1727 dergestalt zu seinem Mitregenten annehmen, daß beyde gleiche Vorzüge und Rechte hatten und ausübten.

Diese Halbbrüder regierten jedoch mit verschiedenen Gesinnungen gemeinschaftlich, bis Herzog Friedrich Wilhelm 1746 d. 9. März unvermählt starb.

Dann gelangte Herzog Anton Ulrich zur alleinigen Regierung 1746, lebte aber entfernt von der Residenz Meiningen immer zu Frankfurt am Mayn bis zum erfolgten Ableben 1763 d. 27. Jan. Er war ein Herr von ausgezeichneten Kenntnissen in allerley Fächern, und von einer unwankbaren Standhaftigkeit, den einmal festgesetzten Plan auszuführen.

Dieses Herzogs Anton Ulrichs beyde Prinzen, Bernhard Ernst und Anton August, von der ersten Gemahlin, Philippine Elisabeth, die in den Fürstenstand erhoben wurde, und 1744 d. 14. Aug. zu Meiningen

ningen verstorben war, blieben von der Regierung ausgeschlossen.

Die zweyte Gemahlin, Charlotte Amalie, Prinzessin Tochter des Landgrafen Carls zu Hessen-Philippsthal, vermählt 1750 den 26. Sept. wurde vielmehr als alleinige Landesregentin und Obervormünderin der beyden damals noch unmündigen Prinzen, Carls und Georgs, vom Kaiser bestätiget. Mit diesen beyden Prinzen und drey Prinzessinnen kam sie 1763 von Frankfurt zu Meiningen an. Wegen der langen Abwesenheit Herzog Anton Ulrich's von seinem Fürstenthume war verdoppelte Sorgfalt und die weiseste Veranstaltung um so nöthiger, je dringender die Bitten aller Volksclassen wünschten, den tief gesunkenen Wohlstand wieder herzustellen. Unvergeßlich bleibt daher die Thätigkeit dieser wahren Landesmutter, während ihrer Obervormundschaft die preißwürdigsten Veranstaltungen getroffen zu haben, damit der Wohlstand des Landes wieder allgemein aufleben möchte. Der 1775 ausgeschriebene Landtag, dessen archivalische Nachrichten hier vorgelegt werden, hatte auch die erspriеslichsten Folgen.

Herzog Carl, geb. 1754 d. 19. Nov. wurde 1775 volljährig, und regierte seit 1776 mit seiner Frau Mutter, seit 1782 d. 4. Febr. aber mit seinem Herrn Bruder Georg, als Muster eines guten Regenten. Doch schon 1782 d. 21. Jul. schloß sein allgemein beweinter Tod den Gang der edelsten Thaten. Seine Ehe mit

 Louise,

Louise, einzigen Prinzessin Tochter des Fürsten Carl Heinrichs zu Stolberg-Gedern, war kinderlos.

Herzog Georg, geb. 1761 d. 4. Febr. jetzt glorreich regierender Landesherr, gelangte also 1782 zur alleinigen Regierung, die sich durch die sorgfältigste Gerechtigkeitspflege und durch die wohlthätigsten Einrichtungen täglich auszeichnet. Er schloß 1782 den 27. Nov. mit der Prinzessin Louise Eleonore, ältesten Tochter des verstorbenen Fürsten Christian Albrecht Ludwigs zu Hohenlohe-Langenburg, eine glückliche Vermählung.

Dermalen besteht das Fürstenthum S. Coburg-Meiningen aus dem sogenannten Ober- und Unterlande.

I. Das Unterland faßt einen Theil der Grafschaft Henneberg in Franken, und ein Stück der Landgrafschaft Thüringen in Obersachsen, in sich, und besteht aus $7\frac{2}{3}$ Aemtern.

1) Die Hennebergischen Aemter sind: Meiningen, Mäßfeld, Wasungen mit dem Amte Sand, Frauenbreitungen, und zwey Drittheile des mit S. Coburg-Saalfeld gemeinschaftlichen Amtes Römhild, dessen Herzog Henrich ohne Fürstliche Leibeserben 1710 starb.

2) Die beyden Thüringischen Aemter sind: Salzungen und Altenstein, welches letztere durch das Ableben des Ehrhard Henrich Hund von

Wenk-

Wenkheim 1722 d. 10. Jul. als ein eröffnetes Lehn an S. Meiningen fiel.

II. Die so genannten Oberlande sind ein Theil der Pflege Coburg. Als Herzog Albrecht zu Coburg 1699 ohne Kinder starb, entstunden über dessen Landesportion mehrere Irrungen; diese wurden endlich dahin verglichen, daß S. Meiningen die drey Aemter: Sonnenberg, Neuenhaus und Schalkau erhielt; aber das Gericht Rauenstein brachte S. Meiningen käuflich an sich.

Landtags-Propositiones.

Meiningen, den 17. Januar 1775.

Nachdem die Durchlauchtigste Fürstin und Frau, Frau Charlotte Amalie, verwittibte Herzogin zu Sachsen, rc. rc. gebohrne Landgräfin zu Hessen, rc. rc. als Obervormünderin Ihro Freundlichgeliebten Herren Söhne, der beyden Durchlauchtigsten Prinzen und Herren, Herrn August Friedrich Carl Wilhelms und Herrn Georg Friedrich Carls, Gebrüdere, Herzoge zu Sachsen, Jülich, Cleve und Berg, auch Engern und Westphalen rc. und als Landesregentin, vermöge der Höchst Ihroselben unermüdet beywohnenden Landesmütterlichen Sorgfalt, in Erwägung gezogen, daß verschiedener Reichs- Kreis- und anderer Angelegenheiten halber, zu Höchstderoselben hiesiger Herzogl. Lande Bestem, und besonders zur Aufnahme der Landschaftlichen Casse, es die Nothwendigkeit erfordere, mit Höchst Ihroselben getreuen Landständen von Ritterschaft und Städten in Deliberation zu treten, und zu diesem Ende einen allgemeinen Landtag hieher auszuschreiben, um mit selbigen alles, was zum wahren Besten Höchst Ihroselben Durchlauchtigsten Landesprinzen, Ihro gesammten Landes und aller Unterthanen gehörig, wohlbedächtig zu überlegen, und darauf einen Schluß zu fassen, wie denn Ihro Herzogl. Durchl. auch sothanen allgemeinen Landtag auf den heutigen 17. Januar dieses 1775sten Jahres wirklich anzusetzen sich veranlaßt gefunden; so gereichet Höchstdenenselben es zu besonderm gnädigen Wohlgefallen, daß die mehresten Herren Landstände von Ritterschaft und Städten denen an sie ausgeflossenen Convocationsschreiben zu unterthänigster Folge sich gehorsamst eingefunden, und die nunmehro anzutretende, zu gnädigster Herrschaft und des Landes Bestem anberaumte Deliberation, mittelst Beytretung deren getreuen Beyraths, befördern zu helfen sich willig gezeigt haben.

Höchstgedachte Ihro Herzogl. Durchl. ermangeln daher keinesweges, zu Erlangung dieses heilsamen und ersprieslichen Endzwecks Einer getreuen Landschaft nachfolgende puncta deliberanda communiciren zu lassen, um darüber ihre gutachtliche Meinung zu eröffnen, in der Anhoffnung, es werde hierauf, zumalen es das erstemal, daß Ihro Herzogl. Durchl. an Eine getreue Landschaft dergleichen ergehen lassen, eine

solche

solche wohl überlegte, zu denen Zeiten voriger gnädigster Landesherrschaften im getreuen patriotischen Eifer nicht verkennete und billige Erklärung erfolgen, welche zu des gemeinen Wesens glücklicher und wahrhafter Aufrechthaltung, auch Unterstützung, ein Hinlängliches beytragen, nicht weniger Ihro Herzogl. Durchl. einer gegen Höchstdieselbe und Ihro Herzogl. Haus von einer getreuen Landschaft hegenden vollkommenen unterthänigsten Devotion versichern könne, als es der Sachen Billigkeit und Nothdurft erfordert, und Höchst Deroselben gnädigstes Zutrauen zu einer getreuen Landschaft gerichtet ist.

Und dem zu Folge wollen

I.

Ihro Herzogl. Durchl. hierdurch Höchst Ihroselben getreuen Landschaft die gnädigste und feyerlichste Versicherung ertheilen, die im hiesigen Fürstenthum einzig und allein herrschende Evangelische Lutherische Religion nach der ungeänderten Augsburgischen Confession zu schützen und zu handhaben, auch gegen solche keine Eingriffe, Neuerungen, und was dergleichen mehr, aufkommen zu lassen, und überhaupt nicht nur eine getreue Landschaft selbst, sondern auch einen jeden von Höchst Ihro Obervorm. Unterthanen bey ihren und seinen wohlhergebrachten Rechten, Gerechtigkeiten und Befugnissen Landesherrl. zu mainteniren, und gegen alle Beeinträchtigungen gnädigst sicher zu stellen.

 2. Die

2.

Die rückständigen Kreisprästanda, da ein ergiebiges an Römermonaten die hiesige Landschaftscasse zu bezahlen schuldig ist, ohnerachtet an diesen durch landesmütterliche Verwendung und Vermittelung Ihro Herzogl. Durchl. im Jahr 1764 ein erkleckliches, und zwar 4349 Thlr. 8 Gr. nicht nur remittiret worden, sondern auch zu einem dergleichen und ähnlichen beträchtlichen, wiewohl noch zur Zeit nicht bestimmten Remiß bey dem dermalen noch fürwährenden Kreistag zu Nürnberg gegründete Hoffnung fürhanden ist, wollen Ihro Herzogl. Durchl. Einer getreuen Landschaft um so mehr zu einer reifen Deliberation anempfehlen, daß alle unangenehme Folgen bey Zeiten vermieden werden mögen.

3.

Die Examination des status actiui et passiui der hiesigen Landschaftscasse wird mit besonderm Fleiß von Einer getreuen Landschaft vorzunehmen, und werden von ihr schickliche Vorschläge zu thun seyn, wodurch dem sinkenden Credit dieser Casse aufgeholfen, die aufgekündigten Capitalien bezahlt, oder doch wenigstens mit diesen eine solche Einrichtung getroffen werde, daß die Creditores durch prompte Zahlung der Interessen wiederum versichert werden, daß ihre Capitalien wohl stehen. Nicht minder wird von Einer getreuen Landschaft darüber zu deliberiren seyn, wie und auf welche Weise überhaupt die Landesschulden als

schick-

schicklichsten und successive abgetragen und vermindert werden können.

4.

Versehen sich Ihro Herzogl. Durchl. zu Einer getreuen Landschaft, es werde dieselbe selbst der Nothdurft ermessen, daß bey jetzigen Umständen des Herzogl. Hauses und denen starken außerordentlichen Zahlungen vieler passivorum der Herzogl. Obervorm. Kammer die Bewilligung der Kammersteuern in 4 Terminen nicht entzogen werden, und leben des gnädigsten Zutrauens, Eine getreue Landschaft werde diese vier Steuertermine annoch fernerhin, wie die gewöhnlichen Frohntage, gern verwilligen.

5.

Hoffen Ihro Herzogl. Durchl., es werde Eine getreue Landschaft die zu des Landes Bestem ehehin und zwar im Jahr 1723 geschehenen und von des verstorbenen glorwürdigsten Kaisers Caroli VI. Maj. confirmirten Landesverwilligungen, gegen das accordirte Aequivalent, auch fernerhin continuiren.

6.

Ist Einer getreuen Landschaft ohne mehreres Anführen bekannt, wie Ihro Herzogl. Durchl. sich gnädigst entschlossen, Höchst Ihroselben beyde Durchlauchtigste Landesprinzen nicht nur einigen Aufenthalt zu Strasburg, um Höchstdero Studia allda zu prosequiren, sondern auch nach Beendigung derselben einige Reisen vornehmen zu lassen, und dann diese Abreise auch binnen wenigen Tagen wirklich vor sich gehen, solche aber einzig und allein aus der Fürstl. Obervormundschaftskammercasse zu bestreiten unmöglich fallen wird; so sind Höchstdieselbe von der Devotion einer getreuen Landschaft gegen ihre beyderseitige Landesprinzen schon im voraus auf das lebhafteste überzeugt, und versichert, es werde dieselbe, wie auch ehehin bey dergleichen Fällen mehr geschehen, durch eine erkleckliche zu verwilligende Beyhülfe gar gerne und willig hierbey zu statten kommen, und nebst fernerer gutwilliger Continuation derer Fürstl. Educationsgelder sich hierinnen der erprobten patriotischen Gedenkungsart gemäß bezeigen, als welches Ihro Herzogl. Durchl. mit sonderbarem gnädigsten Wohlgefallen und Danknehmigkeit aufzunehmen nicht verfehlen werden.

7.

Da auch Ihro Herzogl. Durchl. vom Anfang Höchstderoselben Obervorm. Landesregentschaft an, am vorzüglichsten darauf bedacht gewesen, Höchst Ihroselben beyden Durchlauchtigsten Landesprinzen eine christliche Fürstl. Erziehung zu geben, und zu diesem Ende mit größter Zufriedenheit Höchstdero wirklichen Geheimdenrath von Dürkheim als Oberhofmeister Höchstdero freundlichgeliebten Herren Söhne angestellet, auch keine Kosten gesparet, und bis anjetzo von einer getreuen Landschaft kein adjuto gefordert haben, wiewohl nicht nur Höchstdieselbe nach dem Testament Ihro in Gott ruhenden Herrn Gemahls Herzogl.

Durchl.

Durchl., sondern auch nach der bekannten Devotion einer getreuen Landschaft für Ihre Landesprinzen dergleichen zu verlangen befugt gewesen seyn würden; so versehen sich Ihro Herzogl. Durchl., eine getreue Landschaft werde die dem Geheimenrath von Dürkheim bey dessen Annahme zugesicherte und nach Beendigung des Erziehungsgeschäftes beyder Durchlauchtigsten Prinzen anfahende jährliche Pension von 200 Stück Louisd'or, welche, wo es ihm gefällig, zu verzehren, nachgelassen werden, um so mehr gern und willig übernehmen, als dadurch ihr eigenes Bestes befördert, und durch eine gute Erziehung beyder Durchlauchtigsten Landesprinzen dieselbe sich der glücklichsten Zukunft zu versprechen habe.

8.

Eine gleiche gnädigste Zuversicht hegen Ihro Herzogl. Durchl. zu einer getreuen Landschaft in fernerer Continuation der bisher aus der Landschaftscasse geschehenen jährlichen Abgabe zu Versorgung der Armuth, als wodurch das bonum publicum nicht nur befördert, sondern auch dergleichen Gott wohlgefällige Bestimmung dessen Segen auf das Land unzweifelhaft nach sich ziehen wird.

9.

Die in den mehresten vorigen Landtagsabschieden beschlossene Steuerrevision und Rectification des Matricularwesens, auch Berichtigung der Catastrorum, als eine dem Landschaftlichen Aerario äußerst nützliche

und

und unumgänglich nöthige Sache, wird einer getreuen Landschaft zu ihrer Deliberation und zu Erstattung deren Gutachtens bestens recommendiret.

10.

Ueber die gute Einrichtung des verfallenen Policeywesens, sowohl der höhern als niedern, Einführung besserer Ordnung und Aufsicht, erwarten Ihro Herzogl. Durchl. einer getreuen Landschaft gutachtliche Meinung und unzielsetzliche Vorschläge.

11.

Da auch die betrübte Erfahrung *in denen Jahren* der Theurung und Hungersnoth leider! gelehret, daß bey Abgang einiger Magazine der arme Unterthan der äußersten Noth ausgestellet, und eine ungemein große Summe Geldes für Korn und anderes Getreide außerhalb Landes gebracht, hierdurch aber zum Theil der jetzige außerordentliche Geldmangel verursacht worden; so wollen Ihro Herzogl. Durchl. aus landesmütterlicher Vorsorge vor Dero Obervormundschaftl. Unterthanen einer getreuen Landschaft zur Deliberation anempfehlen, was in dem Landtagsschluß vom Jahr 1720. Art. 8. wegen Aufschüttung einigen Getraides und Anlegung einiger Magazine disponiret worden.

12.

Da auch in einem wohl eingerichteten Lande zu Beförderung der Commerciorum auf gute Wege und Landstraßen besondere Reflexion zu nehmen, auch dieserwegen

serwegen mehrere Kreisschlüsse vorhanden; so sind die Städte und Dörfer zu Besserung derselben mit Ernst anzuhalten: dieweilen auch das Pflaster in hiesiger Residenzstadt vorzüglich eine gründliche Reparatur erfordert, und das durch dieselbe fliessende Markwasser viele Unannehmlichkeiten, auch bey Winterszeiten für Fremde und Einheimische viele Gefahr verursachet; so sind Ihro Herzogl. Durchl. überzeugt, E. G. L. werde auch hierinne sachdienliche Vorschläge zu thun nicht entstehen.

13.

Wird hauptsächlich mit darauf Bedacht zu nehmen seyn, wie dem Verfall des Münzwesens, der Einschleichung geringhaltiger Münzsorten, ingleichen der wucherlichen Aufwechselung und Exportation der groben und guten Sorten zu steuren und zu wehren sey, damit die öftere und denen Unterthanen jedesmal schädliche Münzreductiones unterbleiben, auch die Casse wegen ihrer Einnahme sicher gestellet werden möge.

14.

Da auch bekannt, daß durch die herkommliche Postfreyheit derer Diener, der Landschaftscasse zum öftern grosse Ausgaben verursacht werden, und die Deputirten E. G. L. schon vor mehrern Jahren Klage erhoben; so haben Ihro Herzogl. Durchl. aus wahrer landesmütterl. Vorsorge, und zu Bezeigung Höchstdero gnädigsten Wohlwollens gegen E. G. L. schon im Jahr 1771 durch ein eigenes Patent, mit Zuziehung

und

und unterthänigsten Beyrath derer Landschafts-Deputatorum von Ritterschaft und Städten, diese Postfreyheit um ein merkliches eingeschränkt und verändert. Da aber dennoch diese Klagen neuerdings wieder vorgekommen, und von denen Deputatis hierüber Vorstellung eingereicht worden; so haben Ihro Herzogl. Durchl. sich huldreichst entschlossen, diese ganze Postfreyheit gegen ein, aus der Landschaftscasse hierzu beytragendes proportionirliches jährliches Quantum zu übernehmen, und sämmtliche Postrechnungen von Herzogl. Obervormundschaftl. Kammer *fürohin* bezahlen zu lassen. Höchstdieselben sind dabey völlig überzeuget, daß E. G. L. diese Landesmütterliche Declaration lebhaft erkennen, und zu deren eigenen Vortheil ein solches Quantum verwilligen und anbieten werden, daß auch ein ansehnlicher Verlust der Herzogl. Obervormundschaftl. Kammercasse dabey vermieden werden möge.

15.

Obgleich Ihro Herzogl. Durchl. unterschiedliche, theils zu Verschickung zu des Landes Besten, theils aber zu andern unumgänglichen Erfordernissen, mehrmalen in dem Fall gewesen seyn würden, dergleichen E. G. L. anzusinnen, und deren Beyhülfe zu verlangen, wie dann unter andern mehrern Höchstdieselben so wohl bey dem Ableben der Höchstseel. Frau Aebtißin von Gandersheim die herkömmliche Trauersteuer nicht gefordert, bey der Vermählung Ihro der Frau

Herzo-

Herzogin zu S. Gotha und Altenburg Herzogl. Durchl. kein Adjuto zu diesen außerordentlichen Kosten begehret, ein donum gratuitum auch während Höchstderoselben zwölfjährigen Obervormundschaftl. Regierung niemalen verlanget, und bey dergleichen Vorfallenheiten jederzeit eine gnädigste Rücksicht und alles Menagement gegen die Landschaftscasse, öfters zu nicht geringem Aggravio Ihro Herzogl. DD. Kammer vorwalten lassen: so wollen dieselben auch dermalen aus christfürstl. Milde und Zuneigung gegen E. G. L. dergleichen nicht begehren, sondern versehen sich vielmehr mit Vorbehalt Höchstderoselben Zuständigkeiten, E. G. L. werde den von ihren Deputirten im Jahr 1769 verwilligten Beytrag zu denen Dotalgeldern der Frau Herzogin zu S. Gotha und Altenburg Herzogl. Durchl. von 4000 fl. Frkl. sammt denen vom Jahr 1770 an bis hieher verfallenen Interessen nunmehro nicht nur des fördersamsten auszahlen, sondern auch diesen Beytrag selbst auf ein höheres Quantum setzen, zumal da diese Dotalgelder in einem höhern Münzfuß von der Herzogl. Obermundschaftl. Kammer verinteressirt und bezahlt werden müssen.

16.

Da auch bey der im Jahr 1772 und 1773 allhier vorgewesenen Conferenz wegen des gemeinschaftlichen Henneberg. Landschul-Castens zu Schleusingen versehen worden, daß zu Sicherstellung und mehrerer Aufnahme dieses pii corporis die Zinsen von dem unablöslichen

ablöslichen Steuercapital derer 4000 fl. Frkl. nach dem 20 fl. Münzfuß vom 19. April 1773 an gerechnet, entrichtet, nicht weniger die an diesem jährlich dem gesammten Hause S. Gotha zukommende 102 Frkl. Interessengelder fehlende, und von S. Hildburghausen eigentlich zu zahlende Gelder, wenn die mit diesem Fürstl. Hause dieserhalben obwaltende Irrungen binnen Jahresfrist nicht beygeleget werden sollten, nicht nur diesen Nachschuß von 3 fl. 11 gr. $4\frac{1}{11}$ pf., sondern auch den von 1680 bis 1772 gewirkten Rückstand von 559 fl. 12 gr. $3\frac{1}{2}\frac{5}{7}$ pf. aus hiesiger Landschaftscasse nachzahlen zu lassen; so sind Ihro Herzogl. Durchl. der unterthänigsten Zufriedenheit einer getreuen Landschaft hierüber völlig versichert, und versichern derselben andurch gnädigst, an baldiger Beylegung dieser Irrungen mit dem Fürstl. Hause Hildburghausen nichts fehlen zu lassen.

17.

Da auch zu denen Cassenausgaben unumgänglich nöthig ist, daß ein neuer Ausschlag von Steuern auf dieses laufende 1775ste Jahr gefertiget werde, so wird eine getreue Landschaft auch dieses gehörig überlegen, solches so bald als möglich in Vorschlag bringen, damit Ihro Herzogl. Durchl. die Ausschreibung dieser Steuern baldmöglichst verfügen können, und dadurch der Endzweck erreichet werde, daß die steuerbaren Unterthanen ihre Steuern successive und dem letztern Patent vom 19. Oct. 1772 gemäß entrichten können.

18. Wann

18.

Wann dann auch sonsten Eine getreue Landschaft zum wahren Besten, zur Aufnahme und Wohlfahrt dieses Fürstenthums und sämmtlicher Lande eines und das andere vorstellig zu machen und anzubringen haben sollte; so werden Ihro Herzogl. Durchl. diesem allen gnädigstes Gehör geben, auch darauf dieselbe mit Fürstlandesmütterlicher Resolution versehen zu lassen um so weniger entstehen, als Höchstdenenselben nichts mehr am Herzen lieget, als das Wohlseyn eines jeden Höchst Ihroselben Unterthans und der Flor des gesammten Landes, wie denn Höchst Ihro übrigens Einer getreuen Landschaft und Städten mit Gnaden und allem Guten wohlbeygethan verbleiben. Signatum Meiningen zur Elisabethenburg, den 17. Jan. 1775.

L. S.

Charlotte Amalie, H. z. S. geb. L. z. H.

Ad Serenissimam nomine statuum prouincialium.

Meiningen, den 7. Febr. 1775.

P. P.

Ew. 2c. haben gnädigst geruhet, Uns, Höchstdero getreusten Landständen von Ritterschaft und Städten, bey gegenwärtigem Landtag 18 Proponenda mittheilen zu lassen, und wir würden gehorsamst nicht ermangelt haben, unsere unterthänigste Erklärungen darüber alsbald zu verabfassen, wenn wir nicht bey Gelegenheit des Proponendi 3tii die Landschaftscasse nebst dem statu actiuo et passiuo in einer so üblen Lage befunden hätten, daß wir unserer Obliegenheit gemäß vor allen Dingen uns bishero mit den Untersuchungen der Mittel beschäftigen müssen, wie dem gänzlichen Verderben vorzubeugen, denen überall eingedrungenen Mißbräuchen zu wehren, und das Land nach und nach von der ungeheuern Schuldenlast zu befreyen, somit der öffentliche Credit herzustellen, die übermäßigen Steuertermine zu vermindern, und die grossentheils verarmten Unterthanen durch allerhand Erleichterungen und bessere Wirthschaft bey denen Casseneinnahmen und Ausgaben in baldem unserer gnädigsten Landesherrschaft wieder nützlich zu machen seyen.

Wir glauben auch durch unsere unermüdete Bemühungen hinlängliche Mittel und Wege gefunden zu haben, um zu diesem heilsamen Endzweck zu gelangen. Da aber zu allem dem Ew. ꝛc. höchste Einwilligung und Genehmigung, auch sonstige Landesmütterliche Vorsorge und Unterstützung erforderlich ist, so werden Höchstdieselben gnädigst erlauben, solche unsere und des Landes Angelegenheiten und Wünsche im Nachfolgenden submissest vorzutragen.

Status actiuus.

I. Haben wir befunden, daß die Landschaftscasse zwar nicht nur zur Zeit des letztern im Jahr 1742 gehaltenen

haltenen Landtags mit vielen Schulden beladen gewesen, sondern daß auch seitdem die Schulden auf eine ganz unglaubliche und äußerst verschwenderische Art um weit über 200000 Thaler vermehret worden, so daß dermalen der status passiuus an verzinnslichen Passivcapitalien, ohne die Zinns- und Besoldungsrückstände, auch einige Currentschulden, sich auf 366119 Thlr. belauft, wovon 250817 Thlr. zu 6 Procent, 98902 Thlr. zu 5 Procent, 4000 Thlr. zu 4½ Procent und 12000 Thlr. zu 4 Procent stehen.

Wir haben aber auch befunden, daß die Casse ein viel mehreres, als sie schuldig ist, bey andern an Activis zu fordern habe, und daß es also nur darauf ankäme, daß diese Activa, welche bishero großentheils vernachläßiget worden, mit allem Ernst und Eifer beygetrieben, und wo solches dermalen nicht thunlich, gleichwohl der Casse von denen hohen und andern Debenten einigermaßen zu Hülfe gekommen werde, wozu uns jedoch Ew. ꝛc. huldreichster kräftigster Beystand in denen meisten Posten sehr nöthig seyn will, und sind selbige

a) die drey Capitalien, zusammen 10000 Thlr. ausmachend, welche die hohen Allodialerben des Höchstseligen Herrn Herzog Carl Friedrichs zu Sachsen-Coburg-Meiningen nebst 17987½ Thlr. Zinsen liquido in unsere Casse schuldig sind.

Wir haben beschlossen, bey des Herrn Herzogs zu Gotha Hochfürstl. Durchl. um die baldigste Zahlung dieser Schuld zu suppliciren, und Ew. rc. um ein gnädigstes Intercessionsschreiben darzu anzuflehen; wenn aber beydes binnen 3 Monaten keine ersprießliche Wirkung thut, darüber die Obristrichterliche Hülfe zu suchen.

b) Die in dem letztern Kriege an die Königl. Französischen Truppen geleisteten Fouragelieferungen.

Mit der tiefsten Dankverpflichtung haben wir vernommen, daß Ew. rc. gnädigst entschlossen seyen, bey der Kaiserin Königin Majestät eine allerhuldreichste Interposition für uns bey Ihro Maj. der Königin von Frankreich auszuwirken, damit wir zur Zahlung dieser Lieferungen endlich einmal gelangen mögen. Wenn aber dieses Hülfsmittel nichts wirken sollte; so bitten wir unterthänigst, daß Höchstdieselbe gnädigst erlauben wollen, diese Rationen um 10 Sous pro Ration, oder mit einem Nachlaß eines Drittheils gegen baare Zahlung an den Churpfälzischen Residenten zu Frankfurt, Herrn von Schmidt zu Rossan, oder einen andern Liebhaber zu verhandeln, da der Verlust dem Lande in wenigen Jahren an dem Interesse wieder beykömmt.

c) Die Lieferungen an die Hannöverischen und andere im Englischen Sold gestandene Truppen.

Wir haben zuverläßig gehört, daß alle andere hohe Reichsstände, und besonders Hessendarmstadt mit mehr dann 500,000 fl. Rhnl. dieserhalb schon vor 10 Jahren ihre Zahlung von der Krone Engeland erhalten

halten haben, und wir sind gesonnen, uns nach denen Mitteln und Wegen zu erkundigen, deren sich Hessendarmstadt hierbey bedienet hat, um sodann solche Ew. ꝛc. unterthänigst vorzulegen, und uns Höchstdero Vorwort an Ihro Maj. den König von Großbrittannien dazu zu erbitten.

d) Die Lieferungen an die Wirtembergischen Truppen.

Auch über diesen Posten legen wir unsern tiefsten Dank andurch ab, daß Ew. ꝛc. solchen an den Kaiserl. Hof in Bewegung bringen lassen, und bitten unterthänigst, Sich in höchsten Gnaden ferner kräftigst zu verwenden, damit das arme Land endlich bey der Kaiserl. Königl. Hofkammer zur Zahlung dafür gelangen, und daran durch eine Vermengung mit der Reichskriegs-Operationscasse nicht behindert werden möge.

e) Die Invasionskosten vom Jahr 1763.

Ew. ꝛc. ist gnädigst erinnerlich, auf welche Reichsverpönte Weise im gedachten Jahre die Herzogl. Häuser S. Gotha, Hildburghausen und Coburg-Saalfeld, bey Gelegenheit der Obervormundschaft unserer Durchlauchtigsten Prinzen, die hiesigen Fürstl. Lande überzogen haben, und wie viel 1000 Thaler Kosten und Schaden dadurch Höchstdero Unterthanen verursacht worden seyen, deren Erstattung auch das damals ausgebrachte Kaiserl. Mandatum poenale mit sich führet.

Ob nun gleich dem äusserlichen Vernehmen nach die Hauptsache zwischen denen höchsten litigirenden Theilen seitdem verglichen worden; so wird dennoch die Vergütung der Schäden und Kosten derer hierländischen Unterthanen, kundigen Rechten nach, welche die transactiones super re tertii ohne dessen Mitwissen und Einwilligung nicht genehmigen, nicht darunter begriffen seyn können, dahero wir unserer Obliegenheit zu seyn erachten, zum Besten der höchstbedürftigen Landschaftscasse, diese Invasionskosten in Güte oder durch Verfolgung des Rechts beyzubringen, zu welchem Ende wir submissest bitten, daß Ew. rc. uns die damals verhandelten Liquidationsacta gnädigst extradiren zu lassen geruhen wollen; worauf wir bey des Herrn Herzogs zu S. Gotha Hochfürstl. Durchl., Höchstwelche dieserhalben in solidum verbunden sind, unterthänigst nachsuchen werden, unserer Landschaftscasse einen billigen Ersatz darüber zu thun, und gnädigst zu erlauben, daß wir die zu verwilligenden Dotalgelder für der Frau Herzogin zu S. Gotha Hochfürstl. Durchl. einstweilen darauf assigniren, wozu wir Ew. rc. höchstes Vorwort uns submissest erbitten. Wenn aber kein annehmlicher Vergleich dadurch zu erlangen wäre; so werden Höchstdieselbe aus Landesmütterlicher Vorsorge vor Dero getreueste Unterthanen auch unsere allerunterthänigste Hülfsimploration bey Ihro Kaiserl. Majestät mildest nicht mißbilligen.

f) Die

f) Die Prima plana Concurrenzgelder, so bey denen Hoch- und Löbl. Concurrenzständen annach ausstehen.

Da wir dermalen in Abgang einiger erforderlichen Nachrichten diese Concurrenzrechnungen noch nicht haben verfertigen lassen können, so werden wir selbige demnächstens bey Hochfürstlicher Regierung geziemend einbringen, und bitten darauf unterthänigst, daß Ew. ꝛc. solche Rechnung einem jeden betreffenden Concurrenzstand zufertigen, und wenn gegen Verhoffen die Zahlung nicht alsbald erfolgen würde, die Anzeige davon bey einem Hochlöbl. Kreisconvent zu Nürnberg machen, und auf die Abschreibung an denen diesseitigen Kreisprästandis, oder andere Societätsmäßige Kreishülfe antragen zu lassen, huldreichst geruhen wollen.

g) Die Grenadiers Uebersold- und Philippsburger March- auch Uebersoldsgelder.

Diese Aufrechnungen, welche nach denen Kreisverordnungen aus der Kreiscasse zu ersetzen gewesen, scheinen von denen vormaligen Landschaftscassiers nicht gefordert worden zu seyn, sondern noch resp. von 1735 und von 1715 bis 1772, wo die Philippsburger Besatzung aufgehöret hat, zurück zu stehen, weswegen wir unterthänigst bitten, daß Ew. ꝛc. Sich gnädigst zu verwenden geruhen, damit diese rückständige Gelder bey hochgedachtem Kreisconvent für liquid angenommen und an dem diesseitigen Kreis-

Römermonatlichen Rückstand abgeschrieben werden möchten.

h) Die Steuerreste und Accisreste derer Unterthanen, sodann die Fouragelieferungs-Steuerreste in denen Städten und besonders bey denen adelichen Unterthanen und Güterbesitzern in dem Amte Salzungen.

Der außerordentliche Betrag dieser Reste, welcher sich über 30000 Thlr. belaufen wird, ist nicht nur der Casse sehr schädlich, da sie effective selbigen verzinsen muß, sondern er gereicht auch denen gutwilligen Zahlern derer Steuern und Accise zu beträchtlichem Nachtheil, indem jährlich so viele Steuern mehr ausgeschrieben werden müssen, als in dem vorherigen Jahre durch die morosen Zahler bey der Einnahme zurückgeblieben sind.

Wir sind demnach des unterthänigsten Dafürhaltens, daß diese Restanten in gegenwärtigem Jahre mit der größten Schärfe beyzutreiben, in dieser Absicht aber ohne Verzug besondere Commissarii in alle Städte und Dörfer auszuschicken seyen, welche mit denen von den Einnehmern angegebenen Restantiariis liquidiren, von den vermöglichern ihre Reste mittelst Auspfändung beytreiben, und den übrigen ankündigen sollen, daß jeglicher seinen Rest noch vor Martini proximi zu entrichten, oder widrigenfalls zu gewärtigen habe, daß ihm gleich nach Martini seine Früchte oder sonstiges bereitestes Vermögen werde weggenommen

men und sein Rückstand davon bezahlt werden, welches auch zur selbigen Zeit durch eben die Commissarios genau zu vollstrecken seyn wird.

Nachdem aber verschiedene Honoratiores und Fürstl. Diener unter diesen Restantiariis begriffen sind; so werden Ew. ꝛc. gnädigst erlauben, daß die Landschaftscasse sich von denen, welchen sie Besoldung oder Zinssen zu bezahlen hat, ohne Verzug selbst bezahlt mache, und daß sie dem Hochfürstl. Regierungsfisco, mittelst auszustellender Steuerquittungen, dasjenige bey der nächsten Lieferung statt baaren Geldes aufrechne, was jeder Fürstliche Diener anhero restiret.

i) Die Passivrecesse derer Einnehmer, Großgebauer, Wagner und Richter.

Wir können die armen Unterthanen nicht genugsam bedauern, daß durch die vernachläßigten jährlichen Rechnungsabnahmen ihre mit sauerm Schweiß zusammengebrachten Steuergelder in den Händen untreuer Haushalter zurückgelassen, und sie dadurch genöthiget worden, selbige in der That noch einmal zu bezahlen, und aus dieser Ursache verdienen die Hinterlassenen dieser Einnehmer nicht die mindeste Rücksicht, sondern wir werden die Vorkehrung thun, daß das Recht gegen letztere für die Landschaftscasse lebhaft verfolgt, und von diesen Passivrecessen ohne längern Verzug gerettet werde, was zu retten ist, wobey wir auf Ew. ꝛc. und Dero Hochfürstl. Regierung löblichsten Justizeifer alle Hoffnung setzen.

k) Der diesseitige Vorschuß bey der Obersächsischen Kreiscompagnie für die oberen Lande.

In dem letztern Kriege hat die hiesige Landschaftscasse die Verpflegung der Obersächsischen Kreiscompagnie übernehmen müssen, woran ihr doch nur der wenigste Theil zugekommen ist., Da nun dieserhalben von den obern Landen noch keine gänzliche Berichtigung und Ersatz anhero geschehen; so bitten wir unterthänigst, daß dieserhalben die gnädigste Verfügung ergehen, und also der Rückstand herausgetrieben werden möchte, zu welchem Ende wir die Berechnung bey Hochfürstlicher Regierung demnächstens einreichen werden.

l) Die Uttendorfer Nachschußsteuer.

Da dieser Posten schon seit 1684 aussteher, und seitdem fast in allen Landtagsabschieden die Beytreibung desselben gnädigst versprochen worden; so werden Ew. rc. die endliche Berichtigung dessen zu unserer tiefsten Dankverehrung zu verordnen gnädigst geruhen.

m) Haben wir in unsern sehr mangelhaften Acten Spuren gefunden, daß von wegen Schleusingen annoch Steuern und andere von den hiesigen für die Schleusingischen Lande gemachte Auslagen zu der hiesigen Casse zu restituiren seyen.

Wie wir nun nicht zweifeln, daß bey Hochfürstl. Regierung oder Kammer mehrere Nachrichten und Acten hiervon vorhanden seyn werden; also wird es der

der Landschaft eine besondere Gnade seyn, wenn Ew. ꝛc. solche aufsuchen und anhero communiciren zu lassen gnädigst geruhen wollen, damit wir das weitere hierunter besorgen können.

n) Die sogenannten Assecurationscapitalien, welche an des Höchstsel. Herrn Herzogs Anton Ulrichs Hochfürstl. Durchl. von Anno 1729 bis 1742 mit 41923 Thlr. vorgeschossen worden, und wovon die Landschaftscasse bis hieher bereits 89209 Thlr. als Zinsen hat vorschießen müssen, ohne das Interesse von diesem großen jährlichen Zinsvorschuß zu rechnen.

o) Die weiteren Capitalien, welche Höchstgedachter Herr Herzog Anton Ulrich von Anno 1749 bis 1757 durch dahin assignirte Creditores aus der Landschaftscasse mit 47084 Thlr. entlehnt haben, und wovon die Casse bis hieher bereits mit 55317 Thlr. als Zinsen sich hat in Vorschuß setzen müssen.

Ew. ꝛc. werden gnädigst ermessen, wie sehr diese ungeheure Schuld von 233635 Thalern, wovon alle Jahr der Zins allein über 11000 Thlr. ausmacht, die armen Unterthanen zu Boden drücken müsse, als welche zu Bestreitung solches Zinses jährlich 4 bis 5 Steuern zu entrichten gezwungen sind. Wir wünschten dahero sehnlichst, daß Hochfürstl. Kammer diese liquideste Schuld wenigstens pro futuro selbst verzinsen könnte, oder daß wenigstens jährlich ein alter und neuer Zins, oder auch ein neuer allein nur von denen

seit

seit 1749 der Casse zugewiesenen Capitalien ad 47084 Thaler entrichtet werden möchte. Wenn aber dieses dermalen nicht möglich seyn sollte; so bitten Ew. x. wir flehentlichst, daß Höchstdieselbe den Unterlanden einen Theil dieser unausstehlichen Last abzunehmen und auf die Oberlande zu legen, gnädigst und mitleidigst geruhen möchten, indem die Oberlande ihrer gnädigsten Landesherrschaft gleiche Devotion schuldig sind, sonder Zweifel auch selbige auf vorgängige Verständniß der Sachen, mit einer gutwilligen Uebernahme nur etwan des 4ten oder 6ten Theils hiervon, werkthätig zu bezeigen nicht entstehen werden, anerwogen der Höchstsel. Herr Herzog aus der dortigen Casse, so viel wir wissen, niemalen nichts entlehnt haben, und die hiesigen Lande allein, so sehr wir es auch wünschten, ein so gar großes Opfer zu ertragen nicht vermögend sind.

p) Der Vorschuß zu dem Coburgischen Negotio.

Auch diesen Vorschuß, welcher den Oberlanden ganz wesentlich obgelegen hätte, haben die hierländischen armen Unterthanen, gegen die gnädigste Versicherung des baldigsten Ersatzes, williglich gethan, aber bishero weder einigen Zins davon, noch den Ersatz selbst erhalten, weswegen wir unterthänigst bitten, daß Ew. die Hochfürstl. Kammer zu einer Liquidation hierüber mit unserm Cassier, und sodann zu einer baldigen successiven Zahlung anzuweisen, oder die Oberlande zu vermögen gnädigst geruhen, daß sie

diesen

diesen Vorschuß, der zu ihrem alleinigen Besten gemacht worden, übernehmen, und den Ersatz mit oder auch ohne Interesse anhero leisten.

q) Die Possessionsergreifungskosten wegen Willmars, Schalkau, Altenstein und Oberellen, Themar und Römhild.

Diese sämmtlichen Kosten, welche aus der Landschaftscasse genommen und noch im Jahr 1738 von der Landschaft angelegentlichst zurückgefordert worden, haben die Landschaftsschulden vermehren helfen, und wäre dahero zu wünschen, daß der Ersatz auch hiervon endlich einmal von Hochfürstl. Kammer geschehen möchte.

r) Die von Hochfürstl. Kammer selbst mit 8600 Thalern aus der Landschaftscasse entlehnten Capitalien, welche bishero richtig verzinset worden.

Ew. etc. danken wir unterthänigst für solche fortgesetzte richtige Verzinsung, und hoffen submissest, daß ferner damit werde fortgefahren werden.

Dieses sind die Activa, welche die Landschaft zu fordern hat, so viel uns davon bey Durchgehung der Rechnungen und der Landtagsacten bekannt worden. Nichts würde die Abstoßung der Passivorum und zugleich die Befreyung der armen Unterthanen von den unerschwinglich vielen Steuerterminen eher bewirken können, als wenn ein großer Theil dieser Activorum in baldem flüssig gemacht und beygetrieben würde, welchemnach wir um Ew. und der Hochfürstlichen Regierung

gierung kräftigsten Beystand dazu nochmalen inständigst bitten.

Status passiuus.

II. Wie hoch sich unser status passiuus beläuft, ist bereits oben unterthänigst angezeigt worden. Zur Zeit des letztern im Jahre 1742 gehaltenen Landtags hat selbiger nur in 121741 Thalern bestanden, und sind demnach seitdem 244378 Thlr. an neuen Schulden hinzugekommen. Ob die Herren Deputirten und die Hochfürstl. Regierung befugt gewesen, das Land mit dergleichen ungeheuern Schulden ohne Vorwissen und Einwilligung der gesammten Landstände zu überladen, und ob das Land verbunden wäre, diese Schulden zu agnosciren und zu bezahlen, außer in so ferne eine wahrhafte versio in rem dabey dociret werden könnte, würde den Rechten nach leicht zu entscheiden seyn. Wir glauben aber, daß der allgemeine Credit hierunter vorzuziehen, und dieserhalben keine Bewegung zu veranlassen seyen, wenn Ew. ꝛc. kein anderes hierunter zu disponiren gnädigst geruhen wollen, zumalen da der Schaden davon meistens inländische Creditores betreffen würde. Hingegen finden wir die größte Ursache, die Forderungen dererjenigen, welche auf unrechtmäßige Weise zu ihren Capitalbriefen vel in totum vel in tantum gelanget sind, zu verwerfen, und zugleich das Augenmerk dahin zu richten, daß durch eine Zinsreduction, und zwar vor der Zeit an auf das Reichsconstitutionsmäßige Interesse zu fünf

Pro-

Procent, die große Zinslast für das Land vermindert werden möge.

In jener Betrachtung haben wir beschlossen, die Capitalsforderung ad 35000 Thlr. derer Jud Mandelischen Relicten zu Schmalkalden so lange nicht zu agnosciren, bis von denenselbigen eine Liquidation ihrer Lieferungsforderungen mit uns gepflogen seyn wird, nach welcher wir hoffen, daß nicht nur dieses ganze Capital wegfallen, sondern auch der Landschaftscasse noch ein Beträchtliches von diesen Juden heraus gebühren würde, maaßen sie eines Theils 36000 Fourageratione mit nichtswürdigen Quittungen aufgerechnet, und mit 20000 Thlrn. bezahlt erhalten haben, welche sie nebst einem 13jährigen Interesse zurück zu geben schuldig sind, andern Theils ihre Capitalbriefe mit größter Verletzung des Landes auf jetziges gutes Geld gesetzet worden, da doch ihnen nach ihrem Accord nur schlechtes Geld, wie es zur Zeit der geschehenen Lieferung coursiret hat, zu bezahlen gewesen, welcher Unterschied um so mehr beträgt, als ihnen ihre vermeyntliche Schuld bishero mit gutem Gelde verzinset worden, und also das Surplus der Gelddifferenz jedes Jahr an dem Capital selbst abgezogen werden muß.

Außerdem befinden sich unter dem Passivstatu noch 85215 Thaler, welche in gedachtem schlechten Gelde erborgt und bishero mit gutem Gelde verzinset worden. Nachdem aber an sich Rechtens ist, daß ein Capital

pital nach dem Werth der Sorten, wie es hergeschossen worden, zurück bezahlt und verzinset werden solle, wie noch neuerlich der Hochlöbl. Fränkische Kreisconvent bey der im Jahr 1765 vorgenommenen Reduction des Geldes auf den 20 fl. Fuß verordnet, und die benachbarten hohen Reichsstände, besonders Hessencassel, in Rücksicht auf jenes schlechte Geld durch gedruckte Edicte verfügt haben; so müssen wir zwar bey denen Creditoribus, wo das ius retorsionis nicht anschlägt, die geschehene Zinszahlung in gutem Gelde für das vergangene passiren lassen, *finden aber das* Land keineswegs schuldig, auch für das Künftige in Ansehung der Capitalien und des Interesse eine solche Ungebühr zu ertragen.

Ew. ꝛc. danken wir demnach unterthänigst für die beschehene Niedersetzung einer zur Liquidation mit bemeldten Jud Mandelischen Relicten angeordneten Hochansehnlichen Commission, und bitten überdas submissest, durch eine Landesherrschaftliche Generalverordnung festzustellen:

1) daß alle Capitalien, welche in schlechtem Gelde geschossen worden, von nun an nicht anders, als nach eben dem Geldvaleur verzinset und heimgezahlt werden sollen.

2) Daß keine Capitalien, welche auf gerichtliche Obligationes, oder zu öffentlichen Cassen, dergleichen die Landschaftscasse ist, hergelehnt worden, höher, als mit dem Reichsconstitutionsmäßigen

Interesse

Interesse zu 5 Procent, vom 1. Januar dieses Jahres an, zu verzinsen seyen;

von welchen beyden an sich gerechten und höchstlöblichen Verordnungen die Landschaft eine sehr merkliche Erleichterung von gar vielen tausend Thalern in ihren Zins- und Capitalzahlungen erhalten wird.

Künftige Verbesserungen.

Dieweilen jedoch dieses alles noch nicht hinreichend seyn wird, der Gelderforderniß bey der Landschaftscasse abzuhelfen, und wir bey Durchgehung der Rechnungen befunden haben, daß seit dem letztern Landtag, außer dem obgedachten Schuldenmachen, eine sehr verderbliche Wirthschaft sowohl bey der Einnahme als Ausgabe getrieben worden, hingegen es dem Lande unerschwinglich fallen würde, noch mehrere Steuertermine zur dermaligen Cassennothdurft auszuschreiben, so halten wir unterthänigst davor, daß bey der Einnahme folgende Verbesserungen und neue Auflagen unter Ew. ꝛc. höchsten Genehmigung zu machen wären.

a) Bey der Einnahme.

1) Haben wir gefunden, daß bey dem Accis auf das Fleisch und Getränk ein solcher Unterschleif und Mißbräuche getrieben werden, daß diese Einnahmerubrik gegen die vorigen Zeiten fast um die Hälfte herunter gefallen ist, und zu Bezahlung des sogenannten Regierungsfisci, welcher daraus bestritten werden

soll, bey weitem nicht hinreicht. Wie nun hierdurch die übrigen Unterthanen sehr prägraviret werden, indem der Abgang entweder in neue Steuertermine verwandelt, oder durch Ausborgung neuer Capitalien ersetzt werden muß; so leben wir zu Ew. ꝛc. der unterthänigsten Hoffnung, daß Höchstdieselbe der Hochfürstl. Kammer, deren Interesse hierunter bey dem Ohngeld gleichen Schaden leidet, zu befehlen gnädigst geruhen werden, mit unsern Herren Cassendeputirten sich zu berathschlagen, und festzusetzen, was für eine verbesserte Accisordnung, insonderheit mit Abstellung der vielen Freygebräude und freyen Tischtrünke, auch deren Verkaufung wegen, zu verabfassen und künftig mit gehöriger Schärfe zu vollstrecken wäre.

Indessen aber bitten wir unterthänigst, folgende von uns verabfaßte Schlüsse gnädigst zu genehmigen:

a) Daß alle Accisverpachtungen für Fleisch und Getränke von nun an gänzlich aufgehoben seyn sollen, und daß der jeweilige Hofmetzger sein einführendes Vieh eben so wie andere Metzger zu veraccisen, dagegen aber für so viel Fleisch das Accisgeld aus der Landschaftscasse zurück zu empfangen habe, als er für Herrschaftliche Rechnung nach Hof geliefert zu haben, durch ein Attestat des Küchenmeisters und Hrn. Hofmarschalls sich legitimiren wird, wobey ihm 400 Pfund Ochsenfleisch oder 300 Pfund dürres Rindfleisch für einen Ochsen, und 75 Pfund dürres

dürres Schweinefleisch für ein Mastschwein passiren sollen.

b) Daß das Fleisch von den Metzgern in nachfolgender Taxe zu veraccisen seye:

Von 1 Ochsen	1 Thlr.	—
von 1 Kuh oder Stier	—	16 Gr.
von 1 jährigen Rind	—	8 Gr.
von 1 Mastschwein ad 100 und mehr Pfund	—	8 Gr.
von 1 Riemenschwein von 65 bis 100 Pfund	—	4 Gr.
von 1 Schwein unter 65 Pfund	—	3 Gr.
von 1 Kalb	—	3 Gr.
von 1 Hämmel	—	3 Gr.
von 1 Schaaf	—	2 Gr. 8 Pf.
von 1 Lamm	—	1 Gr. —
von 1 Bock oder Geiß	—	3 Gr. —
von 1 kleinen Ziege	—	— 8 Pf.

c) Daß von allem Vieh, so ins Haus geschlachtet wird, ein gleicher Accis von jedermänniglich im Lande, er mag befreyet oder unbefreyet seyn, folglich auch von allen Herrschaftlichen Pachtern, besonders in dem hiesigen Gartenwirthshaus, in dem Grimmenthal und in dem Klosterkammergut zu Wasungen, sodann von allen Adelichen, ihren Pachtern, Wirthen und andern befreyten Einwohnern ihrer Güther, wie von den Fürstl. Dienern, ohne

Unterschied a dato 6 Jahr lang ohnweigerlich entrichtet werden solle, jedoch mit dem Vorbehalt, daß 1) diese Verwilligung Ihnen allerseits an ihrer sonsten wohlhergebrachten Befreyung auf künftige Zeiten und Fälle ohnnachtheilig sey, 2) daß diese Accisabgabe der Befreyten und Unbefreyten, nach Ablauf der 6 Jahre, von selbsten und ohne weitere Aufkündigung aufhöre; 3) daß, wenn immittelst so vieles aus dem statu activo zum Schuldenabzahlen beygetrieben würde, daß die Casse jährlich 6000 Thlr. weniger an Zinsen zu bezahlen hätte, alsdann dieser Accis vom Hausschlachten um so viel früher, als die 6 Jahre verflossen sind, aufgehoben werden solle; 4) daß von ausgemerzten Schaafen, welche ein Ritterguthsbesitzer oder dessen Pachter in sein Haus schlachtet, nur 1 Gr. für das Stück an Accis zu entrichten seye.

d) Daß der Accis auf das fremde Bier von 8 Batzen auf 12 Batzen per Eymer zu erhöhen sey.

e) Daß vom fremden Brandtewein ein Drittel mehr als von dem einheimischen an Accis erhoben werden solle.

f) Daß, weil bey dem Wein durch einen Mißbrauch die Freylassung eines vierten Theils zum Tischtrunk bey denen Wirthen eingeschlichen, solcher Mißbrauch abzustellen, und es hierunter lediglich bey der herrschaftlichen Accisordnung vom Jahre 1690 zu belassen seye, vermöge deren von jedem Eymer

Wein

Wein durchgängig die Weinhändler und Wirthe 12 Groschen, alle andere Bürger und Unterthanen, welche weder mit Wein im Großen handeln, noch selbigen verzapfen, sondern ihn zu ihrem Tischtrunk gebrauchen, vom Eymer 6 Gr. an Accis zu entrichten haben.

g) Daß der Accis jedesmal, ehe der Wein abgeladen wird und in den Keller kömmt, baar bezahlt, und zu dem Ende die Einfuhr dem Einnehmer von dem Examinatore unterm Thor alsbald angezeigt werden solle.

h) Daß, wenn ein Exemtus einen Wein, der einmal veracciset worden, Faß- oder Maaßweiß kauft, ihm für den Accis nichts vergütet werden, noch dem Weinhändler oder Wirth gestattet seyn solle, dieserhalb eine Abschreibung auf das Attestat eines solchen Befreyten an die Landschaftscasse zu verlangen.

i) Daß, wenn ein Exemtus mit Wein handelt, es möge in Faß oder Maaßen und Bouteillen seyn, er den Accis davon gleichfalls, ehe noch der Wein in den Keller kommt, bezahlen, und für seinen eigenen Tischtrunk etwas davon abzuziehen nicht befugt seyn solle.

k) Daß alle französische, spanische, ungarische und andere außerhalb Teutschland gewachsene Weine dem Acciserlag unterworfen seyn sollen, der damit Handelnde möge exemt seyn oder nicht, und zwar von jeder Bouteille mit 1 Xr. Rhnl.

l) Daß gleich nach erfolgter herrschaftlicher gnädigster Genehmigung eine Visitation derer Keller und Magazine bey denenjenigen herrschaftlichen Dienern und Bürgern, so mit Wein handeln, vorgenommen, die Weine in den Fassen genau visiret und in den Bouteillen abgezählt, und der Accis von beyden, in so weit er nicht schon erweislich, entrichtet wäre, binnen 8 Tagen bezahlt, auch mit einer Specification der Visitatorum in Einnahme gebracht werden solle.

m) Daß, wenn ein Exemtus oder *bürgerlicher* Weinhändler Wein nach Hofe liefert, er den Accis dennoch für voll noch vor der Einkellerung zu bezahlen, hernach aber von der Landschaftscasse so viel an Accisgeld zurück zu bekommen habe, als er für Rechnung gnädigster Herrschaft nach Hof verkauft zu haben, sich durch ein Attestat des Kellerschreibers unter Contrasignatur des Hrn. Hofmarschalls legitimiren wird.

n) Daß, weil bishero zum merklichen Nachtheil der Landschaftscasse der Herr Hofsecretarius Lindenau, Hofsecr. de la Port, Hofagent Herrmann und Kammeraccessist Rommel, starken Weinhandel getrieben, selbige den Betrag der Eymer und die Bouteillenzahl für die ganze Zeit ihrer Handelschaft eidlich manifestiren, und den Accis davon nach dem vorstehenden Fuß annoch nachbezahlen sollen.

o) Daß

o) Daß auch die Juden, welche Wein hieher zur Niederlage bringen, den Accis davon, und zwar durchaus doppelt, vor der Abladung zu entrichten haben, und daß jetzo ihr niedergelegter Vorrath zu besichtigen, zu visiren und der Accis davon zu erheben seye.

2) Haben wir vernommen, daß von Hochfürstl. Kammer verschiedentlich in dem Landschaftl. Brandtewein-Accis Eingriffe geschehen seyn sollen, welche, im Fall die Sache gegründet wäre, Ew. rc. gerechtest abzustellen, von Selbsten geruhen werden.

3) Ist aus denen Steuercatastris zu ersehen, daß vormals die Waldungen der Gemeinden und Privatleute in einem sehr geringen Tax zur Steuer angesetzt worden, welches auch nicht anders hat geschehen können, da das Holz zu selbiger Zeit in großem Unwerth gewesen. Nachdem aber das Brenn- und Bauholz seitdem wohl zehnfach im Preiß gestiegen, so würde es dem rechtlichen Grundsatz: die Bürden des Landes mit gleichen Schultern zu tragen, sehr gemäß seyn, und zu ziemlicher Erleichterung der Casse gereichen, wenn Ew. rc. gnädigst zu verwilligen geruhen wollten, daß diese Waldungen einstweilen nur vierfach in dem Steueransatz erhöhet würden, bis bey bessern Zeiten eine durchgängige Steuerrevision und Peräquation vorgenommen werden könnte.

4) Hat es fast gleiche Bewandniß mit den Gemeindehuthen und andern Gemeindegütern in den

Städten und Dorfschaften, welche um so mehr unter Ew. rc. höchsten Genehmigung in ihrer Steuer auf einen dreyfachen Anschlag erhöhet werden könnten, als gemeiniglich in den Dorfschaften der Ertrag von den Gemeindegüthern nicht zum Besten angewendet wird, und dasjenige, was die Gemeinden hierdurch zur allgemeinen Last des Landes weiter beytragen, den einzelnen contribuablen Unterthanen in dem allgemeinen Steueranschlag hinwiederum zu Gutem komme.

5) Ist zwar dermalen das Elend im Lande zu groß, als daß an eine neue, mit sehr *vielen Kosten* verbundene, Catastration gedacht *werden könnte*; da wir aber gleichwohl aus den Verhandlungen über das Rechnungswesen des Steuereinnehmer Richters zu Salzungen und aus den dabey vorgekommenen Commissionsberichten ersehen haben, daß das dasige Steuerwesen vorzüglich vor andern in großer Confusion liege, und eine Revision desselben unvermeidlich sey; so bitten wir unterthänigst, daß Ew. rc. die gnädigste Verfügung und Erlaubniß hierzu mit möglichster Ersparniß der Kosten zu ertheilen, gnädigst geruhen wollen.

6) Befindet sich in den Landschaftsrechnungen eine Rubrik von Steuern aus dem Speſſartischen Guthe zu Schwalbungen, ohne daß davon etwas entrichtet werde, dahero wir den Grund dieser Steuern, und zu welcher Zeit solche ungiebig worden seyen, ausfündig zu machen, unserer Steuer- und Cassendeputation

auf-

auftragen, sodann das Weitere an Höchstdieselbe unterthänigst bringen werden, damit die Casse wieder zu dieser Einnahme gelange.

7) Müssen die christlichen Einwohner hiesiger Lande, welche nicht von dem Ackerbau leben, eine besondere Nahrungssteuer tragen; da nun die in hiesige Lande handelnden Juden großentheils ihre Nahrung daraus ziehen, und in vielen Stücken selbst den Christen in ihrer Nahrung Eintrag thun; so halten wir für billig, auch die Juden, außer ihrem Leibzoll, mit einer proportionirten Nahrungssteuer zum Besten der Landschaftscasse zu belegen, und wäre dabey wohl zu wünschen, daß den Juden der schuldige tägliche Leibzoll nicht mehr von Kammer wegen verpachtet, sondern von ihnen in natura erhoben würde, um sie so viel möglich von dem Lande und von der Aussaugung der Unterthanen abzuhalten, maaßen es sonsten dem Lande vorträglicher seyn dürfte, wenn Schutzjuden darinnen wohnten, und in einer guten Polizeyaufsicht gehalten würden, welches alles wir jedoch Ew. ꝛc. erleuchtetsten Einsichten und gnädigstem Wohlgefallen submissest anheim stellen.

8) Ist bereits in dem 12ten Gravamine vom Jahre 1738 unterthänigst vorgestellet worden, daß die sogenannten Weimarischen Dorfschaften im Amte Sand um viel Jahre her zu den Landschaftlichen Bürden, Donativen, aufgenommenen Capitalien, Salarirung der Collegiorum und andern Bewilligungen, Besoldung

der Civil- und Militairbedienten, Kammergerichtszielern, Reichs- und Kreisprästationen, Postgeldern und andern vielen zur gemeinsamen Landesverfassung erforderlichen Kosten, nicht das Geringste beygetragen, da doch dieselben gleiche Justiz und Landesschutz mit den übrigen Unterthanen geniessen, und folglich dergleichen Lasten mit gemeinen Schultern zu tragen schuldig seyen. Ja es habe Hochfürstl. Kammer sogar die nun einige Jahre her (nämlich vor dem Jahre 1738) zu Unterhaltung der Landhußaren ausgeschriebenen Steuern, ingleichen den zur Landschaftscasse gehörigen Trank- und Fleischaccis eingefangen, und ohngeachtet der Verordnung, so von Fürstl. Regierung an den damaligen Rechnungsexaminatorem Axt, als Einnehmern solcher Steuern, erlassen worden, dennoch vor sich behalten, welchemnach die Billigkeit erheische, daß bemeldte Dorfschaften nicht allein zu obigen Abgaben in Zukunft beytragen, sondern auch pro praeterito der Casse ein proportionirlicher Beytrag geschehen müsse.

Nun sind wir zwar von der eigentlichen Beschaffenheit dieser Dorfschaften nicht hinlänglich belehret, bitten aber unterthänigst, daß unserm Syndico die darüber vorhandenen Acta gnädigst communiciret werden möchten, um auf den Grund zu kommen, ob diese Dorfschaften mit Recht oder Unrecht von den allgemeinen Landescontributionen eximirt, und ob sie dazu in totum vel in tantum verbunden seyen.

Ew.

Ew. ꝛc. preißwürdigste Gerechtigkeitsliebe wird nicht zugeben, daß ein Unterthan vor dem andern leide, noch daß die Hochfürstl. Kammer dasjenige zum herrschaftlichen Profit einziehe, was zu Uebertragung der gemeinen Lasten des Landes gewidmet ist; dahero wir keine Fehlbitte hierunter zu thun unterthänigst hoffen, und eventualiter der Landschaft ihre Befugnisse respectuösest verwahren.

9) Haben wir aus den Rechnungen ersehen, daß nicht nur seit vielen Jahren aus der hiesigen Kriegscasse, deren jährliche Ueberschußgelder zur Landschaftscasse gewidmet sind, nicht nur keine Ueberschußgelder dahin abgeliefert, sondern daß auch seit den letztern 5 Jahren das Brodgeld für die Soldaten des Landbataillons von der Kriegscasse auf die Landschaftscasse übergeschoben und mit 1882 Thlr. aus letzterer vorgeschossen worden. Es ist also mit der Kriegscasse dahin gekommen, daß ihre Ausgabe die Einnahme merklich übersteigt, woran lediglich die schlechte Wirthschaft bey derselben Ursache ist, wie aus den Kriegscasserechnungen jährlich zu ersehen, wovon wir nur zwey Proben anführen, daß für den Einkauf der kleinen Montur auf 25 Mann, die etwan 100 Thlr. kosten kann, 14 und mehr Thaler Diäten angerechnet werden, und daß, wenn die Kriegscommission gnädigster Herrschaft ihre persönliche Devotion mit einem Carmine machen wolle, sie solches nicht aus ihrem Beutel thue, wie sich doch offenbar gebührte, sondern die gut-

gutwillige Kriegscasse oder vielmehr das arme Land den Beutel dazu mit 10 und mehr fl. Frkl. hergeben und den Poeten, Buchdrucker und Buchbinder reichlichst zahlen müsse. Der Schaden hievon fällt bey der Einnahme und Ausgabe ganz allein auf die Landschaft, und es ist an sich eine ganz unnützliche Sache, über etliche wenige Einnahme- und Ausgaberubriken eine abgesonderte Rechnung zu halten, welche wesentlich quoad commodum et incommodum zur Landschaftscasse gehören, und deren Rechnung ohne besondere Kosten füglich einverleibt *werden können.* Solchemnach bitten Ew. ꝛc. wir unterthänigst, daß Höchstdieselbe die zum beträchtlichen Landschaftlichen Schaden gereichende besondere Kriegscasse aufzuheben, und deren Einnahme und Ausgabe zu der Landschaftscasse zu schlagen mildest geruhen wollen, wodurch die Einnahme der letztern bey einer bessern Aufsicht und Wirthschaft zuversichtlich verbessert werden wird.

10) Ob wir gleich bey denen durch die *vielen* Abgaben so tief heruntergekommenen Vermögensumständen der Unterthanen, da fast keine Executiones nichts mehr fruchten und selbst die aufgesteckten Grundstücke keine Käufer mehr finden wollen, großes Bedenken tragen müssen, die bisherigen Steuertermine noch weiter vermehren zu lassen, oder andere Abgaben, die besonders die Aermsten im Lande mit drücken, in Vorschlag zu bringen; so bemüßiget uns dennoch die Größe der Cassenerfordernisse, noch auf ein Mittel zu denken,

die

die Einnahme derselben noch weiter zu vermehren. Zu solchem Ende ist die Wiedereinführung des gestempelten Papiers, mit Erstreckung des Stempels auf die Spielkarten und Calender, in Antrag kommen, weil hierdurch viele Auswärtige, bey welchen ohnehin die diesseitigen Unterthanen sich meistens des Stempelpapiers bedienen müssen, in die Mitleidenheit gezogen, und die ärmsten Unterthanen, wenn sie keinen pruritum litigandi haben, am wenigsten damit beladen würden. Wir haben diese Auskunft einmüthiglich für erspriesslich gehalten, und gelanget demnach an Ew. rc. unsere unterthänigste Bitte, hierzu Dero gnädigste Einwilligung zu ertheilen, worauf wir bey Hochfürstl. Regierung ein ohnmasgebliches Project einer Stempelordnung geziemend einreichen werden.

Dieses sind die dermaligen Hülfsmittel, wodurch wir die Einnahme der Landschaftscasse in bessere Aufnahme zu bringen für dienlich erachten.

b) Bey der Ausgabe.

Es sind aber auch von uns bey der Ausgabe in den Landschaftsrechnungen viele schädliche und zum Theil unerträgliche Unordnungen, Verschwendungen, Neuerungen und wohlentbehrliche Ausgabeposten befunden worden, welche uns nach unserer Obliegenheit veranlaßt haben, folgende Verbesserungen dabey unter submissest anhoffender höchster Landesherrschaftlicher Genehmigung einmüthig zu beschließen.

1) Wäh-

1) Währet der große Unfug der Landschaftlichen Einnehmer, worüber von unsern Vorfahren schon so oft, und besonders in dem 16. Gravamine vom Jahre 1738 mit vielen eindringenden Gründen geklagt worden, noch immer fort, daß dieselben ihre Einnahmegebühren von allen angesetzten Steuern nach dem vollkommenen Betrag des Steuerstocks indistincte abziehen, und als einen herkömmlichen Theil ihrer Besoldung zurück behalten, da doch solches Herkommen ursprünglich ein sichtbares nefas gewesen und noch ist, dem jederzeit von Landschaftswegen widersprochen worden, und dessen Ersatz jedem Einnehmer, so weit er die Steuern nicht wirklich erhoben, von Rechtswegen obliegt, welchemnach wir unterthänigst bitten, daß Ew. rc. diesen Unfug nicht nur für das Künftige ernstlich abzustellen, sondern auch für das Vergangene die Mittel- und Untereinnehmer (maaßen der Obereinnehmer hieran keinen Antheil hat) entweder zum Ersatz der für die ausstehenden Reste bereits erhobenen Einnahmegebühren, oder aber zur Bezahlung derer Commissariorum, welche oberwähntermaaßen nur erst jener saumseligen Einnehmer Schuldigkeit thun, und zu Liquidation und Beytreibung der alten Reste ausgeschickt werden sollen, gerechtest anzuhalten geruhen wollen, indem sonst die Casse einerley Sache doppelt bezahlen müßte, und die Einnehmer nur angereizt werden würden, künftig noch mehrere Steuerreste zu machen, von den Debenten sich durch Escompte

und

und sonsten zur Nachsicht bewegen zu lassen, inzwischen ihre Einnahmegebühr dennoch für voll einzufangen, hernach die Mühe für ihre zum Voraus empfangene Zahlung auf den Commissarium abzuwälzen, und die Landschaftscasse dafür sorgen zu lassen, wie sie zu ihren Resten gelangen könne und wolle, wo immittelst darüber mancher Debent gestorben und verdorben ist, und dessen Weib und Kinder durch die erkaufte Nachsicht ruiniret worden.

2) Ist dem Gravamini 18. vom Jahr 1738, daß die Mitteleinnahmen, besonders zu Maßfeld und Frauenbreitungen, abgestellt werden möchten, noch immer nicht abgeholfen, woraus die Landschaftscasse die schädlichen Folgen hat, daß sie doppelte Einnahmegebühren von einerley Geld geben muß.

Ohnmöglich kann diese doppelte Abgabe ursprünglich mit Recht eingeführt und zu einem parte salarii der herrschaftlichen Beamten, wie jetzt vorgegeben werden will, gemacht worden seyn, sondern es ist dieses ein ungebührliches Amtsemolument, dessen sich zuerst ein habsüchtiger Beamter angemaßt, und es hernach als ein vermeyntliches Recht auf seine Nachfolger gebracht hat. Ew. ꝛc. werden aber gerechtest nicht zugeben, daß dergleichen widersinnige Emolumenta auf Kosten Höchstdero armen Unterthanen länger beybehalten werden, sondern die gerechteste Verfügung thun, daß von den Untereinnehmern die Steuern aus diesen Aemtern, wie aus den übrigen, und wie seit dem obangeführten Gravamine in dem Amte Meiningen rühmlichst geschehen, ohnmittelbar zur Landschaftscasse eingeliefert werden sollen.

3) Sind in neuern Zeiten die Diäten in allen Fällen, wo selbige die Landschaftscasse betreffen, sehr hoch angestiegen, und wären selbige billig durchgängig auf die Hälfte oder wenigstens auf einen Drittheil herunter zu setzen, bis die Casse dereinstens Schulden frey seyn wird, welches sich auch unsere Herren Deputati gefallen lassen, und sich mit 3 fl. Rhnl. bey den Adelichen, und 2 fl. Rhnl. bey den Städtischen aus patriotischer Gesinnung und um ein gutes Exempel zu geben, begnügen wollen, jedoch daß denjenigen unter Ihnen, welche weiter als vier Stunden von hier wohnen, ein Tag für die Her- und ein Tag für die Rückreise an Diäten passiret werde, welches wir ganz billig befunden.

4) Haben die Schreibematerialien sowohl bey der Landschafts- als Kriegscasse bishero vieles Geld weggenommen, über welche daher mit jedem Rechner und Einnehmer, wie auch mit unserm Syndico, ein leidlicher Accord getroffen, und was bey der Steuercassedeputation, bey Deputations- und Landtagen und bey besondern Commissionen an Schreibematerialien aufgehet, genau berechnet werden solle.

5) Sind bey beyden Cassen eine Zeit her viele Gelder für Zeitungen in Ausgabe gekommen, und werden in der Kriegscasse noch jetzo jährlich 25 fl. Rhnl.

für

für die Zeitungsgelder verrechnet, welche unnöthige Ausgabe von den Herren Zeitungslesern billig wieder beyzutreiben, wenigstens aber für das Künftige abzustellen ist.

6) Werden Ew. rc. nach Höchstdero landesmütterlichem Herzen für die armen Unterthanen in höchsten Gnaden nicht mißbilligen, daß folgende theils neue, theils alte, aber ganz unnütze Besoldungen und resp. Diäten eingezogen werden:

a) Bekommt der Hr. Obriste alle Jahr 72 Thlr. für Diäten bey der Musterung des Landbataillons, welche um so mehr gänzlich wegfallen können, als derselbe ohnehin einen reichlichen Gehalt hat, und bey der Musterung schwerlich etwas verzehrt, allenfalls aber die Zehrung in diesem seinem Amtsgeschäfte, welches keine besondere Commission ist, von Rechtswegen selbst zu bezahlen hat.

b) Sind dem Hrn. Lieutenant Thilo jährlich 12 Thlr. neuerlich zugelegt worden, welche also nicht als ein Recht gefordert werden können, und fürs Künftige nicht mehr auszuzahlen seyn werden.

c) Genießet der Hr. Obristlieutenant von Bose aus der Kriegscasse jährlich 58 Thaler, deren Ursprung zwar noch nicht ausfindig gemacht werden können, wovon aber der Herr Obristlieutenant, aus Liebe für das gemeine Beste und zur Nacheiferung anderer, die sich in gleichem Falle befinden, gutwillig pro futuro abgestanden ist.

d) Ziehet der Zeugwart 48 Thlr. Besoldung aus der Landschaftscasse und 40 Thlr. Besoldung aus der Kriegscasse. Da er aber keine solche Beschäftigung hat, welche einer Besoldung von 88 Thalern gleich wäre, und wir dermalen ersparen müssen, wo es sich nur irgends thun lässet, so hätte sich der Zeugwart, den wir im übrigen für einen würdigen Mann halten, so lange mit 48 Thalern aus der Landschaftscasse zu begnügen, und die 40 Thaler aus der Kriegscasse schwinden zu lassen, bis die Landschaftscasse sich einigermaaßen erhohlt und die Hälfte ihrer Schulden getilgt haben wird.

e) Hat der Zollbereiter bishero 16 Thlr. 16 Gr. zur Besoldung aus der Landschaftscasse erhoben; weil aber derselbe mit Landschaftlichen Angelegenheiten im geringsten nicht beschäftiget ist, so müssen wir diese Besoldung unter die notorischen Mißbräuche rechnen, und deren fernere Abgabe unterthänigst verbitten.

f) Werden dem Hofbuchdrucker jährlich 10 Thlr. Besoldung bezahlt, welcher doch der Landschaft nicht nur nichts umsonst drucket, sondern auch noch dazu bishero seine dahin gehörige Druckereyen wenigstens noch einmal so theuer bezahlt bekommen hat, als jeder andere Buchdrucker dafür gefordert haben würde; welchemnach diese ganz unnütze Besoldung fürs Künftige außer allem Zweifel zu streichen seyn wird.

g) Zi-

g) Zeigen die Landschaftsgravamina seit 50 und mehr Jahren, daß um die gnädigste Abstellung der nach und nach auf 100 Thlr. ohne Landschaftseinwilligung angestiegenen Hof- und Landgärtnersbesoldung unterthänigst gebeten worden. Daß die Bemühung des Hofgärtners bey aller seiner bekannten Geschicklichkeit bishero in den meisten, wo nicht allen Aemtern mit dem Obstbäumpflanzen ganz unnützlich gewesen, zeiget der Augenschein, und es ist gewiß, daß, wenn den Beamten und Gerichtshaltern ernstlich befohlen wird, die Unterthanen in der Maaße, wie solches die landesfürstliche Verordnung vom Jahr 1713 vorschreibet, mit Nachdruck anzuhalten, solches eine weit bessere Wirkung, als die fruchtlosen Vermahnungen des Hofgärtners thun werde, in welcher Betrachtung von uns auf der Ritterbank per maiora und auf der Städtebank per vnanimia beschlossen worden, Ew. ꝛc. wie hiermit geschiehet, um die gnädigste Verschonung des Landes mit dieser vergeblichen Besoldungsausgabe unterthänigst zu bitten, dahingegen der Hofgärtner, wenn er will, die Aemter jährlich besichtigen, und dafür die in obbelobter Verordnung ausgeworfenen Gebühren mit 1 Thlr. von jeder Stadt und ½ Thlr. von jedem Dorf geniessen könnte.

h) Sind dem Consistorialsecretario ohne Landschaftseinwilligung 62 Thaler Besoldung aus der Land-

 schaftscasse

schaftscasse verschafft worden, welches als eine der Verfassung des Landes zuwider seyende Sache Ew. ꝛc. zuversichtlich nicht approbiren werden, zumalen der Regierungsfiscus hierzu gewidmet ist. Dieweilen aber der jetzige Consistorialsecretarius bereits in einem hohen Alter stehet, so wollen wir demselben zwar diese Besoldung nicht entziehen, jedoch müßte selbige nach seinem Abgange wegfallen.

7) Ist die Landschaftscasse mit Reparaturkosten von ein paar Häusern beladen, die ihr nichts eintragen, weswegen diese Häuser, nämlich ihre Hälfte an der sogenannten Stadtwaage, und ihr Antheil des Glockenhauses auf dem Wall an den Meistbiethenden zu verkaufen, und wenn letzteres keinen Käufer findet, solches niederzulegen und die Materialia zu verkaufen wären.

8) Haben wir befunden, daß den Contingentssoldaten, gegen den klaren Inhalt der Fränkischen Kreis-Friedens-Ordonnanz vom Jahre 1763, die kleine Montur aus der Landschaftscasse angeschafft werde, welche sie doch selbst zu bezahlen, und zu deren Behuf monatlich 1 fl. von ihrem Solde zurück zu lassen haben. Wie nun schwerlich ein Stand im Fränkischen Kreis seinen Contingentssoldaten ein Mehreres, als jene Ordonnanz besaget, abgeben wird, und die hiesige Casse

erlauben, daß das hiesige Contingent, nebst dessen Verstärkung, oder die sogenannten Stadtsoldaten, lediglich nach der Friedensordonnanz gehalten werde.

9) Ist in dieser Ordonnanz versehen, daß in Friedenszeiten kein Feldscheerer bey der Compagnie anzustellen sey, wie auch allhier in vorigen Zeiten befolgt worden. Dessen ohngeachtet hat seit sehr vielen Jahren der Stadt- und Landchirurgus Bühner, zur großen Prägravation des Landes, den Feldscheerersold genossen, jedoch auf unser Zureden bey gegenwärtigem Landtage sich gutwillig erboten, für das Künftige mit 3 Thlr. 16 Gr. monatlich und dem halben Beckengelde sich zu begnügen, dagegen aber die Brodportion und die Montirung schwinden zu lassen, welches Erbieten auch von uns, noch ehe wir die Friedensordonnanz zu Gesicht zu bekommen vermocht, als eine Erleichterung der Casse gerne angenommen worden. Nachdem aber ein paar Tage hernach die Friedensordonnanz endlich von Hochfürstl. Regierung anhero communiciret worden, und wir daraus ersehen, daß wir gar keinen Feldscheerer zu halten schuldig seyn; so wurde die Sache in nochmalige Umfrage gestellet, ob nämlich [illegible] ganz einzuziehen, oder dem Büh[illegible] vor getroffene Ver-

halten hat, daß solcher Vergleich zum Präjudiz der Unterthanen nichts gelte, und auch den Rechten nach, tabulis quasi non inspectis, ohnverbindlich sey, das Präjudiz der Unterthanen hingegen desto beträchtlicher werde, weil man den Feldscheerer gegen die Vorschrift der Friedensordonnanz, nicht in die Concurrenzrechnung bringen könne, sondern ohne Beytrag der Compagnie-Concurrenzstände ganz allein für die hiesige wenige Kreismannschaft unterhalten müsse, welches gegen die armen Unterthanen nicht zu verantworten sey, vornemlich zu einer Zeit, wo der erbärmliche verschuldete Cassenzustand die Landschaft nöthige, alles zusammen zu suchen, um eine Ersparniß in der Ausgabe zu machen; dahingegen die andere Hälfte der Stimmen auf der Ritterbank dafür gehalten hat, daß die Ehre des gegebenen Landschaftlichen Worts erfordere, dem Bühner den einmal getroffenen Vergleich zu halten, und daß man den Vergleich nicht eher hätte treffen sollen, bis die Friedensordonnanz bey Hochfürstl. Regierung ausfindig gemacht und anhero communiciret worden; wobey diese Stimmen geblieben sind, obgleich von dem andern Theil entgegen gesetzt worden, wasmaaßen nicht zu vermuthen gewesen, daß der Feldscheerer nach der Friedensordonnanz wegfalle, weil die Hochfürstliche Regierung ihn beybehalten habe, welche doch auch für die Unterthanen sorgen müsse, eine Verbindlichkeit aber, die aus einem solchen unüberwindlichen errore facti herrühre, an

sich

sich verbindlich zu seyn aufhöre, sobald der Irrthum entdeckt werde.

Bey diesen Umständen stellen wir zu Ew. ꝛc. gnädigstem Wohlgefallen unterthänigst anheim, gedachten Bühner als Feldscheerer auf obbemeldte Weise beyzubehalten, oder der Friedensordonnanz gemäß zu mehrerer Erleichterung der Casse in Gnaden zu dimittiren, ihm aber seine völlige Besoldung als Stadt- und Landchirurgo und das ganze Beckengeld zu belassen.

10) Fällt es den hiesigen Unterlanden sehr zur Last, daß sie die sogenannten Stadtsoldaten, oder vielmehr die für unsere gnädigste Landesherrschaft allerdings erforderliche Leibwache, allein und ohne Zuthun der obern Lande, welchen doch hierunter gleiche Schuldigkeit obliegt, unterhalten sollen. Wir glauben, daß, wenn den dasigen Landständen und Unterthanen diese unbillige Prägravation nachdrücklich vorgestellt würde, sie sich hierunter von selbsten der Billigkeit fügen, und wenigstens die Hälfte derjenigen Mannschaft, welche außer dem diesseitigen Kreisfriedenscontingent zur Leibwache erforderlich ist, gutwillig zur Verpflegung und Montirung übernehmen solle, bevorab selbige Lande den großen Vortheil haben, daß sie zum Obersächsischen Kreis in Friedenszeiten gar kein Contingent stellen dürfen, dahingegen die untern Lande nicht nur anderthalb Simpla unterhalten, sondern auch selbige alle zwey Jahr zur an-

ständigern Bedienung ihrer gnädigsten Landesherrschaft neu montiren lassen müssen, da andere Fränkische Kreistruppen in Friedenszeiten nur alle 3 Jahr montiret werden, und die untern Lande eben hierdurch bemüßiget sind, die anderthalb Simpla beständig für voll beyzubehalten, da andere hoch- und löbl. Stände zum Vortheil ihrer Unterthanen davon in Friedenszeiten kaum einige Mann übrig behalten, oder doch nur höchstens ein Simplum aufstellen.

11) Sind bishero zu Bestreitung der Wachtposten noch außer dem Contingent und den Stadtsoldaten beständig noch 12 Mann von dem Landbataillon in die Residenzstadt gezogen worden, deren Sold alle Jahr 345 Thlr. aus der Landschaftscasse weggenommen hat; nicht zu gedenken, was für eine große Beschwerde die stätige Abwechselung dem Landmann hiebey verursache, welcher zum Theil sieben und mehr Stunden hieher gehen und zurückkehren muß, um in fünf Tagen 18 Kreuzer zu verdienen. Nun erkennen wir unsere unterthänigste Schuldigkeit in voller Maaße, daß es unserer gnädigsten Landesherrschaft an einer Leibwache nicht fehlen dürfe, und daß der Soldaten hierzu so viele seyn müssen, als die nöthigen Wachtposten erfordern, wenn gleich die obern Lande keinen Mann dazu stellen.

Nachdem aber gleichwohl eine solche Last, besonders wenn sie von so verarmten Unterthanen zu

tragen

tragen ist, wohl verdienet, und Ew. ꝛc. Landesmütterliche Zärtlichkeit gewißlich damit übereinstimmt, daß unnöthige und entbehrliche Wachtposten abzustellen seyn, worunter außer allem Zweifel der Wachtposten vor dem Hause des Hrn. Obersten, und der Wachtposten bey der Schloßgärtnerey zu rechnen, deren jeder jährlich neun Mann zu unterhalten kostet; so bitten wir unterthänigst, daß Ew. ꝛc. gnädigst geruhen wollen, diese zwey, über 1900 Thlr. jährlich wegnehmenden Wachtposten aufzuheben, wornach vermöge des uns vorgelegten Plans, den wir sub No. I. gehorsamst anfügen, zu Bestreitung aller übrigen Posten 66 Mann erforderlich sind. Dermalen stehet die Zahl der Kreis- und Stadtsoldaten auf 60 Mann. Es wäre demnach allerdings nützlich und zu Höchstdero Dienst beförderlich, wenn zu Haltung aller übrigen Posten noch sechs Mann Stadtsoldaten aufgestellt, und dagegen die 12 Mann vom Landbataillon gänzlich weggelassen würden, welche 6 Mann jährlich noch 5 Thlr. weniger kosten würden, als die Löhnung der 12 Mann vom Landbataillon jährlich ausmacht.

12) Haben unsere Vorfahren im Jahre 1738 in ihrem 37. Gravamine eine dringende Vorstellung gemacht, aus was Ursachen, nach damals wiederhergestelltem Frieden, das Landbataillon zu reduciren sey. Da aber gleichwohl diese Erleichterung den Unter-

 thanen

thanen zu gewähren, aus verschiedenen Ursachen bedenklich fallen dürfte, auch Ew. rc. denenselben die Gnade erweisen, die anderthalb Simpla des Kreiscontingents zu Pferde nicht aufzustellen, wodurch ein gar vieles erspart wird; so werden die Unterthanen die Kosten eines Landbataillons fernerhin gerne tragen, wenn Ew. rc. nur gnädigst geruhen wollten, selbiges auf 200 Mann, nach dem Gutachten der Hochfürstl. Kriegscommission, so bey uns übergeben worden, dermalen und in so lange, bis die Casse gänzlich von Schulden befreyt seyn wird, zu setzen, und dadurch die Möglichkeit zu verschaffen, von Fürstlicher Landschafts wegen für solche 200 Mann die hochnothwendig erforderliche neue Monturung und Gewehre anzukaufen.

13) Ist man zwar den Contingentssoldaten nach der Friedensordonnanz Quartier und Service schuldig, wofür selbigen fast aller Orten in dem Fränkischen Kreise monatlich 30 Xr. bezahlt werden. Da aber die hiesigen beweibten Soldaten hiervon gar nichts geniessen, und die wenigen unbeweibten in der Caserne einen jährlichen Aufwand von 3 bis 400 Thlrn. verursachen, so wird bey Höchstdenenselben es zuversichtlich ein gnädigstes Wohlgefallen finden, wenn wir submissest hierdurch einrathen, daß die Caserne gänzlich eingezogen, und zu einem bessern Landschaftlichen Gebrauch verwendet, dagegen aber jedem Soldaten,

beweibt und unbeweibt, sein gebührendes Quartier- und Servicegeld mit 8 Gr. monatlich bezahlt, und ihm selbst Quartier dafür zu schaffen überlassen werden solle, welches auf 66 Mann 264 Thlr. erfordert, folglich gegen jene Casernenausgaben eine Ersparniß von 100 und mehr Thalern jährlich ausmacht, überdas dem unbeweibten wenigstens keinen Schaden bringt, den beweibten aber sehr erleichtert, der vielleicht noch einen unbeweibten zu sich in sein Quartier, etwa um 1 Kopfstück monatlich, aufnehmen, und sich dadurch noch einen Vortheil verschaffen kann.

14) Hat die Steuercommission bishero ein beträchtliches Geld gekostet, ohne dem Lande einen sonderlichen Dienst thun zu können, nachdem die Ursache, warum sie anfänglich aufgestellt worden, nämlich die Aufsicht über die allgemeine Catastration, schon lange cessirt hat. Da wir nun alle Mittel hervorsuchen müssen, der Casse etwas an entbehrlichen Ausgaben zu ersparen; so sind wir des unterthänigsten Dafürhaltens, daß die Steuercommission aufzuheben, und ihre bisherige wenige Beschäftigung der Cassendeputation, wovon wir besser unten submisseste Meldung thun werden, ohnentgeldlich zu übertragen sey.

15) Haben sich endlich die Stadt Wasungen und die Dorfschaften der Aemter Wasungen und Sand, welche bey dem Zillbacher Receßholze interessiret sind,

bey

bey uns anerboten, der Landschaftscasse 3 Quart gegen 3 Procent von derjenigen Summe vorzuschießen, welche sie von dem Herzogl. Hause Weimar und Eisenach für das, ihnen seit 1741 gewaltsam entzogene, Receßholz im Stande Rechtens erhalten würden, und haben uns zugleich um unser unterthänigstes Vorwort bey Ew. rc. gebeten, daß ihnen von Landesherrschafts wegen alle gnädigste Assistenz in dieser zu ihrem gänzlichen Verderben, oder zu ihrem Flor und Aufnahme, je nachdem sie betrieben wird, gereichenden Sache geleistet werden möge.

Wir können im tiefsten Respect nicht bergen, daß wir diese Sache, so viel wir davon informirt sind, in Ansehung der leidenden Unterthanen für höchst gerecht, und den ihnen darüber angetragenen Vergleich für sehr nachtheilig halten. Niemalen hat eine Landesregentin Ew. rc. an zärtlichster Liebe und Vorsorge für ihre Unterthanen übertroffen. Es ist also kein Zweifel, und wir bitten darum unterthänigst, daß Höchstdieselbe diese Sache durch weiseste Rathschläge und Landesmütterliche Bemühungen dahin einzuleiten gnädigst geruhen werden, damit dieser beträchtliche Theil von getreuen Unterthanen und Mitübertragern der gemeinen Lasten ohne längern Verzug zu ihrem kundigen Recht pro praeterito et futuro gelangen, und zugleich das ganze Land den anerbotenen beträchtlichen Vortheil erhalten möge, eine ansehnliche Capitalsumme

talsumme zu 3 Procent gelehnt zu bekommen, wodurch leichtlich eine jährliche Ausgabe von 2 bis 3000 Thalern erspart werden könnte. Höchstdero alleiniger preiswürdigsten Güte werden wir diesen Vortheil, gleichwie die bemeldten Bürger und Unterthanen ihre Errettung aus einem tiefen Verderben, zu verdanken haben, und wir mit ihnen werden dafür den reichsten göttlichen Segen über Höchstdieselbe erflehen.

Einige Hindernisse bey diesen Verbesserungen.

Wir sollten nunmehro bey Ew. rc. noch viele andere auf den Endzweck, die Nahrung und das Aufnehmen des Landes zu befördern, abzielende Hülfsmittel in unterthänigsten Vorschlag bringen, weil alle unsere besten Anstalten nichts fruchten können, wenn der Unterthan auf andere Weise nicht nur seine Nahrung nicht findet, sondern auch durch andere verderbliche Unternehmungen vollends außer Stand gesetzt wird, seine Contribution, als die erste und fast alleinige Geldquelle der Landschaftscasse, behörig und so gern er auch wollte, abzutragen.

Wegen Kürze der Zeit aber und um Höchstdieselbe nicht mit allzuvielen Vorstellungen auf einmal zu ermüden, wollen wir dermalen uns nur auf 3 Puncte einschränken. Der erste ist, daß die Steuern und andere Abgaben nicht zu rechter Zeit von den morosen Zahlern beygetrieben, und daß zu der Beytreibung verderbliche Mittel angewendet werden, wovon letzthin

hin eine merkwürdige Probe bey dem Dorfe Rose vorgekommen ist. Diesem gemeinschädlichen Uebel abzuhelfen, halten wir unterthänigst dafür, daß der modus exequendi auf die Weise angestellt werden sollte, wie die Beylage sub No. II. besaget, und wir wünschten, daß auch von Hochfürstl. Kammer ein wenig verderblicher modus exequendi beobachtet würde.

Der andere ist, daß auch in Privathändeln den Unterthanen durch die bisherige Executionsart sehr vieles geschadet wird, dahero wir uns die submisseste Freyheit nehmen, bey Höchstdenenselben auf die Verbesserung des modi exequendi in caussis priuatorum nach der fernern Anlage sub No. III. ohnmaßgeblichst anzutragen.

Der dritte ist, daß bey den Inquisitionen den Unterthanen durch deren Verlängerung und in andere Weise mit Centwachten, Gefangen-Brod-Sitzgebühren und andern Inquisitionskosten eine ganz unträgliche Last aufgebürdet wird.

Es ist bey uns der Vorschlag sub No. IV. vorgekommen, wie durch Errichtung eines Generalcentamts diesem Unheil abzuhelfen sey. Wir haben selbigen in reife Ueberlegung gezogen, und ihn einmüthig quoad quaestionem an? so beschaffen gefunden, daß dadurch diese heilsame Absicht allerdings zu erreichen sey. Bey der Modalität aber ist bey uns auf der Ritterbank per eminenter maiora und auf der Städtebank

per

per vnanimia beschlossen worden, daß man zu diesem Behuf aus der Landschaftscasse bey ihren dermaligen bedürftigen Umständen, nichts beytragen könne, sondern daß die Hochfürstl. Kammer alle dazu erforderliche Kosten propter jus fisci allein zu tragen habe, jedoch von den Unterthanen in denjenigen Aemtern, wo bishero die Inquisitionskosten vel in totum vel in tantum auf ihnen gelegen, einen proportionirten Beytrag fordern und erheben möge, dahingegen die übrigen wenigen Stimmen auf der Ritterbank die Uebernahme der Besoldungen für das Centamtspersonale mit 650 Thlr. jährlich oder doch wenigstens einen Beytrag dazu von 300 Thlr. für eine Schuldigkeit und in Absicht auf die Einnahmevermehrung mit den Stempelgeldern für ganz thunlich erachtet haben.

Es beruhet also auf Ew. rc. höchstem Ermessen, was hierunter zum Besten des Landes und Conservation der Unterthanen vorzukehren sey, und wir bitten allerseits nach unserer Ueberzeugung, daß die Errichtung eines Generalcentamts jenem Uebel allein und kräftigst abhelfen könne, nur dieses unterthänigst, daß solches bald zu Stande kommen möge.

Glückliche Folgen dieser Verbesserungen.

Wenn diese drey Objecta zur Erfüllung gelangen, und wenn Ew. rc. auf die übrigen Gravamina der Städte und Unterthanen, in so ferne Höchstdero Fürstlichem Interesse dabey nichts entgehet, die unterthänigst

terthänigst anhoffende mildeste Rücksicht nehmen; so ist gar kein Zweifel, daß durch die obrecensirten Beytreibung der Activorum, Reduction der Zinsen und des Geldvaleurs bey den Passivis, Vermehrung der Einnahme und Verminderung der Ausgaben, der Credit in Kurzem wieder werde hergestellt, das Land nach und nach von Schulden befreyet, somit die Steuerabgaben beträchtlich vermindert, und gesammte Unterthanen in einen solchen blühenden Zustand wieder gesetzt werden, daß ein ewiger Nachruhm und Segen dafür auf Höchstdenenselben und Dero Hochfürstl. für das ganze Land so theuren Nachkommenschaft ruhen wird.

Cautelen dabey.

Allein

Gnädigste Herzogin,

Landesregentin und Frau!

alle diese unsere bestgemeinten Vorschläge, wenn sie gleich die zuversichtlich erwartende höchste Genehmigung erhalten, werden zu nichts helfen, noch den Umsturz der Landschaftscasse abwenden, wenn nicht Ew. 2c. huldreichst geruhen, die Landschaftliche Verfassung in die behörige Ordnung herzustellen, und darinnen zu erhalten, auch in Absicht auf das Cassendirectorium die sich seit beynahe 60 Jahren eingedrungenen Mißbräuche abzuschaffen, und der Landschaftscasse eine zum wahren Besten des Landes gereichende Einrichtung zu geben.

Ursachen und Absichten derselben.

Offenbar und unwidersprechlich ist es, daß, wenn von 1723 bis hieher die Landtage in ihrer gesetzten Zeit von 6 Jahren, oder nach Erforderniß der Zeiten und Umstände noch öfter, gnädigst zusammenberufen worden wären, das Land schwerlich mit einer so ungeheuern Schuldenlast beladen worden seyn würde, desgleichen daß die Rechner in keine so schädlichen Recesse und die Unterthanen in keine solche Reste würden verfallen seyn, wenn die Rechnungen alle Jahr zur gebührenden Zeit abgehöret worden wären, anderer verschwenderischen Ausgaben in den Rechnungen zu geschweigen, welche ein Landtag nicht hätte übersehen, noch ungerügt lassen können.

Auch ist dieses tiefe Verderben großentheils dem Directorio der vormaligen Hochfürstl. Regierung zuzuschreiben, welches mit den Landschaftlichen Geldern nach der freyen Willkühr verfahren, und sich dagegen um die Activa und die Einkünfte der Casse nicht bekümmert, sondern nur Schulden mit Schulden gehäuft, und alle Vorstellungen der Landschaftlichen Deputirten unerhört gelassen hat. Die vormaligen Landschaftsdeputirten selbst haben ihre tragende Vollmacht auf vielerley Weise, wiewohl öfters mit schwerem Herzen, überschritten, und dadurch das Verderben des Landes vermehren helfen. Die Ober- und Untereinnehmer haben überall, als ob sie keinen Herrn hätten, gethan, was sie gut däuchte, und ihre Rechnungen fast bis in ihren Tod und öfters bis nach ihrem Tode aufschwellen lassen, welches, alles zusammen genommen, die schlimmsten Folgen haben mußte, wie sie jetzt zu Tage liegen.

Wir hätten daher alle Ursache gehabt, von Landschafts wegen die seit dem letzten im Jahre 1742 gehaltenen Landtag auf das Land gemachten Schulden à 244000 fl. nicht zu agnosciren, außer in so ferne jeder Creditor versionem in rem hätte dociren können.

Selbst der Vorgang unserer Vorfahren sollte uns dazu veranlassen, welche im Jahre 1742, laut denen Landtagsacten, nur mit vieler Mühe dahin gebracht worden sind, die von Anno 1729 bis dahin außer dem Landtag von den Deputirten zu Bezahlung der sogenannten Assecurationscapitalien gemachten Schulden anzuerkennen, und die Deputirten haben damals eingestanden, daß sie damit ihre habende Gewalt weit überschritten. Gleichwohl ist diese Ueberschreitung vom Jahre 1749 bis 1757 mit 47000 Thalern zum größten Schaden des Landes und vielleicht auch zum Nachtheil des Höchstsel. Hrn. Herzog Anton Ulrichs Hochfürstl. Durchl. wiederhohlt worden, welches gewißlich unterblieben wäre, wenn die Landstände bey einem Landtage dem Unwesen selbst hätten nachsehen können.

Nun-

Nunmehro sollen wir nach einem 33jährigen Zeitverlauf auf Kosten des Landes gut heißen, was so viele verstorbene und abgekommene Personen, an welche nicht wohl mehr ein fruchtbarlicher Regreß zu nehmen, verdorben haben, welches gewiß eine schwere und bedenkliche Sache ist.

Dennoch haben wir, wie obbemeldt, nach reifer Ueberlegung beschlossen, solches hiermit, jedoch mit Ausschluß der etwan vorgefallenen betrügerischen Handlungen und des Geldvalors, gutwillig zu thun, wozu uns theils die tiefste Devotion gegen das Angedenken unserer Höchstseel. verstorbenen Landesherrschaft, theils der Umstand beweget, daß, wenn wir die seit dem letztern Landtag gemachten Schulden nicht agnosciren wollten, sehr viele Einwohner des Landes unglücklich gemacht werden würden; und der Credit nicht nur der hiesigen, sondern auch aller Landschaftscassen in Teutschland einen großen Stoß durch unsere Verweigerung bekommen müßte. Allein wir können solches Gewissens halber nicht anders, als mit dem respectuösesten Vorbehalt thun, daß Ew. rc. gnädigst geruhen möchten, für die Zukunft durch eine verbesserte Landschaftseinrichtung vorzubauen, daß diese Uebel, welche das Land an die Spitze seines Verderbens getrieben haben, nicht mehr einreissen können. Vordersamst contestiren wir hierbey auf das feyerlichste, daß wir in die dermaligen Hoch- und Wohlansehnlichen Mitglieder Höchstdero geheimen Raths und Regierungscollegii nicht das mindeste Mißtrauen setzen, sondern daß wir die gleich nachfolgenden submissesten Bitten um einige Abänderung des Umfangs des Regierungsdirectorii bey der Landschaft aus keiner andern Ursache vortragen, als weil das Personale solcher hohen Landesstellen seiner Natur nach veränderlich ist, und weil diejenigen, welche an dem Staatsruder sitzen, mit andern wichtigen herrschaftlichen Angelegenheiten viel zu beschäftiget sind, als daß ihnen zugemuthet werden könnte, sich mit den ökonomischen Geschäften der Landschaft, wie es sich gebühret und das Interesse der Casse erfordert, abzugeben.

Umfang des Regierungsdirectorii über die Landschaft.

Wir bescheiden uns dabey und bekennen von Herzen, daß wie jedes Collegium im Lande unter der Oberaufsicht der Landesregierung stehet, also noch vielmehr das Landschaftliche Collegium, welches so genau mit dem Staat verbunden ist, und den vordersten Theil desselben ausmacht, sich gefallen lassen und selbst wünschen müsse, der Oberaufsicht der Landesregierung zu genießen, deren rechtmäßige Grenzen darinnen bestehen, ein sorgfältiges Augenmerk zu tragen,

1) daß

1) daß die Landstände in allen Stücken die schuldigste Devotion gegen ihren Landesherrn beweisen, und dem Staat nicht nur nicht schädlich, sondern vielmehr nützlich werden.

2) Daß die Landstände in die herrschaftlichen Regalien und andere iura eminentiora nicht eingreifen, sondern sich mit ihren nach der Landesverfassung herkömmlichen Befugnissen und mit ihren wohlhergebrachten Gerechtsamen begnügen, welche vorzüglich in der Concurrenz zu neuen Auflagen der Landesabgaben, zu guten Policey- und Justizanstalten, zur Landesdefension und zur Anordnung anderer zur Aufnahme der Unterthanen gereichenden Mitteln bestehen.

3) Daß die Landstände die ökonomische Einrichtung und Erhaltung der Landschaftscasse, als eines ihnen anvertrauten fremden, den Unterthanen gehörigen Guts, aufs beste besorgen lassen, und den Contriburnten hierunter keinen Schaden verursachen, oder ne re sua male vtantur.

Ew. rc. getreueste Landschaft wird es niemalen dahin kommen lassen, daß eine solche Oberaussicht etwas an ihrem Betragen mit Recht aussetzen könne, und da wir alle persönlich bey der Aufrechthaltung des Wohlstands der Unterthanen in grösserm oder minderm Maaße interessiret sind; so werden wir jederzeit um

 unsers

unsers eigenen Nutzens willen, wenn uns auch nicht unsere Pflichten und unsere tiefste Dienstwidmung gegen unsere gnädigste Herrschaft dazu antrieben, solchen Wohlstand zu befördern eifrigst beflissen seyn. Um so weniger wird ein Bedenken vorwalten, uns dasjenige, was dem geringsten Collegio im Lande nicht versagt wird, nämlich die eigene und ausschließende Verwaltung unserer Casse, gnädigst anzuvertrauen.

Bitten um eine verbesserte Landschaftseinrichtung.

Solchemnach geruhen Ew. ꝛc. diejenigen submissesten petita huldreichst von uns aufzunehmen, welche eine Folge der bisherigen Grundverderblichen Landschaftlichen Haushaltung sind, und deren Gewährung uns die einzige Hoffnung giebt, daß eine dauerhafte Verbesserung der Cassenumstände und eine successive Rettung aus der großen Schuldennoth zu Stande gebracht werden könne. Wir bitten nämlich unterthänigst;

1) Daß Ew. ꝛc. alle 6 Jahr, oder auch nach vorfallenden Umständen auf unterthänigstes Ansuchen unserer Deputatorum noch öfterer, einen allgemeinen Landtag convociren möchten, damit wir selbst Gelegenheit haben und im Stande seyen, nachzusehen, ob die dermalen vorgenommene bessere Einrichtung und vorgeschriebene genaue Wirthschaft

von

von unsrrn Landesdeputirten, von unsern Steuer- und Cassendeputirten und von unsrrn Officialen beobachtet worden seyn.

2) Daß Höchstdieselben nicht mehr zugeben wollen, die auf eine gewisse Zeit eingeschränkten Landesbewilligungen ohne neue Einwilligung der Landstände fortzusetzen, wie bishero, aller Landesfürstlichen Reversalien ohngeachtet, zu der Stände und Unterthanen größtem Betrübniß geschehen ist.

3) Daß Höchstdieselben keine Contrahirung neuer Schulden auf das Land ohne Specialvollmacht der Landstände gestatten.

4) Daß Höchstdieselben die sub No. V. anliegende Instruction für unsere jeweilige Deputirten gnädigst genehmigen, und deren ganzem Inhalt von Niemand zuwider handeln lassen.

5) Daß Höchstdieselben die Errichtung einer öffentlichen Landschaftscasse nach der Instruction für unsere Steuer- und Cassendeputirte sub No. VI. gnädigst zugeben, folglich uns erlauben, die ganze Einnahme und Ausgabe lediglich durch unsrre zwey dazu deputirte Mitstände oder deren Substitutos besorgen zu lassen, ohne zu befahren zu haben, daß weder die Hochfürstl. Regierung, noch irgend sonst Jemand, eine Anweisung mehr an unsern Obereinnehmer oder sonst an die Cassengelder ertheile.

 6) Daß

6) Daß Höchstdieselben die Instructiones für unsern Syndicum und unsern Cassier sub No. VII. et VIII. gnädigst bestätigen.

7) Daß Höchstdieselben die Rechnungsjustificaturen in dem Gange gnädigst erhalten, wie wir solche in obiger Instruction No. V. sorgfältigst zu des Landes wahrem Besten eingeleitet haben.

8) Daß Höchstdieselben niemalen einem Contribuenten gestatten, eine Sistirung der Execution an einem andern Orte, als bey unserer Cassendeputation zu erlangen, und daß widrigenfalls auf solche Sistirung keine Rücksicht genommen werden solle, weil sonsten die Steuerreste aufs neue zur Prägravation der gutwilligen Zahler anschwellen würden.

Die vollkommenste Ueberzeugung von der Nothwendigkeit dieser an sich den Rechten, der Billigkeit und dem gemeinen Besten gemäßen Verfassung ist die Ursache, daß wir um deren gnädigste Bestätigung unser submissestes Bitten nicht dringend genug vorstellen können.

Nutzen der obigen Verbesserungen und der neuen Verfassung.

Wir haben zwar neben dem, daß zu schleuniger Abfassung der jetzigen Zins- und Besoldungsrückstände und der aufgekündigten Capitalien ein neues Capital von 100000 fl. Rhnl. unter Höchstdero gnädigster

ster Genehmigung und Confirmation zu Beförderung des Landescredits negotiiret werden solle, durch die oben deducirten Verbesserungspuncte bey der Einnahme und Ausgabe, wenn solche Ew. ꝛc. gnädigste Einwilligung, wie wir unterthänigst hoffen, durchgängig erhalten, es dahin gebracht, daß von nun an die Landschaftscasse nicht nur jährlich ihre Prästanda prästiren, folglich auch alle Zinsen zu rechter Zeit bezahlen und dadurch dem Credit aufhelfen kann, sondern daß auch nach Abzug aller Ausgaben, laut No. IX. jährlich in circa 10 bis 11000 Thaler übrig bleiben, und zum Schuldenzahlen verwendet werden sollen, ohne die Unterthanen mit mehrern, als den zeitherigen 12 Steuerterminen zu beschweren, und wir bitten vielmehr unterthänigst, daß, sobald der Cassenüberschuß durch Beytreibung der Activorum, und durch weitere freywillige Reduction der Zinsen auf 4 Procent, oder auf andere Weise sich jährlich ohngefähr auf 16000 Thlr. belaufen wird, alsdenn die Steuerumlagen um 2 Termine, und sofort bey Verbesserung des Cassenzustandes noch um 2 Termine zu vermindern seyn, damit die jetzt lebenden bedrängten Unterthanen nur einigermaaßen in ihrem Elende erleichtert werden, und den Nutzen einer bessern Einrichtung ihrer Casse mit genießen mögen.

Es ist aber vorauszusehen, daß, sobald die gute Ordnung wieder in Verfall zu kommen anfangen und

 die

die bisherige Schaltung mit den Landschaftsgeldern wieder einreissen wird, die Ausgaben die Einnahme auch alsbald wieder übersteigen, nothfolglich das Schuldenmachen von neuem unvermeidlich werden und so lange continuiren müsse, bis der allgemeine Landesbanquerot daraus erfolge, den wir dermalen abzuwenden uns die äusserste Mühe gegeben haben.

Eine unaussprechliche Güte der göttlichen Versehung ist es, daß sie uns und dem Lande zu eben der Zeit, da das Verderben auf das *Höchste gestiegen*, eine mit der erforderlichen größten *Liebe*, *Weisheit* und Mäßigung begabte Landesregentin, und zugleich fürtrefliche, tiefeinsichtige erste Vorsteher des Landes gegeben hat, um solchen verdorbenen Dingen wieder aufzuhelfen und die Unterthanen dadurch glücklich zu machen.

Von Ew. rc. erwartet demnach das Land und wir die baldigste Hülfe durch gnädigste Gewährung aller unserer submissest vorgetragenen Bitten, und wir werden dadurch angefeuert werden, den obigen Plan der Verbesserung mit aller Standhaftigkeit und patriotischer Zusammensetzung auszuführen, welches uns die Mittel an die Hand geben wird, bey den dermalen an uns gnädigst verlangten Verwilligungen eine ungezweifelte Probe unserer unverbrüchlichsten Devotion abzulegen, und deren Abtragung den Unterthanen erträglich zu machen, in welcher getrosten Hoffnung wir

Höchst-

Höchstdenenselben die vorgeschlagenen Hülfsmittel und die Einführung besserer Ordnung in der Cassenverwaltung zu Dero Landesmütterlicher Beherzigung ganz angelegentlich empfehlen, und mit tiefster Veneration verharren

Ew.

Meiningen, den
7. Febr. 1775.

unterthänigst treugehorsamste sämtlich hier anwesende Stände von Ritterschaft und Städten.

S. Cob. Meiningischer Landtagsabschied vom 21. Febr. 1775. *)

Kund und zu wissen sey hiermit: Demnach die Durchlauchtigste Herzogin und Frau, Frau Charlotte Amalie, verwittibte Herzogin zu Sachsen — Westphalen ꝛc. gebohrne Landgräfin zu Hessen tot. tit. als Obervormünderin Ihro freundlich geliebten Herren Söhne, die beyden Durchlauchtigsten Prinzen und Herren, Herrn August Friedrich Carl Wilhelms und

Herrn

*) Vor dem Landtagsabschied erfolgten zwar noch einige andre Vorstellungen der Landschaft vom 17. und 18. Febr. d. J., die mir gleichfalls zum Abdruck gütigst mitgetheilet worden sind; da sie sich aber zum Theil blos auf die erste Vorstellung beziehen, und ich den Raum in meinem Museo so sehr als möglich schonen muß, so habe ich für jetzt keinen Gebrauch davon machen können. (A. d. H.)

Herrn Georg Friedrich Carls, Gebrüdere Herzoge zu Sachsen tot. tit. und als Landesregentin, unsere gnädigste Fürstin und Frau, in gerechtester Landesmütterl. Erwägung der hiesigen Landesangelegenheiten und zu Höchst Ihroselben Oberv. Lande Besten, wie auch zu Aufnahme der Landschaftscasse, ersprieslich und nöthig befunden worden, aus Höchsteigener Bewegniß einen allgemeinen Landtag in Höchst Ihro allhiesigen Residenz auf den 17ten des abgewichenen Monats Januarii auszuschreiben, die getreuen Landstände von Ritterschaft und Städten auch dem *an sie erlassenen* gnädigsten Convocationsrescript zu Folge in ansehnlicher Anzahl gehorsamlich erschienen, nach gehaltenem Gottesdienste die Landesherrlichen Propositiones angehöret, und solche in fleißige treugehorsamste Erwägung, auch unermüdete Deliberation gezogen;

Als ist nach hierauf geschehener Landschaftl. unterthänigster Vorstell- und Erklärung, auch gnädigst ertheilten Resolutionen, ein vollkommener, auf des gesammten Landes und der Unterthanen Bestes gerichteter Schluß gefasset und in gegenwärtigen Abschied gebracht worden.

I.

Wollen Ihro Herzogl. Durchl. E. getreuen Landschaft wiederhohlt die gnädigste Versicherung ertheilen, die in hiesigen Landen allein herrschende Evang. Luther. Religion ferner wie bishero zu handhaben, auch be-

hin

hin während Höchst Ihroselben Regierung den gewissen Bedacht nehmen, daß sämmtliche Diener derselben zugethan seyn, nicht minder E. getreue Landschaft und sämmtliche Unterthanen bey den wohlhergebrachten Freyheiten und Rechten gegen alle Beeinträchtigungen sicher stellen.

2.

Lassen Ihro Herzogl. Durchl. die geschehene unterthänigste Erklärung E. getreuen Landschaft in Ansehung der rückständigen Kreispräſtandorum Sich in Gnaden gefallen, und werden dieselbe wegen ihrer starken und ansehnlichen Forderungen an die Concurrenzstände, so bald sie dieserhalb weitere Anregung thun wird, mit allem Nachdruck unterstützen, und sich ihrer bey dem ganzen Kreise durch diensame Verwendungen eifrigst annehmen.

3.

Wegen des status actiui et passiui der hiesigen Landschaftscasse und desselben Eruirung gereichet Ihro Herzogl. Durchl. die von E. getreuen Landschaft angewendete viele Bemühung zu gnädigstem Wohlgefallen, und so wie Höchstdieselben sich dieserwegen auf die ihr per rescripta de dato 15. 17. auch 20. huius mensis zugeschickten Resolutiones durchgängig beziehen: so sind Höchstdieselben auch gnädigst versichert, daß diese patriotische Arheit die glückseligsten Folgen auf das gesammte Land und alle Ihro Unterthanen gewiß und unfehlbar nach sich ziehen werden, wie denn Höchstdieselbe darüber auf das streckliche zu halten, andurch E. getreuen Landschaft die feyerlichste Versicherung ertheilen.

4.

Da auch E. getreue Landschaft, in Erwägung der noch immer fortdauernden beschwerlichen Umstände des Herzoglichen Hauses in außerordentlichen Zahlungen starker ehehin gewirkter Passivorum und aus lobenswürdiger und dem gerechten Erwarten Ihro Herzogl. Durchl. angemessenen Devotion, die gewöhnlichen vier Kammersteuern und Residenz-Baufrohnen ferner auf sechs Jahre, vom 1. Januar dieses Jahrs an, bewilliget; so gereichet solche Verwilligung nicht nur Ihro Herzogl. Durchl. zu gnädigstem und besonderm Wohlgefallen, sondern es haben auch Höchst Ihroselben die dieserhalb in Unterthänigkeit erbetenen Reversales gnädigst ausgefertiget.

Nicht minder werden Ihro Herzogl. Durchl. auf die Abstellung derer von E. getreuen Landschaft unterthänigst repräsentirten Mißbräuche bey den Residenz-Bau- und andern herrschaftlichen Frohnen, auch Hoflagerfuhren, nach hiervon eingezogener gründlicher Erkundigung und vorgängiger Cognition, aus Landesmütterlicher Vorsorge und gewisser Erleichterung Höchst Ihroselben Unterthanen den erforderlichen Bedacht nehmen.

5.

Werden Ihro Herzogl. Durchl. in Rücksicht der von E. getreuen Landschaft ferner auf sechs Jahr gegen das accordirte Aequivalent verwilligten 4000 fl. Frkl. zu Salarirung Höchst Deroselben OV. Landesregierungscollegii nicht nur darauf ernsten Bedacht nehmen, daß die Justiz, wie bishero, unpartheyisch und mit aller nur möglichen Verhütung der Verlängerung der Processe administriret, sondern auch, der gründlichen Vorstellung E. getreuen Landschaft gemäß, die sich seit langen Jahren nach und nach eingeschlichenen Justiz- und Proceßgebrechen durch eine besondere Landesherrliche Constitution abgestellet, und nach ihrer löblichen Absicht eine billige Sportelordnung bey den Aemtern und adlichen Gerichten eingeführet werde, so wie Höchstdieselben nicht weniger durch Anstellung eines eigenen Archivarii bey der Landesregierung auch hierbey alle mögliche Vorkehr zu treffen gnädigst gesonnen sind.

6.

Erkennen es J. H. D. mit gnädigster Dankneh- migkeit, daß E. getreue Landschaft, nebst gutwilliger Continuation der Educationsgelder, auch zum Behuf der bevorstehenden und schon angetretenen Reisen Höchst Ihroselben Durchlauchtigsten Landesprinzen sich zu einer ansehnlichen Beyhülfe anheischig gemacht, und hierzu einen besondern Steuertermin in unterthänigsten Vortrag gebracht hat. Wie nun solcher von Höchst Ihroselben bereits ausgeschrieben, so werden Ihro Herzogl. Durchl. auch den gnädigsten Befehl ertheilen, daß diese besondere Reisesteuer in dem Amte Sand gleichfalls erhoben, und deren jährlicher Ertrag in die Landschaftscasse geliefert werde. Eben so acceptiren

7.

Ihro Herzogl. Durchl. mit vorzüglichem Wohlgefallen, daß eine getreue Landschaft die dem wirklichen geheimen Rath von Dürkheim als Prinzen Oberhofmeister bey dessen Annahme zugesicherte und nach Beendigung des Erziehungsgeschäftes beyder Durchlauchtigsten Landesprinzen anfangende jährliche Pension von 200 Stück Louisd'or zu einer Erkenntlichkeit des Landes für seine ihm geleistete höchstnützliche Dienste aus der Landschaftscasse zu zahlen übernommen hat.

8. Wie

8.

Wie gleichfalls Ihro Herzogl. Durchl. Landesmütterliche Vorsorge dadurch erreichet wird, daß Eine getreue Landschaft die fernere Abgabe von 600 Thalern aus der Landschaftscasse zur Versorgung des Armuths auf sechs Jahre lang unterthänigst zugesichert; so werden nicht nur Höchstdieselben an Ihre Almosencommission Befehl ergehen lassen, daß hiervon auch den Armen in den Dörfern eine proportionirliche milde Beyhülfe geschehe, sondern lassen sich auch den von Einer getreuen Landschaft gethanen Vorschlag, wegen der bey verschiedenen piis corporibus habenden Forderungen, in Gnaden gefallen; so wie Höchstdieselben, in Ansehung der von Ihro in Gott ruhenden Herrn Schwiegervaters, des Hrn. Herzogs Bernhard Gnaden, bey diesen piis corporibus gewirkten Schuld schon vor geraumer Zeit die gnädigste Verfügung getroffen haben, auch dahin alles Ernstes sehen werden, daß derselben auf das pünctlichste nachgekommen werden müsse; und endlich eine bessere Einrichtung mit dem hiesigen Zucht- Waysen- und Arbeitshause vorkehren zu lassen, schon längst entschlossen gewesen sind.

9.

Wollen Ihro Herzogl. Durchl. in Erwartung der von Einer getreuen Landschaft annoch einzureichenden

chenden Vorschläge zu einer durchgängigen Revision, Rectification und Peräquation des Steuerstocks im ganzen Lande einstweilen dergleichen in der Stadt und dem Amte Salzungen schleunig vornehmen lassen.

10.

Die zu Errichtung einer guten Policey überhaupt, wie auch Einführung besserer Anstalten, von Einer getreuen Landschaft geschehene Vorschläge in Errichtung einer Brandassecurationsordnung und eines Lombards oder öffentlichen Pfandhauses, werden Ihro Herzog. Durchl., so viel das erste betrifft, unverzüglich von Höchst Ihroselben nachgesetztem Regierungscollegio entwerfen, auch letzteres beydes sodann durch landesherrliche Verordnungen zu Stande bringen lassen. Wie denn Höchstdieselben nicht allein durch Wiedererneuerung und nützliche Abänderung der hiesigen Policeyordnung vom Jahre 1680 nach den gegenwärtigen Zeiten, sondern auch durch Niedersetzung einer besondern Policeycommission, den Vorschlägen einer getreuen Landschaft gemäß, den wahren Vortheil des gesammten Landes und vornehmlich hiesiger Residenzstadt zu besorgen, sich gnädigst werden angelegen seyn lassen.

11.

Wollen J. H. D. es bey den von E. getreuen Landschaft geschehenen Aeußerungen wegen Anlegung hinlänglicher Kornmagazine dermalen gnädigst bewenden lassen.

12.

Soll durch eine anzustellende Wegcommission darauf der nöthige Bedacht genommen werden, die hiesigen Land- und Commercialstraßen in tauglichen Stand zu setzen, auch in nächstbevorstehendem Frühjahre der hiesige Stadtrath mit Nachdruck angehalten werden, dem Vorschlage einer getreuen Landschaft gemäß, das hiesige Pflaster durchgängig dauerhaft und gehörig anrichten zu lassen, wie denn Ihro Herzogl. Durchl. die aus unterthäniger Devotion und ohne Consequenz von einigen aus ihren Mitteln gethane Declaration und Zusicherung, wegen baldiger Abschaffung des Uebelstandes und der evidenten Gefahr des Marktwassers, in höchsten Gnaden und besonderer Dankmehmigkeit gegen dieselben acceptiren, auch ihres höchsten Orts so viel als möglich dabey unterstützen lassen wollen.

13.

Soll wegen des verfallenen Münzwesens auf den von Einer getreuen Landschaft gutachtlich unterthänigsten Vorschlag alle mögliche Rücksicht genommen werden.

14.

Sind Ihro Herzogl. Durchl. mit dem von einer getreuen Landschaft angebotenen Aversionsquanto von jährlich 500 Rthlr. in Ansehung der Postfreyheit, unter der von derselben gemachten Einschränkung, dermalen gnädigst zufrieden.

15.

Bey den von Einer getreuen Landschaft neuerdings wiederholt verwilligten 4000 fl. Rhnl. als einem Beytrag zu den Dotalgeldern der Frau Herzogin zu Sachsen-Gotha und Altenburg Durchlaucht, lassen es Ihro Herzogl. Durchl. um so mehr vor diesesmal bewenden, als Eine getreue Landschaft ihre Obliegenheit nicht nur devotest anerkannt, sondern auch zu deren Verzinsung, wiewohl dieselbe solche schon seit 1770 schuldig und eigentlich seit dieser Zeit prästiren müssen, sich anheischig gemacht, auch nach dem Conventions- oder 20 fl. Fuß das Capital und Interesse zu zahlen unterthänigst versichert, in welcher Rücksicht Höchstdieselben die Verzinsung dieses Capitals seit dem 23. März 1773 gnädigst condescendiren wollen.

16. Wegen

16.

Hegen Ihro Herzogl. Durchl. zu Einer getreuen Landschaft die gnädigste Zuversicht, es werde selbige durch ihre Deputirte sich annoch dahin erklären, daß einstweilen, und bis mit Chursachsen oder Sachsen-Hildburghausen ratione praeteriti et futuri der wegen des Amts und Kellerey Behringen zu dem gemeinschaftlichen Schleusinger Landschulkasten zu 3 fl. 11 gr. $4\frac{1}{1}\frac{1}{3}$ pf. jährlichen Interessebeytrag von 4000 Gulden Frkl. unablöslichen Capitals reguliret worden, aus hiesiger Landschaftscasse, so wie den übrigen von solchen Interessen auf hiesige Fürstliche Lande radicirten Beytrag nach dem von ihr zugestandenen Zwanzigguldenfuß zu jedesmaliger Verfallzeit entrichtet werde, wobey jedoch derselben die Ausfindigmachung des vermutheten erroris calculi bey der Repartition jener unablöslichen Capitalzinsen, so wie die weitere Erklärung auf die ihr dießfalls zu communicirende Chursächsische Liquidation und deren nähere Berichtigung allerdings vorbehalten bleibt.

17.

Haben J. H. D., dem getreuen gehorsamsten Vorschlage E. getr. Landschaft gemäß, die auf dieses Jahr nothwendig erforderlichen Steuertermine durch Höchst Ihroselben nachgesetzte Landesregierung schon vor einiger

niger Zeit gehörig ausschreiben lassen, und wünschen nichts mehr, als nach Höchst Ihroselben Landesmütterlichem Verlangen, diese sich bald zu Erleichterung Ihrer sämmtlichen getreuen Unterthanen vermindern zu sehen.

18.

Alle übrige eingereichte, sowohl Ritterschaftliche als Städtische und anderer Unterthanen Gravamina werden J. H. D., nach Höchstdero bekannten Gerechtigkeitsliebe und Höchst Ihro zum öftern ertheilten Zusicherung zu Folge, gehörig und mit *allem* Ernst untersuchen lassen, auch solche nach Befund erledigen, wie denn Höchstdieselben andurch E. getr. Landschaft nochmalen die Versicherung ertheilen, daß alle von Ihnen derselben unterschiedl. seit itzo vorgedauertem Landtage schriftlich zugefertigte Resolutiones von eben der Gültigkeit und Verbindlichkeit seyn sollen, als wenn sie wörtlich diesem Landtagsabschiede mit einverleibet wären, auch solche allen sich dagegen hervorthuenden Schwierigkeiten ungeacht, Höchst Ihroselben gnädigster Zusage gemäß, in die genaueste Erfüllung zu setzen nicht entstehen werden.

Womit übrigens J. H. D. Einer getreuen Landschaft sammt und sonders mit Landesmütterl. Gnade und Huld wohl beygethan verbleiben.

Urkund-

Urkundlich ist dieser Landtagsabschied von J. H. D. eigenhändig unterschrieben und mit Höchst Ihroselben Herzogl. Insiegel wissentlich bedruckt worden. So geschehen Meiningen zur Elisabethenburg, den 21. Febr. 1775.

(L. S.)

Charlotte Amalie, H. z. S. geb. L. z. H.

Dieß sind einige archivalische Urkunden des 1775 zu Meiningen gehaltenen Landtags, an welchem die Landstände, nach geschehener Fürstlicher Aufforderung, die allgemein drückende Noth nicht verheimlichten, sondern umständlich voll patriotischer Gesinnungen entdeckten. Ihre freymüthigen Vorschläge, die sie zum Wiederaufkommen eines tiefgesunkenen Landes ehrerbietigst und mit ruhmvollem rastlosem Eifer thaten, hatten auch den wohlthätigen Erfolg, daß die itzt noch zur Freude des Landes lebende Frau Herzogin, Charlotte Amalie, als damalige Obervormünderin und glorreiche Landesregentin, den meisten Beschwerden mit landesmütterlichem Herze abhalf, und den verscheuchten Flor wieder zurück rief, worauf bald die herrlichsten Früchte merkbar wurden. Und eine so große That hätte es doch

wohl

wohl längst verdient, daß sie aus dem Dunkel gerufen, und öffentlich zur Kenntniß des Publikums wäre gebracht worden!

Zwar konnte in den ersten 6 Jahren die Schuldenlast nicht ganz getilgt, und der Wunsch noch nicht vollständig erreicht werden, allen jenen Schutt weggeschafft zu sehen, der sich vieljährig gehäuft hatte, und nur mit unsinkbarem Muthe wegzuschaffen war. Daher konnte auch das eingeführte Stempelpapier, und der Accis auf Fleisch und Wein, in der erstern Periode nicht abgeändert werden, vielmehr war eine erneuerte Verwilligung dieser Abgaben auf noch sechs folgende Jahre erforderlich. Dann aber, nämlich 1787, wurde Stempelpapier und Accise wieder aufgehoben, ohne irgend neue Anlagen auszusinnen, oder das Land mit Verdoppelung der Steuern zu beschweren. So öffnete sich nach 12 Jahren, durch unwankbare Anwendung der landschaftlichen Vorschläge, die neue Scene erwünscht, und der ehehin verlorne Credit zeigte sich nicht etwa nur in täuschendem Prunk, sondern das Fürstenthum sah sich wirklich frey von der Last voriger beträchtlicher Schulden; die Landschafts- und Kammercassen fanden sich in den vortheilhaftesten Umständen, dergestalt, daß nunmehr Capitale zu 3

vom

vom Hundert gänge wurden, statt daß man dergleichen ehedem zu 6 und mehrern Procenten kaum zu erhalten wußte. Und dennoch hat kein angrenzendes Land so geringe Abgaben, als die S. Meiningischen Unterthanen, die überdieß nichts von Kopfgeld, Werbungen und dergleichen hart eingreifenden Forderungen wissen.

S.....n, den 5. Jul. 1795.

M....r.

Lightning Source UK Ltd.
Milton Keynes UK
UKHW011311211118
332724UK00010B/510/P

9 780364 078990